Reihe
Germanistische
Linguistik 150

Herausgegeben von Helmut Henne, Horst Sitta
und Herbert Ernst Wiegand

Markus Hundt

Modellbildung in der Wirtschaftssprache

Zur Geschichte der Institutionen- und Theoriefachsprachen der Wirtschaft

Max Niemeyer Verlag
Tübingen 1995

Für Marianne

Die Deutsche Bibliothek – CIP-Einheitsaufnahme

Hundt, Markus:
Modellbildung in der Wirtschaftssprache : zur Geschichte der Institutionen- und Theoriefachsprachen der Wirtschaft / Markus Hundt. – Tübingen : Niemeyer, 1995
(Reihe Germanistische Linguistik ; 150)
NE: GT

ISBN 3-484-31150-9 ISSN 0344-6778

(D25 Philosophische Fakultät, 1994)

Gedruckt auf alterungsbeständigem Papier.
Druck: Weihert-Druck GmbH, Darmstadt
Buchbinder: Industriebuchbinderei Hugo Nädele, Nehren

Vorwort

Die vorliegende Arbeit ist die leicht überarbeitete Fassung meiner im Frühjahr 1994 an der philosophischen Fakultät der Universität Freiburg/Br. eingereichten Dissertation. Der Tag der mündlichen Prüfung war der 7. Juni 1994.
Zu besonderem Dank verpflichtet bin ich meinem Doktorvater Prof. Dr. Hugo Steger und PD Dr. Karlheinz Jakob, die mich mit ihrer konstruktiven Kritik immer wieder angespornt haben, den verschiedenen linguistischen Problemen genauer nachzugehen. Herzlich danken möchte ich auch Herrn Prof. Dr. Werner Ehrlicher für dessen Bereitschaft, mein Projekt mit seiner finanzwissenschaftlichen Kompetenz beratend zu begleiten.
Zum Gedeihen der Arbeit hat auch der *Geldstrom* von seiten der der Landesgraduiertenförderung des Landes Baden–Württemberg sowie der Studienstiftung des deutschen Volkes beigetragen. Sie ermöglichten mir ein intensives und konzentriertes Arbeiten.
Für die engagierten Diskussionen über das Thema und für die nicht zu beneidende Arbeit des Korrekturlesens danke ich besonders meiner Frau Marianne, Ekkehard Felder und Reto Krüger.
Für alle noch verbliebenen Fehler und Irrtümer bin nur ich verantwortlich.

Freiburg i. Br., im Juni 1994 Markus Hundt

Inhaltsverzeichnis

II. Textanalysen

Zur Notation:

Regel	Beispiel
Begriffe/Konzepte werden in Großbuchstaben geschrieben	Der Begriff GELD
Teilbedeutungen, die auf einzelne Begriffe bezogen sind, werden in einfache Anführungszeichen oben gesetzt	'Zahlungsmittelfunktion', 'Wertaufbewahrungsfunktion', 'Recheneinheitsfunktion' zum Begriff GELD
Objektsprachliches wird kursiv gesetzt	Das Wort *Geld*
Zitate stehen in doppelten Anführungszeichen	„Zitat"
Paraphrasen, Hervorhebungen und doppelte Anführungen innerhalb von Zitaten werden in einfachen Anführungszeichen gesetzt	‚Hervorhebung'

Systematischer Teil

1 Einleitung und Problemstellung

1.1 Wirtschaft und Sprache

> „**Wirtschaft**
> Gesamtheit aller Einrichtungen und Maßnahmen mensch. Daseinsgestaltung, die sich auf Produktion und Konsum sog. knapper Güter beziehen. Die Gesamtheit der laufenden Produktions– und Konsumvorgänge wird zusammenfassend als *W.sprozeß* bezeichnet, der Mensch als Gestalter der W. als *W.ssubjekt.* Die W. und insbes. der aktuelle W.sprozeß erhalten ihr historisch einmaliges Gepräge durch die sog. wirtschaftl. Rahmenbedingungen oder Daten. Die wissenschaftl. Analyse der W. als umfassender menschl. Lebensbereich ist das Objekt der ↑ Wirtschaftswissenschaften, die abstrakte Beschreibung und die Erklärung der spezif. ökonom. Vorgänge hingegen das Objekt der ↑ Wirtschaftstheorie.“[1]

Wirtschaft ist überall. Dies könnte man als vergröberndes Fazit aus der Enzyklopädiedefinition ziehen. Die Definition beschreibt Wirtschaft als ein umfassendes Phänomen, das den gesamten menschlichen Lebensbereich betrifft. Auffällig ist zudem die Dreiteilung, die sich aus dem Lexikonartikel ableiten läßt:

1. Wirtschaft bestimmt den Alltag des Menschen. Die Einbindung des einzelnen Wirtschaftssubjekts in den Wirtschaftsprozeß in der einen oder anderen Form ist unausweichlich, da das Interesse an der Teilnahme am Wirtschaftsprozeß überlebensnotwendig ist.
2. Wirtschaftliche Rahmenbedingungen drücken sich in Wirtschaftsinstitutionen aus. Sie bestimmen den Wirtschaftsprozeß, d. h. die konkrete Wirtschaftsform. Damit sind die Institutionen gemeint, die den Wirtschaftsprozeß kanalisieren, regeln und optimieren sollen. Weil Wirtschaft funktionieren muß, bilden sich nach Maßgabe der wirtschaftlichen Rahmenbedingungen Institutionen heraus, die den Wirtschaftsprozeß steuern.
3. Schließlich nehmen sich noch die Wissenschaften der Wirtschaft an. Dort wird den Fragen nachgegangen, was im Wirtschaftsprozeß geschieht, warum es geschieht und wie man aufgrund von theoretischen Modellen wirtschaftliche Phänomene prognostizieren kann.

Wenn man diese Definition und ihre Interpretation akzeptiert, ist es nicht verwunderlich, daß der großen Bedeutung wirtschaftlicher Phänomene auf der sprachlichen Seite eine große Texttypenvielfalt entspricht[2].
Weit verwunderlicher ist es dagegen, daß sich die neuere linguistische Forschung und hier insbesondere die Fachsprachenforschung dieser Texte nur sporadisch angenommen hat (vgl. Kap. 2.1). Die vorliegende Arbeit will daher

---

[1] Meyers Enzyklopädisches Lexikon in 25 Bänden. 1979. Mannheim/Wien/Zürich. Band 25, S. 422.

[2] Beispiele sind Verkaufsgespräche, Geschäftsbriefe, Steuerbescheide, Börsenberichte, Bankberichte, Wirtschaftspresseartikel, Lehrbücher zur Wirtschaft, Forschungen zu wirtschaftlichen Problemen etc.

einen Vorstoß in das wenig erschlossene Land der Wirtschaftssprache unternehmen. Dabei sind jedoch zwei grundsätzliche Probleme zu berücksichtigen und methodisch umzusetzen. Zum einen muß der Untersuchungsgegenstand eingegrenzt werden. Eine umfassende Beschreibung der Begrifflichkeit und der Ausdruckssysteme (diachron und synchron) der Wirtschaftssprache in Alltag, Institutionen und Wissenschaft ist nicht im Rahmen einer Einzelarbeit zu bewältigen. Beschränkung tut not, sowohl was den behandelten Weltausschnitt oder „kommunikativen Bezugsbereich"[3] als auch was die untersuchten Begriffe[4] betrifft. Selbstverständlich kann diese doppelte Begrenzung des Themas nicht als Isolierung von Begriffen in einem Bereich verstanden werden, sondern vielmehr als doppelte Schwerpunktsetzung. Ich habe die Schwerpunkte der Theoriesprache und des Geldkonzeptes gewählt (vgl. Kap. 1.2 und 1.4). Zwar gehe ich davon aus, daß die Erkenntnisse über die kognitiven Mechanismen der Versprachlichung geldtheoretischer Sachverhalte repräsentativ für den gesamten Bereich der Wirtschaftstheorie sind. Einen vollständigen, induktiv geführten Beweis für diese These muß ich jedoch aus den oben genannten arbeitsökonomischen Gründen schuldig bleiben und die Schlußfolgerungen daher dementsprechend in ihrer Aussagekraft einschränken (vgl. Kap. 10).

Das zweite Problem ist von ebenso grundsätzlicher Natur. Es betrifft die Interdisziplinarität der Untersuchung. Eine Arbeit zur Sprache der Wirtschaft wird notwendigerweise zu einer Gratwanderung, wenn sie die historische Entwicklung von Konzepten nicht allein aussdrucksseitig, sondern in erster Linie von der Inhaltsseite her auf der Textebene erforschen will. Um im Bilde zu bleiben: Auf der einen Seite droht ein Abgleiten in die reine Theoriegeschichte, auf der anderen Seite ein Abgleiten in eine ausdrucksbezogene Sprachgeschichte, die sich primär der Veränderung der sprachlichen Mittel widmet[5]. Beides würde dem Untersuchungsziel nicht gerecht werden. Die Geschichte der Wirtschaftstheorien ist von seiten der Wirtschaftswissenschaften bereits eingehend untersucht worden[6]. Es wäre daher gerade für den Linguisten kein lohnendes Unterfangen, hier bereits Bekanntes nachzuzeichnen. Andererseits ist eine inhaltsorientierte Beschreibung und Erklärung der Sprache der Wirtschaftstheorie ohne diesen theoretischen Hintergrund nicht möglich. Ein Wissen um die relevanten Phasen und Neuerungen in der Wirtschaftstheorie (bzw. Geldtheorie) und Wirtschaftsgeschichte (bzw. Geldgeschichte) ist dazu unerläßlich, da diese die Semantik der Begriffe entscheidend prägten.
Die sprachlichen Ausdrücke sind **die** Indikatoren für Begriffe. Ohne die Ausdrücke gibt es keinen Zugang zu den Begriffen. So ist es durchaus möglich, ausdrucksseitig orientierte Wortgeschichte ohne Einbeziehung pragmatischer, wirtschaftstheoretischer und textspezifischer Kriterien zu betreiben. Im Gegensatz dazu soll jedoch hier versucht werden, vor allem über die Berücksich-

---

[3] Vgl. dazu Kap. 3.1 und Steger (1984) und (1988).
[4] Die Ausdrücke *Begriff* und *Konzept* werden synonym verwendet. Zur Definition vgl. Kap. 3.3.
[5] Vgl. dazu Kap. 3.2.
[6] Zur Literatur s. Kap. 5.2.

tigung von Theorie- und Textsortengeschichte das Konzept GELD im historischen Längsschnitt zu analysieren. Ziel ist es, eine Verbindung zwischen den Ausdrucksseiten (Indikatoren für Begriffe) und der Inhaltsseite, die durch wirtschaftshistorische und wirtschaftstheoretische Fakten gestützt wird, zu leisten. Dabei ist evident, daß sich die Inhalte/die Semantik auf bestimmte Texttypen beziehen, die sich im Laufe der Geschichte in den Institutionen und der Theorie ausgebildet haben. Entsprechend der Schwerpunktsetzung auf dem Theoriebereich bedeutet dies, daß die Semantik der Wirtschaftstheoriesprache am Beispiel des Geldbegriffs in der Synthese aus Geldtheorie, Geldgeschichte und Texttypengeschichte ermittelt wird (vgl. Kap. 3.2).

Diese fächerübergreifende Verbindung zwischen der Linguistik als Geisteswissenschaft und den Wirtschaftswissenschaften ermöglicht u. U. beiden Seiten neue Einsichten. Gerade die Fokussierung auf die aus sprachlichen Ausdrücken rekonstruierbaren mentalen Modelle[7], mit Hilfe derer abstrakte Sachverhalte erfaßbar und begreiflich werden, kann für die Modellbildung in der Wirtschaftstheorie als Anstoß zu vermehrter Reflektion über die eigene Sprache fruchtbar werden. Umgekehrt liegt für die Linguistik die Relevanz der Untersuchung der Entwicklung und Ausprägung der Kommunikation über wirtschaftliche Themen auf der Hand. Ein wesentlicher Teil der Kommunikation im Alltag betrifft wirtschaftliche Sachverhalte. Dies gilt vor allem, wenn man den Bezug zu den Wirtschaftsinstitutionen herstellt. Wer kann heute noch ohne ein „Grundwissen Wirtschaftssprache/-semantik“ auskommen, wenn er in Kontakt mit Banken, Versicherungen, dem Finanzamt usw. kommt? Wirtschaftssprache und das Wissen um wirtschaftliche Zusammenhänge sind also nicht erst für Börsianer und Kapitalanleger wichtig, sondern prinzipiell für alle Sprachteilnehmer, da man sich der Kommunikation im Alltag nicht und der in den Institutionen kaum entziehen kann.

Eine Aufarbeitung dieses sprachlichen Sektors ist daher überfällig. Diese soll hier — wenn auch nur in eingeschränktem Maß (Weltausschnitt und Konzeptauswahl) — vorgenommen werden.

1.2 „Über Geld spricht man nicht!“ oder doch?

Vergleicht man die deutsche Verhaltensregel „Über Geld spricht man nicht!“ mit der Realität, so kann man sich des Eindrucks nicht erwehren, daß allenfalls ein Sollzustand beschrieben wird und kein Istzustand. Tatsächlich wird tagtäglich über Geld gesprochen. Der Alltagsbegriff des GELDES (und mit ihm zusammenhängende Syntagmen/Wendungen u. ä.) ist so verbreitet und in der Sprachgemeinschaft etabliert, daß er selbst wiederum zur Grundlage eines metaphorischen Modells für andere Begriffe werden kann. So wird etwa ZEIT aufgrund ihrer Teilbarkeit, ihrer Knappheit und ihres Wertes begrifflich erfaßt und metaphorisch versprachlicht: *Zeit ist Geld, er kann keine Zeit dafür erübrigen, er will seine Zeit nicht vergeuden, seine Zeit in etwas investieren, Zeit sparen, kostbare Zeit verlieren ...* Ebenso sind manche Gefühle

---

[7] Zur Definition des Begriffs vgl. Kap. 4.2.

über das Alltagskonzept von GELD erst faßbar. Man kann *Gefühle investieren, an jemanden verschwenden* ... [8] Geld ist nicht nur im Alltag, sondern auch in den Institutionen und nicht zuletzt in den gesamten Wirtschaftswissenschaften ein ganz zentraler Begriff. Aus diesem Grund wurde er von mir als zentraler Untersuchungsgegenstand herangezogen.
Dadurch, daß der Geldbegriff sowohl in der Alltags– als auch in der Fachkommunikation (Institutionen, Wissenschaft) vertreten ist[9], können an ihm beispielhaft die semantischen Unterschiede in seiner Verwendung in den verschiedenen Bereichen demonstriert werden. Wie wichtig solche Unterschiede in der Semantik sein können, hat Steger (1991) gezeigt. Ebenso konnte Jakob (1991) für den Technikbegriff zeigen, daß dieser in der Alltagssprache, der Technikfachsprache und der Theoriesprache jeweils unterschiedliche Bedeutungen hat. Im Alltag werden technische Innovationen zwar verwendet; im Technikbegriff des Alltags schlägt sich dies jedoch immer zeitverzögert nieder. „Der alltägliche Technikbegriff 'wächst' mit der Technikgeschichte und der allmählichen Gewöhnung an sie mit.“[10] Ein ähnliches Phänomen läßt sich für den Geldbegriff beobachten. Zwar schwindet der Anteil der Bargeldzahlungen im gesamten Zahlungsverkehr ständig, es werden neue Zahlungsformen wie die Bezahlung per Scheck– oder Kreditkarte von vielen Kunden akzeptiert; zentral für den Geldbegriff des Alltags ist jedoch nach wie vor das Bargeld, also Banknoten und Münzen. Das abstrakte Giralgeld wird zwar verwendet, und es käme wohl kaum jemanden in den Sinn, Guthaben auf einem Girokonto nicht als Geld zu betrachten. Dennoch steht im Zentrum des alltäglichen Geldbegriffs immer eine konkrete Bezugsgröße. Diese These wird durch einen Blick in die Geldgeschichte untermauert. Hier zeigt sich eine Entwicklung vom konkreten Metallgeld hin zu immer abstrakteren Geldformen (Papiergeld, Giralgeld); aber dieser Wandel wird von enormen Durchsetzungsschwierigkeiten der neuen Geldformen, v. a. des Papiergeldes, begleitet, weil lange Zeit — und dies nicht nur im Alltag! — eine Loslösung von der Stoffwertgebundenheit des Geldes als unmöglich bzw. als schädlich betrachtet wurde[11]. Ein Indiz für die Dominanz des Konkreten, Anschaulichen, physisch Greifbaren im alltagssprachlichen Geldbegriff ist die Art, wie man hier über Geld spricht. Nicht nur in der Jugendsprache wird GELD konkretisiert als *Asche, Blech, Eier, Flocken, Flöhe, Heu, Kies, Knete, Kohle, Kröten, Lappen, Möpse, Moos*[12], *Mäuse, Mücken, Pulver, Schotter, Steine, Zunder* usw., sondern auch in der Standardsprache spricht man vor allem in der Flüssigkeitsmetaphorik vom GELD: Dem einen *rinnt das Geld durch die Finger*, während der andere *im Geld schwimmt* und zum Monatsende ist so mancher

---

8 S. zu Beispielen aus dem Englischen auch Lakoff/Johnson (1980), S. 9.

9 Arbeiten wie Shell (1982) schreiben dem Geldbegriff und dem Denken in Kategorien des GELDES sogar eine zentrale Stellung in Philosophie, Literatur und Religion zu. Vgl. Kap. 2.3.8.

10 Jakob (1991), S. 5.

11 Vgl. Kap. 5.4.

12 Vgl. zu dem aus dem Jiddischen stammenden *Moos*, das ebenfalls auf eine Tiermetapher zurückzuführen ist Leeuwen–Turnovcová (1991).

nicht mehr flüssig. Quantitative Beziehungen werden im Alltag ganz selbstverständlich in den Raum und in Masse sprachlich/kognitiv umgesetzt. Wer reich ist, der muß zumindest *eine Stange Geld* besitzen oder besser noch *das große Geld gemacht haben*, um dann als *schwerreich, steinreich* gelten zu können. Geld wird im Alltag personifiziert: Es soll für seine Besitzer *auf der Bank arbeiten*. Das geht so weit, daß sogar eine Bank ihren Kunden in der Werbung versprechen kann *Wir halten ihr Geld fit!* ohne Gefahr zu laufen, nicht verstanden zu werden.

Diese Konkretisierungsmetaphern dürfen nicht darüber hinwegtäuschen, daß die Sprachteilnehmer immer genau wissen, was gemeint ist. Der Geldbegriff des Alltags ist in prototypischer Weise unscharf[13], d. h. im Zentrum steht das Bargeld, dann kommen Guthaben, Wertpapiere etc. bis hin zu immobilen Vermögensformen wie Grundstücken oder Häusern, die im Alltag quasi an der Grenze der Kategorie als Geld betrachtet werden können. Es liegt auf der Hand, daß diese unscharfe Definition für den institutionellen und für den wissenschaftlichen Bereich nicht geeignet ist; dort wird zumindest versucht, GELD anhand eines Sets von notwendigen und hinreichenden Bedeutungskomponenten zu definieren. Gilt dies noch nicht so sehr für die Institutionen, in denen nicht gewußt werden muß, was das Wesen des GELDES (intensionale und extensionale Gelddefinition, Was macht etwas zu GELD?) ist, sondern nur, wie es funktioniert, wie es wirkt und wie man damit Geschäfte machen kann, so ist die Notwendigkeit der Definition für die Wissenschaft durchaus gegeben[14]. Pointiert ausgedrückt bedeutet dies, daß man im Alltag und in den Institutionen GELD mit einer praxisbezogenen, funktionalen Definition verwendet, ohne genau zu wissen, was es eigentlich ist, während man in der Geldtheorie über diese Funktionaldefinition hinaus eine umfassende Definition ermitteln will.

Bei dem Definitionsunterfangen der Theorie ist ein Rückgriff auf Geldvorstellungen des Alltags notwendig. Keine noch so abstrakte Auffassung von GELD kann ohne einen Rückbezug auf Konkretes auskommen. Das metaphorische Sprechen, das Erfassen von Abstrakta über mentale Modelle wie das der FLÜSSIGKEIT, ist konstitutiv für die Theoriesprache zum GELD und zur Wirtschaft überhaupt. Diese These soll in der vorliegenden Untersuchung geprüft werden.

„Nach Golde drängt, Am Golde hängt doch Alles. Ach, wir Armen!" Dieser Ausspruch Gretchens in Goethes *Faust*[15], die hier GELD zeittypisch mit GOLD gleichsetzt, gilt für die Wirtschaftstheorie in historischer Hinsicht und ganz besonders seit der monetären Ausrichtung derselben durch J. M. Keynes. GELD soll in dieser Arbeit als zentraler Begriff der Wirtschaftswissenschaften

---

[13] Vgl. zur Prototypentheorie Kap. 3.3.

[14] In der Geldtheorie besteht bis heute keine Einigkeit über den Geldbegriff. Zwischen den einzelnen geldtheoretischen Richtungen wird noch immer um eine plausible, die Einzeltheorie übergreifende Gelddefinition gerungen. Gerade dies demonstriert das Bestreben der Wissenschaft, notwendige und hinreichende Bedingungen zur Begriffsdefinition zu finden, vgl. Kap. 5.1.

[15] Faust I, Abend, Vs. 2802-2805.

in seiner metaphorischen Versprachlichung in diachroner Hinsicht untersucht werden, um so die Entwicklung der Theoriesprache anhand dieses Konzepts nachzeichnen zu können. Aus der Wahl des Konzeptes ergibt sich der Untersuchungszeitraum. Er erstreckt sich von den ersten ,echten' geldtheoretischen Überlegungen im 16. Jahrhundert bis zum noch heute prinzipiell geltenden Wissenschaftsparadigma, das in J. M. Keynes seinen Anfang nahm.

1.3 Sprache und Kognition

Die Wirtschaftssprache als homogenes Ganzes gibt es nicht. Wie bereits angedeutet kann man von verschiedenen kommunikativen Bezugswelten ausgehen, in denen auch über Wirtschaft gesprochen wird: Alltag, Institutionen und Theorie/Wissenschaften. Diese Differenzierung der Wirtschaftssprache greift auf ein umfassendes Sprachmodell zurück[16], das gerade für meinen Untersuchungsgegenstand zwei Vorteile aufweist. Es kann zum einen die historische Entwicklung der Texttypen, der kommunikativen Bezugsbereiche und damit der verschiedenen Sparten der Wirtschaftssprache plausibel erklären. Darüber hinaus rekurriert es nicht auf eine für die ganze Sprache als einheitlich gedachte Semantik, sondern geht von kommunikationsbereichsspezifischen Semantiken aus[17]. So wird etwa der Alltagssprache eine prototypische, ganzheitliche Semantiktheorie gerecht, während in den genuinen Fachsprachen der Theorie, der Institutionen und der Technik eine Semantik, die von wohldefinierten Begriffen ausgeht, adäquater zu sein scheint.
Beides, der historische und der semantiktheoretische Aspekt, ist auch für die Sprache der Geldtheorie relevant. Der erstere gibt die sprachliche Abgrenzung der für die Untersuchung maßgeblichen Quellen/Texttypen vor: Theorietexte zum GELD.
Die Annahme von unterschiedlichen Semantiken für je unterschiedliche kommunikative Zwecke erweckt die Frage, in welchem theoretischen Rahmen dies umsetzbar ist und ob dieses Postulat den Texten standhält. Aus diesem Grunde wird in Kapitel 3.3 eine kognitive Semantiktheorie umrissen, die die Grundlage für die Textanalysen ist. Kognitive Semantik bedeutet in diesem Zusammenhang den Versuch einer psychologisch möglichst realistischen Erklärung von Bedeutungsphänomenen[18]. Sprache wird als ein möglicher, wenn auch begrenzter[19] Zugang zu Wissensrepräsentationen aufgefaßt. Daneben gibt es

---

16 Vgl. insbesondere Steger (1988).

17 Vgl. dazu im Detail Kap. 3.

18 Zu den Einschränkungen vgl. Kap. 3.3.

19 „Aber auch der Zugang über die Sprache ist nicht unproblematisch. Sie setzt wie die Introspektion in gewisser Weise Intersubjektivität voraus, die nicht selbstverständlich gegeben ist. Auch läßt sich Sprache nicht gleich Wissen setzen. Es gibt Erfahrungsbereiche, die der Sprache nur in bescheidenem Maße, wenn überhaupt, zugänglich sind. Denken wir allein an Wahrnehmungen unseres Geschmacks- und Geruchssinns. Die Möglichkeit, mentale Repräsentationen auf der Grundlage metasprachlicher Aussagen zu untersuchen, ist schließlich dadurch begrenzt, daß sie auf bewußte Prozesse setzt und Prozesse jenseits der Bewußtseinsebene unberücksichtigt lassen muß." Engelkamp/Pechmann (1992), S. 52.

den Zugang über die Physiologie, den Zugang durch Introspektion und den Zugang durch Verhaltensbeobachtung[20]. Wichtig ist jedoch, daß in der Sprache der Geldtheorie das Problem der Intersubjektivität durch explizite Definitionen der Begriffe in den einzelnen Theorien in den Hintergrund tritt, d. h. daß Sprache im Bereich der Theoriesemantiken durchaus ein geeignetes Instrument zur Rekonstruktion von mentalen Repräsentationen sein kann. Ein Ziel der Untersuchung ist damit diese Rekonstruktion und der Nachvollzug des Erkenntnisprozesses bei abstrakten Sachverhalten. Diese werden häufig mit Hilfe von Metaphern versprachlicht. Damit erhält die Metapherntheorie als ein Teil der kognitiven Semantiktheorie in dieser Untersuchung einen zentralen Stellenwert[21].
Die Hypothese ist, daß das metaphorische Sprechen über Abstrakta nicht nur ein Phänomen der Alltagssprache und der Alltagssemantik[22], sondern darüber hinaus auch konstitutiv für die Theoriesprachen mit ihrer von der Alltagssemantik verschiedenen Semantik ist.

1.4 Sprache und Geldtheorie

Die Frage „Was ist Geld?“ ist für einen Geldtheoretiker ähnlich schwierig zu beantworten wie für einen Philosophen die Frage „Was ist Wahrheit?“ oder für den Linguisten die Frage „Was ist ein Text?“. Es gibt auch in der Geldtheorie keine allgemein akzeptierte Gelddefinition[23]. Dennoch haben es sich die Geldtheoretiker immer wieder zur Aufgabe gemacht, nicht nur wie ein Kommunikationsteilnehmer im Alltag mit einem unscharfen, aber funktional operablen Geldbegriff zu hantieren, sondern das zu ergründen, was etwas zu GELD macht, warum und welche Funktionen GELD ausübt, wie es wirkt, wie sich sein Wert bestimmen läßt usw[24]. Man ist sich weitgehend einig über die einfachen Geldfunktionen der Wertaufbewahrung, des Zahlungsmittels, der Recheneinheit und des Wertmaßstabes. Unklarheit herrscht jedoch bis heute darüber, a) ob diese Funktionen überhaupt zur Definition des Geldbegriffs in theoretischer Hinsicht ausreichen bzw. geeignet sind, und b) wie man die

[20] Vgl. Engelkamp/Pechmann (1992).
[21] Vgl. Kap. 4.
[22] Was Lakoff/Johnson (1980) bewiesen haben.
[23] Dieser Umstand scheint der gängigen Auffassung zu widersprechen, die Fluck (1985), S. 47 so formuliert: „Seine höchste Präzision erreicht das Fachwort gewöhnlich im theoretischen Bereich, wo es zumindest Terminuscharakter besitzt, d. h. definiert und konventionalisiert ist.“ Gilt dies auch nicht für die gesamte Geldtheorie, so kann doch davon ausgegangen werden, daß die meisten Autoren geldtheoretischer Texte jeweils terminusartig definierte Geldbegriffe verwenden, je nach zugrundeliegender Geldtheorie. Über diese ‚Brücke‘ der zahlreichen Einzeltheorien läßt sich damit die Annahme einer gegenüber der institutionellen Verwendung von Begriffen noch gesteigerter Präzision der Semantik im Theoriebereich halten, sonst nicht! Im Gegenteil: Wissenschaft und Theorie ‚leben‘ geradezu von der ständigen Auseinandersetzung um Begriffsdefinitionen, verstanden als Modellierungsversuche für Sachverhalte. Lediglich unstrittige Begriffe, zu denen GELD nicht gehört, können einzeltheorienübergreifend präzise Bedeutungen erlangen.
[24] Vgl. Kap. 5.3.

einzelnen Funktionen, als Komponenten des Begriffs verstanden, gewichten soll. So entspringen schon den unterschiedlichen Gewichtungsprioritäten unterschiedliche Geldtheorien.
Es läßt sich also ein generelles theoretisches Ungenügen an der als unbefriedigend empfundenen alltagssemantischen Definition des GELDES in der gesamten geldtheoretischen Literatur erkennen. Um dieses grundlegend wichtige Konzept theoretisch erforschend zu durchdringen, unternahmen die Geldtheoretiker bzw. Ökonomen immer wieder und verstärkt seit dem Einsetzen der theoretischen Reflexion über Wirtschaft mit dem Merkantilismus im 16./17. Jahrhundert den Versuch, es begrifflich eindeutig zu fassen. Das Ziel bestand darin, GELD mit einem Set von notwendigen und hinreichenden Bedeutungsmerkmalen beschreibbar zu machen. Wie dies vonstatten ging und vor allem auf welche Denkmodelle und mentalen Hilfskonstruktionen dabei zurückgegriffen wurde, soll in der vorliegenden Arbeit gezeigt werden. Der Zugang zu diesen mentalen Modellen geht über Indikatoren wie Metaphern und Analogien. Dieser Gang durch die Theoriegeschichte ist damit zugleich ein Mitverfolgen der Genese einer Theoriesemantik, d. h. der Ausbildung einer fachspezifischen Semantik, die sich vom Alltag klar unterscheidet. Die Entwicklung wird besonders deutlich, wenn man das noch recht einfach und alltagsnah definierte Geldkonzept der Theorieliteratur etwa im 17. Jahrhundert mit den Theorien zu Beginn des 20. Jahrhunderts vergleicht.
Die geldtheoretische Literatur ist eng gekoppelt an Phänomene der jeweiligen Geldgeschichte. Daher muß die inhaltliche Durchdringung der Texte auch durch einen Blick in die parallel verlaufende Geldgeschichte, als Entsprechung auf der Seite der sozialen Wirklichkeit, begleitet werden[25].

Somit ergibt sich für die linguistische Behandlung geldtheoretischer und geldhistorischer Fragen folgendes:

1. Wenn man mentale Modelle hinter metaphorischen Ausdrücken erkennen will, d. h. wenn man die Verbindung zwischen theoretischem Sachverhalt und mentalem Erklärungsmodell, die über Ausdrücke vermittelt ist, richtig beurteilen will, dann ist eine Kenntnis des Sachbereichs unerläßlich.
2. Jede begriffsgeschichtliche Studie muß ihre Quellenauswahl möglichst repräsentativ für die erkenntnisleitenden Interessen gestalten. Um Repräsentativität in der Quellenauswahl beurteilen und herstellen zu können, muß Wissen über die wichtigsten Geldtheorien und Erscheinungen der Geldgeschichte vorhanden sein. Dann erst kann entschieden werden, welche Texte als redundant vernachlässigt werden können.
3. Das theoriegeprägte Geldkonzept ist über den institutionellen Bereich mit dem Alltag rückgekoppelt. Von dort aus in die Institutionen und darüber hinaus in die Theorie hineinwirkend ist GELD in seiner Geschichte als konkretes Phänomen unbedingt miteinzubeziehen.
4. Geldtheorie und Geldgeschichte sind zwar eine notwendige Grundlage der linguistischen Begriffsanalyse; dennoch müssen sie nur insoweit einbezogen

[25] Vgl. Kap. 5.4.

werden, als es für die Sprach- und Modellanalyse notwendig ist. Geldtheorie und Geldgeschichte sind nicht Gegenstand der Untersuchung.

1.5 Hypothesen zur Wirtschaftssprache

Nachdem in den vorangegangenen Abschnitten verschiedene Aspekte des Untersuchungsgegenstandes einführend angesprochen wurden, kann nun eine Formulierung der Hypothesen bzw. der Untersuchungsziele erfolgen.

1. Die Wirtschaftssprache, d. h. die einzelnen Fachsprachen der Wirtschaft, sind für die linguistische Forschung weitgehend eine *terra incognita*. Da die Wirtschaft mit ihren Einzelbereichen, Institutionen und Fachdisziplinen einen konstitutiven Teil der menschlichen Kommunikation und des gesellschaftlichen Lebens ausmacht, ist eine Erforschung dieser *terra* sowohl in synchroner als auch in diachroner Hinsicht dringend geboten. Die vorliegende Arbeit will dazu beitragen, diese Forschungslücke, über die auch die relativ große Anzahl bereits publizierter Artikel nicht hinwegtäuschen sollte[26], zu verringern, indem ein zentraler Teil wirtschaftstheoretischer Kommunikation, nämlich der der Geldtheorie, linguistisch untersucht wird. In welcher Beziehung diese Arbeit zu der bisherigen Forschungsliteratur steht, zeigt der Forschungsüberblick in Kapitel 2.
2. Das von Steger entwickelte Sprachmodell der kommunikativen Bezugswelten ist als Typisierungsgrundlage gerade für den inhomogenen Komplex der Wirtschaftssprache, verstanden als Konglomerat verschiedener Wirtschaftsfachsprachen, geeignet. Es stellt m. E. eine umfassendere Systematisierung und adäquatere Beschreibung wirtschaftssprachlicher Phänomene zur Verfügung als alle anderen bisher vorgeschlagenen Typisierungen. Um diese These zu prüfen, werden zum einen eine Reihe von Typologien der Wirtschaftssprache[27] vorgestellt und zum anderen eine Anwendung des Modells der kommunikativen Bezugswelten auf die Wirtschaftssprache vorgenommen[28].
3. Die ersten beiden Hypothesen waren von forschungshistorischen bzw. systematisch-methodischen Interessen geleitet. Diese sind dem eigentlichen Anliegen der Untersuchung untergeordnet. Es betrifft die Prinzipien des metaphorischen Sprechens in der Alltags- und Fachkommunikation. Die These lautet, daß das kognitive Prinzip der metaphorischen Versprachlichung von Vorgängen und abstrakten Sachverhalten nicht nur ein konstitutiver Bestandteil der Alltagssprache, sondern auch der Fachkommunikation im allgemeinen ist. Dies gilt im besonderen für die theoretisch-wissenschaftliche Fachkommunikation, die es mit sehr abstrakten Sachverhalten und Modellen zu tun hat. D. h. nicht nur im Alltag greift man auf Basiskonzepte, auf einfache, schematisch strukturierte mentale Modelle zurück,

---

[26] Vgl. Kap. 2.
[27] Vgl. Kap. 2.4.
[28] Vgl. Kap. 3.1.

um die Umwelt handhabbar, erfaßbar zu machen — dies wurde durch Studien wie die von Lakoff und Johnson hinreichend belegt[29]; sondern auch in Theorien, in denen Konzepte nicht prototypisch unscharf, sondern stärker definiert und dadurch relativ eindeutig sind, kann man die mentalen Modelle, gedacht als vereinfachte Muster konkreter Erfahrungen[30] und Konzepte[31], bei der Beschreibung und Erklärung dieser theoretischen Sachverhalte in der Geldtheorie nicht entbehren. Die kognitiv/linguistischen und metapherntheoretischen Voraussetzungen dieser Hypothese werden in Kapitel 3.3 und 4. ausgeführt. Die empirische Prüfung der These erfolgt dann anhand der Texte im zweiten Teil der Untersuchung.

Diese drei Anliegen, das forschungshistorische, das sprachtypologische und das kognitiv–semantische, bestimmen mit ansteigender Gewichtung die gesamte Untersuchung. So wird in Kapitel 2 zunächst ein Forschungsüberblick zur Wirtschaftssprache gegeben und in Kapitel 3 die Einordnung der Wirtschaftssprache in das Modell der kommunikativen Bezugsbereiche vorgenommen. In Kapitel 4 werden die Voraussetzungen zur Prüfung der zentralen Hypothese (3) gelegt, indem eine kognitive Theorie der Metapher in Abgrenzung zu traditionellen Theorien der Metapher dargelegt wird. Zugleich werden dort die wichtigsten mentalen Modelle, die für den Geldbegriff und die Wirtschaftssprache relevant sind, vorgestellt. Kapitel 5 bietet die Voraussetzungen für eine historische, inhaltsorientierte Begriffsanalyse auf der Textebene, d. h. das notwendige historische und theoretische „Begleitwissen" zur Textlektüre. Das folgende sechste Kapitel erläutert die Quellenauswahl.
Im zweiten Teil erfolgt die empirische Überprüfung der Hypothese (3) anhand der wichtigsten Texte zur Geldtheorie. Eine zusammenfassende Bilanz der Ergebnisse findet sich in Kapitel 10.

---

29 Lakoff/Johnson (1980), Lakoff (1987), Johnson (1987).

30 Wie z. B. der Orientierung im Raum: OBEN–UNTEN, INNEN–AUSSEN, HINTER–VOR etc.

31 Z. B. FLÜSSIGKEIT, MENSCH, BEHÄLTER etc.

2 Wirtschaftssprache als Forschungsgebiet

2.1 Standortbestimmung

Die Forschungsliteratur zur Sprache der Wirtschaft ist durch zwei zentrale Merkmale geprägt:

(1) die Forschung zerfällt in zwei zeitlich getrennte Perioden oder Phasen,

(2) es besteht ein generelles Theoriedefizit in der Behandlung des Themas „Wirtschaftssprache“, d. h. es werden jeweils Teilaspekte behandelt, ohne daß eine Einordnung des Untersuchungsgegenstandes in einen sprachsystematischen Zusammenhang vorgenommen wird. Beide Punkte erschweren die Aufgabe, einen systematischen Überblick über die Forschungslage zu geben.

Wenn man darüber hinaus einen Bezug von der bestehenden Literatur zur Wirtschaftssprache zum Thema der vorliegenden Untersuchung herstellt, so kommt ein dritter erschwerender Faktor hinzu:

(3) nahezu alle bisherigen Arbeiten haben sich nicht mit semantischen oder kognitiven Aspekten der Wirtschaftssprache befaßt.

2.1.1 Die Forschungsphasen

Die sprachwissenschaftliche Beschäftigung mit der Wirtschaftssprache weist zwei zeitliche Schwerpunkte auf. Zum einen ist dies der Forschungsstrang bis zum Ende der dreißiger Jahre des 20. Jahrhunderts, der historisch–etymologisch bzw. strukturell–funktionalistisch (Prager Schule) ausgerichtet war. Zum anderen sind die verstreuten Forschungen zur Wirtschaftssprache nach dem Zweiten Weltkrieg zu nennen, die meist nicht an die Arbeiten aus der ersten Phase anknüpfen. Die z. B. von Henke (1991) geforderte Anknüpfung an diese erste Phase zeigt, daß beide Stränge weitgehend unabhängig voneinander sind:

> „Seit Mitte des 19. Jahrhunderts sind im deutschen Sprachraum Arbeiten zur Wirtschaftslinguistik erschienen. Diese sind zunächst wirtschaftshistorischen Charakters und beschränken sich auf Analyse und Beschreibung.
> Spätestens mit MESSING (1932) versucht die Linguistik, sich konstituierend auf dem Gebiet der Wirtschaft zu betätigen und entwickelt konkrete, praxisbezogene Anwendungsvorschläge. Nach den 30er Jahren wird diese Linie allerdings nicht weiter fortgesetzt; eine mögliche Ursache sehe ich in den nachfolgenden politischen Ereignissen.
> Von Bedeutung bleibt, daß die wirtschaftslinguistische Entwicklung MESSINGS heute aktuell ist und von der Betriebslinguistik aufgegriffen werden muß.“[1]

Daß Arbeiten aus der ersten Phase der Wirtschaftsspracheforschung wichtige Grundlagen auch für die heutige Fachsprachenforschung gelegt haben, ist

---

[1] Henke (1991), S. 18. Zu den Arbeiten Messings und zur „Wirtschaftslinguistik“ vgl. Kap. 2.2.

unbestritten[2]. Nur kann man von einer Fortschreibung dieser Bestrebungen nach dem Zweiten Weltkrieg nicht sprechen. Trotz dieser Vorreiterfunktion der Wirtschaftslinguistik für die Fachsprachenforschung bleibt also zu konstatieren.

> „Nach dem Zweiten Weltkrieg gelingt ein expliziter und wirkungsvoller Anschluß an die Bestrebungen der Wirtschaftslinguistik kaum."[3]

Es kann damit festgehalten werden: Der intensiven Beschäftigung mit der Sprache der Wirtschaft in der ersten Phase — und hier vor allem in der sogenannten Wirtschaftslinguistik — steht eine insgesamt nur sporadische Auseinandersetzung mit dem Thema nach dem Zweiten Weltkrieg gegenüber.

2.1.2 Das Theoriedefizit

Eine weitere Besonderheit der Wirtschaftsspracheforschung ist das weitgehende Fehlen eines sprachtheoretischen Bezuges. In beiden zeitlichen Phasen gab es zwar immer wieder Forderungen und Bestrebungen nach einer theoretischen Fundierung, tatsächlich durchgeführt wurde sie jedoch nur von den Prager Funktionalisten (vgl. Kap. 2.2.3.). So wirft einer ihrer Vertreter, Vančura, schon in den dreißiger Jahren seinen Wirtschaftslinguistik–Kollegen ihre mangelnde Theoriebindung vor:

> „But all the detailed work has failed to produce theoretical results in the way of methodology that could be applied to the whole field of the language of commerce and to the study of other technical jargons as well."[4]

Daß das Problem der Einordnung der Wirtschaftssprache in ein theoretisch fundiertes Gesamtmodell der Sprachvarietäten bis heute noch nicht gelöst ist, zeigt auch das Urteil Boltens, der dem Terminus „Wirtschaftsdeutsch" aufgrund der ungenügenden Forschungslage nur die Stellung eines Arbeitsbegriffes zubilligen kann[5]. Dies moniert er vor allem für den didaktischen Bereich, in dem die Lehrkräfte auf sich selbst gestellt sind:

> „Hilfe von fachwissenschaftlicher Seite dürfen sie [die Lehrkräfte – M. H.] dabei nicht erhoffen: Fachsprachenorientierte Forschungsarbeiten sind rar und stammen entweder aus der kurzen Phase der sog. ‚Wirtschaftslinguistik' in den dreißiger Jahren [...] oder beschränken sich auf die Analyse zumeist spezieller morphologischer und syntaktischer Einzelprobleme [...]. Aktuelle Monographien und Handbücher zur Fachsprachenforschung berücksichtigen den Bereich Wirtschaftsdeutsch in der Regel gar nicht [...] oder allenfalls an marginaler Stelle [...]."[6]

Bolten schlägt daraufhin zwar eine textsortenbezogene Gliederung der Wirtschaftssprache in „Theoriesprache", „Berufssprache" und „Fachbezogene Um-

---

[2] Vgl. Drozd (1978).
[3] Hoffmann/Kalverkämper/Wiegand (1992), S. 50.
[4] Vančura (1936), S. 161.
[5] Bolten (1992), S. 61 empfiehlt sogar, den Begriff ganz aufzugeben.
[6] Bolten (1991), S. 72.

gangssprache" vor[7], ein Bezug zu einem übergreifenden/umfassenden Sprachmodell ist aber auch hier nicht zu erkennen.
In der vorliegenden Arbeit soll deshalb der Versuch unternommen werden, dieses Theoriedefizit zu beheben. In Anlehnung an das von Steger entwickelte Modell der kommunikativen Bezugsbereiche (vgl. Kap. 3), das wichtige Erkenntnisse des Prager Funktionalismus integriert und weiterdenkt, wird die Sprache der Wirtschaft gegliedert nach den kommunikativen Zwecken, denen sie dient, und nach den damit verbundenen semantischen Systemen[8].

Neben der mangelnden Forschungskontinuität und dem Theoriedefizit ist noch ein dritter Punkt — vor allem im Hinblick auf die vorliegende Untersuchung — von Bedeutung. Er betrifft die bislang vorherrschenden Erkenntnisinteressen der Wirtschaftsspracheforschung.

2.1.3 Bisherige Erkenntnisinteressen

Wie Bolten treffend bemerkt, beschränken sich die Arbeiten der zweiten Phase der Wirtschaftsspracheforschung „auf die Analyse zumeist spezieller morphologischer und syntaktischer Probleme"[9]. Daneben gibt es noch folgende Gebiete: generell sprachkritische bzw. ideologiekritische Arbeiten, Unterrichtsentwürfe und Lehrmaterialien für den Bereich Wirtschaftsdeutsch als Fremdsprache, vereinzelte Aufsätze zur Metaphorik in Wirtschaftstexten (zumeist in sprachkritischer Absicht verfaßt) und vereinzelte Untersuchungen zur französischen und englischen Wirtschaftssprache[10].
In der ersten Forschungsphase dominieren etymologische[11], stilistische und — seltener — funktional orientierte Arbeiten.
Allen diesen Studien gemeinsam ist die Dominanz der ausdrucksseitigen Betrachtung. Konnte man in den älteren Arbeiten, soweit sie etymologisch orientiert waren, noch eine Auseinandersetzung mit den Inhalten, d. h. mit den Begriffen und Sachverhalten der Wirtschaft in Theorie und Praxis, erkennen, so entfällt dies fast ganz für die neueren Arbeiten. Hier stehen grammatikalische Einzelprobleme im Vordergrund, Inhalte werden meist nur sprach- bzw. ideologiekritisch thematisiert[12]. Nur selten[13] oder gewissermaßen als Nebenprodukt[14] werden die spezifischen Regeln und Formen der Versprachlichung komplexer wirtschaftstheoretischer Inhalte thematisiert. Anders ausgedrückt: neben der Syntax, der Morphologie und teilweise der Etymologie erfuhr die Semantik in der Wirtschaftsspracheforschung eine eher stiefmütterliche Behandlung. Wenn in der von mir durchgeführten Untersuchung vorwie-

---

7 Bolten (1991), S. 75 f.
8 Steger (1984), (1988), (1991).
9 Bolten (1991), S. 72.
10 Zum Sonderbereich der Betriebslinguistik vgl. Kap. 2.3.7.
11 Vgl. den Sammelband von Messing (1932).
12 Als Beispiele können hier die Artikel zur Sprache der Wirtschaftspresse dienen, vgl. Kap. 2.3.3.
13 Vgl. Kutzelnigg (1965), Koppelmann (1967) und Kap. 2.3.1.
14 Z. B. Borgulya (1988).

gend semantische Probleme erörtert werden[15], so bedeutet dies für die Einordnung der Arbeit in die Forschung, daß damit eine Lücke geschlossen oder zumindest der weiteren Bearbeitung anheimgegeben werden soll. Zwar kann im Rahmen dieser Untersuchung nur ein Ausschnitt aus dem Inhaltsbereich der Wirtschaft, die Geldtheorie, bearbeitet werden, aber eine Orientierung hin zu semantischen und damit auch pragmatischen Erkenntnisinteressen scheint gerade in dem wenig bearbeiteten Bereich der Wirtschaftssprache dringend notwendig zu sein.
Der nun folgende Forschungsüberblick hat aus dem oben genannten Grund den Charakter einer Abgrenzung. Es werden vorwiegend Forschungsbeiträge vorgestellt, die mit meinem Erkenntnisinteresse nichts oder nur wenig zu tun haben. Wortfeldtheoretisch gesprochen handelt es sich um Feldnachbarn, die sich jeweils in einem oder mehreren Merkmalen unterscheiden. Der Gang durch die Forschung ist jedoch aus zwei Gründen dennoch sinnvoll: Zum einen trägt die Kenntnis der vorhandenen Literatur zur Eingrenzung meines eigenen Untersuchungsgegenstandes wesentlich bei; und zum anderen können die Ergebnisse der bisherigen Forschung zumindest in Teilen auch in dieser Untersuchung fruchtbar gemacht werden.

2.2 Die erste Forschungsphase: Bis 1945

Folgt man einer Einteilung von Drozd/Seibicke (1973), so lassen sich für die erste Phase der Forschung grob drei Richtungen ausmachen:

> „— Die vor dem I. Weltkriege entstandene historisierende Richtung der Wirtschaftslinguistik, entwickelt vor allem an einigen deutschen, holländischen und schweizerischen Handelshochschulen, repräsentiert durch Namen wie Messing, Jordan, Fehr, die teilweise auch Andeutungen einer synchronischen Betrachtung enthält (Schirmer, Dietz).
> — Die sog. Wirtschaftsgermanistik, dargestellt durch den Prager Germanisten H. Siebenschein.
> — Die an der Prager Schule orientierte strukturelle funktionale Wirtschaftslinguistik, betrieben vor allem an der Prager Handelshochschule, repräsentiert durch Namen wie Čada, Kopeckij und Vančura.“[16]

Dabei nimmt es nicht Wunder, daß die erste Gruppe, die man unter der Sammelbezeichnung der „Wirtschaftslinguistik“ fassen kann, den größten Raum einnimmt. In der vorliegenden Arbeit wird unter dem Etikett „Wirtschaftslinguistik“, der von Messing erst in den dreißiger Jahren geprägt wurde, ein Sammelbegriff für die historisierenden, etymologischen Arbeiten seit dem ausgehenden 19. Jahrhundert insgesamt verstanden. Schon Vančura (1936) stellt diesen Zusammenhang heraus:

> „The study, however, is by no means so new as the term [Wirtschaftslinguistik – M. H.]. During the nineteenth century a large amount of research was

[15] Vgl. die Problemstellung in Kap. 1.
[16] Drozd/Seibicke (1973), S. 68.

> devoted by philologists to the economic background of language, especially within the framework of comparative Indo-European Philology."[17]

Sowohl Siebenscheins „Wirtschaftsgermanistik" als auch der damals neue Ansatz der Funktionalstilistik dokumentieren durch ihre Nebenrolle die Dominanz der historisierenden Forschung.

2.2.1 Die Wirtschaftslinguistik

Die Betonung der diachronen Sprachanalyse ist hier ganz unverkennbar. So untersucht z. B. Stieda (1894) die Sprache der Hanse im 15. Jahrhundert anhand von niederdeutschen Briefen und Urkunden. Fehr (1909) befaßt sich in seiner Habilitationsschrift mit der historischen englischen Handelssprache. Dabei untersucht er anhand mittelalterlicher Quellen die anglo-normannische Rechtssprache, die Kanzlei- und Beamtensprache und die „Sprache des Marktes"[18], d. h. die Sprache der Gewerbe (Groß- und Kleinhandel, Makler, ausländischer Handel, Schiffahrt, Zins etc.). Das Schwergewicht liegt auch hier auf der Etymologie der Wörter, sowie auf der Geschichte des Handels. In der Dissertation von Nolte (1909) findet der Leser eine Geschichte des Begriffs KAUFMANN. Er zieht mittelhochdeutsche und frühneuhochdeutsche Quellen heran[19]. Der KAUFMANN-Begriff kann so in drei Teile untergliedert werden: 1. Der Kaufmann, der keiner bestimmten kaufmännischen Berufsgruppe zuzuweisen ist; 2. der Großhändler und 3. der Kleinhändler, den Nolte noch weiter in die einzelnen Gewerbe unterteilt. Für alle drei Gruppen gibt der Autor verschiedene Ausdrücke zur Bezeichnung der (Teil-)Begriffe an. Daran schließt sich eine Schilderung des Tätigkeitsfeldes, der Auffassungen, des Umfeldes der Kaufmannschaft, d. h. des gesamten Begriffsinhaltes wie er aus den Quellen zu entnehmen ist, an. Auch bei Nolte ist, wie bei anderen Arbeiten dieser Zeit, Begriffsgeschichte noch vorwiegend Wortgeschichte, d. h. die Ausdrucksseiten stehen im Mittelpunkt der Untersuchung, der semasiologische Zugang zum Begriff hat vor dem onomasiologischen noch Vorrang.
Ausschließlich an den Ausdrucksseiten der Wörter orientiert sich Schrader (1886). Er ermittelt Wortentwicklungen vom (erschlossenen) Indogermanischen über das Griechische und Lateinische bis hin zum Deutschen und steht ganz in der Tradition der historisch-vergleichenden Sprachwissenschaft. In dieser Weise leitet er Wortentwicklungen aus den Sachbereichen *Verkehr, Handel, Hermes-Mercurius als Handelsgott, Geld, Maß und Gewicht* und *Gewebestoffe* her.

Die Etymologie der Ausdrücke ist in der „Wirtschaftslinguistik" von zentralem Interesse. Das zeigt nicht nur ein Blick in den von Messing herausgegebenen Sammelband „Zur Wirtschaftslinguistik" (Messing (1932)), den man als Zusammenfassung und auch als Abschluß dieser Richtung bezeich-

---

[17] Vančura (1936), S. 160.
[18] Fehr (1909), S. 55.
[19] Reimchronik, höfisches Epos, Spielmannsdichtung, Schwank, Satire, Lehrgedicht und Predigt für den Bereich des Großhändlers.

nen kann, sondern auch die Tatsache, daß gerade in dieser Zeit Wörterbücher und etymologisch orientierte Stilkunden für die Sprache der Wirtschaft[20] entstehen. Hier ist in erster Linie das bis heute maßgebliche „Wörterbuch der Kaufmannsprache" von Schirmer (1911) zu nennen[21]. Daneben sei das zweisprachige Wörterbuch Eitzens (1922) erwähnt. Beide Autoren haben auch praktische Sprachführer auf etymologischer Basis für Kaufleute geschrieben (Schirmer (o. J.), Eitzen (1917)), die sich, wie die Auflagenanzahl des Werkes von Eitzen zeigt, einer regen Nachfrage erfreuten.

Das Ende des 19. Jahrhunderts war auch eine Blütezeit der Sprachkritik. Damals wurde ein Werk wie das von Karl Gustav Wustmann, dem bekanntesten Sprachkritiker, häufig aufgelegt, verkauft und gelesen. In eben dieser Tradition stehen auch die sprachkritischen und sprachpuristischen Schriften Eitzens und Engels. Engels sagt dem Fremdwort in der Handelssprache den Kampf an, und stößt damit damals auf offene Ohren. Seine Arbeit „Sprachverderbnis im Handelsdeutsch und ihre Bekämpfung" (Engels (1917)) erhielt den ersten Preis des Allgemeinen Deutschen Sprachvereins auf die Frage „Wie ist die Sprachverderbnis im Deutschen Handelsstande zu bekämpfen?"[22]
Das Ziel der Sprachreinheit ist auch in anders gelagerten Untersuchungen maßgeblich. So analysiert Hauschild (1914) den kaufmännischen Briefstil seit dem 18. Jahrhundert[23], indem er die Briefe an einem sprachpuristischen Ideal mißt. Seine Ergebnisse sollen der Prägnanz der Formulierung wegen hier ausführlicher zitiert werden:

> „Ich fasse das Ergebnis meiner Arbeit noch einmal kurz zusammen. Der deutsche Geschäftsbrief in der ersten Hälfte des 18. Jahrhunderts läßt sich an Reinheit und Echtheit mit einem Dorfköter vergleichen. Er ist ein abstoßendes italienisch–französisch–deutsches Gemisch. Daneben hält sich der vom Kanzleistil stark beeinflußte Kaufmannsbrief, der nach Büschs Zeugnis noch am Ende des Jahrhunderts nicht ganz ausgestorben ist. Die alamodische Schreibweise wird auf Handelsbriefe kaum von Einfluß gewesen sein. Zu derselben Zeit gilt allerdings auch der aus Französisch und Deutsch gemischte Privatbrief als der vornehmste, auch im Bürgerstande. Ein Mann von weitreichendem Einflusse, Gellert in Leipzig, stellt um die Mitte des Jahrhunderts Regeln für einen besseren Geschmack in Briefen auf, im Zusammenhange mit dem Streben nach Natürlichkeit, von dem der gebildete Bürgerstand damals beherrscht wird. Es gelingt ihm, die Unnatur der alamodischen Briefe aus dem Felde zu schlagen. Joh. Carl May aus Altona überträgt den Grundsatz der Natürlichkeit auf die Kaufmannsbriefe, und wir dürfen annehmen, daß namentlich durch ihn jene alten Formen des Handelsbriefes verdrängt und der Sinn für Reinheit der Sprache geweckt wurde, wenn es der natürlichen Schreibart auch nicht an Übertreibungen fehlte.

[20] Es finden sich, ohne genaue Abgrenzungen, die Bezeichnungen *Handelssprache*, *Kaufmannsdeutsch* und *Wirtschaftssprache*.

[21] Vgl. auch Schirmer (1913), S. 31-33 zur „Kaufmannssprache" als „Berufssprache".

[22] Weitere sprachkritische Arbeiten sind Eitzen (1894), Eitzen (1894a).

[23] Er will mit dieser Arbeit ausdrücklich an Penndorfs Analysen zum kaufmännischen Briefstil anknüpfen. Vgl. Penndorf (1909), (1913), (1932).

> Vortrefflich wird auch in den sechziger und siebziger Jahren der Einfluß Schwabes in Leipzig gewesen sein, der namentlich auch die Fremdwörterei bekämpft. Gegen Ende des Jahrhunderts bildet sich ein sachlicher, ernster Kaufmannsbrief aus, der im wesentlichen dem heutigen gleicht. Der Gebrauch der frommen Formeln und der sogenannten Ehrenwörter verliert sich mehr und mehr. Wenn die besten kaufmännischen Briefsteller um diese Zeit auch grundsätzlich den übertriebenen Gebrauch des Fremdwortes tadeln, so sind doch alle im Grunde sehr nachsichtig gegen die Fremdwörter und führen allerlei recht wenig triftige Gründe für die Beibehaltung der „einmal eingebürgerten“ an. Das ganze 18. Jahrhundert scheint, eingeschüchtert durch die Mißerfolge der sprachreinigenden Gesellschaften des vorhergehenden Jahrhunderts, diesen lauen Standpunkt eingenommen zu haben. Bewußte, zusammenhängende Verdeutschungsversuche werden erst am Ausgange des Jahrhunderts von Campe vorgenommen.“[24]

Wie bereits erwähnt, beschließt der Sammelband von Messing (1932) die „Wirtschaftslinguistik“[25]. Vančura gruppiert die Arbeiten in diesem Sammelband treffend:

> „The first trend is a continuation of the historical method shown in the earlier works of Fehr and Schirmer. The adherents of the second trend, influenced probably by such scholars as Vossler and Deutschbein, attempt to show how commercial and technical expressions throw an interesting light upon the character and customs of the respective nations. Dr. Messing has summed it up in his lecture at the Hague Congress: ‚Die Wissenschaft von der Wirtschaftssprache wird zur Nationenwissenschaft‘. Finally, the champions of the third trend claim that the study of the language of commerce is one of the economic sciences just like economic geography etc.“[26]

Im Sammelband finden sich nicht nur etymologisch-historische Arbeiten[27]; sondern auch die Forderung der Institutionalisierung der „Wirtschaftslinguistik“ wird vorgetragen, vor allem von Messing selbst. Er plädiert für die Einrichtung von Lehrstühlen für Wirtschaftssprache, die an die jeweiligen wirtschaftswissenschaftlichen Fakultäten angegliedert werden sollen[28]. An diesen Lehrstühlen, so schwebte es Messing vor, sollte dann anhand der Wirtschaftssprache die Kultur der Nation studiert werden können. Es gäbe dann eine „Sprachwissenschaft auf der Handels-Hochschule als Wissenschaft von der Nationalkultur der Völker“[29]. Wie dieses Zitat und das von Vančura angeführte zeigen, griff damit die „Wirtschaftslinguistik“ über einen rein philologischen Anspruch weit hinaus.

---

24 Hauschild (1914), S. 112f.

25 Eine gute Zusammenfassung der Beiträge in Messing (1932) bietet Henke (1991), S. 15-17.

26 Vančura (1936), S. 160. Das Messing-Zitat stammt aus Messing (1928), S. 16.

27 Z. B. Schirmer (1932) zur Bedeutung des Handschlags im Handel und zum Begriff FIRMA; Messings (1932a) Arbeit zum „Trockenen Wechsel“; Wendelsteins (1932) beginnende fachsprachliche Betrachtung der Wirtschaftssprache.

28 So auch Messing (1928).

29 Messing (1932a), S. 116.

2.2.2 Die Wirtschaftsgermanistik: Hugo Siebenschein

Ein von den bisher besprochenen Arbeiten zu unterscheidendes Erkenntnisinteresse vertrat dir sogenannte „Wirtschaftsgermanistik", deren Hauptvertreter Hugo Siebenschein war[30]. Im Vorwort zu seinen „Abhandlungen zur Wirtschaftsgermanistik" formuliert er seine Untersuchungsziele folgendermaßen:

> „Es wird sich demnach eine doppelte Fragestellung ergeben. Die nach den Spiegelungen des Handels und des Kaufmannes in der Dichtung, in unserem spezifischen Falle in der deutschen Dichtung und natürlich vor allem in jener deutschen Dichtung, die dem čechoslovakischen Boden entsprungen ist; die Frage der etwaigen gegenseitigen Einwirkungen zwischen Poesie und Wirklichkeit. Zweitens die Frage nach den spezifischen Formgebungen der Spracherscheinungen kaufmännischen Inhalts; für dieses Forschungsgebiet ist der Name Wirtschaftslinguistik geprägt worden, Josef Čada hat ihr Programm in Rom auf dem III. Internationalen Linguistischen Kongreß entworfen und überdies in der Vierteljahrsschrift Slovo a slovesnost (Heft 1, 1935) ihre einzuschlagenden Wege präzisiert. Diese doppelte Fragegliederung wäre somit vom Standpunkt einer čechischen Wirtschaftsgermanistik für einige Zeit die gegebene und sie ließe sich auf jedes Zeitalter, auf jedes Problem und auf jede stofflich in Betracht kommende Persönlichkeit anwenden."[31]

Parallel zu diesen beiden methodischen Bezugspunkten wird dann ein idealisiertes Mittelalter als positive Folie für die Gegenwart herangezogen und ideologisch überhöht:

> „Wenn ich mich trotzdem von Anfang an mit aller Entschiedenheit dem ausgehenden Mittelalter zuwende, hat dies tiefliegende Gründe, die hier wenigstens andeutungsweise zur Erörterung kommen sollen. Sie wurzeln teils im Zeitgeist, teils in kulturphilosophischen Zusammenhängen. Das Zeitgeistige will ich mit jener tiefen Verwandtschaft erläutern, die unsere Entwicklungsrichtung, als Ganzes gesehen, mit dem Mittelalter verbindet. Wir scheinen, hoffentlich auf einer höher gelegenen Ebene der vielgenannten Spirallinie der Entwicklung, einem neuen Mittelalter entgegenzugehen. Dies kann nach dem Gesagten nicht überraschen. Die Person und die Persönlichkeitsgeltung ist zu Gunsten der Kollektivitätsgeltung im Abnehmen, die Gesellschaft ist durchglüht von einer Sehnsucht nach konstruktiver Gliederung, neue und unabweisbare Bindungen, eine neue Religion schließt die Massen zu festen Einheiten zusammen, zu Einheiten, die unbegrenzte und kritiklose Hingegebenheit vom Einzelnen fordern, wie sich dies in unserer Politik, in der Wirtschaft, in der Technik, Kunst und Wissenschaft, in der Gesetzgebung und überall sonst deutlich genug ausspricht."[32]

Diese, dem „Zeitgeist" des erstarkenden Nationalsozialismus entsprechenden Vorstellungen haben dann allerdings im begriffsgeschichtlichen Teil dieser ersten „Abhandlung"[33] keine Bedeutung mehr. Hier geht Siebenschein sehr

---

30 Siebenschein (1936).

31 Siebenschein (1936), S. 6.

32 Siebenschein (1936), S. 9.

33 In dem Sammelband befinden sich folgende Schriften: 1. „Meistergesang — eine Lebens-

quellennah den einzelnen Begriffen nach, wobei seine Vorgehensweise wie die der „Wirtschaftslinguisten“ etymologisch und historisch bestimmt ist. Er untersucht die Begriffe KAUFEN, VERKAUFEN, KAUFMANNSCHAFT/ HANDEL/ GESCHÄFT, REISEN, WIRT, WIRTSCHAFT, GELD, KIRCHE, KAPITAL, SCHULD, ZINS, GEWINN, STEUER, WARE, BETRUG und VERMÖGEN[34]. Siebenscheins Quellen zu diesen Begriffen liegen vornehmlich im 15. und 16. Jahrhundert. Wie die Überschrift „Meistergesang — eine Lebensgesinnung“ schon zeigt, ist das Werk von Hans Sachs von zentraler Bedeutung. Aber auch Texte anderer Meistersinger, sowie Texte von Sebastian Brant und Luther werden als literarische Quellen herangezogen. So soll von der literarischen Seite her die Entwicklung wirtschaftssprachlicher Begriffe nachvollzogen werden.

2.2.3 Strukturelle funktionale Wirtschaftslinguistik

Prag war nicht nur der Ursprung der Wirtschaftsgermanistik Siebenscheinscher Prägung, sondern auch eines anderen, bedeutenderen Forschungsansatzes, der „strukturellen funktionalen Wirtschaftslinguistik“[35]. Wie bereits in Kapitel 2.1.2 erwähnt, erkannten die Vertreter dieser Richtung das Problem des Theoriedefizits bei der Beschäftigung mit der (Fach-)Sprache der Wirtschaft genau. Sie forderten vor allen sprachlichen Detailuntersuchungen eine theoretische Fundierung des Gegenstandsbereichs. Gefragt wurde, wie sich die vielen verschiedenen wirtschaftssprachlichen Texte klassifizieren und deren Sprachbesonderheiten in einem aus der Empirie abgeleiteten Modell der Sprache erklären lassen? Die strukturellen funktionalen Wirtschaftslinguisten, von denen ich hier stellvertretend für alle Vančura und Krejči[36] vorstellen will, bezogen sich sprachtheoretisch auf die Funktionalstilistik.

Vančuras Artikel von 1936 umreißt das Programm präzise. Nachdem er die damalige Forschung zur Wirtschaftssprache kurz vorstellt und ihre Leistungen bis hin zu Messings Sammelband würdigt, weist er auf deren bisherige Vernachlässigung der Theorie zur Wirtschaftssprache hin. Vančura will diesen Mangel beheben, indem er eine funktionalstilistische Betrachtungsweise vorschlägt:

> „I would, however, suggest that not only the form but also the function of terminology ought to be considered [...] It is my opinion, therefore, that the term ‚Wirtschaftssprache‘ should be made to cover the whole sum of linguistic material serving the needs of commercial and economic activities, and not merely isolated words and phrases [wie bislang in der Forschung geschehen - M. H.]. [...]

gesinnung“, 2. „Sprachkritische Bemerkungen zum Wechselgesetz“, 3. „Die Industrialisierung als Faktor der Umgestaltung der deutschen Handelssprache“. Vom begriffsgeschichtlichen Blickwinkel aus ist nur die erste von Interesse.

34 Siebenschein (1936), S. 80-114.

35 Drozd/Seibicke (1973), S. 68.

36 Vančura (1936), Krejči (1932), (1941).

> The language of commerce may well be regarded as one of those ‚functional dialects' and studied as such. It can be done only if we take whole discussions and documents (letters, contracts, economic articles and news, and advertisments etc.) to be realisations of the language of commerce."[37]

Er kommt schließlich zu einer Gliederung der Wirtschaftssprache nach Funktionalstilen:

> „Thus we can distinguish different styles of ‚Wirtschaftssprache', e. g. the styles of correspondence, newspaper articles, textbooks and scientific works, legal documents etc."[38]

Mit dieser Sicht der Dinge steht Vančura keineswegs allein. Er verweist auf einige Arbeiten, die in dieser Richtung durchgeführt worden sind:

> „Special research has proceeded along this line in the Czech articles and books by J. Čada, L. V. Kopeckij, T. Krejči and the author of this paper."[39]

Vančura ist mit seinen Vorschlägen repräsentativ für alle Funktionalstilisten. Dies macht ein Blick auf die Textklassifikation bei Krejči (1941) deutlich. Er unterscheidet, genau wie Vančura, folgende Stile in der Wirtschaftssprache:

> „Die stilistischen Möglichkeiten und Besonderheiten der Wirtschaftssprache lassen sich vor allem in folgenden Typen (Stilen) erfassen: im Schriftverkehr der Unternehmung (der früheren Handelskorrespondenz), in den theoretischen, praktisch–belehrenden und wissenschaftlichen Wirtschaftsabhandlungen, in der Buchhaltung und im wirtschaftlichen Teil der Zeitung."[40]

So widmet sich Krejči in einem Kapitel seiner Arbeit der „Geschichte des deutschen Geschäftsbriefs"[41] als einer Funktionalstilebene der Wirtschaftssprache. Der Untersuchungszeitraum reicht hier vom 14. Jahrhundert bis zur Gegenwart, wobei für die Gegenwart die einzelnen Betriebsgruppen (Industriebetrieb, Warenhandelsbetrieb, Bankbetrieb, Versicherungs– und Transportbetrieb) getrennt behandelt werden.

Im zweiten Teil der Arbeit beschäftigt sich Krejči mit betriebswirtschaftlichen Theorietexten. Zentrales Thema ist die theoretische und angewandte Buchhaltung.

> „Wie in den genannten Beispielen beobachten wir auch sonst mit fortschreitender Versachlichung der Buchhaltungskunst in den Eintragungen das Streben nach Zeitersparnis, die sich sprachlich in elliptischen Sprachformen und in immer steigender Formelhaftigkeit äußert."[42]

Zum funktional orientierten Übergang von der praxisbezogenen Briefstellerliteratur zu den theoretischen, betriebswirtschaftlichen Texten bemerkt Krejči:

> „Somit sehen wir im 18. Jahrhundert dieselbe Erscheinung, der wir schon im fünfzehnten Jahrhundert begegnet sind, daß mit dem Wirtschaftsauf-

---

37 Vančura (1936), S. 162.
38 Vančura (1936), S. 163.
39 Vančura (1936), S. 164.
40 Krejči (1941), S. 16.
41 Krejči (1941), S. 18. Zum „Schriftverkehr der Unternehmung" unter funktionalstilistischen Gesichtspunkten vgl. auch Wiener (1935).
42 Krejči (1941), S. 102.

> schwung Hand in Hand die Vermehrung der Fachliteratur und die Entfaltung der funktionalen Sprache schreitet. Die theoretischen Abhandlungen, die sich bisher vorwiegend auf die Anweisung zum kaufmännischen Briefwechsel, zur Rechen- und Buchhaltungskunst beschränkten, wurden um die betriebswirtschaftliche Problematik erweitert."[43]

Die starke Erweiterung der Quellengrundlage hat natürlich auch Konsequenzen für die Textsorten, die sich im Gefolge des wirtschaftlichen Wandels auch veränderten.

> „Die Intensivierung des Wirtschaftsprozesses zeitigte die Notwendigkeit der theoretischen Erforschung und tieferen Erkenntnis der einzelnen Probleme. Das alte Handelsbuch, das empirische Betrachtungen über den Sektor des Warenhandelsbetriebes enthielt, machte Werken Platz, die den gesamten betriebskundlichen Stoff vom wissenschaftlichen Standpunkt aus zu lösen trachteten. In Deutschland waren es zuerst die sogenannten Handlungswissenschaftler, die nach dem französisch-englischen Vorbild die Betriebswirtschaftstheorien systematisch nach den wichtigsten Problemen behandelten."[44]

Die Entwicklung der theoretischen Literatur zur Betriebswirtschaft kann der Autor so bis hin zum 20. Jahrhundert nachzeichnen. Kennzeichnend für den Beginn dieses Jahrhunderts ist die Institutionalisierung des Fachs an den dafür eingerichteten Handelshochschulen

> „Der Entwicklungsprozeß in der Wirtschaft, der in der zweiten Hälfte des XIX. Jahrhunderts in Deutschland den empirisch-traditionellen Charakter verließ, führt an der Wende des XX. Jahrhunderts zur Gründung der Handelshochschulen sowie der wirtschafts- und sozialwissenschaftlichen Fakultäten an Universitäten und technischen Hochschulen. Diese Anstalten gliederten ihrem Unterrichtsplan und ihrer Prüfungsordnung außer der Volkswirtschaftslehre [...] auch die wissenschaftlich fundierte Lehre vom Betriebe der im Privateigentum verankerten Unternehmungen an."[45]

Was Krejči beschreibt kann mithin als die Entwicklung der Sprache der Betriebswirtschaftslehre bezeichnet werden. Nicht Theorietexte der Volkswirtschaftslehre oder anderer Fächer bilden die Textgrundlage; vielmehr geht der Autor von den für praktische Zwecke geschriebenen Briefstellern aus und gelangt, bei schmaler Quellenbasis, schließlich bis zu betriebswirtschaftlichen Theorietexten. Er erläutert dabei das Erstarken des Deutschen (Fremdwort, Lehnwort usw., mit vielen Beispielen) und syntaktische Besonderheiten, die er meist auf das Ökonomieprinzip zurückführt.

2.2.4 Zusammenfassung

Der Gang durch die wichtigste Literatur der ersten Forschungsphase machte deutlich, daß sich drei in ihrer Methode, ihrem Erkenntnisinteresse und

---

[43] Krejči (1941), S. 104.
[44] Krejči (1941), S. 37f.
[45] Krejči (1941), S. 67.

teilweise auch in ihrem Untersuchungsgegenstand unterscheidbare Richtungen erkennen lassen: die historisch–etymologische Sprachforschung, die in der „Wirtschaftslinguistik“ Messings gipfelte, die „Wirtschaftsgermanistik“ sowie die „Funktionalstilistik“ der Prager Schule. Drozd/Seibicke (1973) bringen die Gemeinsamkeiten und Unterschiede dieser drei Ansätze auf den Punkt:

> „Die historisierende Richtung versuchte, spezielle Erscheinungen des Sprachwandels und des Sprachvergleichs mit den Entitäten der Geschichtsentwicklung der materiellen Welt, mit der Produktions–, Waren– und Handelssphäre zu belegen, und in umgekehrter Weise die historischen Gegebenheiten der Wirtschaft durch die sprachlichen Faktoren zu klären oder zu begründen.“[46]
> „Dagegen war H. Siebenscheins Wirtschaftsgermanistik ein Vorhaben philologischen bzw. sprachsoziologischen Charakters.“[47]
> „Die strukturelle und funktionale Wirtschaftslinguistik hat versucht, den System– und Strukturgedanken der Fachsprache des Handels zu begründen und die wirtschaftssprachliche Forschung auf streng linguistischer Basis zu entwickeln.“[48]

2.3 Die zweite Forschungsphase: Nach 1945

Die zweite Forschungsperiode erstreckt sich zeitlich vom Wiederbeginn der Beschäftigung der Linguistik mit wirtschaftlichen Inhalten nach dem Zweiten Weltkrieg durch die Terminologielehre bis hin zur Gegenwart, in der man eine zunehmende Diversifikation der Zugänge zur Wirtschaftssprache festellen kann. Heute stehen folgende Themenbereiche nebeneinander: Arbeiten zur Syntax und Morphologie der Sprache der Wirtschaftspresse, sprach– und ideologiekritische Auseinandersetzungen mit der Versprachlichung wirtschaftlicher Inhalte, der Bereich des Wirtschaftsdeutschen als Fremdsprache und in der Schule, vereinzelte Arbeiten zur Metaphorik in Wirtschaftstexten und der relativ junge Sektor der Betriebslinguistik. Wie im Abschnitt zur ersten Forschungsphase wird die zeitliche Grobgliederung bei der Behandlung der Literatur durch eine systematische ersetzt. Wiederum soll kein Anspruch auf eine vollständige Erfassung der Literatur erhoben werden. Es geht lediglich darum, die bestehenden Tendenzen der Forschung in Abgrenzung zum Anliegen der vorliegenden Arbeit darzustellen.

2.3.1 Terminologielehre

Der Bruch in der wirtschaftlinguistischen Forschung nach dem Zweiten Weltkrieg ist unübersehbar. Zwar weisen Drozd/Seibicke auf eine teilweise Fortführung der älteren Tradition in der „Terminologie der Warenkategorien“ durch Artur Kutzelnigg und Udo Koppelmann hin[49], aber es besteht eine weitaus größere Verbundenheit dieser Gruppe mit der Terminologielehre von Eugen

---

[46] Drozd/Seibicke (1973), S. 68 f.
[47] Drozd/Seibicke (1973), S. 69.
[48] Drozd/Seibicke (1973), S. 69.
[49] Drozd/Seibicke (1973), S. 68.

Wüster als mit der Wirtschaftslinguistik der dreißiger Jahre. In den Arbeiten von Kutzelnigg und Koppelmann findet die Wirtschaftslinguistik keine Erwähnung. Thematisch jedoch bestehen Gemeinsamkeiten. Es geht auch in dieser vor allem von Kutzelnigg in Köln initiierten und im wesentlichen auch getragenen Schule darum, den Wirtschaftsbereich — und hier insbesondere den der Waren — fachlich zu kategorisieren[50]. In seinem Buch „Terminologie der Warenkategorien“ will Kutzelnigg, ähnlich wie in den Naturwissenschaften (Biologie), eine Begriffssystematik für Waren/Warenkategorien entwerfen. Er geht dabei von folgenden Kriterien aus[51]:

1. Grammatik (unter morphologischem Aspekt betrachtet): Hier teilt er die Substantive, die bei ihm für die Begriffe stehen, in Stamm- und Bestimmungswörter ein, die als Ober- und Unterbegriffe gewertet werden. Klassifizierend wirken ebenso Ableitungen und Syntagmen.
2. Logik: „Wo es sinnvoll erschien, wurden als weitere Gliederungspunkte die Bestimmung durch ‚Eigen- oder Beziehungsmerkmale‘ und durch das Verhältnis ‚Teil zum Ganzen‘ oder die ‚Zugehörigkeit‘ angewendet.“[52]
3. Fachdisziplin: „Schließlich wurde der Stoff auch aus technologischen, betriebswirtschaftlichen oder volkswirtschaftlichen Blickpunkten gegliedert.“[53]

Die seinem System zugrundeliegende Semantiktheorie fußt auf Weisgerber, der mit ihm verbundenen inhaltsbezogenen Grammatik und der Wortfeldtheorie. Um das Begriffssystem der Warenkategorien aufzubauen, zog der Autor folgende Quellen heran: Lehrbücher, Handbücher, Lexika, Warenverzeichnisse, statistische Jahrbücher, Normenverzeichnisse, Messekataloge und Zeitschriftenaufsätze.

Das aus diesem Material erstellte Warenkategoriengebäude wendet Kutzelnigg zum Abschluß noch konkret auf den Bereich der Kautschuk- und Gummiwaren an. Er beabsichtigt damit, von den abstrakten, deduktiv gewonnenen, definierten Kategorien zu konkreten Waren zu gelangen und damit die Brauchbarkeit seines Modells zu beweisen. „Warenkategorie“ heißt dabei für Kutzelnigg: „Gruppen von Waren [...], die aufgrund irgendwelcher Gemeinsamkeiten zusammengefaßt werden.“[54] (Z. B. Rohstoffe, Werkstoffe). Durch Kategorienbildung auf dieser Ebene erhält man erst eine horizontale Gliederung, die durch die Klassifikation vertikal ergänzt werden muß. Hier gilt das Prinzip von Ober- und Unterbegriff. Bei der Bildung dieses Begriffssystems taucht jedoch für Kutzelnigg auch ein Problem auf. Eine Terminologie der Warenkategorien läßt sich nicht so leicht wie in den Naturwissenschaften aufstellen, da dort „wertungsfreie Eigenmerkmale“ zur Kategorisierung und Klassifikation verwendet werden, während „die Waren auf den sie nutzenden

[50] Kutzelnigg (1965), Koppelmann (1967).
[51] Die Gruppenbezeichnungen stammen von Kutzelnigg.
[52] Kutzelnigg (1965), S. 19.
[53] Kutzelnigg (1965), S. 19.
[54] Kutzelnigg (1965), S. 10.

Menschen bezogen"[55] sind. Inwiefern in naturwissenschaftlichen Terminologien tatsächlich „wertungsfreie Eigenmerkmale" bestehen, mag hier dahingestellt bleiben. Fest steht jedoch, daß auch diese Terminologien (wie alle von Menschen entworfenen Weltgliederungen/Klassifikationen) sich aus den Intentionen der sie nutzenden Menschen erklären lassen, bzw. dadurch ihre spezifische Form erhalten.

Ebenfalls auf die inhaltsbezogene Grammatik und auf die Wortfeldtheorie bezieht sich der zweite wichtige Vertreter der Terminologie der Warenkategorien, Udo Koppelmann[56]. Aufgrund wortfeldtheoretischer Einsichten versucht er, geometrisch orientierte Warenbegriffe ‚neu' zu bestimmen. Er ordnet sie in Wortfeldern an, um so zu einer linguistisch exakten Terminologie zu gelangen. Eine auch für die hier vorliegende Studie[57] interessante Erkenntnis Koppelmanns ist die, daß Formkriterien, also die Orientierung und Ausdehnung der Objekte (Waren) im Raum beim Erkenntnisprozeß und bei der Begriffsbildung eine sehr wichtige Rolle spielen[58]. Gerade geometrisch definierte Warenbegriffe sind eher die Regel und keine Ausnahmefälle[59].

Die terminologische Ordnung der Warenwelt wurde in der linguistischen Forschung nur vereinzelt fortgeführt[60]. Mit den Begriffssystematikern Kutzelnigg, Koppelmann und ihren Mitarbeitern war damit zugleich der Beginn und das Ende dieses Zugangs zu einem Aspekt der Wirtschaftswelt und der Wirtschaftssprache gegeben.

2.3.2 Syntax und Morphologie

Die Arbeiten dieser Forschungsrichtung haben alle eine Gemeinsamkeit. Sie betrachten die wirtschaftssprachlichen Texte rein auf der syntaktischen oder allgemeiner grammatikalischen Basis unter Ausschluß der Semantik, d. h. unter Ausschluß der für die sprachliche Form wichtigen inhaltlichen Bedingungen. Hand in Hand mit dieser Dominanz der Grammatik geht oft[61] die statistische Analyse des Textmaterials in bezug auf Frequenzen bestimmter Wortbildungen, Wortarten, Satzkonstruktionen etc. So können, vor allem wenn als Vergleichsmaterial alltagssprachliche bzw. Nicht–Fachtexte in die Analyse miteinbezogen werden[62], die Besonderheiten wirtschaftssprachlicher Texte bezüglich syntaktischer, morphologischer und lexikalischer Frequenzen ermit-

---

55 Kutzelnigg (1965), S. 11.

56 Koppelmann (1967).

57 Vgl. Kap. 4.

58 Vgl. die Analysen zu den Begriffen STAB, STANGE, ROHR, RÖHRE, RING, FASER, FADEN, SEIL, LEINE, BAND, STREIFEN, BLATT, BAHN, FOLIE, PLATTE und TAFEL, Koppelmann (1967), S. 87-112.

59 Koppelmann (1967), S. 118.

60 Z. B. P. Schmitt (1988) mit dem Schwerpunkt auf dem zweisprachigen Terminologievergleich, und Hohnhold (1988).

61 Z. B.: De Cort/Hessmann (1977/1978/1979), Duhme (1991), Kvam (1986), Laurecíková (1988), Piirainen (1982), Piirainen/Airismäki (1987), Schefe (1975).

62 Z. B. bei Kvam (1986), Laurecíková (1988).

telt werden. Die Abweichungen bzw. das auffällige Phänomen wird dann meist mit dem Hinweis auf den Fachtextcharakter erklärt.
Schefe (1975) untersuchte auf diese Weise drei Fachsprachen. Neben medizinischen und literaturwissenschaftlichen Quellen analysierte er auch ein kleines Korpus[63] mit betriebswirtschaftlichen Theorietexten. Ziel seiner Untersuchung war es, Unterschiede und spezifische syntaktische Eigenschaften der jeweiligen Fachsprache herauszuarbeiten, was dem Autor auch gelang.
Ein ähnliches Erkenntnisinteresse leitete die Autoren De Cort/Hessmann (1979a), (1977/ 1978/ 1979)[64]. Bei ihnen stand erstmals die „wissenschaftliche Fachsprache der Wirtschaft" allein im Zentrum. Ihre Studien können als Klassiker dieser Forschungsrichtung bezeichnet werden[65]. De Cort/Hessmann lehnen eine semantisch orientierte Sprachbetrachtung ab: „Unsere Untersuchung ist weder historisierend, noch inhalts- oder wirkungsbezogen."[66] Das Textkorpus, das die Autoren auf diese Weise analysieren, besteht aus Werken von 50 deutschsprachigen Autoren nach 1960 (2000 Sätze)[67]. Die Textgrundlage ist somit synchron und relativ breit. In der konkreten Analyse wird auf folgende Einzelfragen eingegangen: Die Satzlänge, die Frequenz von Satzgliedern im Einzelsatz, die Art der Hypotaxen- und Parataxenbildung, Frequenz und Bildungsweise des Passivs[68], die Art und Frequenz der erweiterten Attribute, die Frequenz von Fügungen mit „*zu* (+Artikel) + Substantiv auf *-ung*"[69], die Korrelate, die Funktionsverben, Art und Häufigkeit von Substantivbildungen auf *-ung*, substantivierte Infinitive[70]. Zum Schluß dieser Studie bieten die Autoren Vorschläge zur Didaktisierung von Fachtexten unter Berücksichtigung ihrer Erkenntnisse an[71]. Das Ziel und die Relevanz der Arbeit sehen De Cort/Hessmann in der Möglichkeit, über die genauere Kenntnis der grammatischen Besonderheiten der wirtschaftswissenschaftlichen Fachsprache eine gezielte Verbesserung und Ergänzung des Deutschunterrichts für Fremdsprachige zu erreichen.

Die Arbeiten von Schefe (1975) und De Cort/Hessmann (1979a), (1977/ 1978/1979) sind, was die Textauswahl betrifft, Ausnahmen. Während sie wirtschaftswissenschaftliche Theorietexte untersuchten, wurde in den meisten anderen Untersuchungen Textkorpora aus Wirtschaftspressetexten zusammengestellt. Die Sprache der Wirtschaftspresse ist auch in den meisten anderen Arbeiten, die sich mit Wirtschaftssprache befassen, der eigentliche Bezugs-

---

63 Schmalenbachs Zeitschrift für betriebswirtschaftliche Forschung, 22. Jahrgang: 100 Sätze, 8 Autoren. Zeitschrift für Betriebswirtschaftslehre, 40. Jahrgang: 100 Sätze, 8 Autoren. Neue Betriebswirtschaft, 23. Jahrgang: 50 Sätze, 4 Autoren.

64 De Cort/Hessmann (1979a) ist die Kurzfassung der Ergebnisse der Studien von 1977 bis 1979.

65 Es gibt kaum einen Autor, der sich nach ihnen mit der Wirtschaftssprache beschäftigte, und nicht zumindest auf ihre Arbeit hinwies.

66 De Cort/Hessmann (1977), S. 28. Vgl. auch De Cort/Hessmann (1979a).

67 De Cort/Hessmann (1977), S. 29.

68 De Cort/Hessmann (1977), S. 39 f., 47 ff., 65 ff., 67 ff.

69 De Cort/Hessmann (1978), S. 231 ff., 251 ff.

70 De Cort/Hessmann (1979), S. 55 ff., 60 ff., 73 ff., 84 ff.

71 De Cort/Hessmann (1979), S. 92-101.

punkt. Es mangelt an einer typologischen Trennung der unterschiedlichen Textsorten. Oft wird auch geradezu naiv davon ausgegangen, daß Pressetexte — und hier wiederum Börsenberichte — repräsentativ für den ganzen Bereich der Wirtschaftssprache seien. Wenn man bedenkt, daß die Wirtschaftspresse nicht nur in den hier besprochenen syntaxorientierten Arbeiten, sondern auch in anderen Bereichen[72] **die** Bezugsgröße ist, so nimmt es nicht Wunder, daß in Einführungen in die Problematik der Fachsprachen unter Wirtschaftssprache meist nur die Sprache der Börsenberichte und der übrigen Wirtschaftspresse firmiert[73]. Wenn sich also die linguistische Forschung der Wirtschaftssprache überhaupt annahm, so meist in der Form der Wirtschaftspressesprache.

Piirainen (1982) untersuchte ein Korpus von 30 000 Wörtern aus der Zeitschrift „Capital" und 10 000 Wörtern aus dem „Spiegel"[74]. Er erstellte Sprachstatistiken über die Häufigkeiten von Wortarten, Flexionsmorphemen und syntaktischen Strukturen. Die Ergebnisse bestätigten seine Hypothesen, daß die häufigsten Substantive eindeutig fachsprachlichen Charakter haben, und daß auch in der Wortbildung produktive Typen zur Bildung fachsprachlicher Ausdrücke existieren.

Bei der Bestimmung der Fachsprachlichkeit von Ausdrücken und dazugehörigen Begriffen zeigt sich, daß man auch in diesen ‚rein' syntaktischen Arbeiten nie an der Semantik vorbeikommt. Um nämlich bestimmen zu können, welche Substantive fachsprachlich sind, muß man neben Formkriterien der Wortbildung auch auf inhaltliche Bestimmungen, wie etwa die von der alltagssprachlichen Bedeutung unterschiedene Definition der Begriffe und die Bezeichnung von speziellen, fachbezogenen Sachverhalten rekurrieren. Damit wird aber eine Fachsemantik der Wirtschaftssprache in die Erklärung der sprachlichen Phänomene stillschweigend miteinbezogen, ohne daß diese theoretisch fundiert oder expliziert worden wäre.

Piirainen/Airismäki (1987) führten eine ganz ähnlich gelagerte Untersuchung anhand eines Textmaterials von 10 000 Wörtern (= 66 Seiten, 366 Artikel) aus dem „Handelsblatt", einer Tageszeitung zur Wirtschaft, durch. Untersucht wurden hier wieder Frequenzen, und zwar in der Lexik (Wortarten, Wortbildung, Fremdwörter) und in der Syntax (Satzkonstruktionen/-modelle, Satzlänge, syntaktische Funktionen verschiedener Wortarten).

Duhme (1991) ging der Frage nach, ob und wie in Wirtschaftspressetexten Phraseologismen verwendet werden, bzw. ob hier eine bestimmte Art von Phraseologismen existiert. Sein Korpus bestand aus Artikeln aus „Capital"[75], „WirtschaftsWoche"[76] und „Handelsblatt"[77]. Wie erwartet, zeigte sich in den Texten eine fachspezifische Verwendung von Phraseologismen.

---

72 Sprach- und Ideologiekritik, Wirtschaftsdeutsch im Unterricht, Leseanleitungen, Metaphorik in Wirtschaftstexten.

73 Vgl. Fluck (1985), auch bei Lüger (1983), S. 39. Kritisch dazu Burger (1984), S. 268.

74 Zum „Spiegel" vgl. auch Haapalahti (1981).

75 Die Ausgaben der Monate 8, 9 und 10 des Jahres 1988.

76 Die Ausgaben der Wochen 5, 6, 7 und 8 des Jahres 1988.

77 Die Ausgaben 64 bis 68 von 1989.

Versuchten De Cort/Hessmann in ihrer großangelegten Studie das Spektrum syntaktischer und syntaktisch-lexikalischer Fragestellungen möglichst umfassend aufzuarbeiten, so ist bei den vier folgenden Beiträgen eine Konzentration auf Einzelaspekte festzustellen[78].

Kvam ging der Frage nach, ob die Frequenzen von Partizipialkonstruktionen und Partizipialattributen in wirtschaftssprachlichen Texten signifikant höher sind als in Nicht-Fachtexten. „Zur Untersuchung von Partizipialstrukturen in Fachtexten haben wir ein Korpus von 251 000 Wörtern untersucht.“[79] Dieses relativ große Korpus (verglichen mit den bisherigen zur Wirtschaftssprache) war in folgende Textklassen gegliedert: interne Fachtexte, externe Fachtexte und Nicht-Fachtexte, wobei externe Fachtexte die vermittlungssprachliche Ebene abdecken sollten. Die Ergebnisse der Frequenzanalysen bestätigten die Hypothesen. Die Frequenz der Partizipialattribute ist sechsmal höher als in Nicht-Fachtexten, also fachtextspezifisch[80]. „Auch die Frequenz der Partizipialkonstruktionen wird als fachtextspezifisch bestätigt.“[81]. Hier ist der Unterschied zu nichtfachlichen Texten sogar noch größer. Kvam formuliert zusammenfassend drei Thesen:

> „These I: Standardisierung der sprachlichen Ausdrücke ist ein Wesensmerkmal der Sprachökonomie von Fachtexten. [...]
> These II: Stabilität der Kommunikationssituation bei der Produktion von Fachtexten fördert eine Einheitlichkeit der syntaktischen Ausdrucksmittel. [...]
> These III: Der syntaktische Unterschied zwischen Fachtexten und Nicht-Fachtexten ist quantitativer Art.“[82]

Die Rolle von Abkürzungen in der institutionellen Wirtschaftssprache untersuchte Höppnerová (1985). Diese werden aus sprachökonomischen Gründen gebildet und kürzen „Termini bestimmter semantischer Kreise“[83] ab:

> „1. Namen von Institutionen, Organisationen und Betrieben [...] 2. Benennungen ökonomischer Kategorien [...] 3. Namen von Publikationen [...] 4. Namen von Systemen [...].“[84]

Die Autorin weist den Abkürzungen eine wichtige Rolle bei der Neubildung von Fachtermini zu[85].
Ebenfalls morphologisch orientiert ist der Beitrag von Sternkopf (1986/1987). Er geht „mehrgliedrigen oder auch polymorphematischen Komposita mit 3 Grundmorphemen“[86] nach. Der Bezug zur Fachsprache der Ökonomie ist nur über die Beispielwörter gegeben, anhand derer Sternkopf die morpho-

---

[78] Kvam (1986), Höppnerová (1985), Sternkopf (1986/1987), Laurecíková (1988).
[79] Kvam (1986), S. 11.
[80] Kvam (1986), S. 111.
[81] Kvam (1986), S. 112.
[82] Kvam (1986), S. 116.
[83] Höppnerová (1985), S. 80.
[84] Höppnerová (1985), S. 80.
[85] Zur Lexikalisierung von Neologismen im ökonomischen Wortschatz des Englischen vgl. Gläser (1988).
[86] Sternkopf (1986/1987), S. 272.

logischen Besonderheiten dieser mehrgliedrigen Wortbildungskonstruktionen aufzeigt. Sein Belegmaterial aus der Wirtschaftssprache ist somit sehr gering: *Absatzschwerpunkt, Arbeitszeiteinsparung, Brennstoffwirtschaft, Exportförderungsmaßnahme, Fahrzeugpark, Großserienfertigung, Konsumgüterproduktion, Plankennziffer, Richtsetzplan, Weltmaßstab.* Daneben analysiert er auch einige Wörter, die sprachliches Allgemeingut sind. Sternkopf gelangt über eine bloße Beschreibung der Wortbildungsphänomene kaum hinaus. Sein Artikel kann — betrachtet man vor allem den verschwindend geringen Bezug zur „Fachsprache der Ökonomie" — nicht als Beitrag zur Wirtschaftssprache betrachtet werden.

Ergiebiger ist der Artikel von Laurecíková (1988). Auch sie geht einem Teilproblem nach, den modalen Infinitivkonstruktionen. Ihr Textkorpus bestand aus 1000 Sätzen mit modalen Infinitivkonstruktionen aus Werken eines Autorenkollektivs zur Politischen Ökonomie des Sozialismus[87].

> „Das Hauptanliegen unserer Untersuchungen war:
> a) die semantischen Funktionsvarianten beider modalen Infinitivkonstruktionen [ist/ sind + zu + Infinitiv; hat/haben + zu + Infinitiv – M. H.] in wissenschaftlichen ökonomischen Fachtexten zu bestimmen und ihre Funktion im Fachtext und im Text allgemeinen Charakters zu vergleichen;
> b) durch Analyse des Kontexts und seiner Elemente Faktoren zu ermitteln, die die Modalität dieser Infinitivkonstruktionen bestimmen oder beeinflussen."[88]

Wie zu erwarten war, bestätigten sich Laurecíkovás Vermutungen. Gegenüber alltagssprachlichen Texten bestanden deutliche Verteilungs- und Frequenzunterschiede.

Richter (1976) wertet in zwei synchronen Querschnitten (1470-1530 und 1670-1730) die Frequenz folgender Wortbelege aus: *Ware* vs. *Kaufschatz, Kaufmannschaft* etc., *bar* vs. *bereit, gereit* etc., *Makler* vs. *Unterkäufel, Unterkäufer*. Vom ersten zum zweiten Zeitabschnitt setzt sich jeweils der erstgenannte Ausdruck in den Quellen durch.

Borgulya (1988) soll die Reihe der syntaktisch-deskriptiven Arbeiten abschließen. Sie geht anhand einer sehr kleinen Textgrundlage (nur drei kurze Anleitungstexte) der Frage nach, aufgrund welcher syntaktisch-grammatikalischer Mittel eine hohe Verdichtung, d. h. die Übermittlung von viel Information auf wenig Raum, erreicht wird.

> „Meine Absicht war nun, der Frage nachzugehen, warum und wodurch dieser Texttyp [gemeint ist die Sprache der Dokumentation in der Wirtschaft – M. H.] eine derartige Verdichtung erreichen kann."[89]

Die Analyse der Verdichtungsformen und -prozesse ist m. E. wenig wirtschaftssprachspezifisch, da syntaktische Verdichtung ein generelles Merkmal

---

87 Argumentiert man im Rahmen des Modells der kommunikativen Bezugsbereiche, so kann man diese Texte auch in den Bereich der Ideologiesprache eingliedern, was jedoch für den Fachtextcharakter kaum einen Unterschied ergeben dürfte.

88 Laurecíková (1988), S. 68.

89 Borgulya (1988), S. 423.

fachlicher Kommunikation ist. Auch die aus der ,Textkorpusanalyse' gezogenen Konsequenzen sind in ihrer Allgemeinheit übertragbar. Für den Fachsprachenunterricht wird die Verwendung von Anleitungs- und Dokumentationstexten empfohlen. Für die Übersetzungspraxis gilt, daß dem Übersetzer „besonders reiche fachspezifische Erfahrungen"[90] abgefordert werden.

2.3.3 Sprach- und Ideologiekritik

Kritik an der Sprache und darüber hinaus oft an den unterstellten Manipulationsabsichten der Schreiber von Wirtschafts(presse)texten üben die Autoren der nun folgenden Reihe von Arbeiten. Grob kann man diese in zwei ungleich große Teilmengen gliedern:

(1) konstruktive Beiträge, d. h. solche, die nicht nur sprachliche Mißstände anprangern und mit dem erhobenen Zeigefinger den Teufel des Kapitalismus bannen wollen, sondern die konkrete Vorschläge unterbreiten, wie und warum die Schreiber von Wirtschaftstexten anders schreiben sollen;

(2) ideologische Arbeiten, deren Ziel es m. E. nicht ist, Stil und Inhalt der wirtschaftssprachlichen Texte zu verbessern, sondern die primär den Ideologieverdacht, mit dem sie an wirtschaftssprachliche Texte herangehen, bestätigt sehen wollen.

Ich möchte mit den konstruktiven Arbeiten beginnen[91]. Ein früher Beitrag zur Sprachkritik ist Becker/Lossen (1955). Die Autoren beleuchten unideologisch das problematische Verhältnis von nationalökonomischer Fachsprache einerseits und deren Wirkung bzw. Umsetzung „in der politischen Sphäre"[92] andererseits. Bleibt man im Stegerschen Sprachmodell[93], so richten die Autoren ihr Augenmerk auf die Vermittlung zwischen dem Wirtschaftstheorie- und dem Alltagsbereich, die sich über politische Institutionen vollzieht. Die Institutionen haben so eine Mittlerstellung zwischen Alltag und Theorie[94]. Dies formulieren die Autoren so:

> „Die Wirtschaftspolitik befindet sich also in ihrem sprachlichen Wirken in einer schwierigen Lage. Sie müßte eigentlich zwei Sprachen beherrschen: die nationalökonomische Fachsprache und die politische ,Wirksprache'. Sie müßte aber, um aufrichtig zu bleiben, diese beiden Sprachen aufeinander abstimmen [...]."[95]

Als praktische Handlungsrichtlinie empfehlen die Autoren den Personen, die vor allem (institutionell!) vermitteln müssen, folgendes:

---

[90] Borgulya (1988), S. 426.

[91] Ein weiterer Vertreter dieser Richtung ist Kroeber-Riel (1969), der jedoch wegen seiner interessanten Äußerungen zur Metaphorik in der Wirtschaftssprache erst in Kap. 2.3.6. besprochen wird.

[92] Becker/Lossen (1955), S. 116.

[93] Vgl. bes. Steger (1988).

[94] Vgl. Kap. 3.

[95] Becker/Lossen (1955), S. 123.

„Wenn also die Wirtschaftspolitik mit sprachlichen Mitteln in die Breite wirken will, dann hat sie bestimmte Bedingungen zu beachten. Zunächst muß sie allgemeinverständlich sein [...]. Ferner können selbst theoretisch richtige Vorstellungen hartnäckig mit falschen Begleitbildern verbunden werden, da das menschliche Denken immer Bilddenken ist."[96]

Es können also Mißverständnisse aus Unkenntnis der Sachverhalte oder aus falschen Assoziationen entstehen. Dies belegen die Autoren mit einer gerade in metaphorischer Hinsicht interessanten Beispielkette:

„Die *Marktwirtschaft* erscheint dann ganz Unkundigen gar anschaulich als ein Gasthaus (Wirtschaft!), das am Marktplatz (Markt!) liegt; wenn sie dazu noch *sozial* ist, dann werden dort verbilligte Speisen abgegeben. Oder aber, die Marktwirtschaft wird als eine Form des Wirtschaftens verstanden, die sich auf dem Wochenmarkt abspielt, wo die Bauern ihre Produkte feilbieten. Eine *Lohnbewegung* könnte dann etwa als eine ‚Bewegung' von Arbeitern aufgefaßt werden, um mehr Lohn zu erhalten [...] Man mag darüber lächeln: indessen sind diese Beispiele keineswegs aus der Luft gegriffen, sondern Ergebnisse von Umfragen."[97]

Welche „Umfragen" gemeint sind, erwähnen die Autoren leider nicht. Verständlichkeit und Rezeptionsorientierung sind also die praktischen Ratschläge, die die Autoren geben.

Diese beiden Punkte gelten auch für Glotz/Langenbucher (1970). Sie werfen den Wirtschaftsredakteuren vor, daß die Leser nicht nur durch den Stil/die ‚Sprache' vom Lesen des Wirtschaftsteils der Tageszeitung abgehalten werden, sondern vor allem auch durch die Themen, die dort behandelt werden. Diese sind für den ‚Normalverbraucher' uninteressant. Der Wirtschaftsteil wird „zur Selbstbefriedigung akademisch gebildeter Redakteure gemacht."[98] Die Autoren fordern daher vor allem konsumentennähere Themen im Wirtschaftsteil der Zeitungen. Der Strang der rezeptionsorientierten Kritik setzt sich bis in die jüngste Zeit fort. So beklagt auch noch Schneider (1990) die mangelnde Orientierung der Wirtschaftsredakteure an den Interessen der Konsumenten:

„Parteilich gefärbte Information für den jeweils ausgewählten Teil der Experten — das also betreibt die Mehrzahl der großen Wirtschaftsredaktionen. Die dabei ignorierte Mehrheit der Bürger ärgert sich nicht einmal, weil sie dazu neigt, den Wirtschaftsteil ohnehin nicht zur Kenntnis zu nehmen, da er nun einmal so ist, wie er ist."[99]

Biere (1990) versucht, zwischen beiden Seiten auszugleichen. Er sieht das Vermittlungsproblem, vor dem alle Wissenschaftsjournalisten — und damit auch in ähnlicher Weise Wirtschaftsjournalisten — stehen. Er plädiert daher für den aktiven Dialog von Journalisten mit den Wissenschaftlern einerseits und der kritischen Öffentlichkeit andererseits[100].

[96] Becker/Lossen (1955), S. 122f.
[97] Becker/Lossen (1955), S. 122f.
[98] Glotz/Langenbucher (1970), S. 69f.
[99] Schneider (1990), S. 196.
[100] Biere (1990), S. 373.

Wenn die Dinge im Sektor Wirtschaft auch nicht ganz so liegen wie im Wissenschaftsjournalismus, so läßt sich das Vermittlungsproblem dennoch übertragen. Es müssen hier wie da spezifisches Fachwissen und Fachinformationen aufbereitet und zugänglich gemacht werden. Ziel ist also eine Vermittlung nicht mehr nur an die Fachleute, also fachintern, sondern auch an die interessierte Öffentlichkeit, in die Alltagswelt. Für die Vermittlung aus dem Theoriebereich in den Alltag bringt Sondergeld (1990) das Problem treffend auf den Punkt:

> „Forschung wirft in der Regel mehr Fragen auf, als sie beantwortet; die Öffentlichkeit aber erwartet möglichst endgültige Weisheiten und klare Handlungsanweisungen.“[101]

Die zweite Gruppe sprachkritischer Arbeiten wird von marxistisch/linksintellektuell orientierten Beiträgen angeführt[102], die noch heute rezipiert und fortgeführt werden[103]. Bei ihnen steht diejenige Sprachkritik im Vordergrund, die den Autoren wirtschaftssprachlicher Texte Manipulationsabsichten unterstellt, die es mit Hilfe linguistischer und ideologischer Hilfsmittel zu entlarven gilt[104].

Die ideologiekritische Beschäftigung mit der Wirtschaftssprache zielt hauptsächlich auf den Wirtschaftsjournalismus ab. Wichtigster Kritikpunkt ist in diesen Arbeiten, daß Sprache als Mittel zur Verschleierung von Herrschaftsverhältnissen mißbraucht werde. Indizien dafür seien der häufige Gebrauch von Passivkonstruktionen und Metaphern. So schreibt Arnold (1973):

> „Die Urheber der Kursbewegungen, die Besitzenden, die Spekulanten werden ebensowenig genannt wie die Hintergründe von Aktientransaktionen und die gesellschaftlichen Verhältnisse, die sich darin manifestieren.“[105]

Der Gebrauch des Passivs sei bewußt gewählt, um die beschriebenen Wirtschaftsvorgänge zu entpersonalisieren. Die tatsächlich Verantwortlichen würden dadurch verschleiert und dem Wirtschaftsgeschehen eine Eigendynamik zugebilligt, die ihm nicht entspreche. Genauso sei der Gebrauch von Metaphern in der Wirtschaftspresse im wesentlichen auf eine Manipulations- und Verschleierungstaktik zurückzuführen. So geht Svensson (1980) davon aus, daß die Verwendung von Metaphern das Verständnis von Sachverhalten nicht etwa erleichtere bzw. nur scheinbar erleichtere, da der jeweilige Autor mit den Metaphern dem Leser eine ganz bestimmte Sicht der Dinge oktroyieren wolle,

---

101 Sondergeld (1990), S. 200.

102 Arnold (1973), Hebel (1969), Kisker (1973), Landshut (1973), Lempert (1969), Svensson (1980).

103 Z. B. Chr. Schmitt (1988), der sprachpuristische, sprachkonservative Impetus von Endres (1970) verleiht seiner Arbeit hier eine Sonderstellung (s. u.).

104 So auch bei Trampe (1991), der die ‚ökologische Krise‘ an der Sprache der Landwirtschaft demonstriert und zu dem Schluß kommt: „Obwohl Gegentendenzen zu einer unökologischen Sprachpraxis innerhalb der bäuerlichen Landwirtschaft zu beobachten sind, haben sie es schwer gegen die sprachpolitischen Tendenzen der Bürokratisierung, Ökonomisierung und Industrialisierung von Natur und Landschaft.“ S. 148.

105 Arnold (1973), S. 107.

die die tatsächlichen Macht– und Handlungszusammenhänge verschleiere[106]. Hebel (1969) klassifiziert die von ihm vorgefundenen Metaphern plausibel in die Kategorien a) Personifizierungen, b) Liebe/Verwandtschaft, c) Technik, d) Sport/Spiel, e) Kampf/Krieg und f) Schicksalhaftes, mit denen grundlegende metaphorische Konzepte zur Versprachlichung wirtschaftlicher Sachverhalte erfaßt werden[107]. Hebel belegt diese Klassen auch mit Beispielen[108]. Nur seine Schlußfolgerung erscheint mir nicht plausibel. Auch er unterstellt den Autoren, die Metaphern verwenden, die Absicht, verunklären zu wollen, da z. B. eine Personifizierung von Aktien den Sachverhalt eher undurchschaubar mache. Sowohl die stellenweise Notwendigkeit, metaphorisch bzw. in Analogien zu sprechen, als auch die konstruktive, erkenntnisfördernde Funktion metaphorischer Beschreibungen und Erklärungen ist bei diesen ideologisch motivierten Analysen kaum im Blick. Bis in die jüngste Zeit setzt sich diese Art der Metaphernkritik fort. So bezieht sich noch Chr. Schmitt (1988)[109] auf die Arbeiten von Hebel und Svensson.

Im Zentrum der Kritik steht die Perspektive, aus der heraus Wirtschaftsjournalisten schreiben: vorwiegend aus der Sicht der Unternehmer, die wiederum stellvertretend für den Kapitalismus als System stehen.

> „Die Produktionsverhältnisse werden dort [im Wirtschaftsteil der Zeitung – M. H.] ihres sozialen Charakters entkleidet und als Mensch–Ding–Relationen, als Einrichtungen und Verfahren zur Herstellung von Produkten dargestellt. Die Distributionsverhältnisse werden von den Produktionsverhältnissen isoliert und im wesentlichen auf Fragen des Absatzes der produzierten Güter reduziert [...]. Wohlstand, Versorgung sowie Befreiung der Menschen von Not und Sachzwängen sind demgemäß keine eigenständigen Themen.“[110]

Für die Autoren dieser ideologisch ausgerichteten Arbeiten ist der Wirtschaftsteil in der Presse ein „notwendiges Resultat einer in einem kapitalistischen System arbeitenden privatwirtschaftlich organisierten Presse.“[111] Eine Beseitigung der Mißstände kann somit nur durch eine Veränderung des Systems erfolgen. Auf Kisker und Arnold bezieht sich auch Fluck (1985) in seinen Ausführungen zur Börsensprache[112]. Er bezweifelt zwar die generelle und „unbewiesene Behauptung, daß die Sprachverwendung bewußt im Dienste des Kapitals geschieht“, räumt jedoch ein, daß Sprache zur Herrschaftssicherung diene, wenn nicht durch Manipulation so doch „durch die sprachliche Informationsgestaltung“[113], d. h. durch die informationsverdichtete, metaphorische Sprache der Börsenberichterstattung.

---

106 Svensson (1980).
107 Vgl. Kap. 4.3.
108 Hebel (1969), S. 70. Er setzt jedoch die Sprache der Wirtschaftspresse mit der Börsensprache gleich und schränkt damit den Untersuchungsbereich ein.
109 Vgl. Kap. 2.3.6.
110 Kisker (1973), S. 49.
111 Kisker (1973), S. 59.
112 Fluck (1985), S. 60-63.
113 Fluck (1985), S. 63.

Ebenfalls in diese Reihe von Arbeiten ist Lempert (1969) einzuordnen. Er untersucht als ideologische Synonyme für den Ausdruck *Unternehmer* die Ausdrücke *Wirtschaft*, *Arbeitgeber* und *Ausbildungspraxis*. Sein Textkorpus besteht nicht aus Zeitungsartikeln, sondern aus institutionellen Texten. Zusammenfassend äußert sich Lempert zum verschleiernden Gebrauch der drei Synonyme und zur Verbesserung der Sprache:

> „Wenn wahr ist, daß die beschriebenen Perversionen einiger Wörter der deutschen Sprache, durch die sie zu Decknamen für die Gruppe der Unternehmer geworden sind, Tendenzen zur Erhaltung menschlicher Unmündigkeit nicht nur bezeichnen, sondern selbst verstärken, dann liegt es nahe, darüber nachzudenken, wie es möglich sei, sie rückgängig zu machen oder zumindest ihrer ideologischen Wirkung zu berauben.
> Im Falle von ‚Wirtschaft' und ‚Ausbildungspraxis' wäre beides zu versuchen: Anhand der ursprünglichen Wortbedeutungen ließe sich der ideologische Gebrauch — die Verhüllung von Sozial- als Sachzwängen und von Gruppen- als Gesamtinteressen — aufdecken, außer Kraft setzen und vielleicht schließlich ganz eliminieren. Im Falle von ‚Arbeitgeber' und ‚Arbeitnehmer' dagegen dürfte letzteres kaum gelingen, denn beide Ausdrücke werden ausschließlich ideologisch verwandt, sie wären deshalb gänzlich aus dem Verkehr zu ziehen. Das erscheint weder möglich noch erforderlich: Beruht ihre ideologische Wirkung weniger auf der annähernden Verwechselung der Bedeutungen von ‚geben' und ‚nehmen' als auf der verbreiteten Verachtung des Nehmenden auch dann, wenn er nur seine Freiheits- und Gleichheitsrechte realisiert, so kommt es vor allem darauf an, solcher selbständigen Durchsetzung legitimer Interessen allgemeine Anerkennung zu verschaffen."[114]

Als Wirtschaftswissenschaftler bezieht sich Endres (1970) linguistisch auf die Sprachpfleger Ludwig Reiners und Karl Gustav Wustmann[115]. Ganz in deren Tradition — ‚früher war ja doch alles besser, so auch die Sprache' — steht dann auch die Klage Endres': „Insgesamt drücken sich die Betriebswirte heute weniger verständlich aus als früher."[116]

Auch die von ihm empfohlenen Maßnahmen zur Vermeidung der festgestellten Ausdrucksmängel stehen ganz in der Wustmann'schen Tradition. Fremdwörter sollen vermieden, Fachausdrücke sollen aus deutschen Wörtern gebildet und eine überflüssige Mathematisierung der Darstellung (graphische und formelhafte Verkürzung) soll ebenfalls vermieden werden.

Ein wichtiges Anliegen der Sprachkritiker war und ist es, die Sprache durchschaubar zu machen, und z. B. den Sprachlernern die Möglichkeit zum Einstieg in die Wirtschaftssprache zu geben. So schließt sich etwa bei Hebel der Metaphernanalyse ein Unterrichtsentwurf zur Börsensprache an. Der Frage nach der Vermittlung von fachsprachlichen Kenntnissen im Deutschunterricht und im Unterricht für Deutsch als Fremdsprache haben sich auch eine ganze Reihe von Autoren angenommen.

---

[114] Lempert (1969), S. 449.
[115] Endres (1970), S. 10.
[116] Endres (1970), S. 3.

2.3.4 Wirtschaftsdeutsch im Unterricht

Den weitaus größten Teil an didaktischem Material zur Wirtschaftssprache[117] stellt der Bereich Deutsch als Fremdsprache. Die Vermittlung von wirtschaftsfachsprachlichen Kenntnissen im muttersprachlichen Unterricht ist dagegen weitaus weniger beachtet worden. Neben den Unterrichtsentwürfen von Hebel (1969) und Wolff (1976) ist hier die Unterrichtseinheit für die Berufsschule zu nennen, die von Fluck/Fernbach/Waldrich (1975) im Anschluß an ein Seminar zur „Wirtschaftslinguistik" an der Universität Freiburg entwickelt worden ist. Anhand eines Börsenberichts der Badischen Zeitung werden die Merkmale der Wirtschaftssprache festgestellt. Auch hier wird wieder der Börsenbereich als „repräsentativ für den Charakter der Wirtschaftsjournalistik"[118] bezeichnet. Dies geschieht hier immerhin in Abgrenzung zu anderen Fachtexten der Wirtschaft:

> „Die wirtschaftliche Fachsprache ist jedoch keineswegs homogen. Der Grad ihrer ‚Elaboriertheit' sinkt von der reinen Theoriesprache wirtschaftswissenschaftlicher Literatur über die wissenschaftliche Umgangssprache unter Fachkollegen und den Fachjargon bis ‚hinab' zur wirtschaftsjournalistischen Sprache in der Tagespresse."[119]

Diese magere exemplarische Ausbeute zur Didaktik wird zwar im Bereich „Fremdsprache Wirtschaftsdeutsch" deutlich übertroffen, doch ist nach Bolten (1991) auch dieser Bereich wenig erschlossen.

> „Dies gilt um so mehr im Hinblick auf die Entwicklung fachsprachendidaktischer Modelle für den Unterricht des Wirtschaftsdeutschen als Fremdsprache. Das Lehrwerkangebot ist — zumindest in der Bundesrepublik Deutschland — zum Teil von den Inhalten her so veraltet, daß es kaum mehr einsetzbar ist [...], oder es zielt lediglich auf die Förderung von Einzelfertigkeiten wie Hör- und Leseverstehen, ohne dabei jedoch spezifisch wirtschaftssprachliche Strukturen als solche zu thematisieren [...]. Kurstragende Lehrwerke für den Bereich Wirtschaftsdeutsch, die fertigkeitsübergreifend konzipiert sind, existieren bislang ausschließlich außerhalb des Verlagshandels auf dem sog. ‚grauen Markt' [...]."[120]

Veraltet, auf Einzelfertigkeiten bezogen oder nicht im Buchhandel erhältlich: Zur ersten Gruppe zählen nach Bolten[121] die Arbeiten von Bäumchen (1985) (1986), zur zweiten die von Erlhage (1984), (1985), (1986), Schäpers (1982) und von Wolff (1975–1977), und zur dritten rechnet sich der Autor selbst,

---

117 Auf die vereinzelten Arbeiten, die sich mit Übersetzungsproblemen beschäftigen, und so als kontrastive Studien als Grundlagen für ‚Wirtschaftsdeutsch als Fremdsprache' dienen können, soll hier nur verwiesen werden. Zum einen gibt es eine Reihe verschiedenartiger Glossare in der Zeitschrift *Lebende Sprachen*: Dietz (1988), Fandrich (1987), Fleck (1969), Schade (1982), Schmidt (1982); daneben stehen Aufsätze zu speziellen Übersetzungsproblemen: Muráth (1991), Pongrácz (1985) zum Ungarischen, Dominique (1971) zu Übersetzungsproblemen zwischen dem Französischen und Englischen.

118 Fluck/Fernbach/Waldrich (1975), S. 167.

119 Fluck/Fernbach/Waldrich (1975), S. 166.

120 Bolten (1991), S. 71.

121 Vgl. das Literaturverzeichnis bei Bolten (1991), S. 85-91.

sowie Buhlmann/Fearns (1989) und Fischer/Schulze (1979). Da eine ausführliche Behandlung des Themas Wirtschaftsdeutsch als Fremdsprache bzw. das Problem geeigneter Didaktisierungen vom Untersuchungsgegenstand der vorliegenden Arbeit zu weit entfernt sind, begnüge ich mich mit dem Hinweis auf den Artikel von Bolten, auf den Versuch der didaktischen Aufbereitung des Gebietes der Wirtschaftssprache in Buhlmann/Fearns (1987)[122], sowie auf Paulsell (1988), die für den Mangel an geeignetem Unterrichtsmaterial auch die Ausgrenzung der Wirtschaftssprache aus der linguistischen Forschung verantwortlich macht:

> „It is possible that the research has not been forthcoming because business language is not really considered a legitimate area for linguistic research."[123]

Desweiteren verweise ich auf den Sammelband von Müller (1991)[124], sowie auf die Arbeiten von Christ/Schwarze (1985), Picht (1987), Bernem (1988), Martelly/ Nicolas/ Sprenger (1989) und den Videounterrichtsentwurf von Schmitz (1990), (1991)[125].
Zur Wirtschaftssprache im Unterricht in Deutsch als Fremdsprache in der ehemaligen DDR vgl. Wankerl (1988/1989). Er legt anhand von drei Beispieltexten (Fachtext, Dokumentationstext und Werbetexten aus Prospekten volkseigener Betriebe) Analysen und mögliche sprachliche Übungen vor.

2.3.5 Leseanleitungen

Wiederholt wurde den Autoren der Wirtschaftspresse vorgeworfen, daß sie zu hermetisch schrieben, d. h. daß die Texte für Laien nicht nur von der Thematik meist uninteressant, sondern vor allem auch wegen des Stils unverständlich seien. Dieses Problem hat eine ganze Reihe von Autoren dazu veranlaßt, Leseanleitungen für die Wirtschaftspresse zu verfassen. Die Spannbreite reicht dabei von umfassenden Einführungen in die Geschichte und Entwicklung der Wirtschaftspresse, über die Vermittlung spezifischen Hintergrundwissens bis hin zur Sichtung des heutigen Fachzeitschriftenmarktes.

Eine gute Analyse der Geschichte des Wirtschaftsteils der Tageszeitung bietet die frühe Arbeit von Goitsch (1939). Er erörtert die Entstehung des

---

[122] Vgl. Buhlmann/Fearns (1987), S. 306-366. Die Autorinnen wählen bewußt Wirtschaftsdeutsch als Anwendungsgebiet: „Wir wählen [...] den Bereich Wirtschaftsdeutsch, da der Unterricht in Wirtschaftsdeutsch nach dem in naturwissenschaftlich-technischem Deutsch der wohl am häufigsten erteilte ist, die Zuwachsraten hier besonders hoch sind, die vorhandenen Unterrichtsmaterialien angesichts der Komplexität des Fachbereichs oft nicht ausreichen." S. 306.

[123] Paulsell (1988), S.184. Sie prüft einige amerikanische Deutschlehrbücher daraufhin, ob sie den Sprachlerner auf die Anforderungen, die Wirtschaftsdeutsch an ihn stellt, ausreichend vorbereitet. Dabei zieht sie die Analysen von de Cort/Hessmann (1977/1978/1979) als Grundlage heran. Vor allem im Bereich der Passivkonstruktionen sind die gängigen amerikanischen Lehrbücher nach Meinung der Autorin unzureichend.

[124] Vgl. auch Einzelbeiträge im Sammelband von Spillner (1992).

[125] Speziell für Amerikaner ausgelegte Lehrbücher sind Merrifield (1985) und Armaleo-Popper/Braun (1985) (1986). Mit Deutsch als Fremdsprache an norwegischen Handelshochschulen beschäftigt sich Simonnæs (1991).

‚Handelsteils' der Tagespresse, aus dem dann seit dem letzten Drittel des 19. Jahrhunderts der Wirtschaftsteil entsprang. Sein Augenmerk richtet sich ausdrücklich nicht auf die „Fachpresse"[126]. Außerdem zieht Goitsch die Linien des Struktur- und Funktionswandels des Wirtschaftsteils nach. In seinem „soziologischen" Teil ist bei Goitsch allerdings stark die nationalsozialistische Ideologie zu spüren[127], weshalb seine Arbeit nur wegen des historischen Abrisses noch lesenswert ist.
Einen kurzen Überblick über die historische Entwicklung des Wirtschaftsteils der Tageszeitung bietet auch Röper (1969) und, in die umfassendere Bearbeitung des Themas Wirtschaftsnachrichten eingebettet, Röper (1977), Kap. 2.

Kennzeichnend für die ‚Leseanleitungen' sind jedoch weniger diese historischen Arbeiten als vielmehr solche, die den Zugang zur Wirtschaftspresse über die Vermittlung spezieller wirtschaftlicher Sachkenntnisse ermöglichen wollen. Dies ist das eigentliche Anliegen von Röper (1977), nicht der historische Rückblick. So erläutert er im achten Kapitel[128] den Bereich „Geld- und Kreditnachrichten" unter eingehender Berücksichtigung der sachlichen Zusammenhänge (z. B. die Politik der Bundesbank zur Geldmengenregulierung). Es erfolgt nicht eine bloße Übersetzung fachsprachlicher Termini in den Alltag, sondern eine — wenn auch partielle — inhaltliche Hinführung zum gesamten Sachbereich.
Knapp (1969) führt in die Begriffe AKTIENGESELLSCHAFT, AUSSENHANDEL, BILANZ EINER AKTIENGESELLSCHAFT, BÖRSE, PREISNOTIERUNGEN (auf Warenbörsen), WARENMÄRKTE, WERTPAPIER ein. Auch hier ist wieder die Dominanz der Börse auffällig, die als repräsentativ für die gesamte Sprache der Wirtschaftspresse gesehen wird.
Diese Beschränkung des Gegenstandsbereichs gilt nicht für Eick (1980), der wohl umfassendsten und besten Leseanleitung für den Wirtschaftsteil einer Tageszeitung. In drei Teilen gibt er allgemeinverständlich das zum Lesen der Wirtschaftspresse nötige Hintergrundwissen: A. Volkswirtschaft, Wirtschafts- und Währungspolitik, B. die Unternehmen, C. Börsen und Märkte. Die Sprache der Wirtschaftspresse wird dabei nicht auf die Börsenberichterstattung beschränkt. Das angegebene Hintergrundwissen wird immer wieder mit Ausdrücken aus Pressetexten in Beziehung gesetzt (z. B. die Erklärung der „schleichenden Inflation"[129]). Über den Wirtschaftsteil erhält somit der Leser von Eicks Buch eine Einführung in das gesamte Wirtschaftssystem.
Der im Jahre 1969 aktuellen Wirtschaftspresselandschaft nimmt sich Vogel an[130]. Er konstatiert eine Verlagerung der Wirtschaftsberichterstattung weg

126 Goitsch (1939), S. 7.
127 Goitsch (1939), S. 10: „Der vom Nationalsozialismus eingeleitete Umbruch im Denken und Handeln soll nicht zuletzt hier [privates vs. öffentliches Interesse im Wirtschaftsteil – M. H.] Wandel schaffen und vor allem der atomhaft zerfallenen Masse wieder Form und Inhalt geben, um sie zu einer neu gegliederten ‚Gefolgschaft' zusammenzufassen. Dazu soll auch auf seine Weise das umgewandelte Zeitungswesen beitragen."
128 Röper (1977), S. 182-204.
129 Eick (1980), S. 165 f.
130 Vogel (1969). Dort auch weitere Literatur zur Wirtschaftspresse: S. 216 f.

von kleineren Tageszeitungen hin zur überregionalen und besonders zur Fachpresse hin:

> „Man muß also feststellen, daß durch die Strukturänderung nach dem Ende des zweiten Krieges in der kleinen Presse (allein 340 Tageszeitungen mit einer Auflage bis 10 000) keine wirtschaftliche Unterrichtung mehr gepflegt wird, die irgendwie für die notwendige Information der Zusammenhänge Bedeutung haben könnte, und daß in der großen Lokal- und Regionalpresse nur auswahlsweise eine kontinuierliche und einigermaßen unterrichtende wirtschaftliche Berichterstattung getrieben wird. So konzentriert sich die besondere Leistung auf die *überregionale* große Tagespresse und auf die *Wirtschaftsspezialpresse*."[131]

Er stellt die Wirtschaftsteile dieser Zeitungen[132] und die Vertreter der „Wirtschaftsspezialpresse"[133] vor. War 1969 die Auswahl an Fachzeitschriften noch relativ gering, so hat sich dies bis heute stark verändert. Einen Einblick in diesen „Markt" gibt Turi (1990), der die Zeitschriften „Forbes", „Capital", „Impulse", „Manager Magazin", „Management Wissen" und „WirtschaftsWoche" vorstellt und miteinander vergleicht.

2.3.6 Metaphorik in Wirtschaftstexten

Die Verwendung von Metaphern in der Wirtschaftspresse war oft der Aufhänger für die eigentlich intendierte Sprach- und Ideologiekritik (z. B. Hebel (1969), Svensson (1980)). Daneben gibt es jedoch auch Beiträge zur Metaphorik in Wirtschaftstexten, die sich von einer vereinfachenden Ideologiekritik lösen können bzw. sogar den besonderen Status metaphorischen Sprechens anerkennen und zu erklären versuchen. Die Erklärungen fallen je nach sprachkritischem Impetus (z. B. Chr. Schmitt (1988)) und auch je nach der zugrundeliegenden Metapherntheorie unterschiedlich aus. Da ich auf die Frage nach einer geeigneten Metapherntheorie ausführlich in Kapitel 4 eingehen werde, setze ich die im folgenden vorgestellten Beiträge nicht in Beziehung zu der von mir favorisierten Sichtweise von Metaphern und Analogien.

Ganz in der sprachkritischen Tradition steht Chr. Schmitt (1988). Er setzt zunächst sein Korpus ‚Zeitungstexte' mit Wirtschaftsfachsprache gleich, was — wenn man den vermittlungssprachlichen Aspekt der Pressesprache und vor allem von Tageszeitungen („Le Monde", „L'Humanité", „Le Figaro") berücksichtigt — sehr fraglich ist.

Chr. Schmitt versucht zu zeigen, daß in Wirtschaftstexten mit dem Gebrauch von Metaphern nicht in erster Linie der Komplexität der zu beschreibenden Sachverhalte Rechnung getragen wird, sondern vor allem der Versuch unternommen wird, zu manipulieren.

> „Wie hier gezeigt werden soll, ist der Metapherngebrauch nicht die Folge oder Auswirkung von außersprachlicher Entwicklung; vielmehr entspricht er

[131] Vogel (1969), S. 212.

[132] „Frankfurter Allgemeine Zeitung", „Welt".

[133] „Handelsblatt", „Industriekurier", „Börsen-Zeitung".

> kommunikativen Intentionen von Autoren, die ihren Lesern eine bestimmte Sicht der Wirtschaftsentwicklung vermitteln möchten."[134]

Im wesentlichen hat der Metapherngebrauch nach Chr. Schmitt nach wie vor nur ein Ziel:

> „sie [die Metaphern] tragen dazu bei, den Wirtschaftsprozeß zu verschleiern, da bei dieser Darstellungsform der Handelnde, der Verantwortliche nicht beim Namen genannt wird."[135]

Richtig an dieser Kritik ist, daß es einen solchen Metapherngebrauch geben kann. Bislang noch völlig unbewiesen erscheint mir, daß der Gebrauch von Metaphern diesem Hauptziel dient und nicht vielmehr dazu, komplexe Sachverhalte erst sprachlich faßbar zu machen.
Metapherntheoretisch bezieht sich Chr. Schmitt auf Weinrich und vor allem auf Reger, der vier Funktionen von Metaphern in der Tagespresse ermittelte: Konkretisierung, Dynamisierung, Personifizierung und Sensorisierung. Chr. Schmitt stellt darüber hinaus noch eine ideologische Funktion fest.
Positiv bleibt anzumerken, daß Chr. Schmitt die Gleichförmigkeit des metaphorischen Sprechens, also die Ähnlichkeit in der Verwendung von Metaphern, im Deutschen und Französischen klar herausarbeitet.
Deskriptiv arbeitet Musolff (1991). In seinem Bericht werden die „Metaphernfelder"[136] mit zahlreichen Beispielen belegt. Der Autor kann zeigen, daß in der Wirtschaftspresse die Kriegs–, Jagd–, Freß–, Heirats–, Krankheits–, Fieber– und Spielmetaphorik sehr frequent ist. Besondere Berücksichtigung fand der Begriff FIRMENZUSAMMENSCHLUSS, der stark metaphorisiert wird, z. B. als HEIRAT:

> [zur Fusion von Daimler/Benz und MBB] „Wie manchmal auch bei zwischenmenschlichem ‚*Näherkommen*' wird daraus am Ende eine ‚*Ehe*' (DIE ZEIT, 8.9.1989) [...]; doch bei zu vielem Hin und Her, warnt CAPITAL, könne die ‚*Braut*' MBB ‚*viel von ihrer ursprünglichen Attraktivität*' einbüßen (CAPITAL 6/89)."[137]

Wolff (1976) geht ebenfalls davon aus, daß die Verwendung von Metaphern in der Absicht der Autoren begründet liegt, den Leser in seinem Verstehen und in seiner Meinung in bezug auf die beschriebenen Sachverhalte zu manipulieren. Neben den Manipulationsabsichten gesteht Wolff ein, daß Metaphern manchmal auch zur Erleichterung der Informationsübermittlung verwendet werden. Es geht ihm also darum, den Unterschied zwischen „bedürfnisorientierten" (= Masche) und „interesseorientierten" (= Manipulation) Metaphern zu zeigen. Sein Korpus besteht aus Pressetexten („Capital", „Wirtschafts-Woche", Wirtschaftsteile der „Frankfurter Allgemeinen Zeitung", „Die Zeit", „Die Welt"). Ziel seines Unterrichtsentwurfs zu diesem Thema ist eine weitergehende Einbeziehung der Metaphorik in den Deutschunterricht. Die Me-

---

134 Chr. Schmitt (1988), S. 117.
135 Chr. Schmitt (1988), S. 124.
136 Musolff (1991), S. 3.
137 Musolff (1991), S. 3.

taphernbildung soll an vielen verschiedenartigen Texten demonstriert werden — so auch an Wirtschaftstexten — und nicht nur wie bisher an fiktionalen. Wolffs Trennung zwischen Metaphern, die zu Manipulationszwecken verwendet werden und solchen, die in Ermangelung geeigneterer bzw. gleich prägnanter Ausdrücke eingesetzt werden, ist von grundlegender Bedeutung. Niemand wird in Zweifel ziehen wollen, daß Metaphern prinzipiell zur Verschleierung von Sachverhalten dienen können. Aber eine Beschränkung nur auf diese Verwendungsabsicht ist völlig ungenügend, d. h. es gibt auch andere Gründe metaphorisch zu sprechen, die nichts mit Verunklärung, Manipulation oder Verschleierung zu tun haben. Metaphern können Teilbedeutungen auch sachlich, klar übermitteln. Burger weist die undifferenzierte Kritik zurück:

> „Die Metaphorik des Börsenberichts ist explizit fachsprachlich, hat in diesem Kontext präzise Bedeutung und wird vom intendierten Publikum problemlos verstanden."[138]

Eine differenziertere Betrachtungsweise ist bei Kroeber-Riel (1969) anzutreffen. Er unterscheidet drei „Zwecksetzungen" von Metaphern[139]:

(1) Fixierung neuer Gedanken, für die bislang noch keine Ausdrücke bestanden, „Metapher aus Ausdrucksnot".

(2) Wiedergabe von Ergebnissen eines Vergleichs.

(3) Anschauliche bildhafte Ausdrucksweise.

Kroeber-Riel grenzt dabei die Analogie nicht eindeutig von der Metapher ab. Beide werden synonym verwendet. Er nennt zwei Quellbereiche, aus denen die Metaphern stammen:

> „Analogie-Metaphern in der Betriebswirtschaftslehre (Wirtschaftswissenschaft) stammen zum Beispiel aus den Modellbereichen des ‚Spiels' und des ‚Kampfes'."[140]

Näher geht der Autor auf das Problem falscher Metaphernkritik bzw. -verwendung ein[141]. Hier interessiert ihn vor allem das Verhältnis zwischen dem Modell, das die Erklärung für den neuen, wirtschaftswissenschaftlichen Sachverhalt liefert, und dem Original, also dem abstrakten Begriff der Wirtschaftswissenschaft. Das Modell, sprachlich gefaßt in einer Metapher, erlaubt oft Inferenzen, die am Original möglicherweise unzulässig sind. Zu welchen Fehlinterpretationen dies führen kann, zeigt der Autor am Beispiel der Verwendung der Organismusmetapher für Betriebe[142]. Allgemeiner gesprochen: Da man das Original nicht immer genau kennt, ist es möglich, daß aufgrund einer zu weitgehenden Gleichsetzung von Original und metaphorischem Modell unzulässige Schlüsse gezogen werden.

---

138 Burger (1984), S. 269.

139 Folgende Liste nach Kroeber-Riel (1969), S. 78.

140 Kroeber-Riel (1969), S. 84.

141 Auf die Gefahr der Bildung falscher bzw. zu weitgehender Inferenzen aufgrund der Verwendung von Metaphern weist schon Lisowsky (1954), S. 88 hin; er kritisiert die inhaltliche Parallelisierung von Betriebswirtschaftslehre und Naturwissenschaften.

142 Kroeber-Riel (1969), S. 102-118.

> „Die Gefahr falscher Modellauswertungen und unzulässiger Analogien ist hauptsächlich darin zu suchen, daß von partiellen und spezifisch gearteten Ähnlichkeiten zwischen zwei Sachverhalten (des Modells und des mit seiner Hilfe erklärten Gegenstands) auf weitere, nicht nachprüfbare und auf ganz anders geartete Ähnlichkeiten oder auf eine schlechthin globale Ähnlichkeit beider Sachverhalte geschlossen wird."[143]

Modelle, die ursprünglich einmal klar als solche erkennbar und von den Originalen, die sie erklären sollten, trennbar waren, können mit der Zeit so stark mit dem zu erklärenden Sachverhalt verbunden und gleichgesetzt werden, daß sie ihren metaphorischen Charakter verlieren. Diesen Fall sieht Kroeber–Riel bei der Wachstumsmetapher gegeben:

> „Als verblaßte Metapher geht ‚Wachstum' auch in andere abgeleitete Wörter wie ‚Wachstumsmodell' oder ‚Wachstumstheorie' ein und wohl kaum ein wirtschaftswissenschaftlicher Leser denkt bei ‚Wachstumstheorie' ohne weiteres an Analogien zu einem biologischen Wachstumsmodell."[144]

Fraglich ist m. E., inwiefern bei dieser Metapher jemals an ein biologisch definiertes Wachstum gedacht wurde oder ob nicht vielmehr von Anfang an — und dies auch noch jetzt bei einer stark habitualisierten Verwendung — das Verstehen der Metapher über ein (alltagstheoretisches) metaphorisches Modell von Wachstum zustande kam[145].
Kroeber–Riel betreibt eine konstruktive Sprachkritik, die erkennt, daß die meist abstrakten Sachverhalte der Wirtschaftswissenschaften erst über Sprache zugänglich werden. Thematisiert wird das enge Beziehungsverhältnis zwischen Denken und Sprache. Diese Art Sprachkritik unterscheidet sich von den in Kap. 2.3.3. vorgestellten Beiträgen. Kroeber–Riel stellt fest, daß Metaphern erkenntnisstiftende Funktionen haben können. Durch sie werden scheinbar unvereinbare Modelle von Sachverhalten miteinander in Beziehung gesetzt.

> „Mit Hilfe des dargestellten sprachkritischen Verfahrens wird es möglich, einigen Beziehungen zwischen dem betriebswirtschaftlichen Denken [...] und den betriebswirtschaftlichen Sprachen nachzugehen."
> „Aus den betriebswirtschaftlichen Anwendungen der Sprachkritik geht hervor, daß die Sprachkritik sachliche Erkenntnisse der Betriebswirtschaftslehre unmittelbar in Frage stellt: Die erkannten Gegenstände sind immer nur über ihre sprachlichen Fassungen zugänglich und werden von diesen her erschlossen."[146]

Weitestgehend deskriptiv gehen Sachs (1972) und Pytelka (1971) vor. Ihnen geht es in erster Linie um eine möglichst umfassende Beschreibung der Metaphern in englischen Börsenberichten und darum, welche Sachbereiche davon besonders betroffen sind:

---

143 Kroeber–Riel (1969), S. 84.
144 Kroeber–Riel (1969), S. 87.
145 Zum Unterschied zwischen Konzept, dem daraus konstruierten metaphorischen Modell und dem damit erklärten zweiten Konzept vgl. Kap. 4.
146 Kroeber–Riel (1969), S. 190, 194.

> „Die Metapher in der Sprache der Börse betrifft besonders folgende Gegenstände:
> 1. Das Börsengeschehen: die Preisbewegung und die Abwicklung der Börsengeschäfte;
> 2. die Charakterisierung der Geschäfte, der Situation an der Börse, der Wertpapiere usw.
> 3. die Börsenmitglieder, die Stimmung an der Börse, die Arten von Börsengeschäften.“[147]

Ähnlich wie Hebel (1969) und Kroeber-Riel (1969) klassifiziert Pytelka die Ursprungsbereiche der Metaphorik in ‚menschliches Leben‘, ‚tierisches Leben‘, ‚Sport, Spiel‘ zusätzlich ‚Wasser- und Seewesen‘, ‚Militärtechnik, Flugwesen, Raketentechnik‘[148]. Er stellt fest, daß Preisbewegungen und die Abwicklung von Börsengeschäften meist durch Verben, die Charakterisierung des Marktes meist durch Adjektive metaphorisiert werden (Beispiel: „hot money, kurzfristiges immerfort widerrufliches und daher riskantes Kapital [...]“[149]). Pytelka ist stark an den einzelnen Ausdrücken orientiert; d. h. nach seinem Verständnis ist eine Metapher im eigentlichen Sinn ein Substantiv bzw. ein Verb. Lösen jedoch Adjektive die Metaphorisierung aus, kommt diese Theorie, die nicht auf metaphorische Konzepte rekurriert, in Bedrängnis:

> „Der größte Teil der zu dieser Gruppe gehörenden Benennungen läßt sich schwer als metaphorische Benennungen bezeichnen. Es handelt sich nunmehr um Inkongruenz der Bedeutung zwischen dem adjektivischen Attribut und dem Substantiv [...]“[150]

Ebenfalls als semantische Anomalie betrachtet Ghiczy (1988) die Metapher. Daß Metaphern dennoch verstanden werden, wird so erklärt: Der Hörer kann trotz Anomalie eine neue semantische Kongruenzebene aufbauen. Ghiczy arbeitet neben dieser semantischen Funktion der Metapher noch eine weitere heraus, die pragmatische Funktion.

> „Die pragmatische Funktion der Metapher wäre in erster Linie, die Aufmerksamkeit auf die semantische Information zu lenken und somit den Aussagewert zu intensivieren.“[151]

Dies gelte im Prinzip auch für die aus Sprachnot entstandenen Metaphern. Daneben wird der Metapher noch eine „kognitive Funktion“[152] eingeräumt. Darunter versteht der Autor, daß mit Hilfe von Metaphern Sachverhalte „neu interpretiert und konzipiert“[153] werden; gemeint ist die Möglichkeit, mittels metaphorischer Modelle noch Unbekanntes an den zu erklärenden Sachverhal-

---

147 Pytelka (1971), S. 161.

148 Pytelka (1971), S. 164. Vgl. zur Metaphernklassifikation auch Pákozdi (1989), S. 205, wo anders gegliedert wird: „1. Person, 2. menschlicher Körperteil, 3. Tier, 4. tierischer Körperteil, 5. Pflanze, 6. Pflanzenteil, 7. Naturerscheinung, Terrainform, 8. Gebrauchsgegenstand, 9. Bau(objekt), 10. Abstraktum“. Vgl. auch Stegu (1986), S. 69-71.

149 Pytelka (1971), S. 162.

150 Pytelka (1971), S. 162.

151 Ghiczy (1988), S. 206.

152 Ghiczy (1988), S. 206.

153 Ghiczy (1988), S. 207.

ten (dem Original) zu erkennen. Kognitive und pragmatische Funktion fließen ineinander über. Der Autor gruppiert die Metaphern nach solchen, „die aus Sprachnot, die aus dem Wunsch nach Verdeutlichung und schließlich, die aus affektiver Überlegung entstanden sind.“[154]. Sein Untersuchungskorpus besteht aus Pressetexten („Wirtschaftsdienst“). Die ermittelten „bildspendenden Bereiche“ ordnet der Autor nach abnehmender Frequenz, mit der sie als Quelle für Metaphern dienen, in dieser Reihenfolge[155]: Gesundheit/Krankheit, Politik/Macht/Kampf, Technik/Naturwissenschaften, die Natur selbst, tägliches Leben, Spiel, Architektur, Sport.

Die Konstruktion einer eigenen Kongruenzebene der Semantik bei Ghiczy weist schon auf eine kognitive Erklärung der Metapher hin. Kognitiv fundiert ist die Sichtweise von Jäkel (1992), der — basierend auf der Metapherntheorie von Lakoff/Johnson (1980) — die Quantitätsmetaphorik in Wirtschaftspressetexten untersucht. Das Textkorpus besteht aus 3000 Beispielsätzen aus dem „Hamburger Abendblatt“. Jäkel lehnt sich in der Klassifikation der Metaphern eng an Lakoff/Johnson (1980) an, die strukturelle[156] von ontologischen[157] Metaphern unterscheiden. Der Autor postuliert darüber hinaus noch eine dritte Art von Metaphern, die „Quantitätsmetaphern“. Sie sind gerade für das Verständnis ökonomischer Prozesse von großer Bedeutung.

> „Während die beiden ersten Typen [strukturelle und ontologische Metaphern - M. H.] nach der Terminologie Lakoff/Johnsons klassifiziert sind und eher den Bereich möglicher Konzeptualisierungen im Begriffsfeld der Ökonomie abstecken, besteht das zentrale Anliegen der Untersuchung in der anschließenden Herausarbeitung der von mir sogenannten *Quantitäts-Metaphern*, die unser alltagstheoretisches Verständnis wirtschaftlicher Prozesse entscheidend prägen.“[158]

Über die Quantitätsmetaphern können Wirtschaftsprozesse metaphorisch erfaßt und erklärt werden. Wirtschaftliche Vorgänge können so mit Hilfe einfacher „BEWEGUNGS-Modelle“[159] erklärt werden. Der Autor gliedert diese folgendermaßen:

> „Als Untergruppen dieser *Quantitäts-Metaphern* lassen sich AUTONOME HORIZONTAL-BEWEGUNG [...], ORGANISCHES WACHSTUM [...], AUTONOME VERTIKAL-BEWEGUNG [...] sowie PASSIVER VERTIKALTRANSPORT [...] unterscheiden.“[160]

154 Ghiczy (1988), S. 207.
155 Ghiczy (1988), S. 211.
156 Analoge Übertragung einer (komplexen) Begriffsstruktur: z. B. bei Lakoff/Johnson ARGUMENT IS WAR oder bei Jäkel WIRTSCHAFTLICHER WETTBEWERB IST MACHT-KAMPF UM DEN MARKT.
157 Übertragung einfacher aus der Raumorientierung und der (Körper-)Erfahrung gewonnener Konzepte: z. B. bei Lakoff/Johnson die Objektivierung oder Personifizierung von Abstrakta oder Ereignissen (INFLATION IS AN ENTITY, INFLATION IS AN ADVERSARY) oder bei Jäkel DAS UNTERNEHMEN IST EIN BEHÄLTER.
158 Jäkel (1992), S. 2.
159 Jäkel (1992), S. 9.
160 Jäkel (1992), S. 9.

Diese Submodelle werden mit zahlreichen Beispielen aus dem Textkorpus belegt. Die Umsetzung von Quantitäten z. B. in eine VERTIKALBEWEGUNG kann sich in zahlreichen Ausdrücken manifestieren. Irgl (1989), der sich mit der Synonymie in der englischen Wirtschaftsfachsprache auseinandersetzt, beschreibt dieses Phänomen (wenn auch nicht in Hinsicht auf die Metaphorik). Die meisten der von ihm angeführten Synonyme sind Ausdrücke, die auf metaphorische Modelle wie VERTIKALBEWEGUNG o. ä. verweisen.

> „A detailed research based on thousands of excerpts has shown that there are more than 60 verbal expressions for the upward movement of prices and more than 40 expressions for the downward movement. The number of nominal expressions is only slightly lower."[161]

Die Arbeit Jäkels schließt mit einer auch für die vorliegende Untersuchung wichtigen Feststellung bezüglich der Verwendung metaphorischer Konzepte in anderen Sprachen:

> „Prinzipiell ist jedoch festzustellen, daß in den Sprachen Deutsch, Englisch, Französisch und Spanisch mit wenigen Ausnahmen dieselben metaphorischen Ursprungsbereiche verwendet werden, wenn von ökonomischen Vorgängen die Rede ist."[162]

Dabei beruft sich der Autor auf einige Analysen fremdsprachiger Texte (weitere Literatur siehe Jäkel (1992), S. 19f.)[163]. Für die vorliegende Untersuchung ist dieser Sachverhalt für die Quellenauswahl von Bedeutung. Wenn in den obigen Sprachen keine wesentlichen Unterschiede in den metaphorischen Modellen bestehen, dann ist es unerheblich, ob z. B. das englischsprachige Original oder eine frühe Übersetzung als Quelle gewählt wird[164].

2.3.7 Betriebslinguistik

Eine relativ junge, in den letzten Jahren stark expandierende Richtung der Wirtschaftssprachеforschung ist die „Betriebslinguistik"[165]. Unter dieser Sammelbezeichnung finden sich ganz unterschiedliche Beiträge, die jedoch eine Gemeinsamkeit aufweisen: Ihr Hauptaugenmerk gilt den Kommunikationsprozessen sowohl innerhalb von Betrieben, als auch zwischen Betrieben und der ‚Außenwelt', also der institutionellen Wirtschaftssprache. Reiner Pogarell gliedert das Untersuchungsgebiet der Betriebslinguistik unter dem Aspekt möglicher Einsatzbereiche für Linguisten in Wirtschaftsunternehmen in drei Hauptbereiche mit verschiedenen Unterebenen[166]:

---

161 Irgl (1989), S. 278.

162 Jäkel (1992), S. 19.

163 Dazu auch Stegu (1986), S. 72, der den unterschiedlichen Erscheiungsformen von Metaphern in französischen, englischen, spanischen, italienischen und deutschen Wirtschaftspressetexten nachgeht.

164 Vgl. dazu das Beispiel aus Adam Smith's „Wealth of Nations" in Kap. 6.

165 Vgl. z. B. die Beiträge zur Betriebslinguistik in Bungarten (1988), Darski/Vetulani (1993), Feldbusch (1991) und Klein (1991).

166 Zur Gliederung der Betriebslinguistik vgl. Pogarell (1988), S. 322-325, (1988b), S. 3-6, Brünner (1991), S. 3f.; zu Einsatzmöglichkeiten in Industriebetrieben vgl. Pogarell

1. betriebliche Außenkommunikation
   (a) Öffentlichkeitsarbeit
   (b) Werbung
   (c) Standardisierte Außenkommunikation (z. B. Geschäftsbriefe, Gebrauchsanweisungen)
   (d) nichtstandardisierte Außenkommunikation (z. B. Erschließung neuer Werbungszielgruppen)
   (e) Fremdsprachige Außenkommunikation
2. Innerbetriebliche Kommunikation
3. Schulungsabteilung
   (a) muttersprachliche Fertigkeiten
   (b) Fremdsprachen (innerbetriebliche Fremdsprachenausbildung)
   (c) Deutsch als Fremdsprache

Bezüglich der Literatur zu den einzelnen Teilgebieten verweise ich auf die gute Bibliographie zur Betriebslinguistik von Pogarell (1988b). Das Thema der Werbung und der Werbesprache zielt bereits auf einen eigenen linguistischen Forschungsschwerpunkt, dessen Erörterung den Rahmen dieser Arbeit sprengen würde[167]. Über Pogarells Bibliographie hinaus möchte ich nur auf einige Beiträge zu den Einzelbereichen exemplarisch hinweisen. Wie die obige Gliederung zeigt, bestehen Überschneidungsbereiche vor allem zwischen Fremdsprachenschulung und fremdsprachiger Außenkommunikation, so daß diese gemeinsam unter dem Stichwort **Fremdsprachen in der Wirtschaft** zusammengefaßt werden. Einen breiten Raum nehmen dabei Fremdsprachenbedarfsermittlungen ein[168]. Es wird in diesen Beiträgen zum einen ermittelt, welche Fremdsprachen für welche Art von Betrieben notwendig sind und wie Linguisten bei der fachspezifischen Vermittlung dieser Fremdsprachenkenntnisse eingesetzt werden können.

Ein weiterer Schwerpunkt ist die **technische Dokumentation** in der standardisierten Außenkommunikation (z. B. Gebrauchsanweisungen) und innerhalb des Betriebes (Dokumentation)[169]. Im Vordergrund stehen hierbei die Anforderungen an technische Dokumentationen als vermittlungssprachliche Texte. Es wird die Verankerung des technischen Redakteurs als Berufsbild gefordert und die spezifischen Merkmale des Berufes hervorgehoben (Verbin-

(1988a), (1989), (1991), Steigüber (1991).

167 Vgl. z. B. Baumgardt (1992), Brandt (1973).

168 Z. B. bei Christ/Liebe/Schröder (1979), Henke (1989), (1991a), Holden (1989), Károlyi (1991) zum Ungarischen, Kern (1986) (Belgien), Lenz (1990), (1991) und Reuter/Schröder/Tiittula (1989) zum Finnischen, Schneider (1991), Yashovardhan (1991) zur Lage in Indien (Gujarati). Zur Stellung des Deutschen im Ostmarkt vgl. Köhler (1991). Zum Fachübersetzer in der Industrie vgl. Holz-Mänttäri (1988), Pongrácz (1988), Stellbrink (1988).

169 Vgl. Pogarell (1988b), daneben Bock (1991) (1991a) mit weiterer Literatur, Borneto/Cortelazzo (1988), Dick (1991), Guder/Pogarell (1991), Jörissen (1991), Krause (1991), Noack (1991), (1991a), Staud (1988), Wolters (1988), Zieten (1988).

dung zwischen linguistischer und technisch–naturwissenschaftlicher Kompetenz zur Erstellung von verbraucherfreundlichen Dokumentationstexten). Daneben beschäftigen sich einige Autoren mit Detailproblemen der betrieblichen Außenkommunikation[170] oder der innerbetrieblichen Kommunikation[171].

Alle diese Arbeiten analysieren institutionelle Wirtschaftsfachsprache. Ziel ist es dabei, durch Beschreibung und Erklärung von betrieblichen Kommunikationsstrukturen letztlich dazu beitragen zu können, den Ablauf wirtschaftlicher Prozesse zu optimieren und damit die praktische Relevanz der Betriebslinguistik unter Beweis zu stellen. Darüber hinaus werden Einsatzmöglichkeiten für Linguisten in der Wirtschaft ermittelt und Forderungen nach einer verstärkten Linguistenausbildung erhoben, die sich an den Erfordernissen in der industriellen Praxis orientieren.

Das für die anderen Arbeiten zur Wirtschaftssprache festgestellte Defizit in der sprachtheoretischen Fundierung gilt auch für die Betriebslinguistik. In der Betriebslinguistik werden im allgemeinen pragmatische Faktoren (kulturelle Fakten, Situationstypen ...) stärker einbezogen, als etwa bei den eher sprachimmanent vorgehenden Arbeiten zu syntaktischen Besonderheiten der Wirtschaftsfachsprachen. Wie die anderen Teilgebiete der Wirtschaftssprache ist auch das Feld der Betriebslinguistik tendenziell noch sprachwissenschaftliches Neuland. Die große Spannbreite der Einzelbeiträge (Techniksprache, Deutsch als Fremdsprache, Soziolinguistik, Fachsprachenforschung etc.) und die noch ausstehende systematische Beschreibung des Untersuchungsgegenstandes der Betriebslinguistik machen diese zu einem Sammelbecken für die unterschiedlichsten Arten von linguistischen Untersuchungen, so daß m. E. bis jetzt noch keine abschließende Charakterisierung dieses Forschungsstranges möglich ist.

2.3.8 Exkurs: Wirtschaft der Sprache

Zum Abschluß möchte ich in einem Exkurs noch eine Reihe ganz anders gearteter Studien vorstellen, die nicht die Wirtschaftssprache beschreiben, die aber dennoch das Verhältnis von Sprache und Wirtschaft zum Thema haben. Coulmas (1992) kehrt — von der vorliegenden Arbeit aus gesprochen — das Erkenntnisinteresse genau um. Er untersucht, inwiefern Metaphern und ganze Modelle aus der ökonomischen Sphäre — und hier scheint besonders das Geldwesen ein reicher Bildspender zu sein — bei Beschreibungen und Theorien über Sprache Verwendung finden. Für Coulmas

> „[...] ergibt sich, daß der konzeptuelle Vergleich von Sprache und Geld mehr ist als eine kapriziöse Metapher: sie ist im Wesen beider als Mittel des

---

170 Z. B. thematisiert Antos (1988) telefonische Reklamationsgespräche, Geuenich (1989) und Lasogga/Koschmieder (1989) Linguisten als Kommunikationstrainer, Steigüber (1991a) Geschäftskorrespondenz und Korrespondenztrainings.

171 Brünner (1978), (1987), Muhr (1988); Bartha (1989) zur Textanalyse von Geschäftsabschlüssen, Grießhaber (1988) zur Textsorte ‚Einstellungsgespräche', Presch (1988) zur ‚verschlüsselten' Sprache in Arbeitszeugnissen; Merlini Barbaresi (1988) zur Diskurslogik ökonomischer Argumentationen.

> Austausches begründet, was freilich nicht heißen soll, daß diese Homologie beide erschöpfend erklären könnte.“[172]

Bei Rossi-Landi (1972) ist die Sprache ebenfalls das Erkenntnisobjekt, das mit Hilfe der Ökonomie, d. h. ökonomischer Modelle und Metaphern erklärt wird. Sprachtheoretische Anschauungen werden hier in Parallele zur politischen und ökonomischen Theoriegeschichte gesetzt. Darüber hinaus vergleicht der Autor Sprache und Geld, d. h. er versucht die Sprache in den Kategorien des GELDES, gedacht als fixes oder variables Kapital (in Anlehnung an Marx), zu beschreiben. Teilweise bis in die Formulierungen hinein identisch ist Rossi-Landi (1975)[173].

Die Domäne der Ökonomie und den Begriff des GELDES als Quelle für Metaphorisierungen und als Verständnishilfen in Literatur, Philosophie und Theologie untersucht Shell (1982):

> „There has been no sustained critique of this interaction between thought and economics in the postclassical era. Yet some thinkers [...] have recognized and tried to confront and to account self-critically for the money of the mind informing their own thought. Elucidating the money talk in their linguistic production, as I plan to do in this book, helps to locate the ‚language of wares‘ that speaks ventriloquistically, as it were, through the mouths of theologians, poets, and philosophers.“[174]

Letztlich gelangt Shell zu dem Schluß, daß GELD und das Denken in monetären Größen in allen Formen der Sprache präsent sind:

> „That money and language are complementary or competing systems of tropic production and exchange suggests that money not only is one theme, metaphoric content, or ‚root metaphor‘ in some works of language, but also participates actively in all. My argument is not that money is talked about in particular works of literature and philosophy (which certainly is the case), but that money talks in and through discourse in general.“[175]

2.3.9 Zusammenfassung

Die zweite Phase der Wirtschaftsspracheforschung zeichnet sich dadurch aus, daß verschiedene Tendenzen und Interessen parallel zum Zuge kommen. Die Themen sind breit gestreut, eine Klassifikation aller Arbeiten ist schwierig. Als Schwerpunkte lassen sich die Bereiche Syntax/Morphologie (2.3.2), Sprach-/Ideologiekritik (2.3.3) sowie Sprachdidaktik (2.3.4) und Betriebslinguistik (2.3.7) bezeichnen. Hier entstanden die meisten Arbeiten[176]. Betrach-

---

172 Coulmas (1992), S. 36.

173 Vgl. kritisch zu Rossi-Landi Muecke (1986).

174 Shell (1982), S. 4.

175 Shell (1982), S. 180.

176 Daneben gibt es selbstverständlich auch ‚Nischen‘, die hier nicht berücksichtigt wurden: z. B. lexikographische Aspekte der Wirtschaftssprache Gerzymisch-Arbogast (1989) und Schaeder (1982) oder der Übergang zur Werbesprache Mieder (1973), Brandt (1973), Baumgart (1992) mit weiterer Literatur. Eine Sammlung verschiedenster Beiträge zum Thema ‚Wirtschaftssprache‘ findet sich in den Tagungsbänden von Bungarten

tet man die jeweils zugrundegelegten Textkorpora, so fällt das eindeutige Übergewicht der Pressesprache auf. Theorietexte zur Wirtschaft sind nur selten in eine Analyse aufgenommen worden. Die Wirtschaftspressesprache wird zudem noch meist in ungerechtfertigt vereinfachender Weise mit der Börsenberichterstattung gleichgesetzt. Nur selten wurde dem widersprochen, z. B. Burger (1984), S. 268 f.
Wenn die Verwendung von Metaphern in Wirtschaftstexten überhaupt Beachtung fand, dann vor allem in sprachkritischer Hinsicht, seltener differenziert nach Funktionen und nur in einem Fall, Jäkel (1992), bezogen auf eine kognitive Metapherntheorie.
Eine Einordnung der Wirtschaftssprache in ein umfassendes Sprachmodell fehlt in den meisten Beiträgen. Typologien zur Wirtschaftssprache sind relativ selten anzutreffen.

2.4 Typologien der Wirtschaftssprache

Wenn man von Typisierung der Wirtschaftssprache spricht, muß man klarstellen, auf welcher Ebene klassifiziert werden soll. Damit ist gemeint, daß auf der einen Seite alle sprachlichen Phänomene, die sich auf wirtschaftliche Sachverhalte beziehen und die man sozusagen vortheoretisch als Wirtschaftsprache ansprechen kann, in ein Gesamtmodell der Sprachvarietäten einzuordnen sind. Diese Typologisierung findet auf der Makrobene statt. Die Wirtschaftssprache in ihren verschiedenen Ausformungen wird in Beziehung zur Alltagssprache, zu anderen Fachsprachen[177], zu anderen Varietäten des Deutschen gesetzt.
Auf der anderen Seite gibt es jedoch auch eine Typologie auf der Mikroebene. Hier wird die Wirtschaftssprache nicht als komplexes Ganzes in Beziehung zu anderen Sprachvarietäten gesetzt, sondern sie selbst wird einer Binnenstrukturierung unterzogen. Es wird danach gefragt, inwiefern sich die einzelnen wirtschaftsprachlichen Texte (z. B. Geschäftsbrief, Börsenbericht, Vorlesung zur Volkswirtschaftslehre, wissenschaftliche Abhandlung etc.) voneinander unterscheiden. Mikro- und Makroebene der Sprachtypologie stellen somit einander ergänzende Aspekte dar, die in einem Sprachmodell enthalten sein müssen.

Wirft man nun einen Blick auf die vereinzelten Typisierungsvorschläge in der Wirtschaftssprachеforschung, fällt auf, daß bislang stärker auf der Mikroebene analysiert und klassifiziert worden ist[178]. Dies kann man den Autoren jedoch nicht zum Vorwurf machen, da ihr Anliegen meist auf die Wirtschaftssprache eingegrenzt und eine Orientierung auf ein Gesamtmodell hin nicht

(1988), Klein (1991) und Feldbusch (1991).

177 Zu verschiedenen Ansätzen der Fachsprachentypisierung vgl. auch Fluck (1985), S. 16-23, 192-196.

178 Man kann z. B. die Negativabgrenzung bei Kvam (1986), der den wirtschaftssprachlichen Textbereich zu Nicht-Fachtexten abgrenzt, nicht als Makrotypologie auffassen. Ähnlich verhält es sich bei Laurecíková, die allgemeinsprachliche Texte als Negativabgrenzung wählt. Differenziertere Modelle finden sich bei Wankerl (1988/1989) und Ihle-Schmidt (1983). Vgl. auch Pongrácz (1989).

beabsichtigt ist. Das Zurückstehen der Makroebene muß jedoch zur Kenntnis genommen werden.

Da in Kapitel 3 dieser Arbeit eine Typologie der Wirtschaftssprache auf der Makro– und der Mikroebene vorgenommen wird, beschränke ich mich im folgenden auf die Beschreibung der bisherigen Gliederungsvorschläge.

Die Funktionalstilisten, also der dritte Strang aus der ersten Forschungsphase unterscheiden im wesentlichen fünf Typen bzw. Stile der Wirtschaftssprache[179]:

1. Der Geschäftsbrief–Stil
2. Der theoretisch–wissenschaftliche Stil
3. Der praktisch–belehrende, vermittelnde Stil
4. Die Sprache der Buchhaltung, d. h. die Sprache in Wirtschaftsdokumenten
5. Der Stil der Wirtschaftspresse

Diese Reihe wurde induktiv, d. h. aus der empirischen Betrachtung der wirtschaftssprachlichen Textlandschaft gewonnen. Zwar stand das Kriterium der Funktionalität der einzelnen Stile bei deren Gewinnung Pate, aber man kann dennoch nicht von einer Klassifikation, die von einer übergeordneten Theorie ausgehend zu zunächst abstrakten Typen kommt, die dann erst mit der Realität abgeglichen werden, sprechen. Während eine deduktive Ableitung vollständig typisiert — auch auf die Gefahr hin, tatsächlich vorhandene Texte nicht oder nicht exakt erfassen zu können, so daß das übergeordnete Modell an Aussagekraft verliert — operiert eine induktive Typologie mit einer prinzipiell offenen Menge von Typen. Es können immer neue Stile entdeckt und nach der Funktion geordnet werden. Wenn auch induktive und deduktive Methode zu gleichen Ergebnissen kommen können, so ist die jeweilige Richtung der Vorgehensweise prinzipiell nicht irrelevant. Induktiv arbeitet auch Vančura, der in anderem Zusammenhang zu einer anderen Menge von Sprachstilen in der Wirtschaftssprache kommt:

> „1. Traditionelle Sprache der Handelskorrespondenz mit ihrem internationalen und nationalen Formelschatz, 2. kodifizierte Terminologie des Geld– und Warenhandels, 3. Sprache der Wirtschaftswissenschaften (Volkswirtschaft, Privatwirtschaft, Wirtschaftsrecht usw.), 4. Börsensprache, gesprochen und geschrieben, 5. Werbesprache (Anzeigen, Telegramme, Reklame usw.).“[180]

Insgesamt wird die Typologie mit einer Beschränkung auf das unspezifizierte Kriterium ‚Funktion‘ allein instabil, da je nach empirischer Textsichtung neue/andere Stile auftauchen können.

Deduktiv, wenn auch dadurch gröber, teilt Kvam (1986) die wirtschaftssprachlichen Texte ein. Er orientiert sich an einer in der Fachsprachenforschung verbreiteten Unterteilung in 1. interne Fachtexte, 2. externe Fachtexte und 3. Nicht–Fachtexte.

---

179 Vgl. auch die Zitate von Krejči (1941) auf S. 22 und Vančura (1936) auf S. 22 dieser Arbeit.

180 Vančura zitiert nach Drozd/Seibicke (1973), S. 75.

Es ist dabei klar, daß diese drei Gruppen kaum Probleme bereiten, da sie jeweils sehr umfassend sind und auf jede fachsprachliche Kommunikation angewendet werden können. Fraglich ist aber, ob so die Spezifika von **Wirtschafts**fachsprachen erfaßt werden können.
Interne Fachtexte umfassen den ganzen Bereich innerfachlicher Kommunikation, d. h. Fachkorrespondenz, Hochschullehre, Hochschulforschung etc. Externe Fachtexte decken den gesamten Sektor der Vermittlung aus dem Fachbereich heraus ab, d. h. die Kommunikation von Fachleuten mit Nicht-Fachleuten.
Borgulya (1988) (1989) orientiert sich an der fachsprachlichen Gliederung von Drozd und kommt so zur Reihe: 1. wissenschaftliche Texte, 2. populärwissenschaftliche Texte und 3. praktisch-fachliche Texte.
In ihrem Beitrag von 1989 zur sprachlichen und inhaltlichen Explizität bzw. Implizität von wirtschaftssprachlichen Texten spezifiziert sie diese Schichten noch näher. Die theoretisch-wissenschaftliche Ebene weist unter dem Aspekt der Explizität folgende Untergruppen auf: a) von Fachleuten für Fachleute verfaßte Theorietexte, also „Wirtschaftsmonographien, theoretische Abhandlungen [...]“[181]; b) wissenschaftliche Lehrwerke als eine „Subschicht“[182] der theoretisch-wissenschaftlichen Ebene, da hier die Adressaten fachlich geringer geschult sind, ist hier die Explizität der Texte im Vergleich zu a) noch höher; c) nicht veröffentlichte Forschungsberichte/-arbeiten mit einem höheren Grad an Implizität.
Die Wirtschaftspressesprache wird mit 2) abgedeckt. Die Zielgruppe ist hier ein breiterer Leserkreis „mit geringen fachlichen Kenntnissen“[183], was eine höhere inhaltliche Explizität bedingt.
Der Bereich der praktisch-fachlichen Texte (3.) umfaßt a) die „innerbetrieblichen Arbeitstexte (wie Wirtschaftspläne, Plandokumentationen, Wirtschaftsberichte, Diskussionsmaterialien für Wirtschaftsbesprechungen, Beschreibung von Wirtschaftstätigkeiten, -prozessen und -verfahren) [...]“[184] und b) das Feld der Korrespondenz und der Vertragstexte. Während im letzten Fall die inhaltliche Explizität der Texte höher ist, muß bei der ersten Gruppe von Texten mit einem höheren Maß an impliziter Information gerechnet werden.

Bolten (1991) hat sich mit der Typologieproblematik ausführlicher beschäftigt. Er setzt in seinem Gliederungsvorschlag die konkreten Textsorten mit den dabei beteiligten Kommunikationspartnern in Beziehung und gelangt so zu drei Ebenen der Wirtschaftssprache[185]:

181 Borgulya (1989), S. 116.
182 Borgulya (1989), S. 116.
183 Borgulya (1989), S.117.
184 Borgulya (1989), S. 117.
185 Bolten (1991), S. 75 f.

Textsorten	Kommunikationspartner
(a) Theoriesprache Monographien, Forschungsberichte, Lehrbücher u. a.	Wissenschaftler, Studenten (VWL, BWL, Jura, Politik), Unternehmensführer, Stabsstellenleiter in der Unternehmensführung, Bereichsleiter, Wirtschaftspolitiker
(b) Berufssprache Geschäftsberichte, Bilanzen, Verträge, Protokolle, branchen- und fachbezogene Zeitschriften- und Zeitungsartikel, inter- und innerbetriebliche Besprechungen u. a.	überwiegend die unter (a) Genannten, Vertreter des operativen Managements, Fachjournalisten, Fachübersetzer und -dolmetscher
(c) Fachbezogene Umgangssprache Geschäftsbriefe, Werbespots, Prospekte, populärwissenschaftliche Texte zum Wirtschaftsgeschehen, Verkaufsverhandlungen u. a.	überwiegend die unter (a) und (b) Genannten, Vertreter der Ausführungsebene in Unternehmen, Konsumenten

Alle drei Gruppen von Textsorten enthalten Vermittlungstexte (Lehrbücher, Zeitschriftenartikel, populärwissenschaftliche Texte), die Gruppen (b) und (c) auch institutionensprachliche Texte. Lediglich der Theoriebereich ist relativ homogen. Betrachtet man die Kommunikationspartner, so fällt auf, daß sie weitgehend austauschbar, d. h. in allen Ebenen vertreten sind, und somit nicht als Trenngröße dienen. Eine weitergehende Typologie institutioneller Wirtschaftskommunikation, die sich an der Gliederung eines Großunternehmens orientiert, stellt Bolten (1992), vor. Parallel zur Dreiteilung in Theorie-, Berufs- und fachbezogener Umgangssprache wird die Gliederung eines typischen Großunternehmens als Differenzierungskriterium vorgeschlagen[186]. Ein auf dieser Grundlage erstelltes Korpus umfaßt die Bereiche Absatz/Marketing, Finanzen, Forschung/Entwicklung/Konstruktion, Produktion/Logistik/Materialwirtschaft, Unternehmensleitung, Verwaltung/Organisation/EDV[187]. Ziel Boltens ist es, die üblicherweise an den einzelnen Fachbereichen orientierte Typologie der Wirtschaftssprache durch „eine Gliederung nach Unternehmensbereichen“[188] zu ersetzen.

Ihle-Schmidt (1983) orientiert sich bei ihrer Gliederung der ‚Wirtschaftssprache‘, die sie als ein „Konglomerat aus einer unendlichen Vielzahl von einzelnen Unter-Wirtschaftsfachsprachen“[189] betrachtet, an zwei Gesichtspunkten. Zum einen bildet das Wissensgebiet, d. h. die Ausdifferenzierung

186 Vgl. die Abbildung in Bolten (1992), S. 66.

187 Vgl. die teilweise Auswertung des Korpus in Höhne (1992). Er setzt die in den Korpustexten vorfindbaren Strukturmerkmale ‚Anonymisierung‘, ‚Spezifizierung‘ und ‚Kondensierung‘ mit deren morpho-syntaktischen Realisierungen in Beziehung.

188 Bolten (1992), S. 65.

189 Ihle-Schmidt (1983), S. 54. Vgl. zur gesamten Arbeit die Rezension von Scholtes-Schmid (1986).

der beiden Disziplinen Volkswirtschaftslehre und Betriebswirtschaftslehre, eine mögliche Gliederung des Sektors der Wirtschaftsfachsprachen[190]. Zum anderen nimmt die Autorin eine an Ischreyt orientierte Trennung in eine handwerklich–praktische Werkstattsprache und eine theoretisch–wissenschaftliche Fachsprache der Wirtschaft vor. Diese Gliederung wird durch die Einbeziehung des Adressatenkreises (entweder Experten oder Laien) zu einer Viergliederung ausgebaut. So werden schließlich die popularisierende Sprache von der Expertensprache jeweils in Theorie und Praxis (Werkstattsprache) voneinander getrennt[191].

Wankerl (1988/1989) klassifiziert die Wirtschaftssprache sowohl auf der Mikroebene als auch — was das Verhältnis der Fachsprache der Ökonomie zu anderen Fachsprachen betrifft — auf der Makroebene. Er unterscheidet dazu zwischen einer horizontalen und einer vertikalen Sprachschichtung. Auf der horizontalen Ebene ist für ihn die Binnengliederung der „Fachsprache der politischen Ökonomie" anzusiedeln (vgl. Abb. 1)[192] und außerdem ihr Bezug zu anderen Fachsprachen (vgl. Abb. 2)[193].

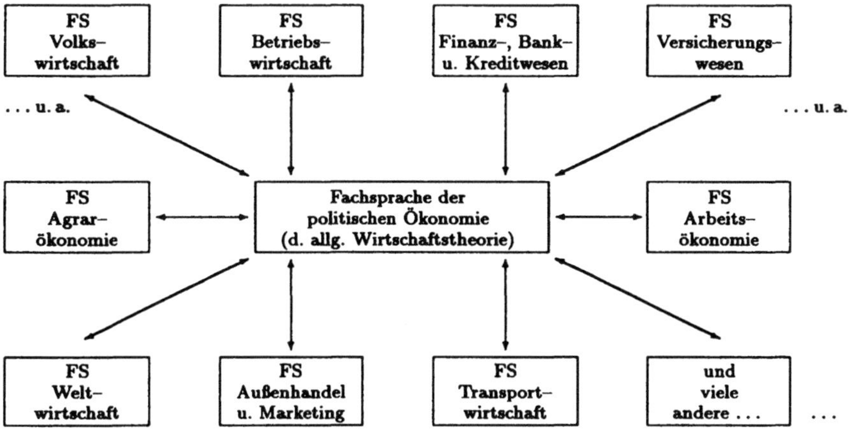

Die innere Auffächerung der Wirtschaftssprache nach Gegenstands– bzw. Arbeitsbereichen (vereinfachtes Schema)

Abbildung 1

190 Vgl. die Abbildungen in Ihle–Schmidt (1983), S. 54 f.

191 Vgl. Ihle–Schmidt (1983), S. 57. Die popularisierende, d. h. vermittlungssprachliche Ebene wird durch die Untergruppe der Lehrbuchtexte (Einführungen etc.) ergänzt.

192 Aus Wankerl (1988/1989), S. 81.

193 Aus Wankerl (1988/1989), S. 80.

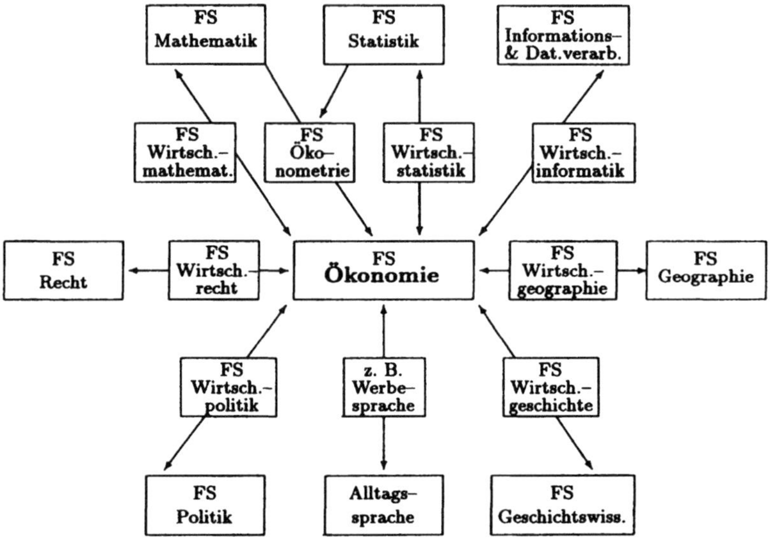

Schema der interdisziplinären Verflechtung der Wirtschaftssprache

Abbildung 2

Die vertikale Ebene teilt er, ähnlich wie Borgulya, in drei Stilebenen ein:

> „– einen wissenschaftlich-theoretischen Fachstil (‚fachinterne' theoretische Sprache der Wirtschaftswissenschaften)
> – einen populärwissenschaftlichen publizistischen Fachstil (z. B. die Sprache der Wirtschaftspublizistik)
> – einen praktischen Fachstil (z. B. Geschäftssprache, Verkäufersprache, Werbesprache u. ä.)"[194]

Diese Dreiteilung entspricht der Trennung im Stegerschen Sprachmodell zwischen dem Theorie- und Institutionenbereich und der dazugehörigen Semantik (erste und dritte Ebene bei Wankerl), sowie der vermittlungssprachlichen Ebene, d. h. dem was Wankerl als populärwissenschaftliche Texte bezeichnet. Wankerls Modell ist vor allem auch im Hinblick auf die Binnengliederung der Wirtschaftssprache das differenzierteste. Er erteilt der Idee von einer einheitlichen deutschen Wirtschaftssprache eine klare Absage.

> „Auf alle Fälle dürfte aber klar geworden sein, daß die Auffassung vom ‚Wirtschaftsdeutsch' als einem homogenen Ganzen eine unrealistische Konstruktion darstellt; mit anderen Worten, daß sich hinter ‚Wirtschaftsdeutsch' eine recht heterogene Vielfalt fachsprachlicher Kommunikationsformen verbirgt [...]"[195]

194 Wankerl (1988/1989), S. 82.
195 Wankerl (1988/1989), S. 82.

Vergleicht man die obigen Typologien miteinander, so erhält man den Eindruck, daß diese gleiche und doch nicht gleiche Felder abstecken. Die einzelnen Gruppen überlappen sich teilweise oder werden durch Grobklassifikationen absorbiert. Die Eigenständigkeit der Theorietexte wird immer betont. Die „Grauzone“ zwischen Theorie und Alltag wird in unterschiedlicher Weise umrissen.

3 Wirtschaftssprache als Institutionen– und Theoriesprache

3.1 Das Sprachmodell

3.1.1 Synchrone Beschreibung der deutschen Sprache

Das Modell Stegers unterscheidet insgesamt „drei sprachliche Dimensionen — die soziale, die funktional–zweckhafte und die historische [...]“[1]. Bei der Dimension der funktional–zweckhaften Leistung wird davon ausgegangen, daß die Ausdifferenzierung des Deutschen bis zur Gegenwart hin wesentlich durch die Ausbildung kommunikativer Bezugswelten, die der steigenden Komplexität der sozialen und gesellschaftlichen Wirklichkeit Rechnung tragen, bestimmt ist. In dieser Weise konnten für die Gegenwart sechs Bereiche eruiert werden, die sich in ihren kommunikativen Zwecken deutlich unterscheiden[2]. Die Dimension der ‚sozial–räumlichen und sozietären Reichweite‘[3] betrifft die Gültigkeit der Ausdruckssysteme (z. B. Ortsdialekt, Regionalsprache, Standardsprache) in bezug auf die geographische Ausdehnung und auf soziale Schichtungen. Sie kann für den Untersuchungsgegenstand der Wirtschaftssprache ausgeklammert werden, da es sich hier ausschließlich um standardsprachliche, also höchstreichweitige Quellen handelt[4].

Der Grundgedanke des Modells, sich Sprache als nach kommunikativen Zwecken/Funktionen gegliedert vorzustellen, stammt aus dem Prager Funktionalismus. Während in der Funktionalstilistik von einer einheitlichen Semantik ausgegangen wird, aus der je nach stilistischen Anforderungen abgewählt wird, geht Steger von einer Trennung der semantischen Systeme aus.

> „Hier [Alltagssemantik vs. Fachsemantiken – M. H.] treten uns zwei unterschiedliche Typen von Semantiken entgegen, denen man unterschiedlichen systematischen strukturellen Status einräumen muß, so daß es m. E. nicht erlaubt ist, sie als stilistische Abwahlvarianten e i n e s semantischen Systems anzusehen. Da sich weitere systematische Besonderheiten auch an nicht–fachlichen Semantiken, z. B. der Literatursemantik oder den Religionssemantiken, zeigen lassen, rechne ich (entgegen der Prager und sowjetischen Linguistik) nicht mit Funktionals t i l i s t i k im Bereich der funktional–zweckhaften Dimension der Sprache [...].“[5]

Zwar weiß man (bislang) über die tatsächlich im Gehirn ablaufenden kognitiven Prozesse noch immer viel zu wenig, um definitiv entscheiden zu können, in welcher Form Bedeutungen repräsentiert, verarbeitet und abgewählt werden, aber als „Hilfskonstruktion der Linguistik“[6] ist die Annahme von über pragmatische Variablen getrennten semantischen Bereichen sinnvoll da erkenntnisfördernd (vgl. Kap. 3.3). Genau diese Trenngröße ist, wenn man in Stegers

---

1 Steger (1988), S. 313.
2 Alltag, Institutionen, Theorie/Wissenschaften, Ideologie/Religion, Literatur, Technik.
3 Vgl. Steger (1988), S. 304-308.
4 Zur historischen Dimension vgl. Kap. 3.2.
5 Steger (1988), S. 297.
6 Steger (1988), S. 315.

Modell argumentiert, entscheidend für die Auswahl und Beurteilung von geeigneten Texten, deren Sprachmaterial den Zugang zu Konzepten, Weltsichten und Denkmodellen der jeweiligen Zeit ermöglichen sollen.

Aus der spezifischen Verbindung der drei Dimensionen ‚historischer Zeitpunkt', ‚sozialräumliche/sozietäre Reichweite' und ‚funktional–zweckhaften Leistung' ergeben sich dann die verschiedenen sprachlichen „Erscheinungsformen", die sich in bestimmten Texttypen realisieren. Diese Erscheinungsformen sind damit historisch bedingte, spezifische Produkte von Ausdrucks– und Inhaltssystemen, die in ihrer Summe als theoretisches Konstrukt GESAMTSPRACHE gelten können.

> „Wenn auch in den Existenzformen die tatsächlichen (virtuellen) sprachlichen Systeme einer Sprachbevölkerung gefaßt werden, so erscheint doch die Vorstellung einer Gesamtsprache, z. B. der deutschen Sprache, als Gesamtheit aller Erscheinungsformen (Existenzformen) als gerechtfertigt. Sie ist in linguistischer Hinsicht allerdings ein rein theoretisches Konstrukt (ein ‚Supersystem'), in dem alle Existenzformen abstrahierend zusammengefaßt werden und für das kein einzelner und keine Gruppe Kompetenz besitzen und es auch nur passiv beherrschen."[7]

Für die vorliegende Untersuchung ist festzuhalten, daß die wissenschaftlich–theoretische Beschäftigung mit wirtschaftlichen Sachverhalten dem Kommunikationsbereich ‚Theorie/Wissenschaften' zuzuordnen ist. Zudem gehe ich davon aus, daß bestimmte Konzepte aus dem Wirtschaftsleben nicht nur in Institutionen und Wirtschaftstheorien vertreten sind, sondern im Alltag ebenfalls anzutreffen sind; sei es, daß sie dort ursprünglich sind, sei es, daß sie in einem Vermittlungsprozeß aus Institutionen und Theorie in den Alltag gelangen. Dazu gehören GELD, SCHULD, REICHTUM, ABGABE/STEUER, ZAHLUNG, KAUF/VERKAUF etc. Somit ergeben sich für die Wirtschaftssprache im allgemeinen und für das Geldkonzept im besonderen in diesem Sprachmodell drei semantische Bereiche, die voneinander unterschieden werden müssen, die einander beeinflussen und die je unterschiedliche Texttypen und –sorten hervorbringen: Alltagssemantik, Institutionensemantik und Theoriesemantik.

3.1.2 Alltagssprache, Institutionensprache, Theoriesprache

Wie andere Fachsprachen so sind auch die institutionellen und theoretisch–wissenschaftlichen Wirtschaftsfachsprachen von der Alltagssprache nicht nur durch syntaktische, grammatikalische Eigenheiten unterschieden (vgl. dazu die in Kap. 2 vorgestellten Arbeiten), sondern insbesondere durch unterschiedliche Semantiken[8]. Diese Eigenheiten sollen im folgenden für alle drei Teilbereiche im Vergleich angesprochen werden.

---

[7] Steger (1988), S. 315. Vgl. dort auf S. 311 die Grafik, in der das gesamte Sprachmodell veranschaulicht wird.

[8] Vgl. zum folgenden Merkmalskatalog Steger (1991), Kap. XIV.

1. Der Weltausschnitt

Im Gegensatz zur Semantik der Alltagssprache, in der das ganze Spektrum der zum täglichen (Über–)Leben notwendigen Begriffe vorhanden ist, beziehen sich die Fachsemantiken institutioneller und theoretischer Wirtschaftsfachsprachen auf einen um vieles kleineren Weltausschnitt. Sie decken einen wichtigen Teilbereich der menschlichen Kommunikation ab. Textsorten wie eine Lohn–/Einkommenssteuererklärung, ein Kauf–/Mietvertrag, allgemeine Geschäftsbedingungen[9], innerbetriebliche Dokumentationstexte, Geschäftskorrespondenz (Kostenvoranschläge, Mahnungen, Rechnungen ...) etc. thematisieren in ihrer Gesamtheit einen kleineren und anderen Weltausschnitt als dies beim Gesamt alltagssprachlicher Textsorten der Fall ist. Ebenso verhält es sich mit den Textsorten der theoretischen Wirtschaftsfachsprache (Vorträge, Abhandlungen, Forschungsberichte, Projektdokumentationen ...). Hier schließt sich natürlich die Frage nach den Bestimmungskriterien dieses Weltausschnittes an.

2. Relevanzprinzipien

In den im Alltag verwendeten Begriff geht ein, was für den Alltag relevant ist, d. h. was diesen funktionsfähig macht, was alltäglichen kommunikativen Zwecken entspricht. So orientiert sich etwa das alltägliche Wissen über BANKEN an 'Kontoführungsgebühren', der 'Sparzinshöhe', der 'Nähe zum Wohnort', d. h. wie ausgebaut das Filialnetz ist, wie die Filialen eingerichtet sind etc. Das Konzept BANK des Alltags unterscheidet sich dadurch ganz erheblich von demjenigen des institutionellen Bereichs. Während es im Alltag im allgemeinen unerheblich ist, ob die Bank privatrechtlich, öffentlich–rechtlich oder genossenschaftlich organisiert ist, ist dies im Institutionenbereich von Relevanz. a) Commerzbank, b) Sparkasse, c) Volksbank und Raiffeisenbank sind im Alltagskonzept nicht unterschieden. Dort ist es nicht von Belang, daß a) ein privates Kreditinstitut in der Form einer Aktiengesellschaft, b) eine meist[10] öffentlich–rechtliche Anstalt im Eigentum der Stadt oder des Kreises, c) und d) jeweils eine genossenschaftliche Bank ist. Für das institutionalisierte Bankwesen ist jedoch nicht nur dieses Kriterium wichtig, sondern auch noch andere, die im Alltag keine Rolle spielen, z. B. welche Art von Geschäften betrieben wird[11].

Können in der institutionellen Praxis manche dieser Feinabstufungen zwischen einzelnen Bankformen vernachlässigt werden, so ist dies in der Theorie, die sich gerade mit dem gesamten System des Bankwesens in einem Wirtschaftsraum befaßt (etwa die Bankbetriebslehre) nicht der Fall. Hier erfährt der Begriff BANK schließlich seine spezialisierteste, maximal ausdifferenzierte Fassung. Bezogen auf die unterschiedlichen Wissensniveaus, die

---

9 Hier zeigen sich Übergänge zur juristischen Institutionensprache

10 Nur wenige Sparkassen sind privatrechtlich organisiert. Dichtl/Issing (1987), S. 1712 sprechen von nur 12 „freien Sparkassen".

11 In Dichtl/Issing (1987), S. 168 wird gegliedert in Universalbanken (Kreditbanken, Sparkassen, Girozentralen, Kreditgenossenschaften, genossenschaftliche Zentralbanken) und Spezialbanken (Realkreditinstitute, Teilzahlungskreditinstitute, Kreditinstitute mit Sonderaufgaben, Bausparkassen).

beim Bankbegriff in den Kommunikationsbereichen notwendig sind, bedeutet das: Während in Institutionen und Theorie ein sehr ausgeprägtes, spezialisiertes Wissen benötigt wird und diese Semantiken dadurch eng verbunden sind, handelt es sich beim Alltagsbegriff BANK, wenn nicht um etwas gänzlich anderes, so doch um etwas durch die hinter der Verwendung stehenden Handlungsinteressen Verschiedenes.

3. Semantische Norm

Am Beispiel BANK kann darüber hinaus demonstriert werden, in wie unterschiedlicher Weise dieses Konzept in Alltag, Institutionen und Theorie definiert ist. Der Alltagsbegriff ist prototypisch strukturiert und kann als ‚Frame' in der Form einer stereotypen Vorstellung erfaßt werden, die je nach konkreter Anforderung mit tatsächlichen Werten der erfahrenen Realität angepaßt wird[12]. Im Alltag wird das Konzept also zunächst als unanalysiertes Ganzes verwendet. Das bedeutet

> „[...] daß man im Alltag vorrangig ganzheitlich-simultane Erfahrungen macht und Deutungen von Situationen vornimmt und sie auch ganzheitlich komplex versprachlicht."[13]

Dem tritt in der Institutionen- und Theoriesprache ein stärker analysierender, aufgrund von spezifischen Eigenschaften klassifizierender Konzeptzugang gegenüber. Hier gibt es weniger prototypisch-bedingte, semantische ‚Randunschärfe' der Konzepte. Sie sind nicht durch den konventionellen Sprachgebrauch, sondern durch institutionell bedingte (etwa Betriebsablauf, Steuerveranlagung, rechtliche Bedingungen) und theorieabhängige Setzungen definiert. Genau dieser Unterschied, der sich auf der Textebene in unterschiedlichen Teilbedeutungen bzw. in einer veränderten Differenzierung der Begriffe äußern kann, führt oft zu Problemen, wenn man im Alltag mit institutionellen Texten konfrontiert wird[14]. Ist man z. B. mit dem im Institutionenbereich (hier: Finanzbehörden, Versicherungswesen) geltenden Begriff von SELBSTÄNDIGKEIT nicht vertraut, kommt man etwa beim Ausfüllen des Antrags auf Lohnsteuerjahresausgleich bzw. der Einkommenssteuererklärung oder bei Formularen von Krankenversicherungen zunächst ins Stocken. Wird nämlich dort von *unselbständiger* oder *nichtselbständiger Arbeit* gesprochen, so wird in einem ersten Schritt vom Alltag ausgehend der Begriff des SELBSTÄNDIGEN ARBEITENS und dessen Gegenteil des UNSELBSTÄNDIGEN ARBEITENS aktiviert. Zentral für den letzten Begriff im Alltag ist die Teilbedeutung 'angeleitetes Arbeiten', 'Unvermögen zu eigenverantwortlichem Arbeiten', wodurch der ganze Begriff zudem negativ konnotiert ist. In den Formularen der Finanzbehörden und der Versicherungen wird jedoch der Aspekt der 'Eigenverantwortlichkeit' anders definiert. Er bedeutet hier nicht, daß jemand in bezug auf seine konkrete Tätigkeit eigenverantwortlich handeln kann, sondern ob er/sie bei einem Arbeitgeber beschäftigt ist, oder als Unternehmer in eigener Sache

---

12 Vgl. zur Wissensrepräsentation in Frames Kap. 3.3.

13 Steger (1991), S. 81.

14 Dies gilt im Prinzip auch für Wirtschaftstheorietexte; dort findet jedoch seltener eine Vermittlung in den Alltag statt.

selbständig ist. Das Beschäftigungsverhältnis ist somit ausschlaggebend, nicht die Art der Arbeit. Auf welche Weise die Einkünfte erarbeitet, erwirtschaftet werden, nicht wie die Arbeit ausgeführt wird, ist hier relevant. Ist einmal dieser neue Begriff der SELBSTÄNDIGEN ARBEIT durch den pragmatischen Kontext oder durch Anleitung erkannt worden, wird bei der nächsten Konfrontation mit ihm in institutionellen Situationen dieser vor dem Alltagsbegriff Priorität haben[15]. Die Beispiele weisen auf eine weitere Besonderheit der institutionellen und theoretischen Fachsprachen hin: das konsequenter vernetzte Begriffssystem.

4. Vernetzung der Begriffe

Wie bereits aus dem Bankenbeispiel ersichtlich ist, ist in den institutionellen und theoretischen Fachsprachen der Wirtschaft eine stärkere vertikale Vernetzung der Begrifflichkeit gegeben. Dort ist z. B. der Begriff KOSTEN nicht prototypisch, ganzheitlich–komplex in einem Frame repräsentiert, sondern in einem stärker definierten System von Ober- und Unterbegriff[16]. In der rechtsstehenden Abbildung wurde nur ein vertikaler Schnitt durch das Begriffsfeld vorgenommen, der die starke Gliederung — hier insgesamt auf sieben Ebenen — exemplarisch deutlich machen soll. Die nicht ganz durchgezogenen Pfeile verweisen jeweils auf andere, horizontal gleichgeordnete Unterbegriffe.

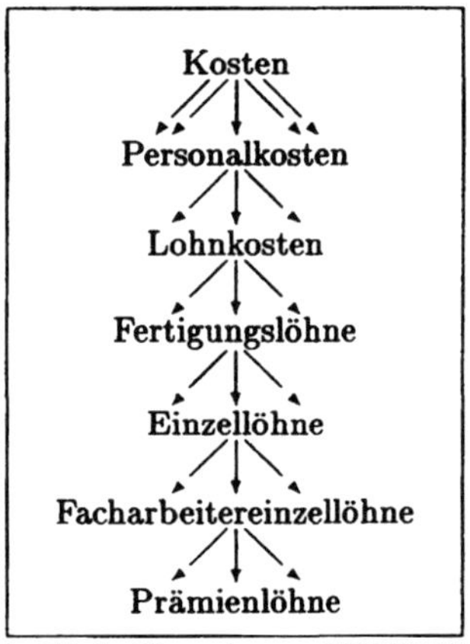

Vertikale Vernetzung KOSTEN (Ausschnitt)
Abbildung 3

Daß die konsequentere Vernetzung auch auf horizontaler Ebene, d. h. bei gleichgeordneten Begriffen in der stärker definierten Begriffshierarchie gilt, zeigt ein Blick auf die Klassifikation des Begriffs BILANZ nach Teilbedeutungen (vgl. Abb. 4, S. 62). Die gemeinsamen Teilbedeutungen der einzelnen BILANZ–Begriffe macht diese zu gleichgeordneten Unterbegriffen, die jedoch durch weitere Trennkriterien voneinander geschieden sind. Diese Arten der begrifflichen Vernetzung sind in der Alltagssprache weitaus geringer ausgeprägt. Dies nimmt auch nicht Wunder, wenn man die gegenüber der fachlichen Theoriebildung weniger differenzierte, naive, unvollständige und oftmals auch falsche (aber eben für den Alltag ausreichende!) Theoriebildung betrachtet, die in der Alltagskommunikation sichtbar wird. Zwischen institutionensprachlichen und wie in der Abbildung strikt theoriebezogenen Begriffshierarchien besteht neben der deutlichen Trennung beider von der Alltagssemantik noch ein wesent-

[15] Zur Konzeptabwahl vgl. Kap. 3.3.
[16] Vgl. zum folgenden Dichtl/Issing (1987), S. 1082. Zum Phänomen der stärkeren vertikalen und horizontalen Vernetzung lassen sich zahlreiche weitere Beispiele finden, z. B. VERSICHERUNG S. 1961, BANK S. 168, BANKGESCHÄFTE in Gablers Wirtschaftslexikon (1992), Bd. 1, S. 343 f. (bis zu neunfach horizontal und bis zu vierfach vertikal

licher Unterschied. Theoriesprachliche Hierarchisierungen/Kategorisierungen orientieren sich primär an der Konsistenz der Theorie, d. h. die aufgestellte Begriffshierarchie muß der Theorie adäquat sein. Darüber hinaus wird versucht, den klassifizierten Teilbereich möglichst vollständig zu erfassen, d. h. etwa für den BILANZ-Begriff alle denkbaren Arten von Bilanzen im Kategoriensystem unterzubringen. Werden diese Theorien dann mit der institutionellen Praxis abgeglichen und es treten Unvereinbarkeiten auf, gibt es prinzipiell drei Möglichkeiten, darauf zu reagieren. Entweder wird die unstimmige Tatsache als marginal von der Klassifizierung ausgeschlossen (Ausnahme), oder sie wird uminterpretiert, so daß sie doch noch ins System paßt; oder aber es wird — wenn diese beiden Verfahren aufgrund zu großer Modellmängel, d. h. zu großer Unstimmigkeiten in der theoretischen begrifflichen Vernetzung, nicht mehr angewandt werden können — die Hierarchisierung mitsamt der Theorie verändert. Innere Konsistenz und Widerspruchsfreiheit sind damit wesentliche Bestimmungsgrößen für theoriesprachliche Begriffshierarchien.

Im Gegensatz dazu ist im institutionellen Bereich die Frage nach der praktischen Relevanz von Begriffssystemen drängender. Dort ist es z. B. nicht unbedingt nötig, über ein so detailliertes Wissen über die einzelnen Bilanzarten zu verfügen, da je nach Behörde oder Wirtschaftsunternehmen die Kenntnis einzelner Teilbereiche genügt. Die Praxis reduziert somit die Komplexität der Begriffssysteme zugunsten einer reibungsloseren Kommunikation. Da nur bestimmte Teile, die zwar in sich strukturierter sind, als in der Alltagssemantik, benötigt werden, ist die begriffliche Vernetzung in der institutionellen Praxis — bedingt durch die Relevanzfokussierung auf den spezialisierten Sektor der Wirtschaft — geringer als in der Theoriesprache.

Dieses Kontinuum vom Alltag, über die Institutionen bis hin zur höchsten Klassifikationsstufe, der der Theorien, zeigt sich nirgends deutlicher als daran, daß im Theoriebereich die einzelnen Theorien selbst wiederum zu Kategorien in einem noch abstrakteren (Meta-)Begriffssystem werden können. So gibt es zum Konzept der INFLATION eine ganze Reihe von Theorien zu ihrer Erklärung (vgl. Abb. 5, S. 63). Während im Alltag von INFLATION wohl nur ein relativ unspezifisches, naiv-theoretisches[17] Konzept vorhanden ist, mit den Teilbedeutungen 'für eine bestimmte Geldsumme kann mit fortschreitender Zeit weniger gekauft werden', 'alles wird teurer' etc., kommen im institutionellen Bereich (z. B. Deutsche Bundesbank) schon wesentlich mehr strukturierende Teilbedeutungen hinzu. Hier wird, theoriegeleitet, über Steuerungsmechanismen und Inflationsursachen nachgedacht, wobei im Idealfall nicht die Orientierung an **einer** Theorie ausschlaggebend ist, sondern der tatsächliche Erfolg geldpolitischer Maßnahmen.

5. Syntaktische Genauigkeitsregulierung

Wiederholt wurde festgestellt, daß Wirtschaftsfachsprachen komplexe Sachverhalte in Einworttermini oder Komposita verdichten[18]. Diese ,Verdichtung'

gegliedert), oder BETRIEB in Wöhe (1986), S.256.

17 Vgl. zur naiven Theoriebildung im Alltag Jakob (1991a), (1991), Steger (1991).

18 Z. B. Borgulya (1988). Diese Eigenart teilen die Wirtschaftsfachsprachen natürlich mit

<table>
<tr><td>Unterscheidungsmerkmal</td><td colspan="8">Bilanzarten</td></tr>
<tr><td>Bilanzkonzeption</td><td colspan="2">Vermögensausweisbilanzen</td><td>Erfolgsausweisbilanzen</td><td>Tageswertbilanzen</td><td colspan="2">Kapitaltheoretische Bilanzen</td><td colspan="2">Informationsbezogene Konzepte</td></tr>
<tr><td rowspan="2">Bilanzierungsanlaß</td><td rowspan="2">Ordentliche Bilanzen</td><td colspan="7">Sonderbilanzen</td></tr>
<tr><td>Gründungsbilanz</td><td>Umwandlungsbilanz</td><td>Fusionsbilanz</td><td>Sanierungsbilanz</td><td>Vergleichsbilanz</td><td>Liquidationsbilanz</td><td>Konkursbilanz</td></tr>
<tr><td rowspan="2">Bilanzierungszeitraum</td><td colspan="6">Periodenbilanzen</td><td colspan="2" rowspan="2">Totalbilanz</td></tr>
<tr><td>Tagesbilanz</td><td>Wochenbilanz</td><td>Monatsbilanz</td><td>Quartalsbilanz</td><td>Halbjahresbilanz</td><td>Jahresbilanz</td></tr>
<tr><td>Zeitbezug der Bilanz</td><td colspan="4">Retrospektive Bilanzen</td><td colspan="4">Prospektive Bilanzen</td></tr>
<tr><td rowspan="2">Bilanzinhalt</td><td colspan="2" rowspan="2">Beständebilanzen</td><td colspan="3">Bewegungsrechnungen</td><td colspan="3">Intensitätsrechnungen</td></tr>
<tr><td>Erfolgsrechnung</td><td colspan="2">Kapitalflußrechnung</td><td colspan="2">Erfolgsveränderungsrechnung</td><td>Bewegungsdifferenzenrechnung</td></tr>
<tr><td rowspan="2">Abrechnungskreis</td><td colspan="4">Zusammengefaßte Bilanzen</td><td colspan="4" rowspan="2">Einzelbilanzen</td></tr>
<tr><td colspan="2">Gemeinschaftsbilanz</td><td colspan="2">Konzernbilanz</td></tr>
<tr><td>Bilanzempfänger</td><td colspan="4">Interne Bilanzen</td><td colspan="4">Externe Bilanzen</td></tr>
<tr><td rowspan="3">Rechtsnorm</td><td colspan="3">gesetzlich vorgeschrieben</td><td colspan="2">vertraglich vereinbart</td><td colspan="3">freiwillig erstellt</td></tr>
<tr><td rowspan="2">Handelsbilanz</td><td colspan="2">Steuerbilanz</td><td colspan="2" rowspan="2">z. B. für Kreditgeber, Anteilseigner etc.</td><td rowspan="2">Sozialbilanz</td><td colspan="2" rowspan="2">interne Bilanzen</td></tr>
<tr><td>Ertragssteuerbilanz</td><td>Vermögensaufstellung</td></tr>
</table>

Horizontale Vernetzung im Begriffsfeld BILANZ (aus: Dichtl/Issing (1987), S. 269)
Abbildung 4

unterscheidet prinzipiell die Fach- von der Alltagskommunikation, in der semantische Eindeutigkeit wesentlich häufiger erst über syntaktische Nachbesserungen (Paraphrasen etc.) erreicht werden kann.

Wie Steger (1991) feststellt, kann im Alltag die semantische Randunschärfe der dort verwendeten Begriffe über Syntagmen gesteuert werden[19]. Es gilt das Ökonomieprinzip, daß je nach erforderlicher semantischer Genauigkeit ausdrucksseitig ‚Aufwand' betrieben wird. D. h. wenn man im Alltag etwas präzise ausdrücken will, nimmt man die Anstrengung einer längeren Formulierung in Kauf, um dieses Ziel zu erreichen[20]. Die Verdichtung tritt in institutionellen und theoretischen Wirtschaftsfachsprachen gleichermaßen auf. Lediglich wenn institutionelle Texte, z. B. ein Gerichtsurteil oder ein Steuerbescheid, in den Alltag aus Verständnisgründen vermittelt werden müssen, wird

den anderen Fachsprachen, vgl. Hoffmann (1985), S. 177 f.

19 Steger (1991), S. 95.

20 Zum Ökonomieprinzip vgl. Werner (1987), (1987a).

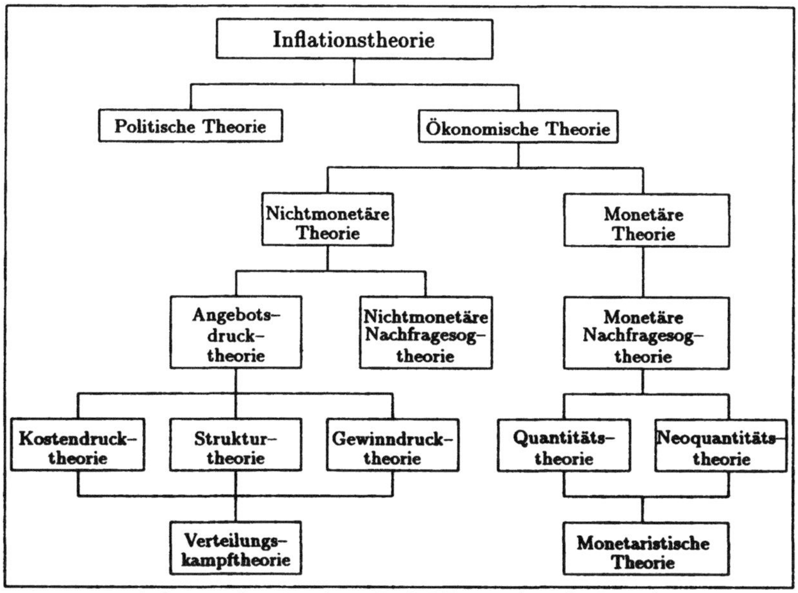

Inflationstheorien (aus: Dichtl/Issing (1987), S. 855)
Abbildung 5

diese Komprimierung der Semantik in einzelne Termini durch Erklärungen aufgehoben (Vermittlungssprache). Beispiele dafür, daß in den Fachsprachen Syntagmen weniger wichtig zur Genauigkeitsregulierung sind bzw. daß dort mehr in wohldefinierten Termini gesprochen wird, sind leicht in den Texten zu finden. Ist z. B. einmal das Verhältnis zwischen GELDMENGE und ZENTRALBANKGELD der Geschäftsbanken bestimmt, kann im folgenden vom *Geldschöpfungsmultiplikator* oder vom *Kreditschöpfungsmultiplikator* (meist sogar noch in einer Abkürzung) gesprochen werden. Eine ganze Reihe von Sachverhalten und Zusammenhängen kulminieren somit in einem Ausdruck[21].

Auf die besonderen Probleme der Vermittlung innerhalb und zwischen den kommunikativen Bezugsbereichen soll an dieser Stelle nicht eingegangen werden. Ziel war es, die Grundlinien institutioneller und theoretischer Wirtschaftsfachsprachen aufzuzeigen. Vermittlung findet a) aus Institutionen und Wirtschaftswissenschaften in den Alltag statt (Beispiel: Wirtschaftsnachrichten, Wirtschaftspresse), und b) zwischen den Fachdisziplinen der Wissenschaften (interfachlich), und c) innerhalb des Faches (innerfachlich). Denkbar sind darüber hinaus inter- und innerinstitutionelle Vermittlungsprozesse. Die Frage nach dem besonderen Status der Vermittlungssprachen im Sprachmodell ist für diese Arbeit jedoch nicht von Bedeutung.

[21] Vgl. Issing (1987), S. 56-58.

Nach den theoretischen Voraussetzungen zur Strukturierung des inhomogenen Komplexes ‚Wirtschaftssprache' folgt nun ein Vorschlag zur Klassifikation der ‚Wirtschaftssprache'.

3.1.3 Versuch einer Typologie der Wirtschaftssprache

Die theoretischen Vorgaben des verwendeten Sprachmodells geben die Gliederung des inhomogenen Ganzen ‚Wirtschaftssprache' auf der Makroebene vor. Hier ist es der Institutionen- und Theoriebereich, in denen genuin wirtschaftsfachsprachliche Kommunikation stattfindet. Es liegt auf der Hand, daß wirtschaftssprachliche Ausdrücke und Begriffe aus diesen Bereichen auch in andere vermittelt und transportiert werden können, dort dienen sie jedoch anderen kommunikativen Zwecken. So wird der GELD–Begriff auch in der Literatur oder Religion thematisiert, ohne daß man deshalb von Wirtschaftskommunikation sprechen kann. Die Begründung der Trennung der sechs kommunikativen Bezugsbereiche voneinander und damit auch die Begründung der Abgrenzung von institutioneller und theoretisch–wissenschaftlicher Wirtschaftskommunikation von der Alltagssprache auf der einen und von Literatur–, Technik- und Religionssprachen auf der anderen Seite wurde in den beiden vorangehenden Abschnitten gegeben (vgl. Kap. 3.1.1 und 3.1.2). Damit ist zwar ein Typisierung auf der Makroebene gegeben; jedoch ist diese noch recht unspezifisch. Es stellt sich die Frage, was man sich unter institutionellen oder theoretisch–wissenschaftlichen Wirtschaftsfachsprachen vorstellen soll? Wie sind diese Sektoren strukturiert? Genau an dieser Stelle beginnt das Problem auch der meisten bisherigen Typologisierungsvorschläge. Entweder gingen sie von vorhandenen Textsorten aus, die aufgrund von expliziten oder impliziten Kriterien zusammengefaßt wurden[22]; oder aber es wurde eine empirisch noch nicht geprüfte sehr detaillierte Gliederung angenommen[23]. Beide Möglichkeiten setzen von vornherein auf der Mikrobene ein. Dies hat z. B. bei Wankerl die Konsequenz, daß die Alltagssprache auf der gleichen Ebene wie die Fachsprachen steht, was die Abgrenzung der Fachsprache der Ökonomie betrifft. Dies leuchtet nicht ein, da Alltagssprache als Voraussetzung und Grundlegung aller — auch fachlicher — Kommunikation den Fachsprachen typologisch nicht gleichgeordnet sein kann.
Boltens (1991) Vorschlag, der sich an den Kommunikationspartnern orientiert, ist — obwohl auch er Wirtschaftssprache nicht in Beziehung zu anderen Erscheinungsformen wie Alltagssprache oder Literatursprache setzt — dem hier vorgetragenen ähnlich. Was bei ihm „Berufssprache"[24] genannt wird, umfaßt auf der Mikroebene der konkreten Textsorten institutionelle Wirtschaftskommunikation[25]. Die unter „Theoriesprache" subsumierten Textsorten gehören — im hier verwendeten Modell gesprochen — dem Kommunika-

22 Vgl. Kap. 2.4: z. B. Vančura oder Bolten.
23 So etwa bei Wankerl, vgl. Abb. 1 und 2, S. 53 und 54.
24 Bolten (1991), S. 75.
25 Eine Ausnahme bildet die Wirtschaftspresse. Sie zählt nach dem Sprachmodell Stegers zur Vermittlungssprache.

tionsbereich ‚Theorie/Wissenschaften' an; „Fachbezogene Umgangssprache" umfaßt vermittlungssprachliche Texte[26]. Während Bolten den institutionellen und theoretischen Bereich anhand des Parameters „Kommunikationspartner"[27] gliedert, möchte ich eine inhaltliche, an den thematisierten Sachverhalten orientierte Feingliederung vorschlagen.

A. Mikrotypologie institutioneller Wirtschaftskommunikation

‚Institutionelle Wirtschaftsfachsprache' umfaßt ein weites Feld. Sie findet sich in Banken, Behörden, Versicherungen, Betrieben etc. Bevor nicht weitere empirische Untersuchungen zu einzelnen Teilsprachen vorliegen, die textsortenspezifische Unterschiede zwischen einzelnen institutionellen Wirtschaftsfachsprachen belegen können, müssen auch die hier gemachten Vorschläge zur Binnenstrukturierung hypothetisch bleiben. Mit dieser Einschränkung müssen die folgenden Ausführungen gelesen werden.

Ich schlage zur weiteren Strukturierung als Kriterium das Drei–Sektoren–Modell vor. Die „Drei–Sektoren–Hypothese"[28] geht davon aus, daß sich in der Gesamtwirtschaft drei Sektoren ausmachen lassen, die je nach Entwicklungsgrad der Volkswirtschaft jeweils einen größeren oder kleineren Anteil an der Gesamtwirtschaft ausmachen.

> „— Primärer Sektor: Land– und Forstwirtschaft, Fischerei;
> — Sekundärer Sektor: Bergbau, Industrie, Handwerk;
> — Tertiärer Sektor: Dienstleistungen (Handel, Verkehr, Kreditwirtschaft, Gastronomie, Gesundheitsdienst, Bildungswesen, Staat, Organisationen ohne Erwerbscharakter, private Haushalte, sonstige Dienstleistungen)"[29]

Es wird bei dieser Hypothese davon ausgegangen, daß der tertiäre Sektor umso stärker vertreten sein wird, je entwickelter eine Volkswirtschaft ist[30]. Es ist offenkundig, daß sich diese drei Sektoren in ihren Kommunikationsbedürfnissen und in den Anforderungen an die Ausgestaltung der sprachlichen Mittel stark unterscheiden. Vom primären zum tertiären Sektor kann von einem Anwachsen unterschiedlicher Textsorten und insgesamt von einer stärkeren Schriftsprachlichkeit ausgegangen werden. Da der primäre und sekundäre Sektor jedoch (auch) Gebiete beschreibt, die von der Techniksprache erfaßt sind und die damit aus der institutionellen Wirtschaftskommunikation im engeren Sinne herausfallen, erhält der tertiäre Sektor besonderes Gewicht. Es stellt sich die Frage, wie man ihn gegebenenfalls gliedern kann, und wie man die nichttechnische Kommunikation aus den ersten beiden Sektoren erfassen kann.

Da die einzelnen Teilbereiche des tertiären Sektors jeweils Ausschnitte aus der gesellschaftlichen Wirklichkeit behandeln, kann eine Gliederung dieser wichtigsten Komponente des Kommunikationsbereichs ‚Institutionen' anhand

---

[26] Wiederum eine Ausnahme bilden Geschäftsbriefe, die von mir zur institutionellen Kommunikation gerechnet werden.

[27] Bolten (1991), S. 75; zur Kritik dieses Modells vgl. Kap. 2.4., S. 51.

[28] Vgl. dazu Willms (1990).

[29] Willms (1990), S. 367.

[30] Zur Diskussion um die Hypothese vgl. Willms (1990) und Dichtl/Issing (1987), S. 418.

der dort üblichen Strukturierung erfolgen. Willms unterscheidet[31] sechs Teile des tertiären Sektors: 1. Handel; 2. Verkehr und Nachrichtenübermittlung; 3. Öffentliche Körperschaften; 4. Kreditinstitute und Versicherungsunternehmen; 5. Sonstige Dienstleistungsunternehmen und 6. Private Haushalte und Organisationen ohne Erwerbscharakter.
Zu jedem dieser Teile gehörten dann spezifische Wirtschaftsfachsprachen[32], die sich gegebenenfalls noch weiter voneinander unterscheiden lassen. Z. B. ließe sich bei 5. die ‚Touristikfachsprache' von den Fachsprachen in Unternehmensberatungsbüros, in Steuerberatungsbüros, im Gastronomiegewerbe etc. trennen. Ebenso kann man sich im Bereich der öffentlichen Körperschaften unterschiedliche Fachsprachen vorstellen (Finanzamt vs. Sozialamt etc.).
Ein Problem bleibt dennoch die Abgrenzung von Technikfachsprachen, die gewissermaßen als Grundlagen v. a. im primären und sekundären Sektor in institutioneller Wirtschaftssprache von Bedeutung sind bzw. sich mit dieser überlappen können. Hier kann zur Abgrenzung m. E. die Betriebsstruktur hilfreich sein. Geht man von folgenden funktional getrennten Betriebsteilen aus (vereinfachtes Schema): Beschaffung, Produktion, Absatz, Marketing, betriebliches Rechnungswesen, Investitionen, dann kann man Techniksprache vornehmlich im Bereich der Produktion ansiedeln[33]. Es kann davon ausgegangen werden, daß im primären und sekundären Wirtschaftssektor im Bereich der Produktion techniksprachliche Textsorten und Fachsprachen angetroffen werden[34]. Hier besteht ein Übergang zwischen den Kommunikationsbereichen ‚Technik' und ‚Institutionen'. Erst dann, wenn es nicht mehr darum geht, wie Technik angewandt wird, wie Technik funktioniert, sondern wenn es um eine Einbettung der Technik in das übergeordnete Interesse der wirtschaftlichen Verwertung der Technik geht (Kauf, Verkauf, Produktionsförderung zur Steigerung des Outputs ...) setzt aufgrund des veränderten Kommunikationsinteresses ‚Wirtschaftssprache' ein. Hier interessiert Technik nicht als Technik, sondern als Produktions- bzw. Entwicklungsfaktor im Betrieb[35].

Die Gliederung der institutionellen Wirtschaftsfachsprachen nach den zwei oben genannten Kriterien bleibt, solange sie nicht empirisch weiter abgesichert ist, hypothetisch.
Um nicht der Gefahr einer zu starken Differenzierung zu erliegen[36], soll dieser Vorschlag genügen (vgl. Abb. 6, S. 67).

---

31 Willms (1990), S. 375. Er bezieht sich dabei auf das Statistische Bundesamt.

32 Bei 2. Verkehr und Nachrichtenübermittlung ergeben sich Überschneidungen zur Vermittlungssprache.

33 Zu funktional bestimmten Betriebsteilen vgl. auch Wöhe (1986), S. 154 f. Es herrscht keine Einigkeit darüber, wie Betriebe organisatorisch am sinnvollsten in funktionale Teile gegliedert werden können. Relativ unstrittig sind jedoch die oben genannten Komponenten.

34 Z. B. Sprache der Kraftfahrzeugtechnik, Computerfachsprachen, technische Aspekte der Landwirtschaft etc.

35 Vgl. zum TECHNIK-Begriff Jakob (1991), S. 1-4.

36 Z. B. bei Wankerl (1988/1989), S. 81. Wie unterscheiden sich die Fachsprache des Finanzwesens von der des Versicherungswesens konkret? Nach welchem Kriterium wurde getrennt?

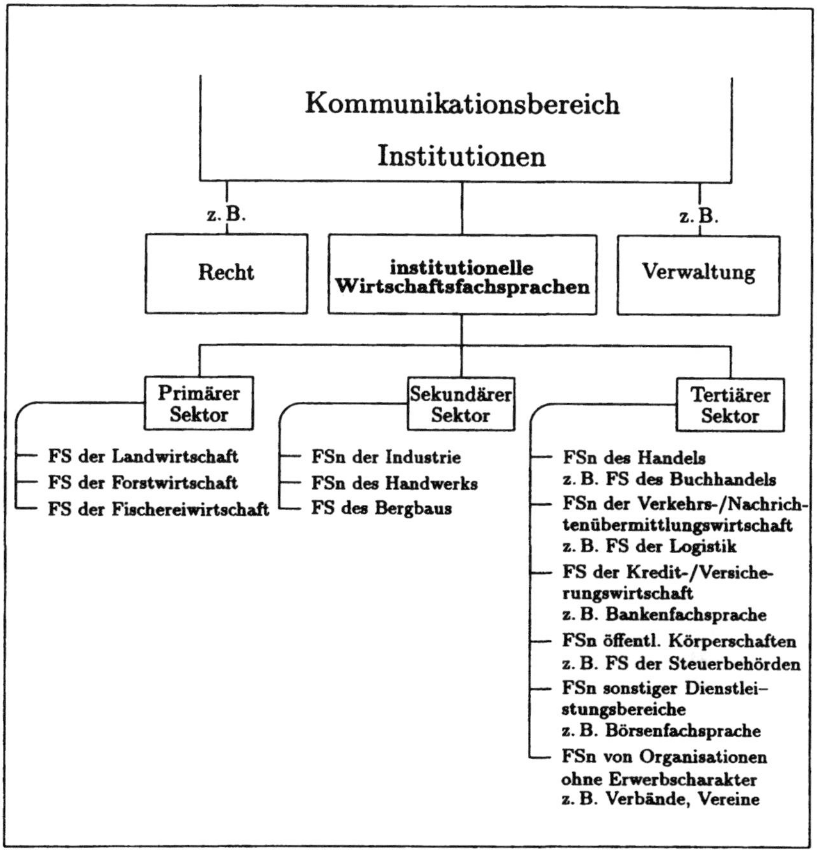

Vorschlag zur Typologisierung institutioneller Wirtschaftsfachsprachen
Abbildung 6

B. Mikrotypologie wissenschaftlich/theoretischer Wirtschaftskommunikation

Im Kommunikationsbereich ‚Theorie' sind die Fachsprachen der Volks- und Betriebswirtschaftslehre die wichtigsten. Als direkte Nachbarwissenschaften können Mathematik, Informatik, Statistik, Jura, Soziologie, Philosophie, Psychologie, Politikwissenschaft und teilweise auch Geographie und Geschichtswissenschaft genannt werden. Ob jedem dieser Berührungspunkte eine eigene Fachsprache entspricht, erscheint mir fraglich. Wankerl[37] nimmt dies an; eine empirische Prüfung steht bislang noch aus. Es ist jedoch offenkundig, daß diese aus Übergängen zwischen den Disziplinen resultierenden ökonomi-

[37] Wankerl (1988/1989), S. 80. Bei Wankerl sind als Nachbardisziplinen nicht vertreten: Soziologie, Psychologie und Philosophie.

schen Fachsprachen große Überlappungsbereiche aufweisen werden. Andererseits erscheint eine Bestimmung theoretischer Wirtschaftsfachsprachen ohne den Blick auf die Nachbardisziplinen, quasi fachimmanent, nicht möglich. Zwar ist Interdisziplinarität zwischen den Einzelwissenschaften auch heute noch eher ein angestrebtes Ziel als etwas bereits Erreichtes, aber Einflüsse aus anderen Wissenschaftsbereichen sind nicht zu verkennen. Hier stehen Jura, Politikwissenschaft, Mathematik und Informatik obenan.

Versucht man darüber hinaus eine fachimmanente Strukturierung, so muß man wie bei den institutionellen Wirtschaftsfachsprachen vom Wirklichkeitsausschnitt ausgehen, der thematisiert wird bzw. über den in der Wissenschaft reflektiert wird. Daß auch hier Überschneidungen auftreten, d. h. daß auch hier dieselben Sachverhalte jeweils unter anderen Aspekten analysiert werden, liegt auf der Hand. Dies zeigt sich schon für die grobe Teilung in Betriebswirtschaftslehre und Volkswirtschaftslehre. Der Gegenstand der Betriebswirtschaftslehre ist „alles wirtschaftliche Handeln, das sich im Betriebe vollzieht“[38]; dementsprechend ist der Gegenstand der Volkswirtschaftslehre die Gesamtwirtschaft als Interaktion von Einzelwirtschaften. Die Verbindung beider Disziplinen erfolgt über die Interpretation der Einzeldaten:

> „Was für die Volkswirtschaftslehre Problem ist, so z. B. die Preisbildung der Produktionsfaktoren, die Bildung und Verteilung des Volkseinkommens u. a., ist für die Betriebswirtschaftslehre **Datum**, gegebene Größe, mit der sie zu rechnen hat [...] Umgekehrt sind die Probleme der Betriebswirtschaftslehre, z. B. die Kostenverläufe des Betriebes für die Volkswirtschaftslehre Daten, die sie bei ihren Forschungen in Rechnung stellen muß [...].“[39]

Neben der Betriebswirtschaftslehre und der Volkswirtschaftslehre werden noch die Finanzwissenschaft und die Statistik zu „den zentralen Fächern der Wirtschaftswissenschaften“[40] gerechnet.

So kann man aufgrund dieser Einteilung folgende Fachsprachen in den Wirtschaftswissenschaften annehmen: die Fachsprachen der Betriebswirtschaftslehre, der Volkswirtschaftslehre (Wirtschaftstheorie und Wirtschaftspolitik), der Finanzwissenschaft, der Wirtschaftsstatistik und Ökonometrie. Hinzu treten die anderen durch Nachbardisziplinen stärker beeinflußten Fachsprachen des Wirtschaftsrechts, der Wirtschaftsmathematik, der Wirtschaftsinformatik, der Wirtschaftsgeographie etc. (vgl. Abb. 7, S. 69).

Einschränkend muß auch bei dieser Mikrotypologie angemerkt werden, daß sie, solange keine weiteren empirischen Studien eine Trennung der einzelnen Theoriesprachen belegen, hypothetisch bleiben muß.

---

38 Wöhe (1986), S. 28.
39 Wöhe (1986), S. 28.
40 Häuser (1967), S. 16.

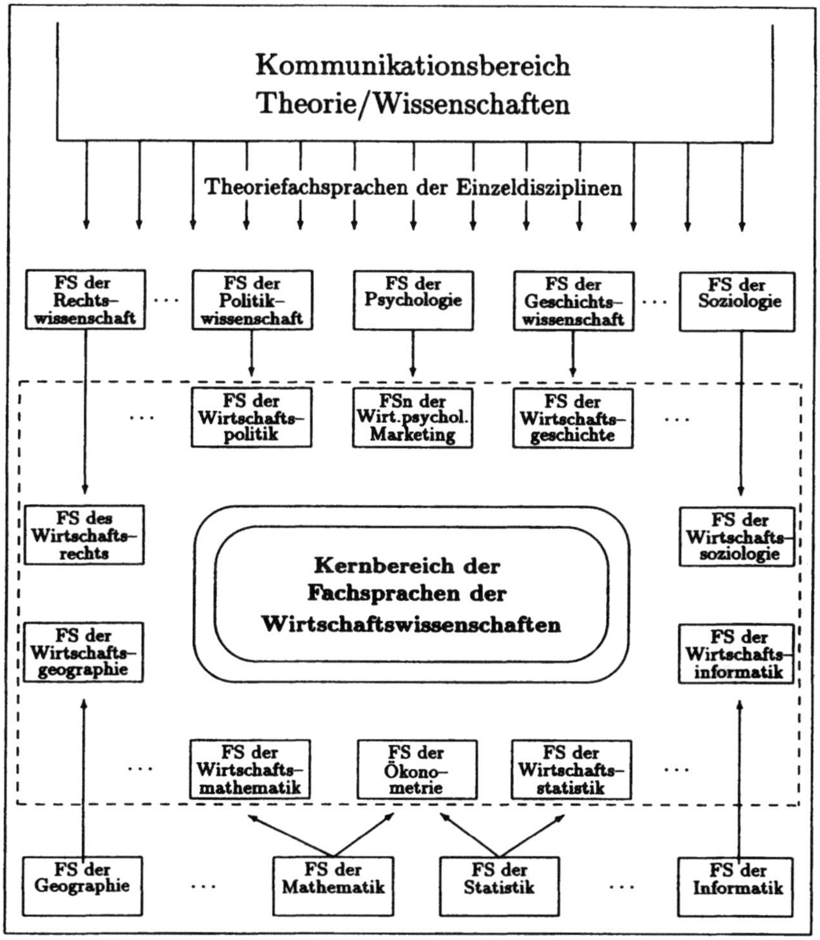

Fachsprachen der für die Wirtschaftswissenschaften relevanten Nachbardisziplinen (erweiterbare Liste)

Kernbereich der wissenschaftlichen Wirtschaftsfachsprachen: Volkswirtschaftslehre, Betriebswirtschaftslehre, Finanzwissenschaft etc.

Fachsprachen der Wirtschaftswissenschaften unter Einbeziehung der Nachbardisziplinen (erweiterbare Liste)

Vorschlag zur Typologisierung wissenschaftlicher Wirtschaftsfachsprachen

Abbildung 7

3.2 Sprachgeschichte

3.2.1 Aspekte der Begriffsgeschichte

Eine historisch angelegte Arbeit zur Geschichte und Entwicklung des Begriffs GELD in der theoretischen Literatur der jeweiligen Zeitstufe kommt an der Frage, wie sie es mit der Disziplin der „Begriffsgeschichte" hält, nicht vorbei. Philosophie, Geschichtswissenschaft und Linguistik haben sich intensiv mit den Problemen ihrer methodischen und theoretischen Fundierung und der Umsetzung der daraus gewonnenen Erkenntnisse in die Praxis auseinandergesetzt[41]. Zwar ist ein erneutes ‚Aufrollen' der Diskussion an dieser Stelle nicht nötig, wohl aber eine Standortbestimmung. Nimmt man das semiotische Dreieck von Ogden/Richards zu Hilfe, so kann einfach demonstriert werden, zwischen welchen Polen sich „Begriffsgeschichte" in der Praxis bewegen kann bzw. muß. Sie kann ihr Hauptaugenmerk entweder auf die Ausdrücke richten und dem Bedeutungswandel der Wörter nachgehen (traditionelle Wortgeschichte)[42]; oder aber sie konzentriert sich auf die Veränderung der Begriffe unter Einbezug der Außenwelt, der Referenzobjekte, in der Art, daß die Geschichte der rekonstruierten Referenzobjekte eine maßgebliche Rolle spielen (historische Semantik). Den Ausdrucksseiten kommt bei diesem Zugang eine Indikatorfunktion zu. Hier wird, um im Bilde zu bleiben, genau von der anderen Dreiecksseite an das Problem des Begriffs und des Begriffswandels herangegangen. Diese vereinfacht dargestellte Schwerpunktverlagerung[43] kann als einer der wichtigsten Programmpunkte der neueren Sprachgeschichtsschreibung bezeichnet werden:

> „Eine neu zu konzipierende Sprachgeschichte des 18. bis 20. Jahrhunderts muß sich in ihren Methoden und Erkenntnisinteressen als eine eigenständige Sprachgeschichte der Neuzeit von der älteren Sprachgeschichte abheben. Sie sollte weniger eine Geschichte der Sprachausdrücke und eine Chronologie des 'Sprachwandels' sein. Sie sollte sich mehr um die historische Beschreibung und Interpretation der Einflüsse 'von außen' auf die Sprache kümmern [...]."[44]

Damit eine hinreichende Einbeziehung sprachexterner Faktoren bei der historischen Begriffsanalyse gelingen kann, ist es notwendig, eine sprachimmanente Sprachgeschichtsschreibung aufzugeben. Im Falle der vorliegenden Studie bedeutet dies, daß sowohl die begriffsrelevante Geschichte als auch damit zusammenhängendes Theoriewissen der jeweiligen Zeit als konstitutive Faktoren für die Begriffsbildung herangezogen werden müssen[45]. Der onomasiologische Zugang versucht also die gesellschaftlichen, institutionellen und theoretisch–

[41] Vgl. Meier (1971), Koselleck (1972) und Busse (1987).

[42] Zur Kritik an dieser Vorgehensweise vgl. bes. Steger (1986).

[43] Zur differenzierten Darstellung vgl. Steger (1984), Steger (1988a) als Beispiel einer inhaltsorientierten Begriffsgeschichte; ebenso Jakob (1991) zur Techniksprache, sowie Felder (i. Dr.) zur Politikersprache, und Bastian (i. Dr.) zum Begriff HEIMAT.

[44] Jakob (1991), S. 106.

[45] Vgl. Kap. 5.

wissenschaftlichen Einflüsse der jeweiligen Epoche verstärkt als Mittel der Begriffsanalyse einzubeziehen. Daß wir aus der historischen Distanz heraus — und vor allem bei Geldtheorien als Referenzobjekten — fast immer nur über die Ausdrücke, über Texte Zugang zu den Begriffen haben können, steht dazu nicht im Widerspruch; dies gilt, wenn man zum einen den Ausdrücken eine Indikatorfunktion zubilligt, und zum anderen, wenn man sich der Tatsache bewußt bleibt, daß man, da kein direkter Zugang zu den ‚Dingen' möglich ist, ständig im Zeichenprozeß eingebunden ist. Objektsprache und Metasprache sind dieselben, es gibt nicht den objektiven Standpunkt des außerhalb Stehenden.

> „Das Vorwissen der Analytiker ist ohne Zweifel eine wichtige Voraussetzung zur Erschließung der Bedeutung vergangener Sprache; allerdings muß für die historische Semantik, die sich gerade für das *wie* der Entstehung historischen Sinns interessiert, dieses Vorverständnis ständig reflektiert werden. Die ‚Befangenheit im Zeichenprozeß' muß während der Analyse ständig bewußt gehalten werden, soll sich die historische Semantik von purer Ideengeschichte unterscheiden."[46]

Da ich mich auf die Analyse eines zentralen Konzeptbereiches der wirtschaftlichen Institutionen wie der Wirtschaftstheorien beschränke, nämlich den des GELDES[47], bedeuten diese begriffsgeschichtlichen Voraussetzungen bezogen auf die Erkenntnisinteressen folgendes:

1. Begriffsgeschichte wird als eine Synthese aus institutioneller, theoretisch-reflektierender und Textgeschichte verstanden. Die ‚Außen'-Variablen — verstanden als Bestimmungsgrößen — bedingen jeweils unterschiedliche Textsorten (vgl. Kap. 3.2.2). Hält man jene möglichst stabil, bedeutet dies für die Textanalyse auch ein Stabilhalten der Textsorte. Die Geschichte des Geldwesens und der Geldordnungen, sowie die Geschichte der unterschiedlichen Geldtheorien sind **die** ‚Außen'-Einflüsse, die bei der Analyse des Geldkonzepts wirksam sind.
2. Über die begriffsgeschichtliche Analyse des Geldkonzepts hinaus, gilt das zentrale Interesse den in der dritten Hypothese (vgl. Kap. 1.5) formulierten kognitiven Prinzipien der Versprachlichung theoretischer Sachverhalte. Um diese Hypothese prüfen zu können, wird die historische Dimension der Texte herangezogen; erst im Vergleich dieser Texte, die z. T. veraltete Wissensbestände abbilden, können Begriffsänderungen aufgrund von Änderungen der Sachverhalte oder der zur Erklärung herangezogenen mentalen Modelle deutlich gemacht werden.

   > „Möglicherweise hat auch eine lediglich auf die Gegenwart bezogene Abhandlung deutliche Erkenntnisbarrieren, die nur durch die Herstellung einer historischen Distanz zu überwinden sind."[48]

[46] Busse (1987), S. 27.
[47] In Abgrenzung z. B. zum umfassenderen Begriff KAPITAL. Vgl. dazu Hilger/Hölscher (1982).
[48] Jakob (1991), S. 105.

3. Trotz des Zurücktretens des begriffsgeschichtlichen Aspekts ist die auch von Busse angemahnte Erörterung und Definition des in der Untersuchung verwendeten „Begriffs"–Begriff[49] sehr wichtig. Gerade im Hinblick auf die kognitiv–semantisch orientierte Hypothese gilt dies. Es muß vor aller Berücksichtigung der ‚Außen'–Variablen die semantiktheoretische Fundierung explizit gemacht werden (vgl. Kap. 3.3).

3.2.2 Textsorten/-typen und kommunikative Bezugswelten

Eine inhaltsorientierte Sprachgeschichte hat auch Konsequenzen für das theoretische Konzept der SPRACHE als solcher. Sie geht nicht mehr von einer homogenen Sprache aus, in der je nach Kommunikationssituation bestimmte sprachliche Register gewählt und eingesetzt werden; sondern sie geht vielmehr von — auch semantisch klar getrennten — „Erscheinungsformen" der Sprache, die sich aus bestimmten Situationstypen und daraus resultierenden Textsorten ergeben. Leitprinzip für die Bildung solcher „Erscheinungsformen" ist immer der kommunikative Zweck, der verfolgt wird. Steger hat von dieser Position ausgehend vorgeschlagen, auch die Sprachgeschichte unter diesem Aspekt zu betreiben. Er geht für die Gegenwart von insgesamt sechs Bezugsbereichen aus, die jeweils eigene Semantiken und Textsorten/–typen auszeichnen[50].

> „Wir erkennen [...] die Notwendigkeit zur Erweiterung des Forschungsprogramms der Sprachgeschichte hin zur *Kommunikationsgeschichte*. In ihr muß sich eine *Texttypengeschichte* mit einer Geschichte der funktionalen Sprachvarietäten, d. h. der Geschichte der Spezifika von Alltagssprachen, Institutionensprachen, Techniksprache, Literatur- und Religionssprachen, Wissenschaftssprachen verbinden."[51]

Der Grundgedanke, daß eine komplex organisierte Gesellschaft auch über ebensolche Sprachformen verfügt und verfügen muß, impliziert, daß die einzelnen Teilbereiche der Kommunikation keine immer schon bestehenden erratischen Blöcke sind, sondern daß sie ebenfalls einer historischen Entwicklung unterworfen sind. Sprachgeschichte hat demnach die Aufgabe, der Entstehung und Entwicklung dieser verschiedenen Kommunikationswelten nachzugehen. Steger (1984) zeichnet die Entwicklung der funktional definierten kommunikativen Bezugswelten (Literatur, Religion/Ideologie, Technik, Theorie/Wissenschaften, Institutionen und für alle grundlegend: Alltag) vom Althochdeutschen bis zur Gegenwart in den Grundzügen nach[52] und gibt damit einen Orientierungsrahmen für weitere Detailuntersuchungen vor.
Die Frage danach, in welchen Kommunikationssituationen und in welchen Textsorten der zu analysierende Begriff verwendet wurde, welche Typen von Texten welche Informationen über diesen liefern können, wird aus diesem Ar-

[49] Busse (1987), S. 58, 101, 105f.
[50] Steger (1984), (1988), S. 311.
[51] Steger (1984), S. 191.
[52] Steger (1984), S. 192-200.

gumentationszusammenhang wie folgt beantwortet. GELD war und ist im Alltag schon immer ein ganz zentraler Begriff. Es nimmt daher nicht Wunder, in Alltagstexten immer wieder auf monetäre Zusammenhänge und auf Geldkategorien zu stoßen. Ebenso ist GELD im institutionellen Bereich seit der Herausbildung von Institutionen (Banken, Versicherungen, Behörden etc.) fest verankert. Beiden Bereichen gemeinsam ist ein zunächst unreflektiertes Umgehen mit dem Konzept. Man mußte nicht definitorisch genau wissen, was GELD war, was das Wesen des GELDES ist usw. In erster Linie war wichtig, wie man damit umging, es erlangte, welche Wirkungen es hatte etc. Der Geldbegriff war (und ist es bis heute) unscharf im Sinne einer für die Lebenspraxis ausreichenden Genauigkeit der Definition[53], und es finden sich in diesen Texten, die die Existenz, den Gebrauch und das ‚Funktionieren' des Geldes als selbstverständlich voraussetzen, keine Passagen, die über das Geldkonzept als solches reflektieren. Dies ist Sache einer anderen, sich im Laufe der Zeit ausbildenden, kommunikativen Bezugswelt, der der Theorie. Hier wurde spätestens seit dem Merkantilismus eine immer intensivere Diskussion um die Definition des Geldbegriffs geführt. GELD ist somit zumindest in den grundlegenden Bereichen des Alltags, der Institutionen und der Theorie seit dem 17. Jahrhundert stark vertreten[54].

Die für das Geldkonzept wichtigen Bereiche Alltag, Institutionen und Theorie bezeichnen in dieser Reihenfolge zugleich ein Kontinuum von der unmittelbaren Lebenspraxis, zur reflektierenden Theorie.

Institutionen entwickelten sich erst mit zunehmender gesellschaftlicher Komplexität und damit einhergehenden steigenden Anforderungen an arbeitsteiligen, zeit– und ressourcensparenden Verfahren der Lebensorganisation. So ist die Entwicklung genuin wirtschaftssprachlicher Textsorten an die Ausbildung solcher Institutionen gebunden. **Buchhaltung** mit ihren Textsorten ist erst möglich, wenn der Handel professionell, arbeitsteilig und in ein Rechtssystem einbezogen ist. **Geschäftsbriefe** haben erst dann ihre spezifische Form und spezifischen Inhalt, wenn der Handel so entwickelt ist, daß Informationsaustausch über große Strecken hinweg nötig wird, bzw. wenn nicht mehr alle Geschäfte in face–to–face–Situationen abgewickelt werden können. Wichtige Institutionen sind dabei Banken, Behörden, Verwaltung, Handel, Versicherungen, Handwerk, Industrie etc.

Für die Ausdifferenzierung der deutschen Sprache kann festgehalten werden,

> „daß der Institutionenbereich sich vor allem seit der Mitte des 14. Jahrhunderts endgültig als eigener kommunikativer Bezugsbereich des Deutschen etabliert."[55]

Mit der Institutionalisierung des Wirtschaftslebens einher ging dann in den folgenden Jahrhunderten die Neuschaffung vor allem betriebswirtschaftlicher Textsorten.

---

[53] Vgl. dazu Steger (1991), S. 94 ff.

[54] Ebenso ist GELD in den Bereichen Literatur und Religion vertreten. Diese werden hier jedoch nicht mitbehandelt.

[55] Steger (1984), S. 194.

> „Eine erhebliche Erweiterung der Texttypenrepertoires verdanken wir der Ausbildung einer auf frührationalistischen Denkprinzipien beruhenden *Betriebswirtschaft* [...], wie sie die oberitalienischen Städte in der Renaissancezeit hervorgebracht haben [...]. Die neue Betriebswirtschaft bringt die sich bis heute differenzierende Texttypik der doppelten Buchhaltung, des bargeldlosen schriftlichen Zahlungsverkehrs und des Kreditwesens hervor [...].“[56]

Ein Indiz für die Institutionalisierung der Geldwirtschaft ist die Entwicklung des Bankwesens. So gab es bereits im 15. Jahrhundert in Frankfurt am Main vier Kredit- und Wechselbanken mit Giroverkehr. Die erste eigentliche Girobank entstand 1619 in Hamburg[57].
Die Theorie entwickelte sich dagegen zeitverzögert. Sie tritt strukturierend, beschreibend und erklärend neben die Institutionen.

> „Die Sprache des Handels und des Wirtschaftswesens hebt ihre aus empirischen Erfahrungen abgeleiteten Begriffe in eine sprachliche-geistige Theorieebene, welche erst die komplexen Begriffe konzipieren kann, die hinter den neuen wirtschaftlichen Institutionen stehen.“[58]

Gewissermaßen in einer zweiten Stufe kristallisiert sich also der Theoriebereich aus dem immer stärker institutionell geregelten Alltag heraus. Bestimmte Formen der Wirtschaftstheorie waren immer schon vorhanden, z. B. als Aspekte der Philosophie oder in der sog. Hausväterliteratur. Eine eigene Stellung erhält aber auch sie erst mit ihrer Institutionalisierung z. B. auf kameralistischen Lehrstühlen.
Als abgeschlossen kann der langwährende Institutionalisierungsprozeß für das Geldwesen erst mit der Gründung der Deutschen Reichsbank 1878 gelten[59]. Institutioneller und theoretischer Bezugsbereich sind jedoch immer mit dem Alltag rückgekoppelt. Gerade in der Wirtschafts- und Rechtssprache ist diese Rückbindung der Theorie über Institutionen weitaus stärker als etwa in den Literatur- oder Religionssprachen.

Bezieht man die obigen Ausführungen auf die leitenden Hypothesen der Untersuchung zurück, so ergeben sich folgende Konsequenzen:

1. Sprachgeschichte wird hier mit Steger verstanden „als Geschichte der Ausgliederung und des Ausbaus von funktionalen Sprachvarietäten und Texttypen-/Gattungsinventaren, die für kommunikative Aufgaben in einer sich differenzierenden Welt speziell geeignet sind“[60]. Für die Bestimmung des Untersuchungsgegenstandes bedeutet dies eine Eingrenzung auf die Bereiche der institutionellen und (wirtschafts-/geld-)theoretischen Kommunikation. Will man eine umfassende Begriffsgeschichte betreiben, müssen al-

56 Steger (1984), S. 196.
57 Vgl. Sprenger (1991), S. 95 f., 122. Als Institutionalisierungsschub kann auch die verstärkte Gründung städtischer Banken in Europa an der Wende vom 16. zum 17. Jahrhundert betrachtet werden, vgl. dazu. Klein (1982).
58 Steger (1988a), S. 94.
59 Vgl. auch Kap. 5.
60 Steger (1984), S. 200.

le Bezugswelten getrennt und im Vergleich zueinander analysiert werden[61]. Kommunikation über wirtschaftliche Sachverhalte betrifft vorwiegend die Bereiche der Institutionen und der Theorie. Aus der dritten Hypothese (vgl. Kap. 1.5, S. 11) ergibt sich ein Schwerpunkt im Theoriebereich.

2. Dieser Fokus gibt auch den Zeitausschnitt der Untersuchung vor. Man muß zumindest von einem entwickelten Theoriebereich ausgehen können, um Konzepte und deren spezifische Versprachlichungen darin analysieren zu können. Deshalb stecken Theoriegeschichte und allgemeine Geldgeschichte (vgl. Kap. 5) den zeitlichen Rahmen vom beginnenden 17. Jahrhundert bis zum Beginn des 20. Jahrhunderts ab.
3. Neben der Fokussierung auf das zentrale Konzept GELD und auf den Kommunikationsbereich der Theorie wird als dritte Einschränkung die Textsorte stabilisiert, um so überhaupt erst einen aussagekräftigen diachronen Längsschnitt zu ermöglichen. Das kognitiv–sprachliche Erkenntnisinteresse gibt auch hier wiederum die Wahl vor: theoretische Abhandlungen zur Wirtschaft bzw. möglichst speziell zur Geldtheorie.

3.3 Kognitive Semantiktheorie

Die Zahl der Versuche zu erklären, was die Bedeutung eines Wortes ist, was Semantik überhaupt ist, sind in der Linguistik mittlerweile Legion. Da ich mich in der vorliegenden Arbeit dem Entwurf der kognitiven Semantiktheorie verpflichtet fühle, ist ein Gang durch die Geschichte der linguistischen und philosophischen Semantiktheorien nicht vonnöten[62]. Von Interesse dagegen sind in diesem Zusammenhang semantiktheoretische Ansätze, die es sich zur Aufgabe gemacht haben, psychologisch realistische Erklärungen für das Phänomen der Bedeutungshaftigkeit sprachlicher Ausdrücke zu geben. Solche Ansätze konnten vor allem seit dem Abklingen des behavioristischen Forschungsparadigmas und der damit einhergehenden „kognitiven Wende" entstehen:

> „Anfang der 60er Jahre vollzog sich in der Psychologie die Ablösung vom behavioristischen Forschungsansatz, der mentale Zustände und Vorgänge aufgrund seines rigiden positivistischen Postulats der Beobachtbarkeit als Black–Box–Phänomene (die sich dem wissenschaftlichen Zugang entziehen) aus dem Forschungsprozeß ausgeschlossen hatte. Die Einbeziehung mentaler Entitäten erfolgte in einem sich über Jahre erstreckenden Paradigmenwechsel, der heute als die ‚kognitive Wende' bezeichnet wird."[63]

Für mein Anliegen sind insbesondere prototypentheoretische und schematheoretische Ansätze von Interesse.
Das Kapitel zur Semantik dient nicht zur Neuformulierung einer kognitiven Semantiktheorie. Es soll lediglich die semantiktheoretischen Grundlagen und

---

61 Vgl. Bastian (i. Dr.) zum Begriff HEIMAT.

62 Es sei dazu auf den ausgezeichneten Abriß bei Schwarz (1992), S. 5-12 verwiesen. Vgl. auch Lyons (1980), Lyons (1991).

63 Schwarz (1992a), S. 11 f.

Definitionen explizit machen, aufgrund derer im zweiten Teil der Arbeit die Texte analysiert werden. Es geht dabei

(1) um die Definition der Begriffe KONZEPT, KOGNITION und MENTALES MODELL,
(2) um das Verhältnis von Semantik und Pragmatik und
(3) um die Verbindung zwischen einer kognitiven Semantiktheorie und dem im vorangegangenen Kapitel vorgestellten Sprachmodell der kommunikativen Bezugsbereiche.

3.3.1 Konzept, Kognition und Mentales Modell

Jede Semantiktheorie muß sich der Frage stellen, was sie unter einem Konzept versteht, was Bedeutung ist, und — wenn sie Anspruch auf psychologische Realität erhebt — wie Wissen im Gehirn repräsentiert sein könnte. Mit diesen Fragen haben sich die neueren kognitiven Ansätze auseinandergesetzt. Es entstanden zahlreiche Versuche wie die Theorien der semantischen Netzwerke[64], die Framesemantik[65], die Stereotypensemantik[66], die Prototypensemantik[67], die Scriptsemantik[68], die konzeptuelle Semantik Jackendoffs[69], Semantiken, die sich auf mentale/kognitive Modelle beziehen[70], konnektionistische Theorien[71] etc. Es kann an dieser Stelle nicht auf die einzelnen Theorien eingegangen werden. Wichtig erscheint es mir jedoch, Gemeinsamkeiten in diesen neueren Semantiktheorien zu erfassen:

1. Sie erteilen der traditionellen Merkmalssemantik, die die Bedeutung eines Wortes als eine Liste von Merkmalen zu beschreiben versucht, eine Absage.
   Mit den Arbeiten von Rosch, die belegen, daß man viele Kategorien nicht — wie in der bisherigen philosophisch–logischen Tradition angenommen — über eine Liste von Merkmalen, die über die Kategorienzugehörigkeit entscheiden, definieren kann, hielt die Erkenntnis auch in die Linguistik Einzug, daß Konzepte ‚randunscharf‘, prototypisch, über Familienähnlichkeiten usw. definiert sein können.

---

64 Vgl. dazu Wettler (1980), S. 36-73, Tergan (1986), S. 36-103.
65 Minsky (1975), (1990), Kuipers (1975), Fillmore (1985), Barsalou (1992).
66 Putnam (1975).
67 Z.B. Rosch (1977), (1978), vgl. dazu auch Aitchison (1987), S. 51-62, Lakoff (1987), S. 39-57, kritisch Aebli (1988), Wierzbicka (1990), (1992). Zum Kategorisierungsproblem allgemein: Smith (1990).
68 V.a. Schank/Abelson (1977), vgl. auch Wettler (1980), S. 185-206, dort als „Rezepte“, Tergan (1986), S. 110-113.
69 Jackendoff (1983), (1989), (1990), (1992).
70 Johnson–Laird (1983), bes. S. 396-447, (1989), (1989a), vgl. auch Opwis (1985), Lakoff (1987), den Sammelband von Gentner/Stevens (1983).
71 Z.B. Rumelhart/McClelland (1986), Rumelhart (1989). Vgl. dazu auch Schwarz (1992a), S. 20f., Rickheit/Strohner (1993), grundsätzlich Kochendörfer (1989), S. 166ff.

2. Gemeinsam ist den obigen Ansätzen auch die Einbeziehung des inner– und außersprachlichen[72] Kontextes. Bedeutung ist nichts Isoliertes, sie wird nicht mehr als eine den Wörtern unveränderlich anhaftende Eigenschaft betrachtet, sondern sie realisiert sich in jedem Kontext neu, wenn auch nach bestimmten Regeln.
3. Das Hauptaugenmerk der oben genannten Semantiktheorien liegt, um mit Jackendoff zu sprechen, auf den „I–Concepts", d. h. auf die im Gehirn repräsentierten Bedeutungen und Konzepte und nicht auf den „E–Concepts", den Entsprechungen auf der Referenzebene[73]. Die Ebene der Referenz[74], die Problematisierung des Verhältnisses zwischen Bedeutungen von Konzepten und deren Entsprechungen in der Wirklichkeit, die Frage nach der Wahrheit etc., trat zugunsten der Erforschung der kognitiven Repräsentation und der Frage, wie es überhaupt dazu kommt, daß Konzepte bedeutungsvoll sind, zurück. Hierin unterscheiden sich die kognitiven Theorien von wahrheitskonditionalen[75], Mögliche–Welten–[76] und Situationssemantiken[77].

Nach dem Verweis auf den Theoriestrang, an den die vorliegende Arbeit anknüpft[78], möchte ich erläutern, was im folgenden unter KONZEPT bzw. WISSENSREPRÄSENTATION verstanden werden soll. Ich schließe mich hierin der Definition Barsalous an:

> „By *concept* I mean the descriptive information that people represent cognitively for a category, including definitional information, prototypical information, functionally important information, and probably other types of information as well."[79]

‚Information' ist hier als Wissen um Sachverhalte zu verstehen. Kognitive Wissensrepräsentation bezeichnet die Art und Funktionsweise der Speicherung dieses Wissens auf der mentalen Ebene, d. h. in der „black–box" des Gehirns[80]. KOGNITION im weiten Sinne ist somit die Speicherung und Ver-

---

[72] Zur Einschränkung vgl. Kap. 3.1.2.

[73] Diese Trennung zwischen externen und internen Konzepten nahm Jackendoff analog zu Chomskys Unterscheidung zwischen I(nternal)–language und E(xternal)–language vor. Jackendoff (1992), S. 191.

[74] Zur Frage: Worauf referieren Konzepte? vgl. Kap. 3.3.3.

[75] Dieses Paradigma herrscht in weiten Teilen der Semantikdiskussion noch vor, vgl. Schwarz (1992), S. 11.

[76] Z. B. Cresswell (1991).

[77] Z. B. Barwise (1991).

[78] Eine gute Zusammenfassung dieser neueren Theorien findet sich in Schwarz (1992), S. 78-91.

[79] Barsalou (1992), S. 31.

[80] Zum Problem der Wissensrepräsentation allgemein, vgl. Tergan (1986), (1989) (1989a), Opwis (1985), Schwarz (1992), Engelkamp/Pechmann (1992), Rickheit/Strohner (1993), Kap. 8 und 13, Friderici (1988), Steiner (1988), Schnotz (1988) und schließlich Wippich/Wagner (1989) als Beispiel für die Speicherung nichtpropositionalen Wissens. Von der Seite der Computersimulation/–programme Wettler (1989).
Zur heftig umstrittenen Frage, ob sich alle kognitiven/geistigen Funktionen letztlich auf einfache neuronale Funktionen zurückführen lassen, oder ob man prinzipiell von einer

arbeitung von Wissen im menschlichen Gehirn. KOGNITION in der hier verwendeten Bedeutung umfaßt Speicherung, Verarbeitung und interkonzeptuelle Verbindung von Konzepten auf mentaler Ebene; die neurophysiologischen Grundlagen der Kognition werden nicht berücksichtigt[81].
Von der Definition des Begriffs KONZEPT ausgehend, läßt sich auch die Vorstellung der Schemata, Frames, Scripts oder mentalen Modelle erschließen. Ich gehe davon aus, daß Wissen in Form von Frames bzw. mentalen Modellen repräsentiert ist[82].

Was ist nun ein mentales Modell? Im Unterschied zu Jakob (1991), der den Begriff MENTALES MODELL für ganz bestimmte konzeptuelle Verbindungen, nämlich für analoge (Erklärungs–)Modelle reserviert, umfaßt der Begriff hier alle Arten mentaler Wissensrepräsentationen. Jakob (1991) unterscheidet mit Norman (1983) zwischen einem „mental model", in dem naives, unvollständiges und oftmals falsches Alltagswissen über Sachverhalte repräsentiert ist, und einem „conceptual model", das differenziertes, dem Stand theoretischer Erkenntnis entsprechendes Fachwissen enthält. In der vorliegenden Arbeit fallen ‚conceptual' und ‚mental model' in der Weise zusammen, daß sie sich lediglich in der Art der Ausdifferenziertheit und inhaltlichen Komplexität unterscheiden. Je nach semantischem Bezugsbereich sehen demnach die Frames oder mentalen Modelle für gleiche Sachverhalte ganz unterschiedlich aus. Doch zunächst zur Struktur von mentalen Modellen im hier vorgeschlagenen Sinn:
Mentale Modelle sind Rahmen (Frames), in denen je nach Kommunikationssituation Wissen repräsentiert ist. Sie erlauben, Inferenzen zu ziehen, nicht erwähnte Sachverhalte zu erschließen und sind bis zu einem gewissen Grad anpassungsfähig. Sie bestehen aus Attribut–Wert–Kombinationen[83], Korrelationsmustern zwischen Attributen (structural invariants) und Korrelationsmustern zwischen bestimmten Attributwerten (constraints)[84]. Zur Erläuterung dieser abstrakten Definition ziehe ich eine Analogie heran, die des Fahrrads. Man kann sich die Struktur eines Frames wie einen Fahrradrahmen vorstellen. Er hat bestimmte Stellen, Slots oder Attribute, die mit konkreten Werten gefüllt werden, um aus dem bloßen Rahmen ein Fahrrad zu machen. Die Aufhängevorrichtungen am Fahrradrahmen sind den Stellen im Frame vergleichbar, die Attribute oder Slots sind, z. B. ein Loch für das Sattelrohr und den Sattel, eines für die Fahrradgabel etc. Die konkreten Ausfüllungen dieser Leerstellen sind die Attributwerte (Filler). Die konkrete Realisierung

---

Trennung beider Bereiche ausgehen muß, will ich hier nicht Stellung nehmen. Vgl. dazu Smith Churchland (1986), S. 239-347. Wichtig ist hier nur der Bezug auf die mentale Ebene, nicht deren Verhältnis zur neuronal–physiologischen ‚Basis'.

81 Vgl. dazu Friderici (1988), Rickheit/Strohner (1993), Schwarz (1992a).

82 Die Termini *Frame, Script, mentales Modell, kognitives Modell* werden synonym verwendet. Frühere Untersuchungen, nach denen z. B. Frames eher statische und Scripts dynamische Wissensrepräsentationen sind, sollen hier zugunsten der integrierenden Sichtweise Barsalous (1992) außer acht gelassen werden.

83 Attribute als Teilbedeutungen, als Aspekte des Modells verstanden.

84 Terminologie nach Barsalou (1992), S. 29.

der Attribute, also ihre Werte, bestimmen wiederum in ihrer Kombination das mentale Modell. Wird in einem Alltagskontext z. B. zunächst ein *Haus* erwähnt, so kann mit Hilfe des Alltagsframes von HAUS erschlossen werden, daß es Türen, Fenster, Räume etc. haben wird. Solange diese nicht ausdrücklich erwähnt sind, werden für sie Defaultwerte angenommen. Diese Defaultwerte, Voreinstellungen, sind prototypische Vertreter[85]; d. h. man stellt sich beim Beispiel des HAUSES kein fensterloses Haus vor, sondern ein für die Alltagserfahrung typisches. Es liegt dabei auf der Hand, daß die mentalen Modelle und ihre prototypischen Defaultwerte erfahrungs- und kulturabhängig sind[86]. Defaultwerte können über die explizite Erwähnung im Text durch andere ersetzt werden. Hier wird bereits das Phänomen deutlich, das Barsalou „recursion" nennt:

> „Human conceptual knowledge appears to be frames all the way down. Frames are composed of attributes, structural invariants, and constraints, which in turn are represented by frames themselves. Such recursion and ‚self-similarity' bear an intriguing resemblance to the fractal structures found across a wide variety of physical systems."[87]

D. h. Attribute, Modellkonstituenten können selbst zu Modellen werden, Attributwerte desgleichen. Faßt man Attribute als Konzepte auf, die einen Teil eines übergeordneten Konzepts beschreiben, so gilt dies ebenso für Attributwerte. Sie können je nach notwendiger Hierarchisierungstiefe selbst Attribute und Frames werden.

Bis zu diesem Punkt kann man mit Hilfe der so definierten mentalen Modelle Zustände beschreiben. Daß dies zur Rekonstruktion von Wissensrepräsentationen nicht ausreicht, machen schon die Versuche von Schank/Abelson (1977) deutlich, die mit Scripts standardisierte Ereignissequenzen beschreiben wollten. Es geht darum, die Veränderung von Zuständen in der Theorie plausibel zu erklären. Barsalou nimmt dazu unterschiedliche Zustände während eines Prozesses an, die einander mittels des Attributes ACTION und seiner Werte ablösen (vgl. dazu das Beispiel ENGINE in Barsalou (1992), S. 55). Wichtig für jede Art von Modellierung von Handlungen und Ereignissen sind Kenntnisse über den Ausgangszustand, den Zielzustand, die Zwischenzustände und vor allem das Wissen,

Attribute:	Nachfrager, Anbieter, Objekt (Wohnung) ...
Anfangszustand:	Nachfrager **suchen** Objekt über Anbieter ... Anbieter **sucht** Nachfrager (Mieter) ...
Zielzustand:	Nachfrager hat Wohnung Anbieter hat Mieter ...

WOHNUNGSSUCHE (stark vereinfacht)

Abbildung 8

[85] Zur Modifizierung von Prototypen als Defaultwerten in Frames vgl. Smith/Osherson/Rips/Keane (1988).

[86] Vgl. dazu das Beispiel zu unterschiedlichen Zeit-/Raumvorstellungen in den USA und in Europa in Steger (1991), S. 91.

[87] Barsalou (1992), S. 40.

welche Handlungen vollzogen werden müssen, um von einem zum anderen Zustand zu gelangen. Hier wird es meistens so sein, daß Handlungen, die in einem mentalen Modell verschiedene Zustände vermitteln, selbst wiederum komplex aufgebaut sind (vgl. dazu das mentale Modell WOHNUNGSSUCHE, Abb. 8). Dieses sehr vereinfachte Modell soll nur eines deutlich machen. Was in der Handlung SUCHEN verpackt ist, ist wiederum ein komplexer Vorgang, der in viele Teile (Anzeigen, Maklerauftrag etc.) zerlegt werden kann.

Wichtig ist es deshalb, eine Differenzierungsebene für Handlungen zu finden, die psychologisch plausibel ist. Das bedeutet, daß Handlungen bzw. generell Begriffe nicht immer weiter in alle möglichen Teilhandlungen und Teilbedeutungen zerlegt werden, sondern daß dieser Vorgang an einem Punkt gestoppt wird, der im Differenzierungsgrad den konkreten, meist alltagsbestimmten Handlungen entspricht. Dieser Bezugspunkt ist die unmittelbare (Körper–)Erfahrung. Es geht nicht darum, allgemeingültige, universelle semantische Primitive zu finden, sondern darum, auf der Ebene der unmittelbaren Körpererfahrung, auf der schon eine Vielzahl komplexer Handlungen interagieren (man denke nur an die Zahl verschiedener motorischer Programme, die zur Handlung SEHEN oder ESSEN nötig sind), semantische Basiskonzepte zu finden[88].
Ein erklärungsstarker Ansatz zur Ermittlung von semantisch in der Regel nicht weiter analysierten Handlungsprimitiven ist m. E. nach wie vor Roger Schanks ‚Conceptual Dependancy Theory‘[89] (vgl. auch Kap. 4.3.3). Zwei Punkte sind bei den Handlungsprimitiven in mentalen Modellen wichtig. Zur Dynamisierung von mentalen Modellen, d. h. zur Darstellung von Prozeßabläufen, werden auf der einen Seite nicht unspezifiziert komplexe Aktionen zur Beschreibung von Zustandsveränderungen herangezogen; der Defaultlevel bezüglich der Zerlegung von Handlungen ist der der Handlungsprimitive der Schankschen Theorie. Das mentale Modell für WOHNUNGSSUCHE müßte deshalb bis zu dieser Analysestufe in der Darstellung ausgebaut werden, um annähernd realistisch das abzubilden, was bereits im Alltag an Wissen über das Konzept präsent ist.
Auf der anderen Seite wird nicht die Existenz universeller, von jeder Wahrnehmung unabhängiger, nicht mehr weiter analysierbarer semantischer Primitive angenommen.

Ein dritter Punkt ergibt sich aus der Dominanz körperbezogener Erfahrung über alle anderen Arten von Erfahrung. Es werden konzeptuelle Primitive postuliert, die der unmittelbaren Körpererfahrung entsprechen[90]. Dies gilt sowohl für Handlungen als auch für Relationen und Objekte (vgl. Kap. 4.2.4). Lakoff (1987) unterscheidet so eine ganze Reihe verschiedener mentaler Modelle, in seiner Terminologie „idealized cognitive models“[91]:

88 Vgl. zur Diskussion um semantische Primitive Aitchison (1987), S. 63-71, Feder Kittay/Lehrer (1992).
89 Vgl. Schank (1975), Wettler (1980), S. 118-164.
90 Vgl. dazu Johnson (1987).
91 „The main thesis of this book is that we organize our knowledge by means of structures

(1) **propositional models** verkörpern die detaillierteste Wissens–/Konzeptualisierungsebene. Sie sind den ‚conceptual models' bei Norman (1983) und Jakob (1991) vergleichbar.

(2) **image–schematic models** sind funktional verkürzte, abstrakte (inhaltsreduzierte) Konzeptualisierungen. Sie sind meist die Grundlage für naive Alltagstheorien. Sie sind den ‚mental models' bei Norman (1983) und Jakob (1991) vergleichbar.

(3) **metaphoric models** sind mehrfach verwendbare, auf unterschiedliche Sachverhalte anwendbare Modelle, oft vom Typ b).

(4) **metonymic models**. Hier übernimmt ein Teil die Funktion, das Ganze zu bezeichnen. Sie können vom Typ a), b) oder c) sein.

(5) **symbolic models** sind die versprachlichten Versionen einer der obigen Typen. „When linguistic elements are associated with the conceptual elements in ICMs, the result is what we shall call a *symbolic* ICM"[92]

Metaphorische Konzepte sind demnach eine bestimmte Art mentaler Modelle, die noch Unbekanntes oder Abstraktes repräsentieren können (polyfunktional).

Ich fasse die Ergebnisse der obigen Definitionsvorschläge zusammen:

1. Die Termini *Konzept, Frame, Script, mentales Modell* usw. beschreiben denselben Begriff: KOGNITIVE WISSENSREPRÄSENTATION. Im folgenden wird *mentales Modell* als Ausdruck verwendet.
2. Ein mentales Modell besteht aus Attributen und Attributwerten. Ist nichts über einzelne Attribute und deren konkrete Realisierungen bekannt, werden Defaultwerte angenommen. Diese sind immer bereichsspezifisch prototypisch, d. h. z. B. im Alltagsmodell von URLAUB AM MEER wird (solange explizit nichts anderes erwähnt wird) von einem 'sauberen Badestrand', 'sonnigem Wetter', 'Erholung' etc. und nicht vom Gegenteil ausgegangen.
3. Mentale Modelle sind kommunikationsbereichsabhängig. Je nachdem, ob man im Alltag über Computer kommuniziert oder auf einer Fachtagung zur Entwicklung neuer Rechnerarchitekturen, sind die Modelle völlig unterschiedlich. Theorien zur Semantik müssen diese Situationsvariable unbedingt mitberücksichtigen.
4. Vorgänge und Ereignissequenzen als Abfolge von verschiedenen Modellzuständen lassen sich mit Hilfe von Handlungen erklären. Es wird von körpererfahrungsbezogenen Basiskonzepten bzw. von Handlungsprimitiven ausgegangen.

---

called *idealized cognitive models*, or ICMs, and that category structures and prototype effects are by–products of that organization." Lakoff (1987), S. 68.

[92] Lakoff (1987), S. 89. Zur Klassifikation der ICMs in fünf „basic types" Lakoff (1987), S. 284.

3.3.2 Semantik und Pragmatik

Konzepte wurden als mentale Modelle definiert, die Wissen über Sachverhalte kognitiv repräsentieren. Da die im vorigen Abschnitt gegebene Definition noch recht allgemein ist, wirft sie noch einige Fragen auf, die zu einer genaueren Bestimmung dessen, was ein mentales Modell ist, führen sollen. Bislang hat sich die ganze Diskussion noch in einem relativ kontextarmen Raum abgespielt. Mentale Modelle werden abgerufen, instantiiert, gegebenenfalls verändert usw., d. h. sie sind natürlich kontextabhängig. Hier stellt sich die Frage, wie man pragmatische Faktoren wie die Kommunikationssituation, die Sprechintentionen, den Kontext usw. systematisch in die semantische Theorie einbauen kann. Eine systematische Verbindung von Kognition und Pragmatik fehlt in den bisherigen Schemaansätzen.

Werner Nothdurft (1986) hob die Wichtigkeit sozialer Kognitionen für die Typologisierung von Texten hervor. Nimmt man mit ihm an, daß soziale Kognitionen gespeichertes, ‚abgepacktes' Wissen darüber darstellen, was eine bestimmte Situation ausmacht, wie man sie erkennt, wie man sich in ihr verhält usw., dann liegt die Verbindung zu den verschiedenen Ebenen der sozialen Interaktion im Stegerschen Modell auf der Hand. Kommunikative Verhaltenskompetenz bezieht sich auf strukturiertes Wissen, auf Wissen um Interaktionsebenen mit unterschiedlichem Allgemeinheitsgrad. Aber auch Schemaansätze müssen mit sozialen Kognitionen arbeiten, wenn sie über die Beschreibung ganz enger Weltausschnitte hinaus kommen wollen (z. B. vom STUHL–Frame zum RESTAURANT–Script).
Hier wäre als Kritik an den Schematheorien einschließlich der Prototypik anzubringen, daß sie die verschiedenen interaktionalen Ebenen nicht explizit einbeziehen. Minsky (1990) und auch Schank[93] haben dieses Problem teilweise erkannt und bauen — wenn auch nicht im Rahmen einer Interaktionstheorie — pragmatische Einflußgrößen in ihre Frames und Scripts, etwa als Spezifizierungstracks, ein.
Barsalou (1992) postuliert zur Berücksichtigung pragmatischer Größen „contextual constraints" und „optimizations", die wie folgt wirken: „Whereas contextual constraints reflect physical and cultural mechanisms, optimizations are constraints that reflect an agent's goals"[94].

Niemand würde die Richtigkeit der bislang vorgenommenen Versuche, Schemata kontextuell oder wie bei Barsalou durch Situationen und Sprecherintentionen zu spezifizieren, bezweifeln. M. E. kann jedoch die Theorie der kommunikativen Bezugsbereiche eine systematischere Einbeziehung pragmatischer Faktoren und situationsbedingter Spezifizierungen leisten. Die Trennung der Bezugsbereiche und der damit verbundenen Semantiken würde z. B. H. Putnam (1975) des Problems entheben, den Nichtexperten, die in der Alltagssprache mit naivem, unvollständigem und teilweise sogar falschem Wissen kommunizieren, bescheinigen zu müssen, sie wüßten nicht, worüber sie spre-

[93] Vgl. Schank (1982), S. 77 ff., (1982a), Tergan (1986), S. 110-113.
[94] Barsalou (1992), S. 39.

chen. In der Alltagssemantik haben Konzepte eine andere Bedeutung als in Fachsemantiken, dennoch weiß man, wovon man spricht (wenn Kommunikation funktioniert), auch ohne Expertenwissen.
Wie schon Lutzeier (1985) moniert, müssen Roschs Prototypen situationsspezifisch modifiziert werden. Das prototypische Rot an einem Sonnenuntergang ist u. U. ein anderes als z. B. bei Äpfeln.

Welche konkreten Auswirkungen die Annahme unterschiedlicher semantischer Systeme haben kann, hat Jakob (1991) für den Bereich der Techniksprache gezeigt. Auf der einen Seite bestehen im Alltag naive, unvollständige und oftmals sogar falsche mentale Modelle technischer Sachverhalte (z. B. AUTOMOBIL). Gleichzeitig existieren jedoch auch hochdifferenzierte semantische Systeme mit dem jeweiligen Stand theoretischer Erkenntnis angemessenen mentalen Modellen[95]. Beiden Semantiken entsprechen unterschiedliche Ausdrucksmöglichkeiten. Beide Semantiken erfüllen jeweils ihre kommunikativen Zwecke, d. h. auch das naive, ‚unvollständige‘, ‚falsche‘ Modell von AUTOMOBIL oder COMPUTER im Alltag ‚funktioniert‘ und ist angemessen. Die Differenzierung beider Wissensarten wurde auch für die Frametheorie umgesetzt. So schreibt Barsalou:

> „For example, a novice's frame for *horse* might contain fewer attributes and values than an expert's frame. In coding a particular horse, a novice might only encode *color, size* and *stockiness*. In contrast, an expert might code additional attributes, such as *breed, sex, age, back sway*, and so forth. As a result, the expert's coding of a particular horse as a point in the conceptual field carries more information, in an information theoretic sense. Analogously, different cultures may have different frames for the same field that produce different codings of the same exemplar. In this way, frames define relevance with respect to particular perceivers.“[96]

Ein technisches Beispiel zu diesem „different coding“ findet sich in Jakob (1991), S. 78-83. Dort werden zwei Versionen des mentalen Modells AUTOMOBIL (Alltag und Fachwissen) vorgeführt. Aus dem Wirtschaftssektor sei an BANK (s. S. 58) erinnert.

Die Berücksichtigung der Pragmatik — und hier besonders der kommunikativen Zwecke — in verschiedenen semantischen Systemen mit je unterschiedlichen Situationskonstellationen kann so für die Theorie der mentalen Modelle geleistet werden. Das Modell der kommunikativen Bezugsbereiche kann in die Theorie der mentalen Modelle integriert werden. Das folgende Kapitel 3.3.3 soll sich zum einen mit dieser Verbindung und zum anderen — als Voraussetzung dieser Integration — mit den verschiedenen Stufen semantischer Repräsentation[97] befassen.

[95] Vgl. Jakob (1991a) zum Beispiel von Alltags- und Fachwissen über den Computer.
[96] Barsalou (1992), S. 64.
[97] Nach Schwarz (1992), S. 98 ff. „Drei-Stufen-Semantik“.

3.3.3 Kognitive Semantik und kommunikative Bezugswelten

In diesem Kapitel werden drei Probleme diskutiert:

- Worauf referieren die als kognitive Strukturen definierten Konzepte?
- Inwieweit ist Sprache an der Wissensrepräsentation beteiligt?
- Inwiefern kann man solche Wissensrepräsentationen aufgrund von sprachlichen Daten erschließen, d. h. wie kann das hier verwendete Sprachmodell die Rekonstruktion von Wissensrepräsentationen unterstützen?

Wie bereits in Kapitel 3.3.1 angedeutet, beschäftigen sich die kognitiven Semantiktheorien weniger mit der Frage, worauf Konzepte in der Wirklichkeit, in der Außenwelt referieren. Worauf referieren aber Konzepte, wenn nicht auf vom Menschen unabhängige Entitäten? Sie referieren nicht auf die Außenwelt, sondern auf das mental rekonstruierte Modell der Außenwelt im Gehirn. Grundlage für diese Konstruktionen sind die über die menschlichen Wahrnehmungsorgane eingehenden Daten; Schwarz nennt sie „Perzepte".

> „Die Unterscheidung zwischen Perzepten und mentalen Repräsentationseinheiten ist für die Semantikforschung (und insbesondere für die Referenztheorie) sehr wichtig. Es ergeben sich nämlich somit zwei grundlegende Referentialitätsbereiche für sprachliche Ausdrücke. Zum einen nehmen wir Bezug auf die projizierte, von uns aber als objektiv erlebte Welt W_p, deren Einheiten uns als Perzepte zugänglich sind, zum anderen stellen aber auch die repräsentationellen Einheiten unseres Weltmodells W_m, daß wir bewußt in seinem mentalen Charakter empfinden, mögliche Referenten sprachlicher Ausdrücke dar."[98]

Ganz im Sinne von Schwarz wird demnach auch in der vorliegenden Arbeit Referentialität verstanden als „die Möglichkeit, auf Repräsentationen (perzeptueller wie mentaler Art) kognitiv und sprachlich Bezug nehmen zu können"[99]. Schwarz unterscheidet beide Welten dadurch, daß W_p im „externen Modus"und W_m im „internen Modus" erfahren wird. W_m wird so als „interner Zustand des Organismus erfahren"[100], während W_p die externe, reale (aber noch immer vom Gehirn auf die Umgebung projizierte!) Welt darstellt. Die einzige Möglichkeit ‚nach außen' zu gelangen, sind somit die Perzepte. Diese Feststellung mag trivial klingen, sie wird jedoch bei der Erklärung der spezifischen Struktur metaphorischer Modelle noch wichtig werden. Wenn man akzeptiert, daß die perzeptuellen Einheiten (die aus der körperabhängigen Wahrnehmung gewonnenen Konzepte) grundlegend für alle anderen Formen der Konzeptualisierung sind, d. h. auch für die spezifischen Konzeptausprägungen in den mentalen Welten W_m[101], dann erklärt sich aus dieser Tatsache sowohl die Struktur metaphorischer Konzepte als auch die Unausweichlichkeit ihrer Verwendung in **allen** semantischen Bezugsbereichen — und nicht nur im Alltag! Alle Abstrakta (z. B. FREIHEIT, EIGENTUM, KREDIT, GELD

---

98 Schwarz (1992), S. 45.
99 Schwarz (1992), S. 44.
100 Schwarz (1992), S. 44.
101 Schwarz betont, daß aus W_m verschiedene mögliche Welten abgeleitet werden können.

(theoriebezogen), KAPITAL, ARBEIT, WAHRHEIT etc.) haben somit eine perzeptuelle Basis, von der aus die Konzeptualisierung erfolgt.
W_p und W_m unterscheiden sich noch in einem weiteren wichtigen Punkt, dem der Manipulierbarkeit. Im internen Modus, der auch für Abstrakta und alle analogen Übertragungen (z. B. in der Geldtheorie) zuständig ist, kann man die mentalen Einheiten manipulieren und verändern. Perzepte sind in dieser Weise nicht manipulierbar.

> „Wenn wir einen Baum sehen, sind wir nicht in der Lage, dieses als externes Objekt erlebte Perzept irgendwie geistig zu verändern; Perzepte sind als im externen Modus erfahrene Entitäten der intentionalen Beeinflußbarkeit entzogen. Wir können uns aber einen Baum als Vorstellungsbild vor Augen führen, der dann als mentales Objekt mittels kognitiver Operationen verändert werden kann. Beispielsweise könnten wir Blätter oder Früchte ‚hinzudenken'."[102]

Doch nun von den verschiedenen Möglichkeiten des Gehirns, Konzepte zu verarbeiten, zurück zu diesen selbst. In Konzepten, als kognitiven Wissensstrukturen, sind ganz unterschiedliche, wahrnehmungsspezifische Informationen repräsentiert. Riechen, Schmecken, Sehen, Hören, Tasten liefern alle Informationen, die in Konzepten gespeichert sind. Schwarz spricht daher von einer „intermodalen Wahrnehmung"[103]. Konzeptualisierung ist somit die Integration und Verfügbarmachung perzeptioneller Daten auf mentaler Ebene. Wo aber bleibt hier die Sprache, das Ausdruckssystem? Und was ist dann Semantik? Wie hängen sprachliche Ausdrücke mit Konzepten zusammen? Schwarz schlägt zu diesen Fragen einen überzeugenden Ansatz vor: Amodale, kognitive Wissensrepräsentationen werden über die Semantik (als „Schnittstelle sprachlicher und konzeptueller Strukturen"[104]) mit den aktuellen in Texten vorkommenden Bedeutungen vermittelt. Semantik, von Schwarz als einheitlich gedacht, umfaßt lexikalische Bedeutungen mit phonologischen und syntaktischen Informationen. Semantische Einheiten unterscheiden sich damit von konzeptuellen Einheiten durch ihre Sprachbindung:

> „Semantische Strukturen sind immer konzeptuelle Strukturen, aber nicht umgekehrt. Semantische Strukturen sind konzeptuelle Strukturen in einem gebundenen, d. h. modalitätsspezifischen Modus, nämlich dem sprachlichen."[105]

In der vorliegenden Arbeit wird diese Trennung zwischen semantischen und konzeptuellen Strukturen nicht weiter verfolgt. Es geht hier immer um die semantischen Strukturen. Wenn von Konzept gesprochen wird, ist damit im Gegensatz zu Schwarz' Terminologie immer ein bereits versprachlichtes Konzept (semantische Struktur) gemeint. Da die Rekonstruktion geldtheoretischer mentaler Modelle immer über (sprachliche) Texte erfolgt, stehen zwingenderweise eben die semantischen Strukturen im Zentrum.

---

102 Schwarz (1992), S. 46.
103 Schwarz (1992), S. 46.
104 Schwarz (1992), S. 72.
105 Schwarz (1992), S. 99.

Erkenntnistheoretisch ist diese Trennung jedoch sinnvoll als Spekulation in Richtung der neurophysiologischen Basis der Konzeptrepräsentation. Schwarz nennt ihre Theorie „Drei–Stufen–Semantik“:

> „Demnach gibt es drei Repräsentationsebenen: die amodale konzeptuelle Ebene stellt die Basisebene dar und enthält die mentalen Inhalte für die Semantik einer Sprache. Lexikalische Bedeutungen stellen die zweite Stufe dar: Konzeptinhalte, die an phonologische Formen und syntaktische Raster gekoppelt sind. Die dritte Ebene ist die Ebene der aktuellen Bedeutungen. Während die Einheiten der konzeptuellen und der semantischen Repräsentationsebene im LZG [Langzeitgedächtnis – M. H.] gespeichert sind, sind die Einheiten dieser Ebene das Resultat eines komplexen Informationsverarbeitungsprozesses und werden im KZG [Kurzzeitgedächtnis – M. H.] repräsentiert.“[106]

Wiederum kann auch hier, wie bei den anderen kognitiven Semantiktheorien, nach den pragmatischen Einflußgrößen, nach situativen Faktoren etc. gefragt werden. Schwarz berücksichtigt diese auf der obersten Ebene, der der Konzepte.

> „Die Prinzipien, die unsere perzeptuelle Welterfahrbarkeit und damit die Anzahl unserer ontologischen Kategorien bestimmen, determinieren auch die Bildung konzeptueller Wissenseinheiten.“[107]

Diese ontologischen Kategorien sind durch sogenannte „explanatorische Prinzipien“[108] bestimmt. Diese Prinzipien (z. B. Struktur, Funktion und Substanz) organisieren je nach ihrer Gewichtung in einem Konzept die Erfahrungsinhalte. Putnams (1975) Expertenwissen erklärt sich damit in bezug auf WASSER so:

> „Das Konzept WASSER kann zunächst nur in Bezug auf Struktur und Funktion, später auch in Bezug auf Substanz (H_2O) definiert sein. Daher sind auch laienhafte, alltagssprachliche und expertenhafte Konzepte [...] einheitlich erklärbar. Sie unterscheiden sich lediglich durch ihre jeweilige ‚Füllung‘, d. h. die Fixierung unterschiedlicher Parameter.“[109]

Genau an diesem Punkt sehe ich eine Verbindung zur Theorie der kommunikativen Bezugswelten und deren spezifischen Semantiken. Die unterschiedlichen semantischen Systeme resultieren aus der unterschiedlichen Gewichtung solcher Parameter, aus den unterschiedlichen kommunikativen Zwecken, zu denen Wissen eingesetzt und angewendet wird. In den Bezugsbereichen gelten spezifische Gewichtungen z. B. solcher Parameter wie der von Bierwisch. So erklärt sich das Putnamproblem über die unterschiedlichen „Füllungen“ hinaus in der Art, daß im Alltag der Parameter SUBSTANZ relativ unwichtig ist, während ihm im Theoriebereich größeres Gewicht zukommt.

Kommunikationssituation und -zweck bestimmen die spezifische Semantik von Konzepten. Die Konstitution der verschiedenen semantischen Systeme

---

106 Schwarz (1992), S. 101.
107 Schwarz (1992), S. 63.
108 Schwarz (1992), S. 63 f. Sie bezieht sich hier auf Bierwisch.
109 Schwarz (1992), S. 64.

läßt sich zum Teil in der Form von gewichteten Parameterkombinationen wie bei Schwarz beschreiben, zum Teil auch in situativen Variablen wie in Steger et al. (1974)[110] und Steger (1983)[111].

Ein Indiz für die Existenz solcher bereits durch pragmatische Größen determinierter Semantiken ist die Tatsache, daß man ohne explizierbares Texttypenwissen einzelne Textsorten identifizieren kann und daß man meist sofort erkennt, in welcher Art kommunikativer Interaktion, in welchem kommunikativen Bezugsbereich man sich gerade befindet. Kommunikative Bezugsbereiche als voneinander unterscheidbare semantische Systeme können so als habitualisierte Parameterkonstellationen für die Realisierung bestimmter Bedeutungen von Konzepten betrachtet werden. Was Schwarz als einheitliche Repräsentationsebene der lexikalischen Bedeutungen beschreibt, was bei ihr die **eine** modalitätsspezifische Semantik einer Sprache war, wird mit der Einbeziehung der kommunikativen Bezugswelten differenziert in (bislang) sechs Semantiken (Alltag, Institutionen, Theorie, Literatur, Technik, Religion).

Auf die besondere Stellung der Alltagssemantik gegenüber den Fach-Semantiken braucht hier nicht nochmals eingegangen zu werden. Lediglich verwiesen sei darauf, daß über die geistige Manipulation von Parametern, über allgemeine kognitive Fähigkeiten im internen Verarbeitungsmodus neue Konzepte konstruiert und eingesetzt werden können (z. B. analoges Denken). Da die konzeptuelle Ebene dem Bewußtsein nicht zugänglich ist und „nur indirekt über ihre Ausdrucksformen“[112] rekonstruiert werden kann, z. B. über Texte, ist die Stellung der Semantik in der kognitiven Theorie um so wichtiger. Zwar bleibt auch dieser Vorschlag, wie viele andere zur Verbindung kognitiver Konzeptrepräsentationen zu Semantik und aktuellen Texten/Bedeutungen, hypothetisch, solange nicht weitere Erkenntnisse über die tatsächlichen Abläufe im Gehirn vorliegen[113]. Dennoch ist eine Ausrichtung der Semantiktheorie am Ziel der psychologischen Realität richtig, trotz aller Ungenauigkeit und trotz allem (Noch-)Nichtwissen in bezug auf die kognitiven Vorgänge.

3.4 Zusammenfassung

Die Ergebnisse und Vorschläge dieses Kapitels lassen sich in neun Punkten zusammenfassen. Bezugspunkt dafür sind jeweils die in Kapitel 1.5 formulierten Hypothesen.

---

110 Steger/Deutrich/Schank/Schütz (1974). Dort als „Redekonstellation“, „die in einem bestimmten Kommunikationsakt auftretende Kombination außersprachlicher Verhaltenselemente“ S. 60. Z. B. Teilnehmer-Sprecherzahl, Zeitreferenz, Situationsverschränkung, Rang, Grad der Vorbereitetheit der Sprecher, Zahl der Sprecherwechsel, Themafixierung, Modalität der Themenbehandlung, Öffentlichkeitsgrad des Kommunikationsaktes.

111 Vgl. dort die durch Situationsvariablen spezifizierte Gliederung von mehrteiligen Interaktionen über Grund- und spezifizierte Typen kommunikativer Interaktion bis hin zu den Interaktionskonstellationstypen.

112 Schwarz (1992), S. 133.

113 Vgl. zur Einschränkung der Gültigkeit linguistischer Theoriekonstrukte aus konnektionistischer Sicht Kochendörfer (1989).

1. **Das Sprachmodell** Stegers mit den drei grundlegenden Dimensionen ‚historischer Zeitpunkt', ‚sozialräumliche/sozietäre Reichweite' und ‚kommunikativer Zweck' ist die sprachsystematische Grundlage der Untersuchung. Wichtig ist dabei in erster Linie die dritte Dimension, nach der sich für die Gegenwartssprache kommunikationsbereichsspezifische Semantiken ausmachen lassen. Der Schwerpunkt der Untersuchung liegt auf der Theoriesemantik zur Wirtschaftssprache (vgl. Kap. 3.1.1).
2. **Wirtschaftssprache** ist keine homogene sprachliche Erscheinungsform. Es handelt sich bei ihr um ein theoretisches Konstrukt aus unterschiedlichen Fach- und Vermittlungsvarietäten des Deutschen im institutionellen und theoretisch-wissenschaftlichen Bereich. Wie andere Fachsprachen unterscheiden sich auch Wirtschaftsfachsprachen in zahlreichen Punkten von der Alltagssprache (vgl. Kap. 3.1.2).
3. **Typologie der Wirtschaftssprache:** Aufgrund der systematischen Vorgaben des verwendeten Sprachmodells wurde ein Vorschlag zur Typisierung wirtschaftssprachlicher Varietäten auf der Mikro- und Makroebene gemacht. Auf der Makroebene läßt sich Wirtschaftssprache dem institutionellen und dem wissenschaftlich-theoretischen Kommunikationsbereich zuordnen. Diese noch recht unspezifische Gliederung wird auf der Mikroebene durch die Differenzierung der Wirtschaftsfachsprachen nach dem von ihnen beschriebenen Weltausschnitt (kommunikativ/funktional) ergänzt: Im Bereich der Institutionen durch das Drei-Sektoren-Modell mit besonderem Gewicht auf dem tertiären, dem Dienstleistungssektor und im Bereich der Theorie durch die Abgrenzung der Wirtschaftswissenschaften von anderen Disziplinen. Die vorgeschlagene Typologie bleibt hypothetisch, solange sie nicht durch Einzeluntersuchungen bestätigt oder widerlegt wird! (vgl. Kap 3.1.3)
4. **Begriffsgeschichte** soll nicht sprach- und textimmanent für das GELD-Konzept betrieben werden. Die für diesen Konzeptbereich wichtigen ‚Außen-Variablen' der Institutionalisierung des Geldwesens und der theoretischen Reflexion über GELD müssen in der sprachlichen Textanalyse berücksichtigt werden (vgl. Kap. 3.2.1).
5. **Das Konzept GELD** eignet sich für eine historische Längsschnittuntersuchung in besonderem Maße. Es war im Alltag schon immer vorhanden. Ebenso ist es in institutionellen und theoretischen Texten durchgängig gut belegt. Darüber hinaus eignet es sich als Beispiel für die Demonstration der unterschiedlichen Prinzipien der Konzeptdefinitionen in Alltags- und Fachsemantiken (vgl. Kap. 3.2.2).
6. **Die Textsorte ‚geldtheoretische Abhandlung'** ist bezogen auf die Haupthypothese am geeignetsten, was die Textgrundlage betrifft. Sie wird im Untersuchungszeitraum, der sich vom Beginn systematischer Theoriereflexion in der Volkswirtschafts- und Geldlehre bis zum Beginn des 20. Jahrhunderts, d. h. genauer bis zur theoretischen Neuorientiertung durch John Maynard Keynes, erstreckt, möglichst stabil gehalten. Andere Text-

sorten (Lexikonartikel, Gesetzestexte, betriebswirtschaftliche Anleitungstexte etc.) werden nur hilfsweise herangezogen (vgl. Kap. 3.2.2).

7. **Semantiktheorie:** Die vorliegende Arbeit bezieht sich auf die neueren psychologisch und kognitiv orientierten Semantiktheorien. Der terminologischen Vielfalt in der Forschungsliteratur wird mit einer Arbeitsdefinition von *Konzept, Begriff, Frame, mentalem Modell* (synonym verwendet) begegnet. Mentale Modelle umfassen alle Arten von Wissensrepräsentationen. Sie lassen sich untergliedern nach ihrer Art und Verwendbarkeit (z. B. propositionale vs. metaphorische Modelle) und sind in der hier verwendeten Bedeutung nicht auf naive, alltagstheoretische Wissensrepräsentationen beschränkt (zur genaueren Definition vgl. Kap. 3.3.1).
8. **Kognitive Semantiktheorien und pragmatische Einflußgrößen** wurden bislang m. E. zu wenig systematisch miteinander verbunden. „Contextual constraints", „optimizations" (Barsalou) oder andere Spezifizierungsparameter (z. B. bei Schank) zeigen zwar das Problem; eine mehr als nur sporadische Berücksichtigung der Pragmatik steht jedoch noch aus (vgl. Kap. 3.3.2).
9. **Kommunikative Bezugswelten:** Zur systematischen Einbindung pragmatischer Faktoren in eine kognitive Semantiktheorie wurde der Ansatz von Monika Schwarz, die eine einheitliche Ebene der lexikalischen Bedeutungen annimmt, um die Theorie der kommunikativen Bezugsbereiche, die sechs semantische Systeme unterscheidet, erweitert. Dies schafft eine Verbindung zwischen kognitiv–amodalen Konzeptrepräsentationen und den kommunikationsbereichsspezifischen Semantiken (Alltag, Institutionen, Theorie, Literatur, Technik, Religion). Die dritte Repräsentationsstufe umfaßt konkrete, in Textexemplaren realisierte Bedeutungen.

4 Metaphern und mentale Modelle

4.1 Traditionelle Metapherntheorien

Die Beschäftigung mit dem Phänomen der Metapher hat eine lange, bis in die Antike zurückreichende Tradtion[1]. Statt einer ausführlichen Diskussion der verschiedenen Zugänge möchte ich die Entwicklung der Metapherntheorien lediglich unter drei Gesichtspunkten exemplarisch vorführen. Metaphern werden nicht mehr gesehen als (1) Erscheinungen auf der Wortebene, die in einer (2) Ähnlichkeit bzw. in einem Vergleich der außersprachlichen Sachverhalte begründet ist, und die (3) eine semantische Anomalie darstellen.
Es wird vielmehr (1) der gesamte Kontext als konstitutiv miteinbezogen, (2) die Metapher auf der konzeptuellen Ebene angesiedelt und (3) nicht mehr als Abweichung in einem semantischen System, sondern im Gegenteil als wichtiger bedeutungs- und damit wissenskonstituierender Faktor begriffen.
Um diesen Übergang zu skizzieren, sollen die wichtigsten Merkmale der Substitutionstheorie, der Konterdeterminationstheorie und der Interaktionstheorie (letztere bereits verstanden als eng verwandt mit dem kognitiven Ansatz in Lakoff/Johnson (1980) und Johnson (1987)) beschrieben werden.

4.1.1 Die Substitutionstheorie

> „Eine Metapher ferner ist die Uebertragung einer Benennung, die eigentlich etwas anderes bedeutet, sei es nun von der Gattung auf die Art, sei es von der Art auf die Gattung, sei es von einer Art auf die andere, sei es endlich nach der Proportion [kata to análogon – M. H.]“[2]

In der Substitutionstheorie[3] wird die Metapher als Übertragung in dem Sinne aufgefaßt, daß aufgrund einer Ähnlichkeit oder Analogie zwischen Sachverhalten die Benennung des einen durch die des anderen ersetzt werden kann. Das ‚eigentliche‘ Wort wird durch das ‚uneigentliche‘ ersetzt. Somit ist die Metapher prinzipiell eine semantische Abweichung und durch ‚eigentliches‘ Sprechen (Paraphrasierungen, das ‚richtige‘ Wort etc.) ersetzbar. Wesentlicher Gesichtspunkt für das Zustandekommen der Metapher ist ein Vergleich zwischen den Dingen. Vergleich und Metapher sind bei Aristoteles kaum unterschieden[4]. Diese Auffassung, daß der Metapher eine Ähnlichkeit in Relationen oder Eigenschaften **der Dinge** zugrundeliegt, bestimmte auch die meisten nachfolgenden Theorien zur Metapher, die sich dem Paradigma der Vergleichstheorien zuordnen lassen. Diese, von heute aus gesehen problematische Verlagerung der Metapher in die Sachen, in den Dingen unabhängig von ihrer Konzeptualisierung und Verfügbarmachung durch den Menschen inhärenten Eigenschaften, formuliert Schöffel treffend:

---

1 Vgl. z. B. Schöffel (1987), Emonds (1986), S. 33-87, Kurz (1982), S. 7-21.
2 Aristoteles (1978), Kap. 21,4.
3 Vgl. Aristoteles (1978), Kap. 21/22, (1980), Buch III, Kap. 2-5, 10-11.
4 Vgl. Emonds (1986), S. 41.

> „Letztendlich gibt es für die theoretische Entwicklung, die das linguistische Paradigma der Metaphorologie genommen hat, einen einzigen Grund; [...] Diesen Grund finden wir in einer falschen Theorie der *Relationsbegriffe*. Die Ähnlichkeits*relation*, die herangezogen wird, um eine metaphorische Prädikation zu erklären, wird nach dieser Theorie auf eine *innere* Eigenschaft der Relationsglieder gestützt. Dann kollabiert aber jede Relation auf eine verborgene, immer schon bestehende Identität und die Metapher auf den Vergleich. *Vorausgesetzt ist für die ganze linguistische Theorie der Metapher, daß Objekte schon konstituierte Merkmale besitzen* [...].“[5]

Die Substitutionstheorie und die sich ihr anschließenden Vergleichstheorien betrachten die Metapher darüber hinaus meist auf der Wortebene. Es ist ein Wort, das die Metapher auslöst und konstituiert. Die Bedeutung des Kontextes als der die jeweilige Metapher determinierende Rahmen blieb außerhalb der Betrachtung.

4.1.2 Die Konterdeterminationstheorie

Die Bedeutung des Kontextes für das Zustandekommen und die jeweilige Ausprägung von Metaphern hebt Weinrich in seiner Konterdeterminationstheorie hervor[6]. Am Beispiel des Satzes „Votre âme est un paysage choisi.“ erläutert er diese folgendermaßen:

> „Keines der sechs Wörter dieses Satzes ist identisch mit der Metapher, sondern der ganze Satz [...] ist die Metapher. Der Kontext determiniert nämlich das Wort paysage in einer besonderen Weise, und ebendadurch entsteht die Metapher“[7]
>
> „Wir wollen diesen Vorgang Konterdetermination nennen, weil die tatsächliche Determination des Kontextes gegen die Determinationserwartung des Wortes gerichtet ist.“[8]

In Analogie zur Wortfeldtheorie der Semantik entwirft Weinrich die Vorstellung der Bildfelder, in denen sich Metaphern abspielen. Diese Bildfelder umfassen beide „Sinnbezirke“ der miteinander in Beziehung gebrachten Bereiche.

> „In unseren Beispielen [Wort als Münze – M. H.] wird das bildempfangende Feld vom Sinnbezirk Sprache gebildet, das bildspendende Feld vom Sinnbezirk des Finanzwesens; das Bildfeld, das sich in der Koppelung der beiden Sinnbezirke konstituiert, wollen wir nach seiner Zentralmetapher ‚Wortmünze‘ benennen.“[9]

Bildfelder sind so „die Verbindung jeweils zweier Wortfelder“[10]. So läßt sich auch der Zusammenhang von bestimmten Metaphern erklären. Ein Bildfeld (z. B. das der Wortmünze) kann eine ganze Reihe verschiedener Einzelmetaphern hervorbringen. Metaphern sind nach Weinrich auch keine semantischen

5 Schöffel (1987), S. 50 f.
6 Bes. Weinrich (1967), daneben auch Weinrich (1963) und (1958).
7 Weinrich (1967), S. 5.
8 Weinrich (1967), S. 6.
9 Weinrich (1958), S. 284.
10 Weinrich (1958), S. 13.

Abweichungen mehr, die besser durch ‚eigentliches' Sprechen aufgehoben werden sollten. Sie stellen eine spezifische Art der Bedeutungskonstitution dar.

Wie bei der diesem Ansatz zugrundeliegenden semantischen Theorie der Wortfelder und der semantischen Merkmale, ist auch bei Weinrich der Status der semantischen Merkmale unklar[11]. Nicht eindeutig geklärt ist demnach m. E. auch, inwieweit bei der Konterdeterminationstheorie und der Vorstellung der Bildfelder eine Metapher aufgrund der Ähnlichkeit/Identität von tatsächlich vorhandenen ‚realen' Eigenschaften der Dinge oder aufgrund von konstruierten, vom Menschen auf kognitiver Ebene projizierten Eigenschaften zustande kommt. Diese Frage beantwortet die Interaktionstheorie der Metapher eindeutig zugunsten der kognitiven Konstruktion.

4.1.3 Die Interaktionstheorie

Black[12] distanziert sich ausdrücklich von den Substitutions- und Vergleichstheorien.

> „Die metaphorische Aussage ist kein Ersatz für einen formalen Vergleich oder andere wörtliche Aussagen, sondern hat ihre eigenen charakteristischen Möglichkeiten und Leistungen."[13]

Black ist es wichtig, die Fälle in die Metapherntheorie miteinzubeziehen, bei denen ohne die Metapher keine oder nur eine sehr geringe Ähnlichkeit der miteinander in Verbindung gebrachten Konzepte bestand. Nicht eine schon vorher bestehende Ähnlichkeit wird durch die Metapher sichtbar gemacht, sondern jene durch diese erst geschaffen.

> „Es wäre in einigen dieser Fälle aufschlußreicher zu sagen, die Metapher schaffte Ähnlichkeit [similarity], statt zu sagen, sie formuliert eine bereits vorher existierende Ähnlichkeit."[14]

Der Kontext wird bei Black wieder[15] zurückgenommen. Er führt zur Erkennung von Metaphern die Trennung zwischen dem „Fokus" (dem metaphorisch gebrauchten Wort) und dem „Frame" (dem umgebenden nichtmetaphorischen Kontext) ein[16]. Im Fokus werden zwei Konzepte miteinander in Verbindung gebracht, sie interagieren miteinander in ganz bestimmter Weise. Black wählt das Beispiel *Der Mensch ist ein Wolf*. Darin ist MENSCH der Hauptgegenstand (principal subject) und WOLF der untergeordnete Gegenstand (subsidiary subject). Um die Metapher verstehen zu können, muß man weniger die „wörtliche"[17] Bedeutung von WOLF kennen, sondern *„das System miteinan-*

---

11 Zum Status semantischer Merkmale in der Merkmalsemantik vgl. Lüdi (1985).

12 Nach Schöffel (1987), S. 126-136 ist Richards der Begründer der Interaktionstheorie. Da Black jedoch deren prominentester Vertreter ist, soll seine Version besprochen werden.

13 Black (1954), S. 68.

14 Black (1954), S. 68.

15 Im Gegensatz zum Vorgänger Richards, der 1936 die Metapher auf Sätze ausdehnte (Satzmetaphern). Vgl. Schöffel (1987), S. 131.

16 Black (1954), S. 58. Gegen die Annahme, daß es sichere Kriterien gäbe, mit Hilfe derer man Metaphern erkennen könne vgl. Black (1979), S. 35 f.

17 Black verwendet diese Terminologie.

der assoziierter Gemeinplätze"[18]. Damit ist die naive, alltagstheoretische Vorstellung von WOLF, das mentale Modell von WOLF in der Alltagssemantik, der im Alltag prototypische WOLF gemeint. Bereits hier finden sich Ansätze zu einer sinnvollen Trennung semantischer Systeme. Für die Metapher ist gerade nicht das biologisch exakte Modell von WOLF relevant, sondern die oft verkürzte, unvollständige und ‚falsche' Alltagstheorie. Die Metapher wirkt dann als „Filter"[19], durch den man auf den Hauptgegenstand blickt. Dadurch werden bestimmte Aspekte des Hauptgegenstandes hervorgehoben und andere unterdrückt. Es werden nicht mehr zwei Konzepte als feststehende Blöcke miteinander verglichen oder aufeinander übertragen, sondern es findet a) eine Trennung semantischer Art statt, indem von „wörtlicher Bedeutung" zum einen und zum anderen vom „System assoziierter Gemeinplätze"ausgegangen wird, und b) bezieht sich die Metapher genau auf dieses System, das mit dem Fach-/Expertenwissen über das Konzept nichts oder nur wenig zu tun haben muß. Das ist m. E. mit „Interaktion" gemeint.

Auf einen sehr wichtigen Unterschied zwischen Vergleichstheorien und der Interaktionstheorie weist Petrie (1979) hin. Mit der Interaktionstheorie kann der Erwerb neuen Wissens via Metaphern erklärt werden. In Vergleichstheorien kann kein gänzlich neues Wissen durch Metaphern erworben werden, da man bereits vorhandene kognitive Strukturen miteinander vergleicht. In der Interaktionstheorie ist dieser Neuerwerb von Wissen möglich, da erst die Metapher die Ähnlichkeit zwischen zwei Konzepten konstruiert. Mit der Vergleichstheorie kann man demnach den Ausbau schon vorhandenen Wissens, aber nicht gänzlichen Neuerwerb erklären[20].

Im folgenden Kapitel wird eine kognitive Theorie der Metapher vorgestellt. Sie betrachtet die Metapher als ein kognitives Phänomen, d. h. als rein auf der konzeptuellen und nicht auf der realen, referentiellen Ebene angesiedelt. Die Metapher ist nicht auf Einzelwörter beschränkt, sondern hängt vom Kontext ab, und sie ist vor allen Dingen keine semantische Anomalie, sondern ganz im Gegenteil ein wichtiger Faktor der Bedeutungskonstitution überhaupt. Über diese drei Punkte hinaus soll erörtert werden, aus welchen Gründen bestimmte Metaphern gewählt bzw. konstruiert werden (Motiviertheit von Metaphern).

---

18 Black (1954), S. 70f.

19 Black (1954), S. 72.

20 Petrie (1979), S. 443, schlägt dann eine Brücke zwischen beiden Theorien, indem er die Vergleichstheorie einem Lehrer und die Interaktionstheorie einem Schüler zuordnet. Er demonstriert dies am Beispiel *Das Atom ist ein Miniatursonnensystem.* Aus der Perspektive des Lehrers, der kognitive Strukturen für beide Konzepte hat, ist diese Metapher ein impliziter Vergleich. Aus der Perspektive des Schülers, der nur Wissen über das Sonnensystem hat, handelt es sich um eine interaktive Metapher, da aus einer bekannten Domäne heraus ein unbekanntes Kozept erschlossen wird. Beide Konzepte treten in Interaktion. Erst die Verbindung schafft das für den Schüler neue Wissen um Atome.

4.2 Eine kognitive Theorie der Metapher

4.2.1 Metapher, Analogie und Ähnlichkeit

Ähnlich wie beim Begriff KONZEPT oder MENTALES MODELL ist auch für die drei Begriffe METAPHER, ANALOGIE und ÄHNLICHKEIT eine Definition für die Zwecke der vorliegenden Arbeit nötig. Wie bei jenen ist auch bei diesen die Zahl der unterschiedlichen Definitionen groß[21].

METAPHER
Alle drei Begriffe hängen eng miteinander zusammen. Wie in Kapitel 3.3 bereits ausgeführt wurde, wird ein Konzept verstanden als ein mentales Modell, d. h. als eine kognitive Wissensrepräsentation von bestimmter, situationsabhängiger, kommunikationszweckorientierter Struktur. In diesem Sinne sind Metaphern, gedacht als metaphorische Konzepte, ebenfalls eine Art von mentalen Modellen, die — in den Worten der Interaktionstheorie Blacks — durch einen Filter hindurch ein Konzept beleuchten bzw. erst kreieren können. Der Sprache bzw. den Ausdrücken kommt auch hier eine Indikatorfunktion zu. Das Bilden und Verstehen von Metaphern kann nicht als bloß sprachliches Phänomen erklärt werden[22]. In einer allgemeinen Definition kann man metaphorische Modelle so erklären:

> „The primary function of metaphor is to provide a partial understanding of one kind of experience in terms of another kind of experience. This may involve preexisting isolated similarities, the creation of new similarities, and more."[23]
>
> „The metaphor can be understood as a mapping [...] from a source domain [...] to a target domain."[24]

Womit wir wieder bei der Frage sind, was als „source domain" dienen kann, was übertragen wird, und welchen Stellenwert „experience" hat. Mit Lakoff gehe auch ich davon aus, daß das, was sich in unseren Köpfen als Realität/Wirklichkeit vorfindet, keineswegs objektiv ist im Sinne einer Darstellung z. B. der konkreten Dinge, wie sie wirklich sind. Die Welt ist konstruiert. Dennoch herrscht in der Kategorisierung der Welt kein grenzenloser Subjektivismus: Keine universell gültigen ‚objektiven' semantischen Merkmale einerseits und auch keine gänzlich subjektive Bedeutungskonstitution andererseits. Wo ist die Verbindung? Hier argumentieren Lakoff (1987) und Johnson (1987) über die Erfahrung und vor allem über die konkrete Körpererfahrung. Realität ist eine erfahrungsbedingte Konstruktion. Bei Lakoff mündet dies im „experiential realism":

---

21 Vgl. Haverkamp (1983), S. 2: „Anders als man Forschungsberichten und Überblickswerken glauben könnte, gibt es keine einheitliche Metaphernforschung und eine Theorie der Metapher nur als Sammelnamen konkurrierender Ansätze, die auf diese Paradigmen zurückführbar sind."

22 Lakoff/Johnson (1980), S. 153.

23 Lakoff/Johnson (1980), S. 154.

24 Lakoff (1990), S. 48.

„Experience is instead construed in the broad sense: the totality of human experience and everything that plays a role in it — the nature of our bodies, our genetically inherited capacities, our models of physical functioning in the world, our social organization etc. In short, it takes as essential much of what is seen as irrelevant in the objectivist account.“[25]

Im Gegensatz zu den von Lakoff angegriffenen Objektivisten, die annehmen, die Bedeutung von Konzepten ergebe sich aus der Entsprechung, die sie in der Welt objektiv haben, lehnt er den Verweis auf die Außenwelt ab:

„Experientialism claims that conceptual structure is meaningful because it is *embodied*, that is, it arises from, and is tied to, our preconceptual bodily experiences.“[26]

Dabei verstehe ich diese „preconceptual bodily experiences“ als Einheiten, die unmittelbar aus der Körpererfahrung gewonnen sind[27] (vgl. Kap. 4.2.3). Nach Lakoff sind „preconceptual experiences“ folgendermaßen strukturiert:

„1. There are at least two kinds of structure in our preconceptual experiences:

A: Basic–level structure: Basic–level categories are defined by the convergence of our gestalt perception, our capacity for bodily movement, and our ability to form rich mental images.

B: Kinesthetic image–schematic structure: Image schemas are relatively simple structures that constantly recur in our everyday bodily experience: CONTAINERS, PATHS, LINKS, FORCES, BALANCE and in various orientations and relations: UP–DOWN, FRONT–BACK, PART–WHOLE, CENTER–PERIPHERY, etc.“[28]

Abstrakte Konzepte können auf folgende Weise aus diesen Basiskonzepten abgeleitet werden:

„2. There are two ways in which abstract conceptual structure arises from basic–level and image–schematic structure:

A. By metaphorical projection from the domain of the physical to abstract domains.

B. By the projection from basic–level categories to superordinate and subordinate categories.“[29]

Metaphorische Modelle sind damit Analogien. Sie strukturieren und erschließen das Zielkonzept mit Hilfe von aus der Erfahrung gewonnenen mentalen Modellen derart, daß sie jenes erklären durch Eigenschaften und vor allem Relationen die dieses aufweist[30].

---

25 Lakoff (1987), S. 266.

26 Lakoff (1987), S. 267.

27 Vgl. Lakoff/Johnson (1980), S. 69f. zur Abgrenzung der Basiskonzepte von semantischen Primitiven der Merkmalsemantik am Beispiel des „Prototype of Causation“.

28 Lakoff (1987), S. 267.

29 Lakoff (1987), S. 268.

30 Auf die Notwendigkeit weiterer empirischer Untersuchungen zur These des Experientialismus weist Brugman (1990), S. 265 hin, vgl. auch Casad (1992). Weitere Untersuchungen, die die Annahmen Lakoffs und Johnsons stützen sind zur Literatursprache Lakoff/Turner (1989) und Turner (1987), zum Konzept EHE Quinn (1987), zur Kon-

ANALOGIE und ÄHNLICHKEIT

Eine Übereinstimmung in der relationalen Struktur[31] und/oder in bestimmten Attributen zweier Konzepte zeichnet eine Analogie aus. Gentner hat sich mit dem Problem des analogen Denkens intensiv auseinandergesetzt[32]. Sie grenzt Analogie und Ähnlichkeit folgendermaßen voneinander ab:

> „Distinguishing different kinds of similarity is essential to understanding learning by analogy and similarity [...]. Besides analogy, other kinds of similarity can be characterized by whether the two situations are alike in their relational structure, in their object descriptions, or in both. In *analogy*, only relational predicates are mapped. In *literal similarity*, both relational predicates an object attributes are mapped. In *mere appearance matches*, it is chiefly object attributes that are mapped.“[33]

Hinzu kommt noch als weiterer Typ die „*relational abstraction*“[34]. Hier wird ein bereits abstrakter Quellbereich auf einen abstrakten Zielbereich übertragen[35].

Das Verhältnis von Attributs- und Relationsübereinstimmung zwischen dem Quell- und dem Zielbereich läßt sich in einer Tabelle darstellen[36]:

Kinds of domain comparison

	Attributes	Relations	Example
Literal Similarity	Many	Many	Milk is like water
Analogy	Few	Many	Heat is like water
Abstraction	Few	Many	Heat flow is a through–variable
Anomaly	Few	Few	Coffee is like the solar system
Mere appearance	Many	Few	The glass tabletop gleamed like water

Sehr wichtig bei dieser Definition ist, daß die Abgrenzungen der einzelnen Termini voneinander nicht als absolut, sondern als Kontinua aufzufassen sind.

> „These contrasts are continua, not dichotomies. Analogy and literal similarity lie on a continuum of degree–of–attribute–overlap. In both cases, the base and target share common relational structure. If that is *all* they share, then the comparison is an analogy (assuming, of course, that the domains are concrete enough to have object descriptions). To the extent that the domains also share common object descriptions, the comparison becomes one of literal similarity. Another continuum exists between analogies and

zeptualisierung von Gefühlen Kövecses (1990). Zur Erklärung von Bedeutungswandel auf experientialistischer Grundlage Sweetser (1990). Kritisch zur Theorie: Waxmann (1989).

31 Gemeint sind die Beziehungen einzelner Attribute eines Konzeptes zueinander und zu anderen Konzepten.

32 Gentner (1982), (1983), (1989), Gentner/Gentner (1983), Clement/Gentner (1991).

33 Gentner (1989), S. 206.

34 Gentner (1989), S. 207.

35 Vgl. das Beispiel bei Gentner (1989), S. 208.

36 Aus Gentner (1989), S. 206.

> relational abstractions. In both cases, a relational structure is mapped from base to target. If the base representation includes concrete objects whose individual attributes must be left behind in the mapping, the comparison is an analogy. As the object nodes of the base domain become more abstract and variable–like, the comparison becomes a relational abstraction."[37]

Wo bleibt aber in diesem System die Metapher? Für Gentner ist sie das umfassendste Phänomen; man kann es geradezu als teilweisen Oberbegriff der anderen Arten von Ähnlichkeit auffassen[38].

Für die Zwecke der Analyse geldtheoretischer Texte soll die Metapher jedoch eingegrenzter definiert bleiben (s. o.), d. h. als der Teil, der die Analogie umfaßt.

Ich fasse die hier verwendeten Termini zusammen:
Konzepte werden verstanden als kognitive Wissensrepräsentationen. Sie sind **mentale Modelle** von Sachverhalten und enthalten deklaratives und prozedurales Wissen. Ein Spezialfall von mentalen Modellen sind **metaphorische Modelle**. Sie sind Übertragungen vor allem von Relationen (und seltener Attributen) aus einem Quellkonzept auf ein mehr oder weniger bekanntes[39] Zielkonzept. Sie werden synonym verwendet mit **analogen Modellen** und **Analogien**[40]. Die analoge Übertragung ist zu verstehen als Regel zur Strukturierung und zum Neuerwerb von Wissen. Betrachtet wird dabei nur die bereits etablierte, nicht usuelle oder zufällige Analogie. Metaphorische Modelle/Konzepte werden durch **Metaphern**, d. h. durch auf das metaphorische Modell verweisende Ausdrücke in Sprache gefaßt. Der Ausdruck *Metapher* ist insoweit zweideutig, als er sowohl auf das metaphorische Modell als auch auf die ausdrucksseitigen Realisierungen des metaphorischen Modells verweist. Die Ausdrücke sind dabei Indikatoren für das metaphorische Modell.

4.2.2 Analoges Denken

Wie funktioniert das Denken in Metaphern? Haben metaphorische Modelle überhaupt konstitutive Bedeutung für den Wissenserwerb, oder sind sie nicht vielmehr nur ‚Eselsbrücken', derer man sich bedient, und die keinen Einfluß auf das dadurch erworbene Wissen haben?

---

[37] Gentner (1989), S. 208.

[38] Vgl. dazu die Abbildung in Gentner (1989), S. 207. Dort umfaßt „Metaphor" z. T. sowohl die Bereiche „Analogy" und „Abstraction" als auch „Mere Appearance" und „Anomaly".

[39] Vgl. dazu 4.2.2.

[40] Jakob (1991), S. 50 trennt Analogien von mentalen Modellen, indem er dem mentalen Modell, das in meiner Terminologie metaphorisches Modell heißt, zuschreibt, es sei eine „'innere' mentale Regelformulierung", mit Hilfe derer man viele ähnliche Fälle bewältigen kann, d. h. eine verfestigte Analogie. Die Analogie weist diese regelgeleitete Verfestigung nicht auf. Analogien werden von mir dagegen als diese bereits verfestigten ‚etablierten' Modelle verstanden, die es in geldtheoretischen Texten aufzuspüren gilt.

Wie schon Petrie (1979) bemerkte[41], macht es einen Unterschied, ob man über den Zielbereich (das Konzept, zu dem Wissen erworben werden soll) schon etwas weiß oder nicht. Im ersten Fall werden vorhandene Wissenstrukturen miteinander abgeglichen, im letzteren wird aus der ersten die zweite kreiert. Beide Formen sind Extreme.

> „Analogical mapping is in general a combination of matching existing predicate structures and importing new predicates (carry-over). To see this, first consider the two extremes. In *pure matching*, the learner already knows something about both domains. The analogy conveys that a relational system in the target domain matches one in the base domain. In this case the analogy serves to focus attention on the matching system rather than to convey new knowledge. In *pure carry-over*, the learner initially knows something about the base domain but little or nothing about the target domain. The analogy specifies the object correspondences, and the learner simply carries across a known system of predicates from the base to the target. This is the case of maximal new knowledge. Whether a given analogy is chiefly matching or mapping depends, of course, on the state of knowledge in the learner."[42]

Im Falle der geldtheoretischen Texte kann wohl davon ausgegangen werden, daß die Autoren, die sich zur Erfassung und Erklärung dessen, was sie über GELD schreiben, metaphorischer Modelle bedienen, etwas bzw. viel über das Zielkonzept wissen. Dennoch gilt auch hier, daß noch immer neues Wissen — wenn auch seltener — aufgrund der aus dem Quellkonzept gezogenen Inferenzen, konstruiert werden kann. Daß das Denken in Analogien erhebliche Konsequenzen für das dadurch erworbene Wissen hat — und zwar für Bereits-Wissende und für gänzliche Laien — haben mehrere empirische Versuche gezeigt. Gentner/Gentner (1983) führten dazu mit Laien- und Expertengruppen zum Konzept ELEKTRIZITÄT Tests durch. Im ersten Experiment mußten bereits fachkundige Versuchspersonen mit schon angeeigneten metaphorischen Modellen zu ELEKTRIZITÄT (etwa FLÜSSIGKEIT oder SICH BEWEGENDE HERDE VON OBJEKTEN) Testaufgaben lösen.

> „The results of the study indicates that use of different analogies leads to systematic differences in the pattern of inferences in the target domain. Subjects with the flowing fluid model did better with batteries, while moving objects subjects did better with resistors."[43]

Im zweiten Test wurden Versuchspersonen, die mit dem Konzept ELEKTRIZITÄT noch unvertraut waren, mit Hilfe von unterschiedlichen metaphorischen Modell unterrichtet (FLÜSSIGKEIT, PUMPE, HERDE). Auch hier ergaben sich modellspezifische Unterschiede in den Problemlösungsleistungen. Insgesamt gilt damit:

> „People who think of electricity as though it were water import significant physical relationships from the domain of flowing fluids when they reason

---

41 Vgl. Kap. 4.1.3, S. 93.

42 Gentner (1989), S. 201.

43 Gentner/Gentner (1983), S. 118.

> about electricity; and similarly for people who think of electricity in terms of crowds of moving objects. Generative analogies can indeed serve as inferential frameworks."[44]

Vom Vorwissen, von der Art der Theorie über den beschriebenen Sachverhalt hängt also viel ab, was den Wissenstransfer aus einem Quell- in ein Zielkonzept betrifft. Hier liegt die generelle Frage nach Wissenserwerb und den Bedingungen des Wissenstransfers nahe. Die umfangreiche Diskussion zu diesem Thema kann hier nicht nachgezeichnet werden[45]. Lediglich zwei für die Erklärung analogen Denkens wichtige Positionen sollen thesenartig gegenübergestellt werden.

Gentner (1989) geht bei der Entwicklung vom Kind zum Erwachsenen von einem „developmental shift"[46] aus. Kinder halten sich bei der Wissensübertragung an oberflächliche, klar erkennbare Attribute (surface similarity), Erwachsene dagegen an die Relationsähnlichkeiten[47].
Brown — und mit ihr eine Reihe von Forschern[48] — geht dagegen davon aus, daß kein solcher ‚Entwicklungssprung' stattfindet. Vielmehr transferieren Kinder und Erwachsene Wissen genau auf dieselbe Weise, wenn auch mit unterschiedlich ausgeprägtem Wissen über die in Beziehung gesetzten Konzepte. Brown lehnt damit die „perceptually bound hypothesis" für Kinder unter fünf bis sieben Jahren ab[49]. D. h. auch Kleinkinder können Wissenstransfers aufgrund von Relationsähnlichkeiten durchführen, insofern sie „know what kind of thing it is that they are dealing with, if they understand the causal mechanism in question."[50] Was sich entwickelt, ist also nicht die Art und die Befähigung zum Wissenstransfer als solchem, sondern vielmehr die Komplexität der diesen Operationen zugrundeliegenden Wissensrepräsentationen/mentalen Modelle.

---

[44] Gentner/Gentner (1983), S. 127.

[45] Vgl. als Überblick Krist/Wilkening (1991), daneben Vosniadou (1989), Brown (1989), Aitchison (1987), S. 86-97.

[46] Gentner (1989), S. 223.

[47] „A 5 year-old, given the figurative comparison ‚A cloud is like a sponge', produce an attributional interpretation, such as ‚Both are round and fluffy'. A typical adult response is ‚Both can hold water for some time and then later give it back'. Nine-year-olds are intermediate, giving some relational interpretations but also many responses based on common object attributes [...] The same developmental shift holds for choice tasks and rating tasks [...]." Gentner (1989), S. 222 f.

[48] Z. B. Vosniadou (1989), Krist/Wilkening (1991).

[49] „*The perceptually bound hypothesis*. The claim that transfer is mediated by the degree of perceptual similarity among stimulus environments is a time-honored position, dating back at least to Thorndike's influential theory of *identical elements*. Thorndike and his colleagues [...] claimed that transfer occured if and only if ‚identical elements' were shared between tasks. Although exactly what constituted ‚identical elements' was in considerable dispute, it was taken to mean identical at the level of surface features, such as color, shape, and size. Judd [...], the leader of the opposition, argued that transfer is determined by the extent to which the learner is privy to underlying shared principles, through either discovery or instruction. Unfortunately, he was ignored [...]." Brown (1989), S. 372.

[50] Brown (1989), S. 385.

„In conclusion, it appears that both children and adults can see the similarity in the underlying structure between two systems, concepts, or stories that are not similar in descriptive properties if their current representations of these systems already include the relevant structures. Both children and adults can also map an explanatory structure from a source to a target system if their knowledge of the target is not inconsistent with such a mapping. What develops is not so much the ability to engage in analogical reasoning per se but, rather, the conceptual system upon which analogical reasoning must operate."[51]

Man kann somit festhalten, daß sich das Denken in Analogien je nach der zugrundeliegenden ‚Theorie über die Sachverhalte' vollzieht. Es sind jedoch immer attributionale **und** relationale Ähnlichkeiten beim Wissenstransfer beteiligt. Das Denken unter Zuhilfenahme metaphorischer Modelle ist eine grundlegende Möglichkeit des Wissenserwerbs und der Informationsverarbeitung überhaupt, da es für alle Phasen der kognitiven Enwicklung gilt und nicht erst mit einem „developmental shift" eigentlich funktionsfähig wird und eine neue Qualität erlangt.

Wie weiter oben bereits gezeigt wurde, können mit Hilfe metaphorischer Modelle neue, bislang unbekannte Aspekte eines Konzepts (Zielbereich) erschlossen und unter dem Filter der Analogie kreiert werden. Dies legt die Vermutung nahe, daß auch und gerade in wissenschaftlichen Theorien metaphorische Modelle als Erklärungsinstrumente herangezogen werden. In der Tat kann man bei wesentlichen Veränderungen/Neuerungen in wissenschaftlichen Theorien einen Wechsel in zentralen Metaphern beobachten[52]. Jakob (1991) beschreibt dies anhand des Beispiels MENSCH. Immer wieder und noch immer werden nicht nur Maschinen anthropomorphisiert, sondern auch umgekehrt MENSCH bzw. GEHIRN als MASCHINE metaphorisch verstanden. Historisch gesehen ist dieses metaphorische Modell an den Stand der Technikentwicklung und -kenntnisse gebunden.

„Das Modell MASCHINENTECHNIK wurde durch das Modell ELEKTRISCHE TELEGRAPHIETECHNIK abgelöst. Heute könnte man die ELEKTRONISCHE DATENVERARBEITUNG hinzunehmen. Die Modelle passen sich der technikgeschichtlichen Entwicklung an. Aber sie bleiben insofern konstant, als die Grundprinzipien der technomorphen Deutung des Menschen immer gleich bleiben."[53]

Im Vergleich zu den von Jakob skizzierten Änderungen in der metaphorischen Erfassung der menschlichen Gehirntätigkeit und auch im Verleich zu den großen Veränderungen in den metaphorischen Modellen zum MASCHINEN-Begriff wird sich der Modellwandel in den historischen Geldtheorien nur als gering ausnehmen. Hier kommen stattdessen die Konstanz in der Deutung

---

[51] Vosniadou (1989), S. 428.

[52] Kuhn (1979), Boyd (1979), zur Computer-Metapher in Theorien zum menschlichen Gehirn Pylyshyn (1989), MacCormac (1986), Jakob (1991), S.64 f.

[53] Jakob (1991), S. 134. Zur Anthropomorphisierung der Technik am Beispiel des COMPUTERS vgl. auch Jakob (1991a).

nach Grundprinzipien zum Tragen. War es beim MENSCHEN die technomorphe Deutung, so ist es beim GELD in erster Line das Modell MECHANIK mit dem Submodell FLÜSSIGKEIT, das sich über die Theorieumbrüche hinweg konstant hält (vgl. Kap. 4.3). Die Theoriefortschritte drücken sich hier nicht in einem gänzlichen Metaphernwechsel aus, sondern vielmehr in veränderten Gewichtungen, in veränderten Aktivierungen von Einzelkomponenten bereits bestehender metaphorischer Modelle.
Welche Modelle in den Geldtheorien relevant sind, und aus welchen Elementen — bezogen auf den „experiential realism" — diese aufgebaut sind, sollen die nächsten Abschnitte zeigen.

4.2.3 Basiskonzepte

Wie bereits in Kapitel 4.2.1 erwähnt, geht die hier favorisierte kognitive Theorie der Metapher von Wahrnehmungsprimitiven in der Art aus, daß unmittelbare Körpererfahrungen („preconceptual bodily experiences"[54]) letztlich die Grundlage für die Bedeutungen sprachlicher Ausdrücke und der dahinter stehenden Konzepte sind. Johnson nennt diese Einheiten „image-schemata" und betont, daß sie durch alle sinnlichen Wahrnehmungsmöglichkeiten gebildet werden:

> „[...] what I am calling ‚image schemata' have a certain kinesthetic character — they are not tied to any single perceptual modality, though our visual schemata seem to predominate."[55]

Solche aus wiederholten (Körper–)Erfahrungen gewonnenen Wahrnehmungsmuster verbinden dynamische und statische Aspekte, ebenso wie in der kognitiven Semantiktheorie von einer prozedurales und deklaratives Wissen integrierenden Repräsentation von Konzepten ausgegangen wird. Bezogen auf die Drei–Stufen–Semantik von Schwarz sind die „image-schematas", im folgenden als *Basiskonzepte* bezeichnet, die Schnittstelle zur amodalen Repräsentationsebene. Johnson definiert folgendermaßen:

> „(1) Schematas are structures of an activity by which we organize our experience in ways that we can comprehend. They are primary means by which we construct or constitute order and are not mere passive receptacles into which experience is poured. (2) unlike templates, schemata are flexible in that they can take on any number of specific instantiations in varying contexts."[56]

Basiskonzepte[57] resultieren aus der Orientierung des Menschen im Raum und der Interaktion mit den darin befindlichen Objekten. Sie entwickeln sich nach

---

[54] Lakoff (1987), S. 267.

[55] Johnson (1987), S. 25. Zur Abgrenzung von Propositionen einerseits und von rein bildlichen Vorstellungen andererseits vgl. S. 23 f.

[56] Johnson (1987), S. 29 f.

[57] Ich verwende den Terminus **Basiskonzepte**, weil m. E. im Rahmen der Drei–Stufen–Semantik „preconceptual experiences", vorkonzeptuelle Erfahrungen nur schwer vorstellbar sind. Basiskonzepte sind amodal, d. h. nicht auf den sprachlichen Modus beschränkt, aber als kognitive Erfahrungsmuster auch als Konzepte ansprechbar.

Maßgabe des zur Verfügung stehenden Rezeptionsapparates, d. h. nach Maßgabe der menschlichen Wahrnehmungsorgane. Bereits Lakoff/Johnson (1980) eruierten so „orientational" und „ontological metaphors" als zwei Grundtypen von Basiskonzepten.
Wichtige, auch in geldtheoretischen Texten immer wieder auftauchende Basiskonzepte aus der Raumorientierung sind[58]: INNEN–AUSSEN, VOR–HINTER, NAH–FERN, HOCH–TIEF, OBEN–UNTEN, URSPRUNG–WEG–ZIEL, ZENTRAL–PERIPHER, GLEICHGEWICHT, LINKS–RECHTS ...
Typische, aus der Interaktion mit der Umwelt gewonnene Basiskonzepte sind: BEHÄLTER/CONTAINER, OBJEKT, BEHÄLTERINHALT, KRAFT–Modelle[59], HANDLUNGS–Modelle[60], TEIL–GANZES ... Diese Liste ist unvollständig. Wichtig ist lediglich, daß Basiskonzepte miteinander zu metaphorischen Modellen kombiniert werden können, die wiederum für eine ganze Reihe von Konzepten als Erklärungsfolien dienen können. Solche komplexen metaphorischen Modelle, bei Lakoff/Johnson (1980) „structural metaphors"[61], sind aus einfacheren Basiskonzepten zusammengesetzt.

> „Ontological metaphors are among the most basic devices we have for comprehending our experience. Each structural metaphor has a consistent set of ontological metaphors as subparts."[62]

Die Orientierungskonzepte sind im Zitat vernachlässigt. Sie müssen als Bestandteile hinzugenommen werden.
Wie ein solches System metaphorischer Modelle aussehen kann, hat Jakob (1991) für die Techniksprache gezeigt. Er konnte wichtige, auch komplexer strukturierte Modelle eruieren, die m. E. nicht nur für das Sprechen über Technik relevant sind, sondern generell als Erkenntnisinstrumente dienen.

4.2.4 Mentale Modelle als Erkenntnisinstrumente: Das Beispiel der Techniksprache

Durch Jakobs (1991) Studien zur Techniksprache werden metaphorische Konzepte als Erkenntnisinstrumente erstmals systematisch erfaßt. D. h. was bei Lakoff/Johnson (1980) (siehe Zitat oben) noch ein theoriegebundenes Postulat ist — die Zusammengesetztheit komplexer metaphorischer Modelle aus Basiskonzepten — wird hier erstmals stringent durchgeführt. Über einfache Basiskonzepte hinaus (wie OBEN–UNTEN, INNEN–AUSSEN etc., gelangt Jakob so z. B. zum Submodell FESTER KÖRPER (bei Lakoff/Johnson CONTAINER), das wiederum in das Modell MECHANIK eingebettet ist. Wie sich noch zeigen wird, sind einige dieser Haupt- und Submodelle auch in der Versprachlichung geldtheoretischer Sachverhalte relevant. Um deren

58 Vgl. dazu Johnson (1987), S. 31.
59 Vgl. Johnson (1987), S. 45 ff., Jakob (1991), S. 38 f., zu CONTAINER vgl. auch Reddy (1979).
60 Jakob (1991), S. 68 ff. nach Schanks „primitive acts".
61 Lakoff/Johnson (1980), S. 14 ff. Als ein Beispiel führen sie ARGUMENT IS WAR an, wobei WAR als metaphorisches Modell zum Verständnis von ARGUMENT dient.
62 Lakoff/Johnson (1980), S. 219.

Gültigkeit auch für andere Anwendungsbereiche zu demonstrieren, werden hier zunächst Beispiele aus Wirtschaftspressetexten (Vermittlungssprache) beigefügt[63]. In der Techniksprache werden vier Grundmodelle unterschieden. KÖRPER, MENSCH, HANDLUNG und MECHANIK[64]

Das Modell KÖRPER

KÖRPER ist hier verstanden als ORGANISMUS. In der Techniksprache treten fünf Submodelle in Erscheinung:

„(1.1) NAHRUNGSZUFUHR: *der Motor säuft viel*
(1.2) STOFFWECHSEL: *der Motor verbraucht viel Öl*
(1.3) SCHWÄCHE/KRANKHEIT: *der Motor ist altersschwach*
(1.4) LEISTUNGSFÄHIGKEIT: *der Motor ist stark*
(1.5) TIERVERHALTEN: *der Motor schnurrt*“[65]

In Wirtschaftspressetexten finden sich für dieses Modell ebenfalls Beispiele:

(1.1) *Und beim Konkurrenten Neckermann Versand AG verschlingt die Änderung von rund 25 Millionen Adressen aus heutiger Sicht etwa drei Millionen Mark.* (WirtschaftsWoche 7/93, S. 101) [ÄNDERUNG als KÖRPER, GELD als NAHRUNGSMITTEL]

(1.3) *Der Kurs hat darunter gelitten, daß am 1. Februar ein Optionsschein auslief.* (WirtschaftsWoche 8/93, S. 92) *Da die Briten weiter auf Zinssenkungen setzen, neigt auch ihre Währung zur Schwäche* [...] (WirtschaftsWoche 8/93, S. 88)

Das Modell MENSCH

Jakob trennt hier mentale (2.1-2.4) von emotionalen (2.5-2.7) Qualitäten[66].

„(2.1) INTELLIGENT: *Die Maschine merkt das und schaltet daraufhin ab*
(2.2) SELBSTÄNDIG: *Die Maschine holt sich selbst das Material*
(2.3) ZUVERLÄSSIG: *Der Motor ist zuverlässig*
(2.4) WAHRNEHMEND: *Der Gasmelder riecht die Verunreinigung*
(2.5) LAUNISCH: *Die Maschine spielt verrückt*
(2.6) STARRKÖPFIG: *Der Motor bockt*
(2.7) FÜRSORGEND: *Der Thermostat sorgt für die angenehme Raumtemperatur*“[67]

Wiederum kann auch dieses Modell als polyfunktional betrachtet werden, denn nicht nur in der Technik, sondern auch bei der Vermittlung wirtschaftlicher Sachverhalte spielt es eine Rolle.

(2.1, 2.4) *Auch Deutschlands Versicherungen zählen bei der Werbung für ihre Produkte nicht gerade zu den Leisetretern. Geht es allerdings um den eigenen Reichtum, sind sie schon wesentlich zugeknöpfter.* (Capital 9/91, S. 54)

---

[63] Wie bereits angedeutet (S. 97) sind mentale Modelle bei Jakob das, was hier unter metaphorischen Modellen verstanden wird. Dies muß bei den folgenden Zitaten berücksichtigt werden.
[64] Vgl. die Abbildung in Jakob (1991), S. 61.
[65] Jakob (1991), S. 62.
[66] Jakob (1991), S. 61.
[67] Jakob (1991), S. 64.

(2.2) *Null oder 32 Prozent — die Anleger haben die Wahl, wie sie heute ihr Geld arbeiten lassen wollen.* (WirtschaftsWoche 19/93, S. 98)
(2.2) *In der Tat, denn was die Branche bisher unter der Matratze versteckte* [Vermögenswerte - M. H.], *kann sich sehen lassen.* (Capital 9/91, S. 55)
Im emotionalen Bereich sind auch positive Gefühle vorhanden: *Um Bilanzen etwas freundlicher zu gestalten, werden jetzt Finanzanlagen aufgelöst.* (WirtschaftsWoche 8/93, S. 81) Man könnte den Bereich der emotionalen Qualtitäten insgesamt zusammenfassen in EMOTIONALE REAKTION und so umfassender machen: *Erstmals offenbart er* [der Nürnberger Familienkonzern Diehl - M. H.] *seinen zivilen Ehrgeiz und seine gravierenden Probleme.* (Capital 9/91, S. 188)

Das Modell HANDLUNG

Hier rekurriert Jakob auf Schanks „primitve acts", die Grundbausteine menschlicher Handlungen sind[68]. Handlungsprimitive sind eng mit anderen Modellen wie KÖRPER, MENSCH und MECHANIK (s. u.) verbunden und treten mit ihnen gemeinsam auf. Auch hier finden sich Beispiele in Wirtschaftspressetexten. Eines mag hier für viele stehen: *Dort trieben* [PROPEL] *sinkende Zinsen die Aktienkurse ebenfalls in die Höhe.* (WirtschaftsWoche 8/93, S. 90) Wenn die Liste Schanks auch nicht vollständig ist[69], wenn diese Handlungsprimitive auch keineswegs nicht mehr weiter zerlegbare semantische Einheiten darstellen, so sind sie doch Primitive der Wahrnehmung/Erfahrung und als solche Grundbausteine von Konzeptbedeutungen. In dieser Weise sind sie grundlegend für die anderen Modelle wie KÖRPER, MECHANIK und MENSCH[70].

Das Modell MECHANIK

Hier unterscheidet Jakob fünf Submodelle:

„(4.1) FESTER KÖRPER: *einen elektr.* **Schlag** *bekommen*
(4.2) FLÜSSIGKEIT: *der Dampf* **strömt** *durchs Rohr*
(4.3) MATERIALQUALITÄT: *nasser, trockener, gespannter Dampf*
(4.4) KRAFT: *der Dampf* **drückt** *das Ventil herunter*
(4.5) BEWEGUNG: *der Dampf* **tritt** *ins Freie* **aus**"[71]

Auch dieses Modell kann zur Versprachlichung wirtschaftlicher Sachverhalte dienen.

---

68 Vgl. Schank (1975), S. 22-82, Schank/Abelson (1977), S. 11 ff., Wettler (1980), S. 126, kritisch Aitchison (1987), S. 65 f., Habel (1985), S. 456 ff. Das klassische Set von primitve acts besteht aus: PTRANS, Ortswechsel eines Objekts; MOVE, Bewegen eines Körperteils; PROPEL, Kraftausübung auf ein Objekt; GRASP, Ergreifen eines Objekts; INGEST, Einverleiben eines Objekts; EXPEL, Ausscheiden eines Objekts; ATRANS, Eigentumswechsel eines Objekts; MTRANS, Informationsübertragung; MBUILD, Informationsbildung; SPEAK, Sprechen; ATTEND, Wahrnehmungsorgane auf etwas ausrichten.

69 Vgl. die Ausweitungen der Handlungsprimitive auch auf soziale Aktionen wie AUTHORIZE und ORDER bei Wettler (1989), S. 377.

70 Vgl. dazu auch Jakob (1991), S. 68.

71 Jakob (1991), S. 75.

(4.1) *Im Geschäftsjahr 1990 mußte Esprit einen Umsatzeinbruch von 442 Millionen auf 383 Millionen Mark bekanntgeben.* [...] *Das Jahr 1990 und teils auch noch 1991, das manchen Firmen eine fühlbare Ertragsdelle brachte.* (Capital 9/91, S. 48)
In beiden Beispielen wird der Umsatz als FESTER KÖRPER vorgestellt, auf den mechanische Kräfte einwirken können.
(4.2, 4.4) *Im September letzten Jahres blähten die interventionsbedingten Devisenzuflüsse die deutsche Geldmenge stark auf* [...] (WirtschaftsWoche 8/93, S. 34)

Wie in Fachzeitschriften, so sind auch in der alltagssprachlichen Kommunikation über Wirtschaftsthemen diese metaphorischen Modelle präsent. Die konstitutive Bedeutung von metaphorischen Modellen in der Alltagssprache wurde von Lakoff, Johnson und anderen[72] hinreichend bewiesen. Daher sollen hier nur wenige Beispiele genügen.

KÖRPER:
Die Subventionen verschlingen [NAHRUNGSZUFUHR] *jährlich Unsummen. Kranke Betriebe* [KRANKHEIT] *verbrauchen* [STOFFWECHSEL] *zuviel Geld für Personalkosten, während sie am Markt nicht stark genug/zu schwach* [LEISTUNGSFÄHIGKEIT] *vertreten sind.*

MENSCH:
Nachdem die Bank gemerkt [WAHRNEHMEND] *hat, daß das Konto überzogen worden war, hat sie es gesperrt* [SELBSTÄNDIG]. *Bei der Frage nach einem Kredit stellte sie sich quer* [STARRKÖPFIG], *Großkunden dagegen werden von der Bank immer besonders gut betreut* [FÜRSORGEND].

HANDLUNG und MECHANIK:
Der Scheckkartenautomat hat zwar die Scheckkarte genommen [GRASP], *er spuckt* [EXPEL] *aber kein Geld aus. Die Leitzinsen der Bundesbank treiben* [KRAFT] *auch die Zinsen für Privatkredite nach oben. So fließen* [FLÜSSIGKEIT] *keine Kredite mehr.*

Zu fragen ist nun, wie die metaphorischen Modelle in geldtheoretischen Texten aussehen. Wie Kapitel 4.3 zeigen wird, ergeben sich neben vielen Übereinstimmungen auch Unterschiede. Zunächst möchte ich jedoch die Ergebnisse dieses Kapitels zusammenfassen.

4.2.5 Zusammenfassung

1. In der hier vertretenen kognitiven Metapherntheorie werden Metaphern nicht als semantische Anomalien auf der Wortebene, sondern als wichtige Faktoren der Bedeutungskonstitution im Text und des Wissenserwerbs überhaupt verstanden. Sie sind definiert als metaphorische Modelle (Kap. 4.2.1) und sind etablierten Analogien/analogen Modellen gleichzusetzen.
2. Metaphorische Modelle ‚funktionieren' über analoges Denken (Kap. 4.2.2). Dieses ist in allen Phasen der kognitiven Entwicklung nachweisbar und dient oft als Grundlage der Wissens- und Realitätskonstitution. Die Bil-

[72] Z. B. Kövecses (1990) und Quinn (1987).

dung von metaphorischen Modellen ist erfahrungsgesteuert. Bereits etablierte analoge Erkenntnismuster lenken auch zukünftige Erfahrungen[73]. Dies gilt auch für die Bildung und Anwendung wissenschaftlicher Theorien.

3. Grundlegend für alle metaphorischen Modelle sind Basiskonzepte gedacht als Wahrnehmungs-/Erfahrungsprimitive (Kap. 4.2.3). Sie sind keine nicht mehr weiter analysierbaren semantischen Primitive[74], sondern Erfahrungseinheiten (Schnittstelle zur amodalen Repräsentationsebene), mit Hilfe derer auch andere Konzepte strukturiert und erst bedeutungstragend werden können.
4. Komplexe metaphorische Modelle (z. B. die der Technikspräche, s. Kap. 4.2.4), sind aus Basiskonzepten aufgebaut. Ebenfalls als Basiskonzepte werden die von Schank vorgeschlagenen Handlungsprimitive betrachtet. Sie ermöglichen eine Dynamisierung der anderen Modelle und sind für diese grundlegend.

4.3 Mentale Modelle in der Geldtheorie

Für die Analyse mentaler Modelle in geldtheoretischen Texten (aber auch in Texten der Wirtschaftspresse) eignet sich eine genaue Übernahme der Modelle von Jakob nicht. Hier geht es um andere Sachverhalte, und daher ist es nicht verwunderlich, daß einzelne Modelle andere Gewichtungen erfahren bzw. aufgrund der höheren Abstraktheit auch andere Modelle metaphorisch zum Einsatz kommen können. Diese Umstrukturierung und Neuformulierung der Modelle erfolgt in vier Schritten.

1. Die Modelle KÖRPER und MENSCH lassen sich in ein übergeordnetes Modell LEBEWESEN integrieren. Es treten dann drei Submodelle auf, die jeweils nach Bedarf noch ausdifferenziert werden können.

- KÖRPERFUNKTIONEN/ORGANISMUS: Hierher gehören die Submodelle WACHSTUM, NAHRUNGSZUFUHR, STOFFWECHSELKREISLAUF, KRANKHEIT/GESUNDHEIT. Nicht vertreten ist das eindeutig nur Tieren zuordnenbare TIERVERHALTEN.
- MENTALE LEISTUNGEN: Hierher gehören die Submodelle, die mit kognitiven Fähigkeiten zu tun haben. Es handelt sich um eine offene Klasse. Wichtig in geldtheoretischen Texten ist nur ein Submodell, das ich BEWUSST HANDELND nennen möchte.
- EMOTIONEN: Hier finden sich alle Gefühlszuschreibungen von Anthropomorphisierungen. Es sind insbesondere Stimmungen und Erwartungen

[73] In den Worten Lakoff/Johnsons (1980), S. 156: „Metaphors may create realities for us, especially social realities. A metaphor may thus be a guide for future action. Such actions will, of course, fit the metaphor. This will, in turn, reinforce the power of the metaphor to make experience coherent. In this sense metaphors can be self-fulfilling prophecies.".

[74] Vgl. Lakoff/Johnson (1980), S. 69f.

wichtig. Bei der metaphorischen Versprachlichung von GELD ist die emotionale Komponente nur sehr gering vertreten. Dies hängt mit der Dominanz des ORGANISMUS-Submodells zusammen.

2. Im Modell MECHANIK ist für das Konzept GELD vor allen anderen Submodellen das der FLÜSSIGKEIT wichtig. Danach FESTER KÖRPER/CONTAINER, seltener GAS[75]. Neben diesen Aggregatszuständen sind die Submodelle KRAFT/KRAFTSTOFF, BEWEGUNG (letztlich auf HANDLUNG zurückführbar), WERKZEUG/MASCHINE, GLEICHGEWICHT und MATERIALQUALITÄT von Bedeutung.

3. Das Modell HANDLUNG ist grundlegend für die anderen metaphorischen Modelle[76], indem es diese in Form von Basiskonzepten („primitive acts") dynamisiert. Die metaphorischen Modelle von LEBEWESEN und MECHANIK weisen neben Basiskonzepten wie die bei Lakoff und Johnson erwähnten[77] auch immer in „primitve acts" zerlegbare Handlungsmuster auf. Das metaphorische Modell HANDLUNG hat damit einen anderen Status als MECHANIK und LEBEWESEN. Es dynamisiert diese und kann somit nicht in der Weise von ihnen getrennt werden, wie dies zwischen MECHANIK und LEBEWESEN der Fall ist.

4. Ein weiteres metaphorisches Modell, das so in der Techniksprache nicht vorkommt bzw. dort nicht metaphorisch ist, möchte ich RAUM/GEOMETRIE nennen. Daß man bei geldtheoretischen Sachverhalten das GEOMETRIE-Modell als metaphorisch bezeichnen kann, liegt an der Abstraktheit der bezeichneten Sachverhalte. Folgende Submodelle sind hier relevant:

- RAUMORIENTIERUNG vor allem in Form von Basiskonzepten (OBEN/HOCH-UNTEN/TIEF, VOR-HINTER, URSPRUNG-WEG-ZIEL etc.)
- MESSEN: Abstrakte Größen werden in räumlich meßbare metaphorisch umgesetzt. Qualitative Größen wie WERT werden in quantitative Größen in den Raum verlagert[78].

Wie das Modell HANDLUNG mit den Handlungsbasiskonzepten so ist auch das Modell RAUM/GEOMETRIE in bezug auf die räumlichen Basiskonzepte für die anderen Modelle grundlegend. Die INNEN-AUSSEN-Orientierung strukturiert z. B. FESTER KÖRPER ebenso wie KRAFT-Modelle nicht ohne räumliche Bezugsgrößen gedacht werden können. Deshalb steht im RAUM/

---

[75] Vgl. das Beispiel aus Wöhe (1986), S. 714: „Treten Übergewinne aber auch noch nach einer bestimmten Zeitspanne seit Übernahme des Betriebes auf, so sind sie auf die Leistungen des neuen Inhabers zurückzuführen. Folglich hat der Verkäufer keinen Anspruch mehr auf eine Entschädigung für die Übergewinne späterer Perioden. Diesen Methoden liegt also der Gedanke zugrunde, daß sich der vom Verkäufer eines Betriebes geschaffene Firmenwert allmählich verflüchtigt." Hier wird FIRMENWERT metaphorisch als GAS verstanden.

[76] So auch Jakob (1991), S. 68.

[77] INNEN-AUSSEN, OBEN-UNTEN, URSPRUNG-WEG-ZIEL, die KRÄFTE-Modelle COMPULSION, BLOCKAGE, COUNTERFORCE, DIVERSION, REMOVAL OF RESTRAINT, ENABLEMENT, ATTRACTION bei Johnson (1987), S. 45ff.

[78] Vgl. auch die QUANTITÄTS-Metaphern bei Jäkel (1992).

GEOMETRIE–Modell als eigenständigem Modell die Umsetzung von Quantitäten in den Raum im Vordergrund.

Abschließend sind zwei Punkte festzuhalten. Erstens sind alle für die Wirtschaftsfachsprache wichtigen Modelle als **Vorschläge** aufzufassen. Bislang gibt es nur wenige Bemühungen um eine Hierarchisierung und Gliederung metaphorischer Modelle von den Basiskonzepten angefangen bis hin zu den von Lakoff/Johnson (1980) als strukturelle Metaphern bezeichneten Formen. Jede weitere Untersuchung in dieser Richtung kann einerseits andere Gewichtungen je nach untersuchtem Textkorpus herausfinden, andererseits aber auch zu einer stimmigeren, vielleicht sogar allgemeingültigen Gliederung beitragen. Zweitens werden die Modelle **große Überschneidungsbereiche** aufweisen, d. h. sie treten oft direkt nebeneinander auf, gehen ineinander über etc. Beide Punkte müssen bei den nun folgenden Beispielen für die einzelnen Modelle bedacht werden.

4.3.1 Das Modell LEBEWESEN

Im Unterschied zur Sprache der Wirtschaftspresse ist das Sprechen in Metaphern in der geldtheoretischen Literatur weniger auffällig. Einzelne Modelle kommen hier nicht bzw. seltener vor, die dort gängig sind (SPORT/SPIEL, KRIEG, HEIRAT, vgl. die Klassifizierungen in Kap. 2.3.6). Andere Modelle sind hier wie dort vertreten; in geldtheoretischen Texten sind sie lediglich häufiger auf Basiskonzepte reduziert. D. h. wenn z. B. in Wirtschaftspressetexten ganz explizit das metaphorische Modell MENSCH auf BETRIEB angewandt und durchgehalten wird, ist es in theoretischen Texten oftmals der Fall, daß dieses Modell nur kurz herangezogen wird, und daß es weniger, aber dennoch stichhaltige sprachliche Hinweise auf dieses Modell gibt[79]. Gleichwohl sind auch Theoriekonzepte metaphorisch strukturiert. Wie bereits erwähnt, schlage ich für Wirtschaftstheorietexte drei Komponenten des Modells LEBEWESEN vor: 1) KÖRPERFUNKTION/ORGANISMUS, 2) MENTALE LEISTUNGEN und 3) EMOTIONEN. In allen drei Teilen werden Basiskonzepte, hier vor allem aus dem HANDLUNGS–Modell, eine wichtige Rolle spielen.

1. ORGANISMUS

Im Konzeptbereich GELD finden sich folgende Arten von ORGANISMUS–Metaphern:
(1.1) WACHSTUM/FRUCHTBARKEIT
(1.2) NAHRUNG/STOFFWECHSEL/BLUTKREISLAUF
(1.3) KRANKHEIT/GESUNDHEIT

---

[79] In der WirtschaftsWoche 7/93 wird z. B. die Banque de France als *alte Dame* bezeichnet und so überdeutlich das metaphorische Modell MENSCH benutzt. In Theorietexten wird dasselbe Modell vermittelter angewendet, wenn z. B. die Banken in ihren Tätigkeiten anthropomorphisiert werden: *Jede einzelne Bank hat also bei ihrer Schaffung von Geschäftsbankengeld zu beachten, daß damit gleichzeitig Ansprüche auf Umwandlung in Zentralbankgeld entstehen.* [...] *schreibt die Notenbank den Kreditinstituten* [...] *eine sogenannte Mindestreserve vor* [...] etc. Issing (1987), S. 54.

Sie nehmen in dieser Reihenfolge an Bedeutung ab. Während die WACHSTUMS–Metaphorik für die Geldmengenvergrößerung, für Geldwertveränderungen und für aus der Geldverwendung resultierende Eigenschaften sehr häufig anzutreffen ist, wird im Zusammenhang mit GELD seltener in den metaphorischen Modellen KRANKHEIT und GESUNDHEIT gesprochen. Diese Feststellung gilt nur für Theorietexte. In Pressetexten sind auch diese beiden Modelle ubiquitär. Anhand einiger Beispiele soll gezeigt werden, wie diese Modelle auf der Ausdrucksebene umgesetzt sind.

1.1 WACHSTUM/FRUCHTBARKEIT

„Das Geld ist also nicht der wahre Reichtum einer Nation, der Reichtum der verbraucht wird und immerwährend neu entsteht; denn das Geld erzeugt nicht wieder Geld. Ein gut angewandter Taler kann in der Tat einen Reichtum von zwei Talern entstehen lassen, aber es ist die Produktion und nicht das Geld, das sich vermehrt hat, [...]“[80] [GELD als SAATGUT]

„Eine auf Markt und Strasse im täglichen Leben breit hervortretende Frucht dieses zwiespältigen Lebens der Banknote kann der Unbefangene jederzeit einsammeln.“[81]

„Diese unleugbaren Verhältnisse zwingen uns das Bekenntnis ab, dass die Banknote thatsächlich eine Hybrida, ein Mischling ist, dessen eigenartiges Wesen aus der Verbindung der allgemeinen Grundlage für ein Circulationsmittel für Geldforderungen mit der grundsätzlichen Uebernahme der Aufgabe des Zahlungsmittels herangewachsen ist.“[82]

1.2 STOFFWECHSEL/BLUTKREISLAUF

„Dieses beständige Vorschießen und Zurückfließen des Kapitals bildet, was man die ‚Zirkulation des Geldes‘ zu nennen hat, diesen nützlichen und fruchtbaren Kreislauf, der alle Arbeiten der Gesellschaft beseelt, der Bewegung und Leben im politischen Körper unterhält, und den man mit Recht dem Kreislauf des Blutes im tierischen Körper vergleichen kann.“[83] [STAAT IST KÖRPER, GELD IST BLUT]

Ein anderes Beispiel ist der im Handlungsprimitiv INGEST (das Einverleiben einer Sache in einen Körper) ausgedrückte STOFFWECHSEL.

„Jetzt dürfen wir auf den Umstand, daß das Geld keine Waare zum Verbrauch ist, noch nicht sorgfältig achten, weil doch jeder, der das Geld zu diesem oder jenem Gebrauch verwendet, dasselbe als verbraucht ansieht. In der Tat hört der Gebrauch des Geldes, das ich ausgebe [...], für mich ebensogut auf, als wenn ich es aufgegessen hätte. Eine Vorstellung, die sich auch in dem gewöhnlichen Ausdruck: Geld verzehren, manger son argent, zeigt.“[84]

---

[80] Quesnay (1758/1921), S. 84.

[81] Knies (1873), S. 301.

[82] Knies (1873), S. 206.

[83] Turgot (1766/1903), S. 51.

[84] Büsch (1800), Bd. I, S. 133 f.

1.3 KRANKHEIT/GESUNDHEIT

„[...] alle todte capitalien, das ist capitalien, die nicht gebraucht werden, sondern todt im kasten liegen, dem gemeinen handel und wandel entzogen werden.“[85]

Geldmengenverringerung als Krankheitsursache: „Die Circulation des Geldes in der Maschine des Staatskörpers ist eben daß, was die Circulation des Geblüts in dem menschlichen Körper ist; und der Verlust von einem großen Theile des circulirenden Geldes, oder der vorstellenden Zeichen desselben, hat auf den Nahrungsstand eben die Wirkung, welche der Verlust des Geblütes auf den menschlichen Körper hat.“[86]

2. MENTALE LEISTUNGEN

Hier gibt es nur eine Modellvariante für LEBEWESEN, nämlich die des BEWUSSTEN HANDELNS (1.4). Da für GELD in erster Linie die Modelle FLÜSSIGKEIT und CONTAINER wichtig sind (s. Kap. 4.3.2), ist das Zurücktreten dieser Komponente im Modell LEBEWESEN, das insgesamt weitaus geringer präsent ist, als MECHANIK, nicht verwunderlich.

„Es ist das Geld in seiner Function als Werthträger durch Zeit und Raum, welches jene Alleinherrschaft des immobilen (Grund–)Besitzes gebrochen und dieser Macht eine zweite, die des mobilen (›Kapital‹–)Besitzes erst zur Seite gestellt, dann übergeordnet hat. Dem Eigenthum an immobilen Gütern (real property) gegenüber konnte das Eigenthum an beweglichen Gütern zur Zeit der Naturalwirthschaft eine durchschlagende und andauernde Machtstellung niemals erringen [...]“[87]

3. EMOTION

Auch hier gilt das im vorigen Abschnitt ausgeführte. Emotionen werden nur selten in Theorietexten zur Erklärung geldtheoretischer Sachverhalte herangezogen, etwa wenn moralische Kategorien angelegt werden und von „bösem Geld“[88] oder von GELD als „Seele“ gesprochen wird[89].
Gerade beim Submodell EMOTION läßt sich ein markanter Unterschied etwa zur Börsenfachsprache feststellen. Hier werden Aktienkurse in starkem Maße emotional beschrieben: *die Börse tendierte freundlicher, lustlos ...*[90].

---

[85] Schröder (1721), S. 162.

[86] Justi (1766), S. 571.

[87] Knies (1873), S. 219.

[88] Schröder (1721), S. 176; im Zusammenhang mit Devisen, deren Materialwert bezogen auf ihren Edelmetallgehalt geringer als ihr Preis ist; das ist „böses Geld“, im Sinne von 'schlecht bezüglich des Materials'.

[89] Schröder (1721), S. 163: Nicht zirkulierendes Geld ist schädlich, „so lang und bis einer kommt, welcher diese arme güldene und silberne Seele aus dem Fegefeuer erlöst, welches öffters nicht geschiehet, bis der, welcher sie hineingelegt, selbsten ins Fegefeuer kommt [...]“.

[90] Daneben auch häufig mit dem aus der Mechanik stammenden Submodell MATERIAL-QUALITÄT *die Kurse waren fester, leichter etc.*

4.3.2 Das Modell MECHANIK

Neben den grundlegenderen Modellen HANDLUNG und RAUM/GEOMETRIE, ist das MECHANIK-Modell das wichtigste metaphorische Konzept in den Geldtheorien. Die beiden wichtigsten Submodelle sind:

(2.1) FESTER KÖRPER/CONTAINER
(2.2) FLÜSSIGKEIT

Beide sind bereits vom Anbeginn der geldtheoretischen Literatur vorhanden und können als **die** Konstanten der metaphorischen Erklärung des Geldes angesehen werden. Ebenfalls bedeutend, wenn auch nicht in dem starken Maße wie die beiden ersten Submodelle, sind die folgenden:

(2.3) KRAFT
(2.4) BEWEGUNG
(2.4.1) UMLAUF/ZIRKULATION
(2.4.2) GESCHWINDIGKEIT
(2.5) GLEICHGEWICHT
(2.6) WERKZEUG/MASCHINE
(2.7) MATERIALQUALITÄT

Die Gewichtung und die jeweilige Ausformung und Anwendung der metaphorischen Modelle soll im zweiten Teil der Arbeit erfolgen. Ich begnüge mich hier jeweils mit wenigen Beispielen zur Veranschaulichung der obigen Liste.
Wenn GELD als FESTER KÖRPER aufgefaßt wird, ist damit zugleich auch immer die Binnenstrukturierung des CONTAINER-Modells übernommen. Da wir das, was wir uns unter CONTAINER vorstellen, immer von unserem eigenen Körper ausgehend vorstellen[91], ist bei diesem Modell die INNEN-AUSSEN-Orientierung und die Vorstellung von etwas klar BEGRENZTEM wichtig. Der CONTAINER kann etwas beinhalten, und ebenso kann etwas von außen an ihn herangetragen und an ihm ‚festgemacht' werden. Beides kann so fortbewegt werden, wenn der CONTAINER bewegt wird [PROPEL]; das, was INNEN ist, gehört zum CONTAINER. Das, was ihm anhaftet (AUSSEN) gehört nur bedingt zu ihm. In dieser Weise haben sich viele Geldtheoretiker des Geldwertproblems angenommen. Der „innere Wert" wurde dann meist auf den Metallwert reduziert, mit dem Materialwert des Geldstücks gleichgesetzt, während der „äußere Wert" dem aufgeprägten, nominalen Wert entsprach.

> „Der innere Gehalt ist das Produkt des Gewichts, und der Feine, welche bey allen Völkern gleich betrachtet werden, und daher den wahren Werth der Münze ausmachen: die äußere Gestalt und Benennung der Münze, die an sich willkührlich sind, geben ihr den äußeren, und weil es gemeiniglich Zahlworte sind, den davon sogenannten zählenden Werth."[92]

> „Gold und Silber haben gleich anderen Waren, einen inneren Wert, der nicht willkürlich ist, sondern der abhängt von ihrer Seltenheit, den Arbeits-

[91] Vgl. dazu Johnson (1987), S. 21 ff., Lakoff/Johnson (1980), S. 29-32.
[92] Sonnenfels (1769), S. 306.

> kosten, die zu ihrer Beschäftigung aufgewendet wurden und dem Werte des Kapitals, das in den Bergwerken steckt, in denen sie gewonnen werden."[93]

Das CONTAINER-Modell wurde darüber hinaus in zahlreichen anderen Fällen angewendet, etwa dann wenn man den Staat entweder als KÖRPER/ ORGANISMUS oder unspezifiziert als CONTAINER mit einer INNEN-AUSSEN-Orientierung ansah. Hier wurde dann GELD zum CONTAINERINHALT, der sich innerhalb oder außerhalb des Staates befinden konnte (meist verbunden mit der Fließmetaphorik). In diesem Submodell sind somit die Begriffe EINFUHR und AUSFUHR begründet.

> „Wenn wir aber zu unseren übrigen Exportartikeln noch 300.000 Pfund Sterling gemünztes Geld hinzufügen, so werden viele fragen, welchen Gewinn wir erzielen, wenn wir auch auf diese Art ebensoviel gemünztes Geld hereinbringen wie früher, da wir augenscheinlich den gleichen Wert ausgeführt haben."[94]

Wenn GELD als CONTAINERINHALT aufgefaßt wird, geschieht dies fast immer in Verbindung mit dem metaphorischen Modell FLÜSSIGKEIT. Dieses bis heute — auch alltagssprachlich — gängigste Modell begegnet uns in allen Texten zur Geldtheorie.

> „It [Geld - M. H.] is none of the wheels of trade: It is the oil which renders the motion of the wheels more smooth and easy."[95]
>
> „Accordingly we find, that, in every kingdom, into which money begins to flow in greater abundance than formerly, every thing takes a new face: labour and industry gain life; the merchant becomes more enterprising, the manufacturer more diligent and skilful [...]."[96]
>
> „Ein Bewegungsstrom der edlen Metalle ist bedingt durch die nur örtliche und örtlich differenzierte Production derselben. [...] Die zweite Strömung ist durch die interlocal wirksamen Functionen des Geldes in Bewegung gesetzt, durch das interlocal fungirende Kaufmittel, Zahlungsmittel, Werthtransportmittel [...]."[97]

GELD als FLÜSSIGKEIT hat nicht nur die Funktion des SCHMIERMITTELS (Hume), sondern kann auch direkt als KRAFTSTOFF dienen und damit KRAFT ausüben.

> „To which I say, that there is a certain measure and proportion of money requisite to drive the trade of a Nation, more or less than which would prejudice the same."[98]
>
> „Der Antrieb, den eine reichliche Menge umlaufenden Geldes auf die Münzausfuhr ausübt, hat neue Kraft gewonnen, kann diese Kraft aber nicht wie früher ausnützen. Wir haben nur Papiergeld in Umlauf, daß sich notwendigerweise auf unser Land beschränken muß. Durch jede Vermehrung seiner

93 Ricardo (1809/1910), S. 90.
94 Mun (1664/1911), S. 122.
95 Hume (1752/1964), S. 309.
96 Hume (1752/1964), S. 313.
97 Knies (1873), S. 255 f.
98 Petty (1662/1899), S. 35.

Menge sinkt es unter den Preis von Gold- und Silberbarren, unter den Preis des Umlaufgeldes anderer Länder."[99]

„Um «empfindlich» zu werden, d. h. eine Bewegung im Preisstand zu bewirken, muss freilich auch hier die Veränderung des Verhältnisses von Angebot und Nachfrage die Stärke des Drucks erlangen, welcher erforderlich ist, um den Reibungswiderstand zu überwinden, den der vorhandene Preisstand durch die Kraft des Beharrens (vis inertiae) der Veränderung entgegensetzt. Und dieser Reibungswiderstand wird um so stärker, je grösser das Quantum, je ausgebreiteter der Raum, je zahlreicher die Stellen werden, in denen das fragliche Gut entgeltlich umgesetzt wird."[100]

Ein weiteres MECHANIK-Submodell ist das der BEWEGUNG. Es ist grundlegend für das MECHANIK-Modell, weil es — als Vermittler zu den HANDLUNGS-Basiskonzepten, die MECHANIK erst dynamisiert. In geldtheoretischen Texten spielen vor allem zwei Aspekte eine große Rolle. Nahezu durchgängig und ebenso stark wie die FLÜSSIGKEITS-Metaphorik sind ZIRKULATION und — allerdings erst ab einer gewissen Stufe der theoretischen Entwicklung — GESCHWINDIGKEIT vertreten.

„This shows the necessity of some Proportion of Money to Trade: But what Proportion that is, is hard to determine; because it depends not barely on the quantity of Money, but the quickness of its Circulation. The very same shilling may at one time pay Twenty Men in Twenty days, at another rest in the same Hand One hundred days together. This makes it impossible exactly to Estimate the quantity of Money needful in Trade [...]."[101]

Im Zusammenhang mit der INNEN-AUSSEN-Vorstellung beim Staat taucht häufiger auch das Submodell des GLEICHGEWICHTS auf, das es beim Zu- und Abfluß von Geld und Waren herzustellen gilt. Die Idee der Übertragung des physikalischen Gleichgewichtszustandes auf den monetären Sektor zieht sich durch den gesamten Untersuchungszeitraum. GLEICHGEWICHT wird auf Wertverhältnisse, auf Preis-Kosten-Relationen, auf Handelsbilanzrelationen, kurz auf alles angewendet, was nach Meinung der Theoretiker in einem bestimmten Verhältnis zueinander stehen sollte. GLEICHGEWICHT impliziert auch ein — je nach Differenzierung der Theorie — mechanisches Verhältnis zwischen den Sachverhalten, das metaphorische Modell der WAAGE. Gerade bei ‚naiven' quantitätstheoretischen Ansätzen kommt dieses voll zum Tragen.

„Dann ebener massen wie der preis aller andern Gütern fället / wann die gute Müntze steiget / wie die Rechterfahrne hiervon reden / also / wann die gute der Müntzen fallet / so steigen alle ding in ihrem preiß [...]."[102]

Von der MECHANIK der WAAGE und dem GLEICHGEWICHT ist es kein großer Schritt mehr, GELD als Instrument zur Ausübung von Tätigkeiten aufzufassen. Daß dabei ebenfalls das an konkret-manuellen Arbeiten orien-

[99] Ricardo (1809/1910), S. 112.
[100] Knies (1873), S. 141 f.
[101] Locke (1692/1991), S. 235.
[102] Bodin (1625), S. 84.

tierte MECHANIK-Modell, hier als WERKZEUG-Submodell, Pate stand, zeigen ebenfalls die Beispiele.

> „Money, therefore, the great wheel of circulation, the great instrument of commerce, like all other instruments of trade, though it makes a part and a very valuable part of the capital, makes no part of the revenue of the society to which it belongs;"[103]

Oder die ‚klassische' Stelle bei John Stuart Mill zur ‚Neutralität des Geldes' im Wirtschaftsprozeß:

> „Es kann, um es kurz zu sagen, wenn man die innere Bedeutung der Sache in Betracht zieht, für die wirtschaftlichen Verhältnisse der Gesellschaft nichts Unwesentlicheres geben als das Geld, außer in seinem Charakter als Einrichtung zur Ersparung von Zeit und Arbeit. Geld ist eine Maschine, um schnell und bequem dasjenige auszurichten, was sonst doch geschehen wäre, nur weniger schnell und bequem, und wie so viele andere Arten von Maschinen, äußert das Geldwesen einen besonderen und selbständigen Einfluß nur dann, wenn es in Unordnung geraten ist."[104]

Mit Fortschreiten der geldtheoretischen Entwicklung wurden die naiven Ansätze erweitert, modifiziert und auch völlig verändert. Eine Möglichkeit, in einer Theorie Modifizierungen vorzunehmen, ohne sie ganz aufgeben zu müssen, besteht darin, die Einzelkomponenten anders zu gewichten, bzw. die in der Theorie obwaltende MECHANIK zu verändern. Gerade bei der naiven Quantitätstheorie waren solche Veränderungen der einfachen MECHANIK zwischen Geldmenge und Güterpreisniveau vonnöten. Es bot und bietet sich noch bis heute an, über das Submodell MATERIALQUALITÄT das Konzept der ELASTIZITÄT in die Theorie einzubringen. ELASTIZITÄT hat den Vorteil, daß z. B. die KRÄFTE zwischen Geldmenge, Umlaufgeschwindigkeit des Geldes, Güterpreisen usw. nicht mehr unmittelbar, vollständig und unverzögert wirken müssen, sondern daß sie über andere Faktoren vermittelt sein können, bzw. daß die einzelnen Faktoren in ihren Wirkungen auf andere Größen als ELASTISCH gesehen werden.

> „Sie [die Quantitätstheorie – M. H.] setzt voraus, dass [...] die Umlaufsgeschwindigkeit des Geldes gleichsam ein feste, wenig nachgiebige, um eine unveränderliche mittlere Höhe schwankende Größe sei; während dieselbe in Wirklichkeit teils rein automatisch sich ausdehnt oder zusammenzieht, teils und vor allem in Folge wirtschaftlicher Fortschritte fast jeder beliebigen Erweiterung fähig ist, so wie sie in theoretischer Hinsicht sogar eine rein unbegrenzte Elastizität besitzt."
> „[...] je elastischer das Geldwesen ist, je weniger es überhaupt gegen Aenderungen der Preise reagiert, um so länger ein mehr oder weniger konstanter Unterschied zwischen den beiden Zinsraten bestehen bleiben, und um so erheblicher folglich seine Einwirkung auf die Preise sein kann. [...] Das Geld wird immer flüssiger, das Angebot an Geld schmiegt sich mehr und mehr jeder beliebigen Höhe der Nachfrage an."[105]

---

103 Smith (1776/1976), S. 291.
104 Mill (1848/1910), S. 10.
105 Wicksell (1898), S. 37, 101.

4.3.3 Das Modell HANDLUNG

Die dem metaphorischen Modell HANDLUNG zugrundeliegende Annahme von Handlungsprimitiven sowie die Schank'sche „Conceptual Dependency Theory“[106] kann als bekannt vorausgesetzt werden (vgl. auch S. 104). Der für die anderen Modelle (LEBEWESEN, MECHANIK) grundlegende Status des HANDLUNGS-Modells wurde ebenfalls bereits begründet (s. S. 107) und muß deshalb hier nicht nochmals ausgeführt werden. Ich möchte dagegen anhand von zwei im Zusammenhang mit GELD sehr wichtigen Verben zeigen, wie diese aus „primitive acts“ zusammengesetzt sind. Zwei Punkte erscheinen mir dabei wichtig, weil sie die Erklärungsstärke der „primitive acts“ besonders gut demonstrieren.
Zum einen sind Handlungsprimitive mit dem von Lakoff (1987) formulierten Programm[107] des „experientialism“ vereinbar. Sie beziehen sich stets auf konkret Erfahrbares bzw. lassen sich auf konkrete Sinneseindrücke zurückführen (zu MTRANS und ATRANS s. u.). Damit kann man sie als Basiskonzepte im Sinne dieses Experientialismus bezeichnen.
Zweitens stellen Handlungsprimitive eine Möglichkeit dar, Alltags- von Fachwissen zu trennen. Das bekannte Problem, daß man jeden „primitive act“ bei weiterer Ausdifferenzierung der Wissensgrundlage in Teile zerlegen kann, relativiert sich so. Die im Alltag ausreichende Genauigkeit der semantischen Differenzierung ist das Maß, an dem die semantischen Einheiten gemessen werden müssen. Das heißt z. B., daß es in Alltagssituationen nicht darauf ankommt, welche Muskeln welche Körperteile bewegen [PROPEL] müssen, um den „primitive act“ MOVE zustandezubringen; dort wird er in der Regel als Einheit unanalysiert erfahren und verwendet. Erst bei veränderten Kommunikationsanforderungen kann eine tiefere Analyse wichtig werden.

Doch nun zu den beiden Beispielen (in Abb. 9), die diese Aspekte belegen sollen. Im Zusammenhang mit GELDWERT, PREISNIVEAU, GÜTERWERT etc. spielen die Konzepte STEIGEN und FALLEN/SINKEN eine große Rolle. Wie noch im nächsten Kapitel gezeigt wird, deuten sie auf eine Umsetzung qualitativer Größen in quantitative d. h. in den RAUM hin: in den Worten Lakoff/Johnsons[108] MORE IS UP. Abstrakte Wertquantitäten werden so faßbar gemacht, indem WERT als OBJEKT gedacht ist, das durch seine Positionierung im Raum bestimmt ist. Bezogen auf Handlungsprimitive läßt sich das wie in Abbildung 9 darstellen.

---

106 Vgl. dazu Schank (1975), S. 22-82; Schank/Abelson (1977), und die Darstellungen in Wettler (1980), S. 124-142, Wettler (1989), S. 327f., Jakob (1991), S. 68-72, Tergan (1986).

107 Vgl. zusammenfassend Lakoff (1989).

108 Lakoff/Johnson (1980), S. 23.

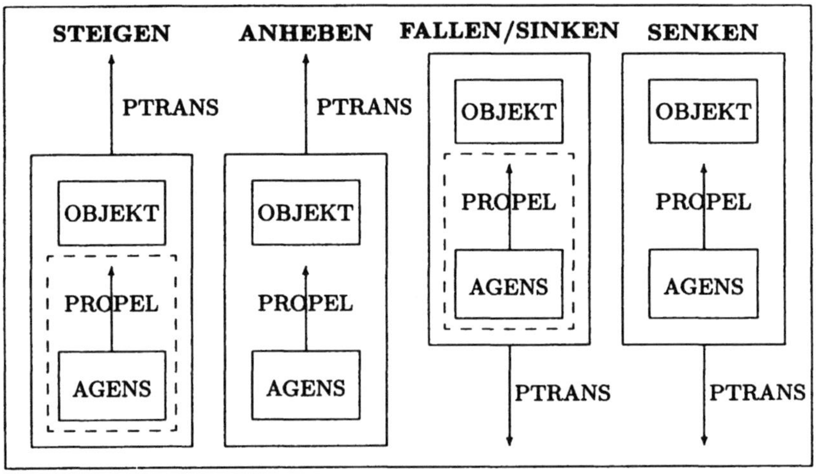

Darstellung von STEIGEN, ANHEBEN, FALLEN und SENKEN mit Hilfe von Basiskonzepten (Erläuterungen im Text)
Abbildung 9

Wichtig ist der gestrichelte Rahmen um AGENS in beiden Fällen. Er bringt die Intransitivität zum Ausdruck. Zwar ist bekannt, daß beim STEIGEN und FALLEN von OBJEKTEN physikalische Gesetze wirken (Schwerkraft, Auftriebskräfte), im Alltag[109] ist dies jedoch nicht relevant! Hier bewegen sich, konzeptuell gesehen, die Objekte selbst. Der PROPEL–Pfeil müßte für die Alltagssemantik strenggenommen vom OBJEKT ausgehen und auf es selbst zeigen. Lediglich wenn darüber reflektiert wird, werden auch die Ursachen der Bewegung mitgedacht, und man erhält dann Schemata wie die für ANHEBEN und SENKEN, den transitiven Pendants zu STEIGEN und FALLEN. Die ‚Unklarheit' der Ursache, des AGENS, im Schema ist ein wichtiger Grund dafür, weshalb STEIGEN und FALLEN bis heute breite Verwendung in Texten der Geldtheorie findet. Es geht dort gerade darum, dieses AGENS benennen und definieren zu können, wenn möglich sogar in der einfachen Form eines physikalischen Gesetzes — wie dies bei der naiven Quantitätstheorie etwa der Fall ist (vgl. Kap. 5.3.2). Ist das AGENS erst einmal erkannt, können so — theorieabhängig — Prognosen zur Wirkung von Steuerungsmaßnahmen, die dieses AGENS beeinflussen, gemacht werden[110].
Versteht man die Handlungsprimitive als stets rückgebunden und rückführbar auf konkret Wahrnehmbares, Erfahrbares, dann bedeutet dies für alle TRANS–Akte eine Reduzierung auf PTRANS. Bereits MTRANS ist eine

109 Das Vernachlässigen des AGENS gilt natürlich auch in institutioneller oder wissenschaftlicher Kommunikation, sofern dort das AGENS nicht thematisiert ist, d. h. sofern nur die Bewegung nicht aber deren Grund von Interesse ist!

110 Dazu Wicksell: „Alles kommt somit schliesslich darauf an, über die Ursachen, welche den Tauschwert des Geldes beeinflussen bezw. über die Mittel zu dessen Regulierung und eine klare Vorstellung zu bilden [. . .]." Wicksell (1898), S. 16.

metaphorische Vorstellung von Wissens*übertragung*, wobei Wissen als Objekt verstanden wird, das von einem Menschen zum anderen transportiert werden kann. ATRANS, die „Übertragung des Besitzes, des Eigentums oder der Kontrolle eines Objekts von einer Person auf eine andere"[111] ist ebenfalls als analog zu PTRANS, dem einfachen Ortswechsel eines Objekts, gebildet zu verstehen. So lassen sich alle abstrakten *Übertragungen* als Ortswechsel verstehen. Das gilt insbesondere für Wertübertragungen mit GELD als CONTAINER, in dem WERT aufbewahrt wird.

> „Fast gänzlich unbeachtet geblieben ist der so weitgreifende und für uns so bedeutsame Gebrauch des Geldes für örtliche Werthübertragung und Werthmobilisierung, in der Function des interlocalen Werthträgers."[112]

4.3.4 Das Modell RAUM/GEOMETRIE

Anders als in der Techniksprache, die es in stärkerem Maße mit tatsächlich im Raum lokalisierbaren Sachverhalten zu tun hat, müssen in wirtschaftstheoretischen Fachsprachen vorwiegend abstrakte Sachverhalte/Zusammenhänge versprachlicht werden. Der Unterschied läßt sich am einfachen OBEN–UNTEN–Basiskonzept veranschaulichen. Die Bewegung eines Kolbens in einem Zylinder (vgl. die Abbildung bei Jakob (1991), S. 45) kann in der Tat ohne eine analoge Transferleistung als von OBEN nach UNTEN (und umgekehrt) vor sich gehend vorgestellt werden. Werden hingegen PREIS, WERT, KOSTEN etc. in den RAUM übertragen, so wird ein Transfer von qualitativen und quantitativen Größen in die Dreidimensionalität vollzogen. Interessant ist dabei, daß die sonst übliche Zuordnung von positiver Markierung zu OBEN hier teilweise aufgehoben ist. Man sagt zwar *es geht wirtschaftlich aufwärts* (POSITIV IST OBEN), spricht vom *Aufschwung* oder entgegengesetzt von *der Talsohle einer Wirtschaftskrise* (NEGATIV IST UNTEN), aber wenn es um Mengen geht, wird diese Beziehung oft umgekehrt: *gestiegene Lohnkosten, höhere Lebenshaltungskosten, ansteigende Arbeitslosenzahlen* etc. Dieses Phänomen wird dadurch erklärt, daß einfache Mengenrelationen vorrangig vor anderen Relationen (z. B. POSITIV IST OBEN) angewendet werden.

> „[...] MORE IS UP seems always to have the highest priority since it has the clearest physical basis. The priority of MORE IS UP over GOOD IS UP can be seen in examples like ‚Inflation is rising' and ‚The crime rate is going up'. Assuming that inflation and the crime rate are bad, these sentences mean what they do because MORE IS UP always has top priority."[113]

Jäkel (1992) hat das Phänomen der Umsetzung von abstrakten Mengenrelationen in den Raum durch Quantitätsmetaphern erklärt (vgl. auch Kap. 2.3.6, S. 44). Genau dieselbe Quantitätsmetaphorik ist in geldtheoretischen Texten im gesamten Untersuchungszeitraum anzutreffen. Da das RAUM–Modell, ähnlich wie das metaphorische Modell HANDLUNG, für die anderen Modelle

---

[111] Wettler (1980), S. 126.
[112] Knies (1873), S. 215.
[113] Lakoff/Johnson (1980), S. 23.

von grundlegender Bedeutung ist — konkrete Körpererfahrung spielt sich im Raum, in räumlichen Basiskonzepten ab — ist die enge Verbindung zu diesen nicht verwunderlich. GELD wird meist als FLÜSSIGKEIT beschrieben, die Größe des GELDWERTS in Folge dazu als FLÜSSIGKEITSPEGEL oder NIVEAU. Genauso verhält es sich mit anderen, auf GELD bezogenen Größen wie PREIS, KOSTEN, WERT (allgemein) etc. Ihre Größe oder — metaphorisch — ihre Höhe wird in den Raum übertragen als FLÜSSIGKEITSPEGEL. Im Fall von WERT fallen zudem das analoge Submodell von POSITIV IST OBEN und MEHR IST OBEN zusammen. Ein besonders eindrückliches Beispiel mag hier für viele andere, unauffälligere stehen:

> „Die ungeheuren Effecte der modernen Communicationsmittel, welche nichts mehr und nichts weniger als die Einführung der Maschinenarbeit in die Transportindustrie bedeuten, die ungeheure Vermehrung und Erleichterung der Edelmetallproduktion u. A. haben die Geldpreise der Güter wie in einen Zustand des Brodelns und Schäumens versetzt, während dessen man sehr gern die eingetretenen und sich fortsetzenden Niveauveränderungen mit Hilfe eines bedingt sicheren Werthänderungsmassstabes feststellen möchte."[114]

Eine weitere räumliche Orientierungsmetapher ist die INNEN–AUSSEN–Orientierung, die vor allem im CONTAINER–Modell Anwendung findet (siehe dort). Das obige Zitat von Knies enthält ein weiteres wichtiges Submodell, das gerade in den Geldtheorien immer wieder benutzt wurde; das des MESSENS. Ein Hauptproblem der historischen Geldtheorien war die Bestimmung des Geldwertes. Man unterschied zwischen *innerem* und *äußerem* Geldwert, verglich das Wertverhältnis der Edelmetalle Gold und Silber zueinander, das Verhältnis von Waren zu Edelmetallen, zu Geld usw. Kurz, man suchte stets nach einem gültigen, möglichst unveränderlichen **Wertmaß**. Erst galt das Gewicht an Edelmetall als Bezugsgröße. Doch auch das Gewicht, d. h. eine bestimmte Menge an Edelmetall, unterlag Wertschwankungen. Es konnte somit kein gültiges Wertmaß vorgeben. Stattdessen mußte ein abstrakter Maßstab gefunden werden. Hier halfen Analogien zur Geometrie.

> „Geld, wornach man rechnet, ist nichts weiter, als ein willkührlicher Maasstab gleicher Theile, welcher zur Ausmessung des respectiven Werths verkäuflicher Dinge erfunden worden ist."[115]
>
> „Geld ist, genau und philosophisch zu reden, wie schon gesagt worden, ein aus gleichen Theilen bestehender idealischer Maasstab. Würde man fragen, wie groß der festgesezte Fuß vom Werthe des einen Theils seyn müsse? so antworte ich mit einer andern Frage: welches ist der festgesezte Fuß von der Länge eines Grads, einer Minute, einer Secunde?"[116]
>
> Das Geld, wornach man rechnet, kann daher auf kein einiges körperliches Wesen eingeschränkt werden, dessen Werth sich in Ansehung anderer Dinge verändern kann."[117]

---

[114] Knies (1873), S. 131.
[115] Steuart (1767/1770a), S. 6.
[116] Steuart (1767/1770a), S. 11.
[117] Steuart (1767/1770a), S. 13.

Daß die oben beschriebenen raumbezogenen metaphorischen Modelle von den Geldtheoretikern auch durchaus in ihrer konkreten Rückbindung verstanden wurden, zeigt z. B. die Kritik Carl Mengers (1892) an diesen räumlichen Vorstellungen. Er greift im folgenden Zitat zwei solcher Vorstellungen an: a) daß GÜTER CONTAINER mit WERTMENGEN als CONTAINERINHALT sind, und b) daß man mit GELD WERTE MESSEN kann.

> „Es ist eine unrealistische Supposition, daß den Kaufgütern und dem Gelde Tauschwertquanten innewohnen, es ist indes kein geringeres Mißverständnis, wenn die bestehenden Austauschverhältnisse als Ergebnis einer vorangehenden Messung des Tauschwertes der Kaufgüter durch jenen des Geldes aufgefaßt werden“[118]

[118] Menger (1892), S. 741.

5 Geldtheorie und Geldgeschichte

> „We conclude that the definition of money is to be sought for not on grounds of principle but on grounds of usefulness in organzing our knowledge of economic relationships. ‚Money' is that to which we choose to assign a number by specified operations; it is not something in existence to be discovered, like the American continent; it is a tentative scientific construct to be invented, like ‚length' or ‚temperature' or ‚force' in physics."[1]

5.1 Was ist Geld?

Der Begriff GELD ist in der Alltags– und in der institutionellen Kommunikation unstrittig. Tagtäglich wird er verwendet, und jeder kompetente Sprachteilnehmer kann eine — wenn auch prototypische, am Bargeld oder am mobilen Vermögen orientierte — Definition desselben geben. Auch im institutionellen Bereich, etwa bei Banken und Behörden, ist GELD als Begriff kein Problem. Wie im Alltag, so wird er auch hier sehr stark funktional erklärt. GELD ist das, was bestimmte Funktionen erfüllt. Dieser intensionalen Definition über die Verwendungsmöglichkeiten steht die extensionale Definition über die konkreten Banknoten und Münzen zur Seite.
In der Theorie ist eine solche unpräzise Definition des Geldes nicht erwünscht. Hier will man genaue Kriterien zur Verfügung haben, mit Hilfe derer man GELD von NICHTGELD trennen kann. Sowohl intensional als auch extensional will man hier ganz genau wissen, was GELD ausmacht und was zum GELD gehört. Was GELD ist, ist in der Theorie bislang umstritten. Es gibt keine präzise, allgemein akzeptierte Definition[2]. Dies gilt bis heute; darüber können auch allgemein verbindliche Begriffsdefinitionen, die eher prototypischen, ‚randunscharfen' Alltagsdefinitionen ähneln, nicht hinwegtäuschen. Zwar kann man sich bei solchen Definitionen des Konsenses mit den meisten anderen Theoretikern sicher sein, aber die angestrebten klaren Definitionskriterien, das Set von notwendigen und hinreichenden Bedeutungsmerkmalen kann so nicht gewonnen werden.

> „Ganz allgemein kann man unter Geld oder Zahlungsmitteln alles verstehen, was im Rahmen des nationalen Zahlungsverkehrs einer Volkswirtschaft generell zur Bezahlung von Gütern und Dienstleistungen oder zur Abdeckung anderer wirtschaftlicher Verpflichtungen akzeptiert wird."[3]

Als mögliche Definitionskriterien für GELD im Theoriebereich haben die einzelnen Geldfunktionen die größte Verbreitung gefunden[4]. GELD hat demnach

---

1 Friedman/Schwartz (1970), S. 137.

2 „Wie über viele andere Begriffe besteht auch über den des »Geldes« unter den Nationalökonomen und im besonderen unter den Geldtheoretikern noch keine einheitliche Auffassung, keine Übereinstimmung hinsichtlich seiner logischen Bestimmung und Definition" Ammon (1953), S. 665.

3 Jarchow (1990), S. 15.

4 Vgl. Issing (1987), S. 1-3, Jarchow (1990), S. 15 ff., Ehrlicher (1965), S. 232, Ammon (1953), S. 667.

die Funktionen eines Tauschmittels, einer Recheneinheit, eines Wertaufbewahrungsmittels und eines gesetzlichen Zahlungsmittels. Die Kriterien anderer Geldeigenschaften (Homogenität, Teilbarkeit, Haltbarkeit, Seltenheit[5]) treten hinter diese funktionalen Kriterien zurück.
Die Definitionsversuche über die Geldfunktionen wurden wiederholt als mangelhaft kritisiert[6]. Dennoch blieben die Geldfunktionen eine wichtige Zugangsmöglichkeit zur Begriffsdefinition. Vor allem im historischen Rückblick lassen sich so unterschiedliche Definitionen bei einzelnen Autoren an der unterschiedlichen Einbeziehung und Gewichtung der Geldfunktionen ausmachen[7]. Daneben beschäftigt sich die Geldtheorie stärker mit den einzelnen Geldformen im Wirtschaftsprozeß. Dem entspricht eine Definition des GELDES über die Geldmenge. Hier ist die Frage, was man aufgrund von intensionalen Kriterien aus der möglichen Menge von Sachverhalten zum GELD rechnen soll. An diesem differenzierten, theorieabhängigen GELD-Begriff lassen sich die Unterschiede zum Alltagsbegriff besonders klar hervorheben. Was zum theoretischen Begriff GELD gerechnet werden kann, ist im allgemeinen über unterschiedliche Geldmengen (M_1, M_2, M_3) definiert[8].

Die Geldmenge M_1 umfaßt den Bargeldumlauf (Noten und Münzen) und die Sichteinlagen von Nichtbanken[9] bei inländischen Banken (Buchgeld)[10]. Diese extensionale Definition leuchtet unmittelbar ein. Bezogen auf die Geldfunktionen ist hier die Zahlungsmittelfunktion zentral. Bargeld und Sichteinlagen, d. h. unmittelbar durch Schecks oder Überweisungen verwendbares Geld, sind direkt für Zahlungszwecke verfügbar. Rückt man für die Bestimmung dessen, was als GELD gelten soll, den Aspekt der Wertaufbewahrung ins Blickfeld, müssen andere Größen noch miteinbezogen werden. Die Geldmenge M_2 ist eine Erweiterung in dieser Richtung.

> „Die Geldmenge M_2 umfaßt sowohl die ‚traditionelle' Geldmenge M_1 als auch gewisse befristete Bankguthaben, und zwar die Termineinlagen mit Festlegungs- bzw. Kündigungsfrist bis zu vier Jahren, welche die Bundesbank als sog. Quasigeld bezeichnet."[11]

Die Zahlungsmittelfunktion ist bei diesen Bankguthaben durch die Kündigungsfristen eingeschränkt. Dennoch sind diese Guthaben in gewissem Sinne GELD, da sie zum einen über ihre Verzinsung die Wertaufbewahrung gewährleisten und zum anderen — mittelbar — nach einer Umwandlung in direkte Zahlungsmittel auch die Zahlungsmittelfunktion erfüllen können.

---

[5] Vgl. Jarchow (1990), S. 18.
[6] Z. B. bei Issing (1987), S. 3 ff.
[7] Z. B. bei Doms (1953).
[8] Zu den ‚Geldmengenaggregaten' vgl. Claassen (1974), Jarchow (1990), S. 22 ff., Issing (1987), S. 6-16, Köhler (1960).
[9] Der Begriff NICHTBANKEN umfaßt alle „Wirtschaftseinheiten", die nicht zu den Geschäftsbanken oder zur Zentralbank gerechnet werden können. Er ist negativ abgegrenzt, insofern er nur in bezug auf den Bankensektor verstanden werden kann. Vgl. Issing (1987), S. 48.
[10] Claassen (1974), S. 275.
[11] Claassen (1974), S. 278.

Noch stärker ist die Wertaufbewahrung bei M_3 betont. Hierzu werden neben M_1 und M_2 auch alle Spareinlagen mit gesetzlicher Kündigungsfrist gerechnet. Termineinlagen „werden hauptsächlich von Unternehmen und öffentlichen Stellen (Sozialversicherung, Gemeinden) gehalten und dienen dem Ausgleich voraussehbarer Schwankungen in den Einnahme– und Ausgabeströmen [...]"[12]. Sie werden dementsprechend häufig bei den Banken umgeschlagen. Spareinlagen dienen dagegen einem anderen Zweck. Hier dominiert die Vermögensbildung, und damit noch mehr die nicht nur temporäre, sondern die möglichst dauerhafte Wertaufbewahrung.

Bereits diese drei unterschiedlichen Theoriedefinitionen der Geldmengen zeigen die Distanz und Verschiedenheit zur Alltagssemantik auf, die für Fachdefinitionen typisch sind. Im Alltag käme wohl kaum jemand auf die Idee — es sei denn er oder sie ist institutionell/theoretisch ‚vorbelastet' — das Geld, das z. B. als Festgeld oder auch nur auf einem Sparbuch angelegt wurde, nicht mehr als GELD zu betrachten. Es ist genauso GELD wie Bargeld. Die Tatsache der geringeren Verfügbarkeit, die sich dann in Sätzen wie *er kann zur Zeit an sein Geld nicht herankommen* etc. äußert, ändert nichts an dem prinzipiellen Geldcharakter derartiger Guthaben. Festgeld ist zwar kein prototypisches GELD, denn das ist Bargeld, aber es ist aufgrund der Zulässigkeit von definitorisch ‚randunscharfen' Kategoriengrenzen im Alltag nichtsdestotrotz GELD. Im Theoriebereich versucht man die Kategorienzugehörigkeit eindeutig zu definieren. Daher können je nach Merkmalskatalog und je nach Gewichtung von Teilbedeutungen im Falle des GELDES unterschiedliche Extensionen des Begriffes, also unterschiedliche Geldmengenaggregate auftreten. M_1, M_2 und M_3 sind dabei nur die gängigsten, im institutionellen Bereich (Deutsche Bundesbank) bewährtesten Mengen. Es lassen sich weitere denken, z. B. abhängig von der Laufzeit der Guthaben.

> „Inwieweit Termineinlagen jedoch nicht als Quasigeld, sondern vielmehr als Geld schlechthin bezeichnet werden können, hängt letzten Endes wieder von der Gelddefinition ab. Ob alle Termineinlagen oder nur jene mit einer kurzen Laufzeit (d. h. zum Beispiel in der Nomenklatur der Deutschen Bundesbank, ob $M_2 - M_1$ oder M_{1a} - als Geld deklariert werden, würde ebenfalls von einer ‚neuen' Gelddefinition abhängen."[13]

Sowohl für eine Ausweitung der Geldmengendefinition ($M_{3\,\text{ERWEITERT}}$), als auch für eine Verringerung des Begriffsumfangs unter M_1 lassen sich solche „neuen" Definitionen finden. $M_{3\,\text{ERWEITERT}}$ bezieht die in M_3 noch nicht enthaltenen Einlagen inländischer Nichtbanken bei im Ausland gelegenen Filialen deutscher Banken mit ein, d. h. die z. B. aus Steuergründen in eine Luxemburger Filiale einer deutschen Geschäftsbank transferierten DM–Guthaben. Will man dagegen den GELD–Begriff nur auf die Menge des Zentralbankgeldes reduzieren, und so z. B. das von den Geschäftsbanken durch Kredite geschaffene „Geschäftsbankengeld" oder die Sichteinlagen ausschließen, so erhält man eine noch engere Geldmengendefinition als M_1, nämlich M_0: Sie

[12] Claassen (1974), S. 278.
[13] Claassen (1974), S. 279.

umfaßt das Bargeld und die Reservebestände der Geschäftsbanken an Zentralbankgeld.

„Folglich könnte nur der Bestand an Zentralbankgeld, der sowohl vom privaten Nichtbankensektor wie vom privaten Bankensektor gehalten wird — in unserer Terminologie M_0 [...] —, als Geldmenge definiert werden, sofern das von individuellen Entscheidungen unabhängige Geldangebot als entscheidendes Definitionskriterium der Geldmenge gewählt wird."[14].

Ist diese enge Definition wiederholt als ungenügend kritisiert worden, so sind doch solche Einzelkomponenten der ‚größeren' Geldmengendefinitionen immer wieder wichtig. Z. B. taucht die Zentralbankgeldmenge als „monetäre Basis" oder als „Geldbasis"[15] bei der Ermittlung von „Geldmultiplikatoren" wieder auf, d. h. bei den Geldschöpfungsmöglichkeiten der Kreditinstitute.

Betrachtet man also die einzelnen Geldmengenaggregate genauer, so werden einerseits ihre Erklärungsstärken und -schwächen deutlich und andererseits die Definitionsabhängigkeit der Einzelkomponenten dieser Aggregate. Schon bei M_1 ist diese Abhängigkeit virulent, denn *Bargeld* und *Sichteinlagen* bezeichnen wiederum theorieabhängige Begriffe, die nicht mit den entsprechenden Alltagsbegriffen verwechselt werden dürfen, und die in ihrer Verwendung als Teilbedeutungen bei der Geldmengendefinition selbst wiederum der Bestimmung bedürfen.

„(1) Als Sichtverbindlichkeiten gelten täglich fällige oder solche Verbindlichkeiten, für die eine Kündigungsfrist oder eine Laufzeit von weniger als einem Monat vereinbart ist.
(2) Einlagen von Ausländern bei deutschen Banken werden nicht zur Geldmenge gerechnet;
(3) Die Bargeldbestände der Banken werden ebenfalls nicht in der Geldmenge berücksichtigt;
(4) Das gleiche gilt für die Sichteinlagen der Banken bei anderen Banken sowie für die Guthaben der Geschäftsbanken bei der Bundesbank;
(5) Erfaßt werden sämtliche Sichteinlagen inländischer Nichtbanken, also auch solche, die auf ausländische Währung lauten [...]
(6) Schließlich werden auch die Einlagen von öffentlichen Haushalten bei der Bundesbank nicht zur Geldmenge gerechnet, wohl aber deren Einlagen bei Kreditinstituten."[16]

Diese Liste entspricht den Gliederungskriterien der Deutschen Bundesbank, also einer Institution, für die Geldmenge M_1. Die definitorische Klarheit und Abgrenzung ist für die kommunikativen Zwecke des institutionellen Bereichs unabdingbar, d. h. im institutionellen Sektor muß die Extension des GELD-Begriffes in der Menge M_1 unstrittig sein. Kritik und Änderungsvorschläge

---

14 Claassen (1974) weist auch darauf hin, daß die Geldmenge M_0 „eine zu enge Auslegung des Geldmengenbegriffs" (S. 287) ist, da der so zur Verfügung gestellte Geldbegriff nicht genügt, um Geldwirkungen und wirtschaftspolitische Steuerungsmöglichkeiten ausreichend zu beschreiben und zu erklären. Vgl. zur Zentralbankgeldmenge auch Issing (1987), S. 13.

15 Issing (1987), S. 58, vgl. auch ebd. Abb. 1, S. 5.

16 Issing (1987), S. 9.

sind demgegenüber Sache der Theorien. Dort lassen sich — im zunächst praxisfreien Raum — andere Vorstellungen und Definitionen von GELD aufgrund anderer Teilbedeutungen, neuer prinzipieller Zugangsweisen zum Begriff — z. B. statt der Geldfunktionen das Geldangebot und die Geldnachfrage als Angelpunkte — entwickeln. Der relativen Homogenität des GELD–Begriffs im Alltag (zwar unscharf definiert, aber dadurch unstrittig) entspricht im Theoriebereich eine Inhomogenität des Begriffs in der Weise, daß GELD zwar jeweils innerhalb einer Theorie klar definiert ist, aber insgesamt eine Summe miteinander und einander ergänzender Begriffe und Teilbegriffe darstellt[17]. Daß dieses Phänomen in der Geldtheorie nicht erst in der jüngsten Zeit auftaucht, zeigt ein Blick in das 19. Jahrhundert. Dort entbrannte der Streit um die ‚richtige‘ Gelddefinition zwischen Banking– und Currencytheoretikern (vgl. Kap. 5.3.2). Während die letzteren nur Münzen und die Noten der Bank von England als GELD akzeptieren wollten, bezogen die Bankingtheoretiker auch die von anderen Banken emittierten Noten, Handelswechsel, Giralgeld und andere Kreditformen in ihren Geldbegriff mit ein.

Bevor nun auf die unterschiedlichen Ansätze der historischen Geldtheorien zur GELD–Definition eingegangen wird, soll in einem kurzen Abriß das Verhältnis der speziellen Geldtheorie zur allgemeinen Volkswirtschaftslehre seit dem Merkantilismus geklärt werden.

5.2 Volkswirtschaftstheorie vs. Geldtheorie

Die Geschichte der allgemeinen Wirtschaftstheorie[18] wird in Paradigmen gegliedert, die sich auf die Geschichte der Geldtheorie nicht in derselben Weise anwenden lassen[19].

Der Grund dafür liegt in der Sonderentwicklung der historischen Geldtheorie. Geldtheorie ist ein Teilbereich der allgemeinen Wirtschaftstheorie. Nur ist die Verbindung beider Bereiche nicht immer in gleichem Maße gegeben gewesen. Während im Merkantilismus die Regelung des Staatshaushaltes im Vordergrund stand und dadurch Geldtheorie noch eng mit der übrigen Wirtschaftstheorie verbunden war, bildete sich in der Folgezeit und dann über das gesamte 19. Jahrhundert hinweg der Theoriebereich zum GELD immer mehr als eigenständiger Teil der Wirtschaftstheorie heraus.

---

17 „[...] da ein allgemein verbindlicher Geldbegriff noch immer nicht in Sicht ist, sind die Vorstellungen der Geldtheoretiker und -politiker von der volkswirtschaftlichen Geldmenge nach wie vor alles andere als einheitlich.“ Bechler (1978), S. 28.

18 Vgl. zur Geschichte der Wirtschaftstheorie: Stavenhagen (1969), Winkel (1977), (1994), Schmölders (1962), Issing (1988). Zur Geschichte der Betriebswirtschaftslehre: Löffelholz (1935), Schneider (1981), (1985).

19 Vgl. z. B. Stavenhagen (1969). Die wichtigsten Phasen sind: Merkantilismus, Physiokratie, Klassik, Sozialismus, Historische Schule, Grenznutzenlehre, Neoklassik, ‚moderne‘ Wirtschaftstheorien mit und nach Keynes. Zu griechisch–römischen und scholastischen Wirtschaftslehren vgl. Schumpeter (1965), Bd. 1, S. 87-196.

„Zwar haben sich die klassische Lehre und die ihr folgenden Richtungen der Volkswirtschaftslehre mit den Problemen der Geldwirtschaft in mehr oder weniger gründlicher Forschung auseinandergesetzt, aber die dabei gewonnenen Erkenntnisse standen mit den übrigen Ergebnissen der theoretischen Arbeit nur in losem Zusammenhang, so daß die Geldlehre das ganze 19. Jahrhundert hindurch als isolierter Teilbereich der Theorie ein Sonderdasein führt. Einen Umschwung dieser methodischen Anschauungen führten erst die großen Währungszerrüttungen nach dem Ersten Weltkrieg herbei, da sie in aller Deutlichkeit vor Augen führten, in wie einschneidender Weise alle Vorgänge des Wirtschaftslebens durch das Geld berührt und verändert werden können."[20]

Erst mit Keynes und seiner Forderung nach einer „monetary economy", einer auf monetäre Zusammenhänge ausgerichteten Volkswirtschaftslehre, kamen Geldtheorie und allgemeine Volkswirtschaftstheorie wieder in eine engere Verbindung.

Das „Sonderdasein" der Geldtheorie im 19. Jahrhundert ist somit der Grund dafür, daß das grobe historische Raster zur Wirtschaftstheorie nur bedingt für die vorliegende Arbeit übernommen werden kann. Zwar ließen sich alle Texte der jeweiligen Autoren einer dieser Klassen zuordnen, nur wäre damit — was die Klassifkation der Quellen nach geldtheoretischen, inhaltlichen Gesichtspunkten betrifft — wenig gewonnen. Das Hintergrundwissen um die Hauptströmungen der allgemeinen Theoriegeschichte ist zwar notwendig, um auch geldtheoretische Texte in ihr jeweiliges wissenschaftliches Umfeld (z. B. ob Grenznutzenparadigma oder Historismus) einordnen zu können: Zur Analyse des GELD–Begriffs in Theorietexten müssen jedoch noch weitere, aus der Entwicklung der historischen Geldtheorien gewonnene Kriterien herangezogen werden. Für die im zweiten Teil vorgenommenen Textanalysen bedeutet das, daß die einzelnen Quellentexte in erster Linie nach den Kriterien ausgewählt werden, die sich aus der Geschichte der Geldtheorie ergeben. Zuordnungen zu Merkantilismus, Klassik etc. sind demgegenüber sekundär. Dies ergibt sich aus der weitgehenden Sonderrolle der Geldtheorie im Rahmen der Wirtschaftstheorie.

Wenn also die allgemeine Wirtschaftstheoriegeschichte nicht ausreicht, um eine repräsentative Textauswahl zu gewährleisten, stellt sich die Frage, welche Umbrüche und Modifizierungen bei Geldtheorien im Untersuchungszeitraum relevant waren.

[20] Stavenhagen (1969), S. 416.

5.3 Geldtheorien in historischer Sicht

Die Geschichte der Geldtheorien ist ähnlich wie die allgemeine Wirtschaftstheoriegeschichte gut erforscht[21]. Bei der Gliederung geldtheoretischer Ansätze[22] halte ich mich an die von Ehrlicher (1965) vorgeschlagenen vier Aspekte:

1. Geldwesenslehren
2. Geldwertlehren
3. Geldwirkungslehren
4. Theorien zur Geldordnung

Von diesen vier Aspekten sind die ersten beiden immer die zentralen Anliegen der Geldtheorie gewesen.

> „Alle wichtigen monetären Probleme sind in gleichem Maße Fragen der theoretischen Analyse wie der politischen Gestaltung. Die theoretische Analyse bezieht sich vor allem auf die Frage nach dem Wesen des Geldes und den Bestimmungsgründen des Geldwertes. Die geldpolitische Problematik beinhaltet die Frage nach den Zielen, den Instrumenten und den Wirkungen der Geldpolitik."[23]

Theoretische Überlegungen zur Geldpolitik und die eigentliche Geldtheorie sind nicht immer klar voneinander zu trennen. Sie gehen oft — z. B. im Merkantilismus — nahtlos ineinander über. Als theoretisches Grundlagenwissen zur sprachlichen Analyse geldtheoretischer Texte genügt jedoch die Konzentration auf die Kernbereiche der Geldtheorie, d. h. auf die Fragen nach der Gelddefinition und nach den geldwertbestimmenden Faktoren. Die politischen Aspekte der Geldwirkungen werden daher nur kurz (vgl. Kap. 5.3.3) und die der verschiedenen Geldordnungen gar nicht berücksichtigt[24]. Die Skizzierung der wichtigsten Geldwesens- und Geldwerttheorien in den beiden folgenden Kapiteln dient dem Zweck, von diesen Theorien ausgehend zu repräsentativen Autoren und Texten zu gelangen, die eine Überprüfung der Hypothese

---

21 Altmann (1908), Ammon (1953a), (1954), Claassen (1980), Dobretsberger (1946), Doms (1953), Ehrlicher (1965), (1981a), (1981b), Friedman/Schwartz (1970), S. 93-136, Green (1992), Guggenheim (1989), Kerschagl (1956), Klausinger (1991), Köhler (1960), Schmölders (1968), Veit (1966), S. 99-147; zu Wert- und Geldwerttheorien speziell Kaulla (1906), Hoffmann (1907); zu Kredittheorien vgl. auch Rist (1947), Wagner (1937).

22 Andere Gliederungsvorschläge z. B. bei Doms (1953), die primär auf die Geldfunktionen abhebt, oder Friedman/Schwartz (1970), S. 93ff., die drei geldmengenabhängige Theorieklassen aufstellen.

23 Ehrlicher (1981), S. 355.

24 Vgl. dazu Ehrlicher (1965), S. 248-254: Ehrlicher unterscheidet drei mögliche Geldsysteme: „(1) das Warengeldsystem: Die ihm zugrundeliegende Geldschöpfungsmechanik sichert die Stabilität der nationalen Geldeinheit gegenüber einem internationalen Tauschgut; (2) das Kreditgeldsystem: Bei Orientierung der Kreditversorgung an geeigneten Größen und entsprechender Gestaltung der intervalutarischen Beziehungen sichert dieses System die Neutralität des Geldes; (3) das interventionistische Geldsystem: Es beruht auf einer Technik der Geldschöpfung, die den dazu berechtigten Institutionen den Einsatz des Geldes zur interventionistischen Beeinflussung des Wirtschaftsablaufs ermöglicht." S. 249.

(3) der kognitiven Prinzipien der Versprachlichung theoretischer Sachverhalte ermöglicht. Das so gewonnene Theorieraster gibt einen verläßlichen Rahmen vor, in dem die Verwendung metaphorischer Modelle untersucht werden soll.

5.3.1 Das Wesen des Geldes

Ehrlicher unterscheidet folgende im Laufe der Geschichte entstandenen Theorien zum Wesen des Geldes, d. h. Theorien, die der Frage nachgehen, was GELD ausmacht, was etwas zu GELD macht[25].

1. Warentheorie
2. Konventionstheorie
3. Funktionswerttheorie
4. Anweisungs–/Zeichentheorie
5. Liquiditätstheorie

Bei der **Warentheorie** stand der Aspekt der Wertaufbewahrungsmöglichkeit durch Geld im Vordergrund. Zentral ist die Annahme der Stoffwertbindung des Geldes. Geld muß einen Gebrauchswert besitzen, der sich aus dem Eigenwert des Materials, aus dem Geld gefertigt wird (Edelmetall), ergibt. Warentheoretiker des Geldes vertreten einen metallistischen Standpunkt. Als Geld kann nur dienen, was selbst einen Eigenwert als Ware besitzt. Daraus läßt sich dann je nach Beschaffenheit des in Frage kommenden Geldmaterials (Seltenheit, Haltbarkeit, Teilbarkeit ...) die Verwendungsmöglichkeit als Geld ableiten.
Wichtige Vertreter dieser Richtung finden sich im gesamten Untersuchungszeitraum: im Merkantilismus (z. B. Law, Becher), bei den Physiokraten (Turgot), bei den Klassikern (Smith, Ricardo), den Sozialisten (Marx) und in der Historischen Schule (Knies, Roscher)[26].

In der **Konventionstheorie** wird die Argumentation auf die Zahlungsmittelfunktion des Geldes verlegt. Es ist keine wesentliche Voraussetzung für GELD, daß das Geldmaterial Eigenwert (wie bei den Edelmetallen) besitzt; zentral ist vielmehr die allgemeine Anerkennung als Zahlungsmittel. Für diese Anerkennung ist die gesellschaftliche Konvention (Locke) bzw. die rechtliche Verbindlichkeit der staatlichen Proklamation (Knapp) verantwortlich. Weitere Vertreter der Konventionstheorie sind Hales, Davanzati, Montanari und Hume.

Die **Funktionswerttheorie** rückt die den Geldwert bestimmende Komponente von GELD wieder in den Vordergrund. GELD wird zwar über seine unterschiedlichen Funktionen im Wirtschaftsprozeß definiert, aber für die Autoren, die man dieser Richtung zuordnen kann, gilt „[...] daß sie als

[25] Vgl. zum folgenden Ehrlicher (1965), S. 233 f.

[26] Eng verbunden mit der Auffassung vom Wesen des Geldes als Ware, ist die des Geldwertes als Summe der Produktionskosten des Geldes. Vgl. zur Produktionskostentheorie Kap. 5.3.2.

Primärfunktion des Geldes die wertbegründende Funktion ansprechen, die sie in der Tauschmitteleigenschaft sehen."[27]
Der prominenteste Vertreter dieser Richtung ist Carl Menger, daneben Ludwig von Mises und Friedrich von Wieser[28].

Die **Anweisungstheorie** betont neben der Tauschmittelfunktion die Eigenschaft des Geldes, Recheneinheit zu sein[29]. Die wichtigste Neuerung, die diese Richtung brachte, war die Loslösung des GELDES vom Geldstoff, die Hinwendung zu einer abstrakteren Betrachtungsweise, die die Quantifizierbarkeit des Tausches über die Eigenschaft des Geldes, als Rechnungsmittel für Werte zu dienen, verstärkt berücksichtigte[30]. Wichtige Vertreter dieses Ansatzes sind Bendixen, Schumpeter, Cassel und Liefmann.

Die **Liquiditätstheorie** fragt verstärkt nach den Geldwirkungen. Zwar ist auch sie dem Nominalismus verpflichtet, die metallistische Position ist überwunden, aber:

> „Gleichzeitig verlagert sich jedoch die geldtheoretische Fragestellung von der Geldwerttheorie zu der Geldwirkungslehre, in deren Rahmen die Wertaufbewahrungsfunktion — mit der neu entdeckten Bedeutung des Hortens — eine zentrale Rolle spielt."[31]

Geld erfüllt über seine Eigenschaft als Wertaufbewahrungsmittel das Bedürfnis der Tauschbereitschaft/der Liquidität. Geld ist „Träger höchster Liquidität"[32]. Zu den Liquiditätstheoretikern gehören vor allem Keynes und nach ihm Otto Veit (Reale Theorie des Geldes).

Wie schon Simmel festgestellt hat[33], läßt sich die Entwicklung der theoretischen Gelddefinitionen als von der Substanz zur Funktion fortschreitend denken (vgl. Kap. 5.4.2.). Die zu Beginn des Untersuchungszeitraumes noch dominierende Warentheorie des Geldes, der Metallismus, wird zunehmend durch andere, sich vom Material des Geldes lösende Entwürfe, abgelöst, bis am Ende des 19. Jahrhunderts und zu Beginn des 20. Jahrhunderts der Nominalismus sich durchsetzen kann[34]. Diese langsame Bewegung vom Stoffwert zum abstrakten Geldwert kann auch in einem direkten Vergleich der Theoriestränge zum ‚Wesen des Geldes' gezeigt werden. Stavenhagen faßt diesen Vorgang gut zusammen:

---

27 Ehrlicher (1965), S. 233.

28 Ehrlicher weist noch auf den Vorläufer Hufeland, sowie auf Walker, Pantaleoni, Simmel und Heyn hin. Ehrlicher (1965), S. 234.

29 Vgl. dazu auch Doms (1953), S. 49-59.

30 „Die in der Funktionstheorie vollzogene Herauslösung des Geldes aus der Güterwelt wird nun zu Ende geführt und damit gleichzeitig die von Knapp nur aus der juristischen Perspektive erfolgte Hinwendung zum Nominalismus nun vom Ökonomischen her nachvollzogen." Ehrlicher (1965), S. 234.

31 Ehrlicher (1965), S. 234.

32 Ehrlicher (1965), S. 234.

33 Vgl. Simmel (1900), S. 136-182.

34 „Neben dem Metallismus und der Funktionswerttheorie hat nach der Jahrhundertwende noch eine dritte geldtheoretische Anschauung, der Nominalismus, weitgehende Verbreitung gefunden." Stavenhagen (1969), S. 423.

„Im Gegensatz zu den Stoffwerttheoretikern unterscheiden damit die Anhänger der Funktionswerttheorien zwischen Geld und Ware und nehmen außerdem die Existenz eines selbständigen, vom Warenwert losgelösten Geldwertes an, womit auch die theoretische Gleichberechtigung des Zeichengeldes mit dem Sachgelde gegeben ist. Gemeinsam ist beiden Richtungen die Überzeugung, daß Geld zufolge seines Stoffwertes bzw. seines Eigenwerts ein wertvolles Gut darstellt. Diese gemeinsame Anschauung trennt die beiden Richtungen von allen nominalistischen Auffassungen, die das Geld als ‚Marke' oder ‚Zeichen', ‚Symbol' oder ‚Rechenmittel' ansehen."[35]

5.3.2 Der Wert des Geldes

Neben der Diskussion, wodurch GELD definiert ist, dominiert die Frage nach den Bestimmungsgründen des Geldwertes in geldtheoretischen Texten. Dies ist kaum verwunderlich, wenn man auf die jeweiligen Abschnitte der Geldgeschichte blickt (vgl. Kap. 5.4). Geld- und Münzgeschichte war immer auch eine Geschichte periodisch wiederkehrender Geldentwertungen. Die damit verbundenen negativen Folgen für die jeweilige Wirtschaftsgemeinschaft veranlaßte Geldtheoretiker immer wieder dazu, der Frage nachzugehen, inwieweit sich der Geldwert stabilisieren lasse, welche Einflüsse Geldwertverringerungen auf den inländischen und ausländischen Handel haben usw. Zwar war vor dem verstärkten Aufkommen des Papiergeldes Geldentwertung eine Münzverschlechterung in Form einer Verringerung des Edelmetallgehaltes der Münze, aber auch für Papiergeld stellt sich das Wertproblem.
Nach Ehrlicher[36] lassen sich „vier grundsätzliche Denkansätze für die Geldwerterklärung unterscheiden":

1. Werttheoretischer Ansatz
   - objektive Wertlehre: Produktionskostentheorie
   - subjektive Wertlehre: Übertragung des Grenznutzens auf GELD
2. makroökonomisch-markttheoretischer Ansatz
   - Quantitätstheorie
     Currencytheorie vs. Bankingtheorie
3. mikroökonomisch-markttheoretischer Ansatz
   - Kassenhaltungstheorie
4. kreislauftheoretischer Ansatz
   - Einkommenstheorie

Diese verschiedenen Zugänge zum Geldwertproblem schließen sich keineswegs immer gegenseitig aus. Einzelne Autoren vertreten Standpunkte verschiedener Theorien gleichzeitig (z. B. im Fall der Produktionskosten- und der Currencytheorie). Die Kassenhaltungs- und Einkommenstheorie wurden erst nach der Wende zum 20. Jahrhundert voll entwickelt, während Produktionskosten- und Quantitätstheorie im gesamten Untersuchungszeitraum vertreten sind.

---
35 Stavenhagen (1969), S. 422.
36 Ehrlicher (1965), S. 235.

Die **Produktionskostentheorie** ist der Vorstellung des objektiven Wertes verpflichtet, d. h. ein Gut, allgemein ein Objekt erhält seinen Wert nicht durch eine individuelle oder kollektive Wertzuschreibung durch Menschen (,von außen'), sondern durch die zu seiner Herstellung aufzuwendenden Kosten (,von innen'). Dieser Wert, oft als „innerer Wert" (Materialwert) bezeichnet[37], wird dem „äußeren Wert", dem durch Angebot und Nachfrage nach Edelmatall oder Geld bestimmten ‚Marktwert' gegenübergestellt.
Wichtige Produktionskostentheoretiker sind Petty, Cantillon, Senior, Smith, Say, Ricardo, Mill und Marx.

Im Gegensatz zur objektiven Wertlehre leitet die **subjektive Wertlehre** den Wert eines Objekts nicht aus diesem anhaftenden Eigenschaften oder aus den Produktionskosten ab, sondern allein aus der subjektiven Wertschätzung desselben durch die Individuen[38]. Die Summe der so abgeleiteten persönlichen/individuellen Geldwerte ergibt den volkswirtschaftlichen subjektiven Geldwert. Genau in diesem Punkt liegt jedoch das Problem. Die subjektive Wertlehre konnte die Verbindung zwischen dem persönlichen und dem volkswirtschaftlichen Wert nicht überzeugend herstellen. Sie „führte nicht zu einem theoretisch geschlossenen System der Geldwerterklärung [...]"[39].
Als Theoretiker dieser Richtung lassen sich Friedrich von Wieser und Ludwig von Mises nennen.

Die **Quantitätstheorie** ist die älteste und langlebigste Geldtheorie. Seit ihrer Fundierung durch Bodin taucht sie teilweise in neuen, modifizierten Formen immer wieder auf. Wicksell meinte sogar „dass es neben der Quantitätstheorie in Wirklichkeit keine zweite giebt, welcher der Name einer durchgeführten, in sich zusammenhängenden Theorie des Geldes beigelegt werden könnte."[40] Und auch in neuerer Zeit wird sie in modifizierter Form vehement z. B. von Ammon verteidigt[41].
Der Ausgangspunkt der naiven Quantitätstheorie ist die Bestimmung des Geldwertes über die Geldmenge. Auf der einen Seite ist das gesamte zur Verfügung stehende Geld bzw. Edelmetall, mit dem auf der anderen Seite das gesamte Gütervolumen umgesetzt werden muß. Je größer die Geldmenge, umso geringer der Wert der einzelnen Geldeinheit im Verhältnis zur damit umsetzbaren Gütereinheit. Der Geldwert ist über die Güterpreise definiert. Später wird die Gleichung noch mehrfach modifiziert, so wird z. B. die Bedeutung der Umlaufgeschwindigkeit für die Ermittlung der aktiven Geldmenge erkannt (Locke, Cantillon). Durch I. Fisher fand die quantitätstheoreti-

[37] Die Ausprägungskosten für die Münzen wurden meist als marginal vernachlässigt, so daß nur die Herstellungskosten für das Edelmetall, aus dem die Geldmünzen bestanden, berücksichtigt wurden.

[38] „Die subjektive Wertlehre geht davon aus, daß sich der Wert eines Gutes aus seinem Grenznutzen, d. h. also dem [...] Nutzen der letzten verfügbaren Einheit des Gutes, herleitet." Ehrlicher (1965), S. 236.

[39] Ehrlicher (1965), S. 235. Vgl. zu den Einwänden gegen die subjektive Wertlehre ebd. S. 236.

[40] Wicksell (1898), Vorwort.

[41] Ammon (1953) (1953a) (1954).

sche Verkehrsgleichung (Umlaufgeschwindigkeit x Geldmenge = Preisniveau x Handelsvolumen) Verbreitung[42].
Wichtige Vertreter einer naiven oder modifizierten quantitätstheoretischen Geldwertbestimmung sind allen voran Bodin, Davanzati, Mun, Locke, Cantillon, Vanderlint, Hume, Fisher, im deutschsprachigen Raum z. B. Justi, Oppenheim, Sonnenfels, Schumpeter.

Nicht mehr der ‚innere' Geldwert ist ausschlaggebend, sondern der über das Geldangebot im Verhältnis zur Gütermenge definierte ‚äußere' Geldwert. Stavenhagen geht sogar soweit, für die Quantitätstheorie eine Ablehnung des inneren Geldwertes anzunehmen. Der aus der Quantität abgeleitete Wert ist der zentrale, der Materialwert ist demgegenüber sekundär[43].

In der Verkehrsgleichung wird mit der Geldmenge eine Größe thematisiert, die bis heute (vgl. Kap. 5.1) nicht an Bedeutung verloren hat. Was man zur Geldmenge rechnen soll und welchen Einfluß diese im Gefüge der Verkehrsgleichung hat, waren die Streitpunkte der Currency–Banking–Kontroverse. Für die **Currencytheoretiker** ist die Geldmenge bestimmend für das Güterpreisniveau. Die **Bankingtheoretiker** sehen die Größe der Geldmenge durch die Güterpreise determiniert.

> „Die ‚Currency–Theorie' [...] vertrat die Auffassung, daß die Geldmenge exogen, d. h. also durch die Geldpolitik festgelegt würde, und das Preisniveau bzw. der Geldwert eine endogene, von der Geldmenge abhängige Größe sei [...] Umgekehrt ging die Auffassung der ‚Banking–Theorie' [...] dahin, daß das Preisniveau bzw. der Geldwert eine exogen bestimmte Größe sei und die Geldmenge sich endogen jeweils dem Bedarf der Wirtschaft anpasse;"[44]

Currencytheoretiker sehen als Geld alles an, was „die Funktionen des Tauschmittels, des Wertmessers und des gesetzlichen Zahlungsmittels gleichzeitig"[45] erfüllt, also auch Banknoten, die einlösbar sind. Sie fordern eine 100%ige Deckung der von Banken ausgegebenen Noten durch Edelmetall, um so die ihrer Meinung nach stattfindende Inflation durch vermehrte Banknotenausgabe zu verhindern[46].
Keine der beiden Ansichten konnte sich bis heute durchsetzen, da die Gültigkeit des Currency– oder Bankingprinzips davon abhängt, ob eine Notenbank die Geldmenge tatsächlich zentral steuern kann oder nicht[47]. Wenn die No-

---

[42] Ehrlicher (1965), S. 236.

[43] „Kennzeichnend für die Quantitätstheorie überhaupt ist die Ablehnung eines inneren Geldwertes, da der Wert des Geldes nur aus den vom Geld gekauften Warenmengen abgeleitet und auf diese Weise nur als Reflexwert angesehen wird." Stavenhagen (1969), S. 429.

[44] Ehrlicher (1981a), S. 379.

[45] Ehrlicher (1965), S. 237.

[46] „Die Currencytheorie sieht in der Ausgabe von Banknoten eine Vermehrung der Geldmenge und damit eine inflatorische Wirkung. Nach den Bankingtheoretikern hingegen wird die Banknote fast nur im Geschäftskreislauf benutzt; da für das Preisniveau nur die Geldmenge im Einkommenskreislauf relevant sei, gingen von einer Vermehrung der Banknoten keine inflatorischen Tendenzen aus." Ehrlicher (1965), S. 237.

[47] „Dementsprechend kann auch der Streit zwischen der ‚Currency'– und der ‚Banking'–

tenbank die Geldmenge völlig steuern kann, herrscht das Currencyprinzip. Wenn sie wenig Einfluß auf die Einkommenspolitik wichtiger Institutionen (Lohn-, Gehaltserhöhungen) hat, „dann bestimmt das exogen determinierte Preisniveau die Geldmenge“[48]; es herrscht dann das Bankingprinzip.
Wichtige Vertreter der Currencytheorie waren Ricardo, Overstone, MacCulloch, Torrens. Bankingtheoretiker waren z. B. Tooke, Fullarton und Wagner.

Bei der **Kassenhaltungstheorie** verlagert sich die Aufmerksamkeit vom Geldangebot auf die Geldnachfrage. Anstatt der Umlaufgeschwindigkeit wird in diesem Ansatz der Neigung der Wirtschaftssubjekte zu einer größeren oder geringeren Kassenhaltung, also einer mikroökonomischen Größe, nachgegangen[49]. Anfänge liegen bereits bei Menger und Wicksell vor. Letzterer erkennt in der durchschnittlichen „Ruhezeit des Geldes“[50] als der Umkehrung der Umlaufgeschwindigkeit eine wichtige monetäre Größe. Menger kritisiert die theoretische Fixierung auf die Umlaufgeschwindigkeit und legt Gründe für die Kassenhaltung dar[51]. Voll entwickelt wurde die Kassenhaltungstheorie dann von der sogenannten *Cambridger Schule* (Marshall, Pigou, Robertson) und später — unter Einbeziehung keynesianischer Gedanken — von der *Chicagoer Schule*[52].

Quantitäts- und Kassenhaltungstheorie nehmen Geldangebot und Geldnachfrage als voneinander unabhängige Größen an, die je nach Theorie im Vordergrund des Erklärungsansatzes stehen. Eine Verbindung, d. h. die Annahme der gegenseitigen Abhängigkeit beider Größen, kommt erst in der **Einkommenstheorie** des Geldes zustande[53].
Als konsistente Theorie kann dieser Ansatz erst gegen Ende des Untersuchungszeitraumes angesetzt werden. Hier sind vor allem Schumpeter und Key-

Theorie niemals endgültig entschieden werden, denn die Antwort hängt davon ab, wie die relative Machtverteilung zwischen den Entscheidungsträgern in einer bestimmten Wirtschaftssituation gelagert ist.“ Ehrlicher (1981), S. 358.

48 Ehrlicher (1981), S. 358.

49 „Mit der Kassenhaltung wird eine monetäre Größe aufgegriffen, die Ergebnis des mikroökonomischen Entscheidungsprozesses ist. In der ‚Theorie der Nachfrage nach Geld‘ liegt also der Versuch vor, die Geldwertlehre in die mikroökonomische Markttheorie einzubauen.“ Ehrlicher (1965), S. 238.

50 Wicksell (1898), S. 47.

51 Menger (1892), S. 754 führt an „[...], daß die Geldmenge, welche bei Zahlungen jeweilig zur Verwendung gelangt, nur einen Teil der einem Volke nötigen Baarmittel bildet, ein anderer dagegen in der Form von Reserven mancherlei Art, für die Sicherstellung ungewisser, in zahlreichen Fällen thatsächlich überhaupt nicht stattfindenden Zahlungen (im Interesse der ungestörten Funktion der Volkswirtschaft!) bereit gehalten werden muß.“

52 Vgl. Ehrlicher (1965), S. 238 f.

53 Ehrlicher (1965), S. 239: „In den markttheoretischen Erklärungen der Quantitätstheorie und der Kassenhaltungstheorie, die den Geldwert aus dem Zusammentreffen einer Geldangebots- und einer Geldnachfrageseite ableiten, sind die beiden Marktseiten — seien sie makroökonomisch oder mikroökonomisch aufgebaut — als voneinander unabhängige Determinanten konzipiert. Demgegenüber geht die *Einkommenstheorie*, die den Geldwert aus den Vorgängen der Einkommensentstehung und der Einkommensverwendung erklärt, vom kreislauftheoretischen Zusammenhang der Wirtschaft aus.“

nes zu nennen. Bei den vorherigen Theoretikern spielte das Einkommen als Geldwertbestimmungsgrund — mit Ausnahme der Grenznutzentheoretiker wie z. B. Friedrich von Wieser — kaum eine Rolle. Es finden sich nur sporadische Hinweise bei Vanderlint, Cantillon, Steuart, Hume.
Keynes, der der Einkommenstheorie vollends zum Durchbruch verhalf, berief sich seinerseits auf die kreislauftheoretischen Gedanken Wicksells[54]. Das Steigen und Fallen des Geldwertes erklärt Keynes über das Verhältnis von Verbrauchsausgaben und Konsumgüterproduktionskosten.

> „Keynes geht in seinem Buch »A Treatise on Money« davon aus, daß das Preisniveau der Gesamterzeugung aus zwei Komponenten besteht, nämlich dem Preisniveau der Konsumgüter und dem Preisniveau der Investitionsgüter. Im Zustand des Gleichgewichts werden diese beiden Preisspiegel von den jeweiligen Produktionskosten bestimmt, die sich gleichzeitig als die Einkommen der mitwirkenden Produktionsfaktoren darstellen. Die Veränderungen des Preisniveaus der Konsumgüter und damit des Geldwertes sind davon abhängig, inwieweit die gesamten Verbrauchsausgaben über die Produktionskosten der Verbrauchsgüter hinausgehen oder hinter ihnen zurückbleiben [...] Sind die Verbrauchsausgaben höher als die Kosten der Konsumgüterproduktion, dann steigt das Preisniveau der Konsumgüter: der Geldwert fällt; bleiben umgekehrt die Verbrauchsausgaben hinter den Kosten der Konsumgüterproduktion zurück, dann sinkt das Preisniveau: der Geldwert steigt."[55]

Mit Keynes ist das Ende des Untersuchungszeitraumes vorgegeben. Seine geldtheoretischen Überlegungen sind bis heute noch aktuell; sie wirken in der Diskussion der Keynesianer und der neoquantitätstheoretischen Monetaristen, die sich ausdrücklich von den Keynes'schen Lehren distanzieren, nach[56]. Im folgenden Abschnitt soll auf einen weiteren Aspekt in der Theorieliteratur zu GELD, der zwar mehr die Geldpolitik betrifft, der zum Verständnis des Begriffs jedoch beitragen kann, eingegangen werden: die Annahmen zu Geldwirkungen im Wirtschaftsablauf.

5.3.3 Die Wirkungen des Geldes

Die Einbeziehung möglicher Auswirkungen des monetären Sektors auf die gesamte Wirtschaft war nicht in allen Phasen der Theorieentwicklung gleich stark. Während im Merkantilismus allgemein von einem starken Zusammenhang zwischen dem Geldwesen eines Landes und seiner wirtschaftlichen Entwicklung ausgegangen wurde, ging man in der Klassik von der sogenannten ‚Neutralität des Geldes' im Wirtschaftsprozeß aus und verlagerte das theoretische Interesse mehr auf die Frage des Geldwertes[57]. Im Merkantilismus wurde dem Geld die Aufgabe zugeschrieben, Produktion und Handel zu be-

---

[54] Vgl. Ehrlicher (1965), S. 240. Zur Synthese von Geldtheorie und allgemeiner Wirtschaftstheorie bei Keynes ebd. S. 241.
[55] Ehrlicher (1965), S. 241.
[56] Vgl. Gablers Wirtschaftslexikon (1992), S. 1819-1825, 2312-2316.
[57] Vgl. dazu Stavenhagen (1969), S. 450-459; Ehrlicher (1965), S. 242-248.

leben, je mehr Geld dazu im Umlauf ist, umso besser für die Wirtschaft[58]. In der Klassik nahm man diese Überbetonung des Geldes im Wirtschaftsprozeß zurück und schrieb ihm keine wirtschaftlichen Impulse zu. Geld- und Güterseite wurden getrennt betrachtet. Als maßgeblich für die Wirtschaft wurden die relativen Güterpreise, nicht die absoluten durch Geld bestimmten Preise, angenommen. Eine Vergrößerung der Geldmenge erhöht so nur die absoluten Güterpreise, die realen z. B. durch Produktionskosten bestimmten Preise werden davon nicht berührt. Geld legt sich damit nur als „**Geldschleier**" über die tatsächlich relevanten Wirtschaftsvorgänge und hat nur Einfluß auf die nominellen, nicht auf die realen Größen[59].
Neuen Auftrieb erhielt die Geldwirkungslehre erst mit dem Aufkommen der Konjunkturtheorie (Konjunkturzyklen), wobei zum einen die Geldmenge und zum anderen der Zins als Instrument zur Beeinflussung des Preisniveaus herangezogen wurden. Zur ersten Gruppe können z. B. Sombart und Marshall, zur letzteren Wicksell, Mises und Böhm-Bawerk gerechnet werden[60].

5.3.4 Geldtheorie und Geldbegriff

Bereits dieser kurze Überblick über das Feld der Geldtheorien (unter Ausklammerung der Frage nach den Geldordnungen) hat deutlich gemacht, daß für die Prüfung der dritten Hypothese dieser Arbeit eine Auswahl aus der großen Zahl der zur Verfügung stehenden Quellen notwendig ist. ‚Wesen des Geldes', ‚Geldwert' und ‚Geldwirkungen' beleuchten den GELD-Begriff jeweils von einer anderen Seite her und darüber hinaus unter den Prämissen der jeweils favorisierten Theorie. Wenn die Hypothese von der prinzipiellen Metaphorizität des Sprechens über abstrakte Sachverhalte auch für den Kommunikationsbereich ‚Theorie' gelten soll, dann müssen metaphorische Modelle in allen Einzeltheorien zum GELD auftauchen.
Das Wissen um die Entwicklung des Konzeptes GELD ist sehr wichtig. Ohne Theoriekenntnisse kann eine Konzeptbeschreibung für den Theoriebereich nicht stattfinden. Deshalb war der Gang durch die Theoriegeschichte ebenso nötig, wie es der nun folgende durch die Geldgeschichte ist. Geldgeschichte soll dabei als ‚Außen'-Variable zum Konzeptverständnis beitragen. Theorien zum GELD und Veränderungen in diesem Begriff sind immer in eine konkrete geldgeschichtliche Situation eingebettet, aus der heraus sie oft besser bzw. überhaupt erst verstanden werden können. So ist z. B. der Metallismus als Geldtheorie in der heutigen geldgeschichtlichen Situation des bargeldlosen Zahlungsverkehrs, der Scheck- und Kreditkarten etc. kaum mehr denkbar. Der Abriß zur Geldgeschichte dient so als Ergänzung zur Theoriegeschichte.

---

[58] Vgl. zur Trennung zwischen frühem und späten Merkantilismus, d. h. zwischen der naiven Gleichsetzung von Geld mit Reichtum und dem stärker die Mittlerfunktion des Geldes zur Anregung der Wirtschaft betonenden Ansatzes, Ehrlicher (1965), S. 242.
[59] Vgl. Dichtl/Issing (1987), S. 678; Ehrlicher (1965), S. 243.
[60] Zur Entwicklung der Geldwirkungslehre hin zur monetären Wirtschaftspolitik nach der Weltwirtschaftskrise z. B. durch Lutz und Stucken vgl. Ehrlicher (1965), S. 246.

5.4 Geldgeschichte

5.4.1 Historischer Abriß

Nach der Epochengliederung von Sprenger (1991) kann man in der deutschen Geld- und Währungsgeschichte insgesamt vier Epochen unterscheiden[61]:

1. Von den Anfängen der Geldverwendung bis zur karolingischen Münzreform im 8. Jahrhundert n. Chr.
2. „das Zeitalter der Pfennigmünze" bis ca. 1300 n. Chr.
3. Erweiterung und Zersplitterung des Geldwesens zwischen ca. 1300 und der Gründung des Deutschen Reiches 1871.
4. Konsolidierung und Vereinheitlichung der Währung von 1871 bis heute.

Für die vorliegende Arbeit sind nach dieser Gliederung die dritte und vierte Phase relevant. Sie sind zugleich die unübersichtlichsten und turbulentesten Abschnitte der Geldgeschichte[62]. Ein wichtiger Faktor in der Entwicklung des Geldwesens war die seit dem Aufkommen erster bankartiger Einrichtungen im 12. Jahrhundert in Italien[63] stetig fortschreitende Diversifizierung und Institutionalisierung des Bankgeschäfts[64]. Diese Entwicklung machte es erst möglich, daß der inner- und vor allem interstaatliche Zahlungsverkehr in der Phase der Zersplitterung des Geldwesens nicht im Chaos der völlig unüberschaubaren Menge an unterschiedlichen Münzsorten, Umtauschkursen, Geltungsbereichen etc. unterging. Welche Folgen diese Zersplitterung hatte zeigt z. B. ein Blick auf den Artikel *Geld* in Hübners „Curieuses- und Reales Natur-, Kunst-, Berg-, Gewerk- und Handlungs-Lexicon" in der Ausgabe von 1776. Dem eigentlichen Artikel zum GELD ist ganz selbstverständlich eine umfangreiche Liste von Umrechnungstabellen für zahlreiche Währungen angefügt. Für den Handel war dieser Zustand mehr als hinderlich. So entwickelte sich immer mehr der bargeldlose Zahlungsverkehr, das Girowesen. Parallel dazu kann auch die Entstehung des sogenannten Bancogeldes gesehen werden. Dieses wurde von der Hamburger Girobank (gegründet 1619) als Recheneinheit eingeführt, um so von der Unmenge nur schwer miteinander in Beziehung zu setzenden Währungen loszukommen und einen reibungsloseren Zahlungsverkehr gewährleisten zu können. Daneben ist vor allem auch der Wechsel als Zahlungsinstrument, das den Transport von großen Metallmengen (in Münzform) überflüssig machte, zu nennen. Bis zum Ende des 19. Jahrhunderts war der Giroverkehr gegenüber dem Wechsel nur relativ gering vertreten.

War die Hamburger Girobank daran gebunden, kein Buchgeld zu schöpfen, d. h. keine Kontoüberziehungen bzw. nicht durch Metall(geld) abgedeckte Kontostände zuzulassen, so wurde in anderen Einrichtungen diese Möglichkeit der Geldschöpfung auf Kreditbasis als Geschäft betrieben. Die Bankno-

[61] Vgl. zum folgenden Sprenger (1991), S. 13 f.

[62] Vgl. dazu detailliert Rittmann (1975), (1986), bzw. die Kurzfassung in Rittmann (1976), Born (1981).

[63] Vgl. Löffelholz (1935), S. 190 ff.

[64] Zur Bankengeschichte: Born (1977), (1983), Klein (1982), Pohl (1982), Pohl (1982a).

ten, d. h. das Papiergeld, anfänglich als Verweis auf bestehende Bankeinlagen enstanden, wurden so zu Kreditgeld[65]. Der Bankinhaber gab zunächst sogenannte „Zettel“ aus, die durch bei ihm gemachte Einlagen gedeckt waren. Da nun kaum alle diese Zettel auf einmal zur Einlösung gelangten, konnten auch mehr Zettel ausgegeben werden, als durch Einlagen abgedeckt waren. Im deutschsprachigen Raum machte man so von staatlicher Seite aus nicht erst in den berühmt–berüchtigten Assignaten — französischem Papiergeld mit Zwangskurs — Bekanntschaft mit Papiergeld. Es gab im Laufe des 18. Jahrhunderts schon mehrmals Experimente mit Banknoten, die keineswegs so katastrophal inflationär endeten wie die Assignatenwirtschaft[66].

Für die Geldtheoretiker warfen die Bank–„Zettel“ der damals noch so genannten *Zettelbanken* ein Problem auf. Waren sie GELD oder verwiesen sie (über ihre Einlösbarkeit) nur auf GELD. Konnten Banknoten zur Geldmenge gerechnet werden oder nicht? Im Streit um das Currency– oder Bankingprinzip wird diese Frage im gesamten 19. Jahrhundert diskutiert. Kennzeichnend ist für die gesamte Entwicklung der Banco–Zettel, der Banknoten, des Papiergeldes, daß sie nicht nur aufgrund der immer wieder angeführten negativen Erfahrungen in der Zeit der Assignatenwirtschaft vielfach auf Ablehnung stießen und ihnen der Geldstatus abgesprochen wurde, sondern daß sie aufgrund ihrer stoffwertlosen Erscheinung nur sehr langsam und zeitverzögert als GELD begriffen wurden. Diese Verzögerung zeigt sich auch daran, daß auf Banknoten noch bis in die 20er Jahre des 20. Jahrhunderts z. B. aufgedruckt wurde: ... *Mark zahlt die Reichsbankhauptkasse in Berlin gegen diese Banknote dem Einlieferer*[67]. Zu einem Zeitpunkt, als de facto Banknoten längst schon im Alltag und in Institutionen als GELD betrachtet und behandelt wurden, blieb das theoretische Definitionsproblem in solchen Formen noch erhalten. Der Verweis auf stoffwertgebundenes (Münz–)Geld war seit der ersten Einführung von Banknoten in deutschsprachigem Gebiet (im Jahr 1705 durch die Gründung der ersten Notenbank) bis zur endgültigen Loslösung des Geldwertes von der Edelmetalldeckung[68] immer noch nötig, um dem abstrakten Papiergeld im Gegensatz zum konkreten stofflichen Geld Akzeptanz zu verschaffen.

Die Bindung des Geldwertes an den Edelmetallgehalt der Münzen war auch die Ursache dafür, daß die Verringerung des Edelmetallgehaltes gegenüber

65 Vgl. Born (1972), S. 4: „Die Banknote ist um die Mitte des 17. Jahrhunderts in England in Gebrauch gekommen. Damals begannen reiche Privatleute, ihr Geld und ihr Gold einem Geldwechsler oder einem Goldschmied in sichere Verwahrung zu geben. Die unsicheren Verhältnisse während des langen englischen Bürgerkriegs 1642-1648 dürften einer der Anlässe dafür gewesen sein.“

66 Vgl. Rittmann (1975), S. 481-507; Sprenger (1991), S. 150-154.

67 Vgl. die Kataloge Pick (1967), (1975), (1975a), (1978), Pick/Rixen (1991), Rosenberg (1976).

68 Einführung der Papierwährung (14.8.) und Auflösung der Golddeckung von Reichsbanknoten (31.7.) im Jahr 1914, völlige Aufhebung der Edelmetalldeckung der Währung mit der Einführung der D–Mark nach der Währungsreform 1948. Vgl. Sprenger (1991), S. 204, 246.

dem aufgeprägten Münzwert (Schlagschatz) den Münzherren immer wieder als Mittel zur Geldbeschaffung diente. Dies in Verbindung mit einer Wertverringerung der Edelmetalle sind für Sprenger die Hauptgründe der Geldwertverringerungen. Er faßt den „Verlauf der Geldgeschichte im Ganzen" so zusammen:

> „– Erstens *fortlaufende Münzverschlechterungen*
>
> – Zweitens *permanenter Geldwertschwund*, nur vorübergehend durch Phasen der Geldwertstabilität oder Deflation unterbrochen."[69]

Die intensive Beschäftigung der Geldtheoretiker mit dem Problem des Geldwertes und damit zusammenhängend mit dem der Geldmenge (als Geldwertbestimmungsgröße) erklärt sich somit aus den geldhistorischen Rahmenbedingungen.

5.4.2 Vom Konkreten zum Abstrakten

Die Geschichte des Geldes und auch die der Geldtheorien läßt sich vereinfachend ex post als eine Entwicklung beschreiben, die vom Konkreten, relativ Einfachen ausging, um dann immer abstrakter und komplexer zu werden. Bei der Geschichte des Geldes stehen auf der einen Seite das stoffwertgebundene Metallgeld[70], und auf der anderen Seite das stoffwertlose, nicht mehr an ein konkretes Material gebundene Kreditgeld, Buchgeld, electronic cash, plastic money[71] etc. Die Geschichte der Geldtheorien vollzieht diesen Wandel vom Konkreten zum Abstrakten in veränderter und teilweise verzögerter Form nach. Die mit Bodin ‚entdeckte' einfache Mechanik zwischen der Geldmenge, den Güterpreisen, dem Handelsvolumen und später noch der Umlaufgeschwindigkeit, wird zwar immer wieder in modifizierter Form erneuert, den veränderten Umgebungsbedingungen der Geldgeschichte anzupassen versucht; mit der Ausweitung und Diversifizierung des gesamten Geldwesens wird dieses Modell immer stärker abgewandelt, werden immer neue Einflußgrößen in der Mechanik ausgemacht und es treten andere Modelle ergänzend hinzu:

> „Seit Bodinus arbeitet die Geldtheorie nach dem Vorbild der theoretischen Physik mit einigen wenigen bildlichen Vorstellungen aus der Alltagserfahrung, durch die sie die Funktionen des Geldes anschaulich macht. Das grundlegende Denkmodell der Geldtheorie ist das Bild von der Waage; Geld und Waren stellen die beiden Waagschalen, der Preisindex den Zeiger dar."[72]

Der Weg vom konkreten Hortgeld, zum Warengeld, zum Metallgeld und letztlich zum Papier–, Giral– und ‚Plastikgeld' ist von der zunehmenden Funktionalisierung des Geldkonzepts gekennzeichnet. Während im Alltag oft bereits

---

[69] Sprenger (1991), S. 265.

[70] Wenn man noch weiter zurückgehen will, das Hortgeld als Mittel der sozialen Geltung und das Viehgeld (*pecus* → *pecunia*). Vgl. Gerloff (1940) zur Frühform des Geldes als Hortgeld und zu dem von dort ausgehenden Wandel vom Hortgeld zum Sachgeld/Symbolgeld.

[71] Vgl. zu den verschiedenen Arten des „Plastikgeldes" z. B. Endruweit/Siekemeier (1993).

[72] Dobretsberger (1946), S. 11.

die ,neuen' Geldformen verwendet und de facto als GELD akzeptiert wurden, während also der ganzheitliche, prototypische GELD–Begriff des Alltags die Veränderungen im Geldwesen relativ mühelos verarbeiten konnte, gab es im theoretisch–wissenschaftlichen GELD–Begriff oft Verzögerungen. Diese ergaben sich daraus, daß dort nicht nur das Funktionieren des Geldwesen, der verschiedenen Geldformen zur Kenntnis genommen und damit in der Praxis umgegangen werden mußte (Alltag), sondern daß über die funktionale Betrachtung hinaus, Erklärungen gegeben werden mußten, aus welchen Gründen bestimmte Phänomene, die de facto als zum GELD gehörig behandelt wurden, nun theoretisch als GELD zu betrachten waren oder nicht. So blieb das längst übliche Papiergeld offiziell bis 1913 nur ein Geldsurrogat. Die kognitive Bindung des Konzepts an konkretes (FLÜSSIGKEIT, CONTAINER, FESTER KÖRPER) war hier in den Theoriedefinitionen noch vorherrschend.
Die unscharfe, prototypische Alltagsdefinition von GELD, nach der im Zentrum nach wie vor konkret be–greifbares Geld (jetzt in Scheinen) steht und erst am Rand das schon abstraktere Giralgeld, reicht für die Theorieanforderungen nicht aus.

Den Übergang vom ,materialen' zum ,funktionalen' GELD kennzeichnet Simmel (1900) treffend:

> „Wesen und Bedeutung des Geldes treten nach ihren grossen kulturphilosophischen Zusammenhängen an den Bewegungen hervor, die es auf seinen reinen Begriff zu und von seiner Fesselung an bestimmte Substanzen abführen — so wenig dieser Weg das Ziel erreichen kann, das ihm die Richtung giebt. Hiermit erst schliesst sich das Geld der allgemeinen Entwicklung an, die auf jedem Gebiet und in jedem Sinn das Substanzielle in freischwebende Prozesse aufzulösen strebt; [...] Auf die letzten Grundlagen hin angesehen, ist die so bezeichnete Auflösung des Geldbegriffs viel weniger radikal, als es scheint. Denn genau genommen ist auch der Substanzwert des Geldes nichts als ein Funktionswert."[73]

Unter linguistischem Gesichtspunkt ist es dabei interessant, daß trotz dieses Wandels vom Konkreten zum Abstrakten die metaphorischen Modelle und deren Ausdrücke zur Versprachlichung von GELD im Verlaufe dieses Zeitraumes weitgehend konstant geblieben sind. Auch heute noch, da das materialgebundene GELD längst überwunden ist, spricht man über es unter Zuhilfenahme konkretisierender metaphorischer Modelle, die bereits im 16. und 17. Jahrhundert verwendet wurden. Dieser Umstand, der im zweiten Teil noch ausführlicher anhand der Einzeltheorien demonstriert werden wird, zeigt, daß einem Konzeptwandel vom Konkreten zum Abstrakten keine Veränderung in der Versprachlichung entsprechen muß. Dies deshalb, weil zur Versprachlichung des nunmehr abstrakt gefaßten Begriffs nach wie vor metaphorische Modelle, die aus der konkreten Körpererfahrung gewonnen wurden, ausreichend und notwendig sind.

[73] Simmel (1900), S. 136.

5.5 Zusammenfassung

In diesem Kapitel wurde ein Abriß zu den wichtigsten Stationen der Geldtheorie und der Geldgeschichte gegeben. Es ergaben sich für das Vorgehen in dieser Arbeit und besonders für die Quellenauswahl folgende Konsequenzen:

1. Der Geldbegriff in den zeitgenössischen Geldtheorien ist keineswegs einheitlich definiert und unumstritten. Präzise Definitionen gibt es nur im Rahmen der jeweils postulierten Theorie (Kap. 5.1). Es werden sowohl Definitionen zu Geldfunktionen als auch zur Geldmenge, d. h. zu Geldmengenaggregaten vorgeschlagen. Die Auseinandersetzung um das Geldkonzept im Kommunikationsbereich der Wissenschaften ist kein modernes Phänomen, sondern auch in der historischen Geldtheoriediskussion anzutreffen.
2. Geldtheorie als Teilbereich der allgemeinen Volkswirtschaftstheorie führt — vor allem im 19. Jahrhundert — ein Sonderdasein (Kap. 5.2). Die Paradigmen der Volkswirtschaftslehre eignen sich nur bedingt zur Charakterisierung der historischen Geldtheorien. Hier ist eine an den Einzeltheorien orientierte Gliederung sinnvoller (Kap. 5.3).
3. Um den Geldbegriff im Theoriebereich adäquat erfassen und seine Versprachlichung beschreiben zu können, müssen die wichtigsten theoretischen Ansätze in der Quellenauswahl vertreten sein. Nach Ehrlichers Gliederung (Kap. 5.3) ergeben sich folgende Theorieklassen: a.) Warentheorie, Konventionstheorie, Funktionswerttheorie, Anweisungs-/Zeichentheorie, Liquiditätstheorie, b.) Produktionskostentheorie, Quantitätstheorie, Currencytheorie, Bankingtheorie, Kassenhaltungstheorie, Einkommenstheorie. Die unter a.) genannten Ansätze intendieren eine Erklärung des Wesens des Geldes (Gelddefinition), die unter b.) genannten Entwürfe sind Geldwertlehren. Die einzelnen Theorien schließen sich nicht immer gegenseitig aus, sie erscheinen bei manchen Autoren kombiniert. Wichtig ist für die Quellenauswahl, daß das Gesamt der Texte alle Theorien erfaßt.
4. Die historische Entwicklung des Geldwesens (Kap. 5.4.1) zeigt einen Wandel vom konkreten, stoffwertgebundenen zum abstrakten, stoffwertlosen Geld (Kap. 5.4.2). Trotz dieser Veränderung, die im Theoriebereich nur langsam und zeitverzögert nachvollzogen wird, dienen zur Versprachlichung des immer abstrakter werdenden Begriffs nach wie vor dieselben metaphorischen Modelle, die bereits im 16. und 17. Jahrhundert verwendet wurden.

6 Zur Quellenauswahl

In diesem Kapitel soll die Auswahl der Quellen erörtert werden. Es geht dabei nicht um eine „Inventarisierung“ aller gesichteten und ausgewerteten Quellen[1], sondern darum, die Gründe für die Auswahl bestimmter Quellentypen und für die Gewichtung einzelner Texte offenzulegen. Da der theoretische GELD–Begriff besonders auch im englisch– und französischsprachigen Raum entwickelt worden ist, kommt der Frage, inwiefern Originaltexte oder Übersetzungen derselben Verwendung finden können, besondere Bedeutung zu.

6.1 Quellentypen

Nach der in Kapitel 3.1.3 vorgeschlagenen Typologie der Wirtschaftsfachsprachen sind Texte zur Geldtheorie dem Kernbereich der Fachsprache der Wirtschaftswissenschaften (Volkswirtschaftslehre, Finanzwissenschaft) zuzuordnen. Die Zuordnung enthält zugleich eine Ausgrenzung: Betriebswirtschaftlich orientierte Texte[2] (etwa zur Bankbetriebslehre) werden ausgeschlossen bzw. nur ergänzend herangezogen. Ebenso in den Hintergrund treten sollen eher vermittlungssprachliche Texte wie z. B. Lexikonartikel[3]. In ihnen tauchen zwar ebenfalls zahlreiche metaphorische Modelle zum GELD auf; sie können aber durch ihre Stellung zwischen Theorie und Alltag nicht als optimales Belegmaterial zur Hypothesenprüfung dienen. Dafür ist nur eine relativ eng umgrenzte Textsorte geeignet: die theoretische Abhandlung zum wirtschaftswissenschaftlichen Geldbegriff.
Nun ist es jedoch in den seltensten Fällen so, daß man im Untersuchungszeitraum auf Quellen stößt, die sich ausschließlich mit dem Geldkonzept befassen. In der Regel ist die GELD–Problematik eingebettet in übergeordnete Theorieprobleme, und es werden neben GELD auch andere Begriffe wie ZINS, KAPITAL, ARBEIT etc. behandelt. Daneben sind die heutigen Abgrenzungen zwischen Philosophie, Politikwissenschaft und den Wirtschaftswissenschaften nicht im gesamten Zeitraum, in dem sich diese Einzeldisziplinen erst allmählich als selbständige Größen formieren, vorhanden gewesen. So findet man theoretische Reflexionen zum GELD z. B. im 18. Jahrhundert in kameralistischen Texten, die eine schwer trennbare Mischung aus Wirtschaftstheorie, Staatskunst und Philosophie darstellen.

Quellentexte, die man in diesem Sinne als theoretische Abhandlungen zum GELD bezeichnen kann, sind mit fortschreitender Zeit im Untersuchungszeitraum immer zahlreicher vertreten. Die Abgrenzung der zu analysierenden Quellen über den kommunikativen Bezugsbereich (Theorie) und über das darin behandelte Wissensgebiet (GELD) allein kann also noch nicht ausreichen, um ein repräsentatives und vor allem von der Menge her sinnvolles Textkorpus zusammenzustellen. Es müssen zusätzlich zur Fokussierung auf den Quellen-

---

[1] Vgl. dazu das Quellenverzeichnis und die Kap. 7-9.

[2] So etwa Marperger (1717), Lau (1719), May (1767) oder Leuchs (1804–1806).

[3] Z. B. Hübner (1717), Jablonski (1721), Zedler (1732-1750), Hübner (1776), Krünitz (1779), Hasemann (1853).

typ ‚Theorieabhandlung' noch eine Reihe von Auswahlkriterien treten, die das Textkorpus näher definieren.

6.2 Auswahlkriterien

Die genauere Eingrenzung der Quellenauswahl über die Stabilisierung des Weltausschnittes und des untersuchten Konzeptes (Theorie, GELD) sowie der Textsorte (theoretische Abhandlung) hinaus erfolgt anhand von zwei aus der historischen Entwicklung des Wissensgebietes abgeleiteten Kriterien.
Zum einen ist der **Untersuchungszeitraum**[4] ein die Quellenmenge einschränkender Faktor. Der mit dem Kameralismus/Merkantilismus beginnende und mit Keynes endende Abschnitt der Geldtheorie erfaßt alle wesentlichen sprachlichen Erscheinungen in der Geldtheorie überhaupt. Die Ausgrenzung der Flut von Texten zur Geldtheorie nach Keynes und bis heute erfolgt zwar unter Inkaufnahme der Ausblendung neuerer und neuester Theorieansätze (z. B. des Monetarismus). Dennoch kann die Ausgangshypothese am Material vom ausgehenden 16. bis zum Beginn des 20. Jahrhunderts geprüft werden; m. a. W. was für die Geldtheorien bis einschließlich Keynes in sprachlicher und kognitiv–metaphorischer Hinsicht gilt, gilt auch für die nach Keynes entworfenen Theorien. Dieser Befund wird umso deutlicher, je mehr man die Konstanz der Verwendung metaphorischer Modelle in den einzelnen historischen Geldtheorien betrachtet.
Für den Beginn des Untersuchungszeitraumes gilt: Als Quellen werden nur Texte herangezogen, für die von einem bereits (relativ) vollständig ausgebildeten Institutionen- und Theoriebereich in der Semantik ausgegangen werden kann. Indiz dafür ist der ‚Stand' der Institutionalisierung des Wirtschaftslebens etwa im Bankwesen, im betrieblichen Zahlungsverkehr, im Münzwesen etc. Es liegt für die Theorietexte dabei auf der Hand, daß sie nicht von Anbeginn an (z. B. Bodins „Sechs Bücher über den Staat" von 1576) einem eigenständigen Sektor ‚Wirtschaftstheorie' zugeordnet werden können, sondern daß sich dieser erst allmählich und mit zunehmender Ausdifferenzierung der Einzeldisziplinen konstituieren konnte — eine Entwicklung, die erst im 19. Jahrhundert ihren vorläufigen Abschluß fand. Der nur allmählichen Formation der Geldtheorie auf der einen Seite und dem damit verbundenen etwas ‚unscharfen' Einstieg in den Untersuchungszeitraum steht eine klare Abgrenzung mit Keynes auf der anderen Seite gegenüber. Dieser Abbruch mag abrupt erscheinen, ist m. E. jedoch aus den oben genannten Gründen legitim und zudem aus arbeitsökonomischen Erwägungen sinnvoll.

Das zweite Kriterium der Quellenauswahl wird durch die **Struktur der Leittheorien** vorgegeben. Wie bereits in Kapitel 5.3 ausführlich erörtert wurde, kann das Gebiet der Geldtheorie in einzelne Theoriestränge gegliedert werden. Für eine repräsentative Quellenauswahl ist es dabei nur wichtig, die Leittheorien in der Textanalyse hinreichend zu berücksichtigen. D. h. nicht die absolute Quellenmenge, sondern das Erfassen aller wichtigen Theoriestränge

[4] Vgl. dazu auch Kap. 3.2.2, 5.3. und 5.4.

ist entscheidend für die Rekonstruktion mentaler Modelle zum Geldkonzept. Jede der analysierten Quellen steht in ihren Aussagen für eine ganze Reihe weiterer Texte, die im selben Forschungsparadigma entstanden sind.
Mit den so formulierten linguistischen und aus dem engeren Bereich der Geldtheorie gewonnenen Kriterien der Quellenauswahl kann man trotz einer insgesamt exemplarischen Analyse zu Aussagen gelangen, die für die gesamte Sprache der Geldtheorie gelten.

6.3 Original oder Übersetzung?

Während die in den beiden vorangehenden Abschnitten angestellten Überlegungen zum geeigneten Textkorpus prinzipieller Natur sind, kommt bei GELD noch ein weiteres Problem hinzu. Viele Quellen sind in Englisch, Französisch, für die Frühzeit auch in Italienisch geschrieben worden. Sollen nun für die Hypothesenprüfung das jeweilige Original, das in deutschen Gelehrtenkreisen durchaus rezipiert worden ist, oder eine möglichst frühe Übersetzung verwendet werden; oder ist die einzelsprachliche, ausdrucksseitige Realisierung metaphorischer Modelle für das Erkenntnisinteresse nicht von Belang?
Daß Letzteres der Fall ist, soll weiter unten anhand von Beispielen demonstriert werden. Schon Jäkel (1992) und Stegu (1986)[5] weisen darauf hin, daß die metaphorischen Modelle, mit deren Hilfe man verschiedene abstrakte Sachverhalte erfaßt und versprachlicht, in den Sprachen Deutsch, Englisch, Französisch, Italienisch und Spanisch bemerkenswert ähnlich bzw. übereinstimmend sind. In diesen Sprachen werden z. B. zur Erklärung des Zinsphänomens oder der Steigerung von wirtschaftlichen Tätigkeiten ebenfalls das WACHSTUM-Modell verwendet. Auch hier spricht man von GELD als FLÜSSIGKEIT o. ä. Kommen nun in den unterschiedlichen Quellensprachen dieselben metaphorischen Modelle vor, so bedeutet dies, daß es sich lediglich um Ausdrucksvarianten handelt. Zum Modell FLÜSSIGKEIT gibt es im Deutschen viele Ausdrucksmöglichkeiten (*fließen, liquide, Zahlungsströme, Geldumlauf* etc.). Alle verweisen auf **ein** Modell. Ebenso kann dann auch die sprachenübergreifende Unterschiedlichkeit der Ausdrucksweisen zu einem metaphorischen Modell betrachtet werden. Die Ausdrücke sind zwar die einzige Zugangsmöglichkeit zu den Konzepten, die jeweilige sprachliche Ausformulierung, der konkrete, einzelne Ausdruck — ob in Deutsch oder einer anderen der oben erwähnten Sprachen — ist demgegenüber jedoch sekundär.
Ich möchte diesen Sachverhalt an Beispielen aus Adam Smiths „Wealth of Nations" belegen. Diesem Vergleich der in dem Original und der jeweiligen Übersetzung verwendeten metaphorischen Modelle habe ich vier Ausgaben des Smithschen Werkes zugrundegelegt: zum einen das englischsprachige Original von 1776 (Smith (1776/1976) im folgenden als O abgekürzt), und zum anderen drei Übersetzungen von 1776, 1810 und 1990 (Smith (1776), Smith (1810), Smith (1776/1990) im folgenden I, II und III).

[5] Vgl. Kap. 2.3.6, S. 45.

Smith verwendet immer wieder das FLÜSSIGKEITS-Modell zur Erläuterung theoretischer Sachverhalte. So vergleicht er z. B. die Reserven einer Bank mit einem Teich. Gibt die Bank Bargeld gegen Handelswechsel heraus, fließt ein Teil der Bankreserve aus dem Teich ab; wird dann der Wechsel bei Fälligkeit eingelöst, fließt das Geld — nun von anderer Seite — wieder in den Bankreserveteich zurück.

> O, S. 304: „The coffers of the bank, so far as its dealings are confined to such customers, resemble a water pond, from which, though a stream is continually running out, yet another is continually running in, fully equal to that which runs out; so that, without any further care or attention, the pond keeps always equally, or very near equally full. Little or no expence can ever be necessary for replenishing the coffers of such a bank."

Daß die Fließmetaphorik erhalten bleibt, zeigen die Übersetzungen, in denen zwar teilweise unterschiedliche Ausdrücke verwendet werden, die jedoch alle das FLÜSSIGKEITS-Modell des Originals übernehmen.

> I, S. 454: „In so ferne eine Bank ihre Geschäffte auf solche Kunden einschränket, sind ihre Koffer einem Teiche ähnlich, aus welchem zwar ein Bach beständig ab, aber auch ein jenem ganz gleicher wieder zufließet, so, daß ohne weitere Sorge oder Mühe der Teich beständig gleich, aber beynahe gleich voll bleibt. Das Wiederanfüllen der Koffer einer solchen Bank kann nur wenig oder gar keinen Aufwand kosten."

> II, S. 48: „Der Geldvorrath einer Bank, die ihre Geschäfte auf solche Kunden einschränkt, ist einem Wasserbehältnisse ähnlich, aus dem ein Kanal zwar beständig Wasser ableitet, dem aber ein anderer Kanal eben so viel Wasser unaufhörlich wieder zuführt: so, daß das Becken immer ganz oder ungefähr gleich voll bleibt. Diese Geldcasse gefüllt zu erhalten, kann also wenig oder gar keine Kosten verursachen."

> III, S. 250 f.: „Soweit die Bank Geschäfte mit solchen Kunden betreibt, gleichen ihre Reserven einem Teich, dem ständig die gleiche Wassermenge zu- wie abfließt, so daß er, ohne besonderes Zutun, ungefähr gefüllt bleibt. Einer solchen Bank entstehen praktisch keine Kosten für die Auffüllung ihrer Reserven."

Die Übernahme der jeweiligen metaphorischen Modelle in den Übersetzungen (hier: FLÜSSIGKEIT) gilt auch für die weniger spektakulären Textstellen, in denen z. B. kein expliziter Vergleich angestellt wird, sondern unmittelbar von GELD als FLÜSSIGKEIT gesprochen wird. Auch hierfür lassen sich Beispiele finden. Smith verwendet, um die Vorteile der produktiven Verwendung von Bankeinlagen durch Banken (Investitionen, Kredit etc.) zu erläutern, die zum übergeordneten Modell LEBEWESEN gehörenden Submodelle WACHSTUM und KRANKHEIT/GESUNDHEIT:

> O, S. 320: „It is not by augmenting the capital of the country, but by rendering a greater part of that capital active and productive than would otherwise be so, that the most judicious operations of banking can increase the industry of the country. That part of his capital which a dealer is obliged to keep by him unemployed, and in ready money for answering occasional

> demands, is so much dead stock, which, so long as it remains in this situation, produces nothing either to him or to his country. The judicious operations of banking enable him to convert this dead stock into active and productive stock;"

Die zeitlich sehr nahe am Original liegende Übersetzung von Schiller (I) übernimmt beide Aspekte:

> I, S. 480: „Nicht durch Vermehrung des Kapitals des Landes, sondern dadurch, daß sie einen großen Theil dieses Kapitals thätig und fruchtbar macht, kann eine Bank, durch verständige Geschäffte die Industrie des Landes vermehren. Derjenige Theil seines Kapitals, den ein Handelsmann, zur Auszahlung gelegentlicher Forderungen unbenutzt und in baarem Gelde bey sich behalten muß, ist so viel todter Vorrath, der, so lange er in dieser Lage bleibt, weder ihm noch dem Lande das geringste einträgt. Die verständige Geschäffte der Bank setzen ihn in den Stand, diesen todten Vorrath in thätigen und fruchtbaren [...] zu verwandeln [...]"

In II ist die Textstelle zwar sehr frei, aber unter Beibehaltung der metaphorischen Modelle übersetzt worden.

> II, S. 76: „Wenn eine Bank, bei klugen und sichern Operationen, den Gewerbfleiß eines Landes vermehrt: so geschiehet dieses nicht dadurch, daß sie das Kapital des Landes vermehrt, sondern dadurch, daß sie denjenigen Theil dieses Kapitals, welcher sonst todt liegen würde, in Thätigkeit setzt und ihm gleichsam hervorbringende Kräfte mittheilt. Jeder Gewerbsmann nehmlich muß einen Theil seines Kapitals in Casse liegen haben, um den von Zeit zu Zeit fälligen Zahlungen Genüge leisten zu können. Die sämmtlichen Gelder, die auf diese Weise bei allen Gewerbsleuten baar da liegen, machen ein sehr ansehnliches todtes Kapital aus, welches weder den Eigenthümern noch dem Staate Nutzen bringt. Von dieser Nothwendigkeit nun, todte Kapitalien bei sich liegen zu haben, werden die Gewerbsleute durch diejenigen Geschäfte der Banken, welche die allein vernünftigen sind, befreiet. Jeder kann nun die Gelder, welche er bisher in Cassse halten mußte, anwenden [...]"

Die Quelle III wiederum gleicht sich im Wortschatz zwar mehr an die moderne wirtschaftssprachliche Terminologie an (*Geschäftspolitik, Kapitalstock, Kreditpolitik, liquide Mittel* etc.), benützt aber nach wie vor die WACHSTUMS- und KRANKHEITS-Metaphorik.

> III, S. 264: „Eine vernünftige Geschäftspolitik einer Bank kann die Wirtschaftstätigkeit in einem Lande am besten dadurch fördern, daß sie nicht den Kapitalstock erhöht, sondern den größeren Teil des vorhandenen Kapitals aktiver und produktiver als üblich einsetzt. Was ein Kaufmann von seinem Kapital als liquide Mittel halten muß, um finanzielle Forderungen gelegentlich erfüllen zu können, ist totes Kapital, da es in dieser Form weder für ihn noch für sein Land einen Ertrag abwirft. Eine einsichtige Kreditpolitik der Bank erlaubt es ihm aber, dieses tote Kapital zu aktivieren, indem er es produktiv einsetzt."

Zu fragen bleibt nach diesen Beispielen, die sich noch durch viele weitere ergänzen ließen, welche Konsequenzen sich aus den Modellübereinstimmungen, die auch für französische oder italienische Originaltexte gelten, ergeben.

1. Für die metaphorischen Modelle gilt in diesem Sinne in noch viel stärkerem Maß, was Steger (1988a) für die Begriffsbildung in den europäischen Theoriesprachen im 17. Jahrhundert festgestellt hat[6]. Sind die „tragenden neuen Begriffe" in den Theoriesprachen des 17. Jahrhunderts europäische Begriffe, die man nicht auf Einzelsprachen beschränken kann, so sind dies die metaphorischen Modelle im selben Maße und vor allem auch über das 17. Jahrhundert hinaus bis heute. Die grundlegenden metaphorischen Modelle in der Geldtheorie sind in den europäischen Sprachen Deutsch, Englisch, Französisch, Italienisch und Spanisch ähnlich, teilweise gleich.
2. Da sich das Erkenntnisinteresse dieser Arbeit nicht auf die Veränderung der Ausdrucksmittel vom 16. bis zum 20. Jahrhundert richtet, sondern darauf, ob und in welcher Weise metaphorische Modelle zur Erklärung abstrakter Sachverhalte eingesetzt werden, ist in der Quellenanalyse die Bearbeitung von Übersetzungen mit der Arbeit am Originaltext gleichwertig. Ob das WACHTSTUMS-Modell über Ausdrücke wie *active and productive* (O), *thätig und fruchtbar* (I), *in Thätigkeit setzt und ihm gleichsam hervorbringende Kräfte mittheilt* (II) oder *aktiver und produktiver* (III) erschlossen werden kann, ist dabei zweitrangig.
3. Das bedeutet, daß nicht nur der Originaltext eine verläßliche Quelle ist, sondern daß auch Übersetzungen genügen. Es werden daher zur Quellenanalyse teilweise die Originaltexte und teilweise (soweit möglich) zeitgenössische Übersetzungen herangezogen.

---

[6] „Bei unserer Begriffsbehandlung hat es nach meinem Verständnis allerdings keinen Sinn, sich ausschließlich mit deutschsprachigen Ausdrücken als Indikatoren zu beschäftigen: Latein, Französisch, Englisch (und Italienisch) stellen im 17. Jahrhundert vorrangig die sprachlichen Ausdrücke bereit, in denen die Begriffsbildung von allen kreativ Beteiligten, auch den Deutschen vorangetrieben wird. Das heißt aber nicht, daß deswegen keine 'deutschen'/mitteleuropäischen Eigenentwicklungen der Bezeichnungen und Bedeutungen etwa gegenüber Westeuropa sichtbar werden. Sie müssen natürlich interessieren, ohne daß aus dem Blickfeld kommt, daß die tragenden neuen Begriffe und Wörter in dieser noch vornationalistischen Zeit e u r o p ä i s c h e Begriffe und Wörter sind." Steger (1988a), S. 85 f.

Textanalysen

7 Vom 16. Jahrhundert bis Adam Smith

7.1 Jean Bodin, William Petty und Thomas Mun

Am Beginn der Textanalysen steht ein Autor, der gemeinhin als der Begründer neuzeitlichen geldtheoretischen Denkens gilt: **Jean Bodin**. Er schrieb seine Überlegungen zur Wertbestimmung des Geldes am Ende des Jahrhunderts nieder, das als „Jahrhundert der Preisrevolution"[1] bezeichnet wird. Die ständigen Preiserhöhungen und Geldentwertungen der Zeit verlangten nach einer Erklärung. Bodin gibt sie in verschiedenen Schriften und formuliert damit zugleich eine einfache Version der Quantitätstheorie. Das Preisniveau hängt demnach in mechanischer Weise von der Menge des zum Warenkauf vorhandenen Geldes, d. h. letztlich von der Edelmetallmenge ab. Als Ursache für die Entwicklung im 16. Jahrhundert nennt Bodin vor allem die großen Edelmetalleinfuhren aus Südamerika:

> „Dabei übersehen sie, daß seit jener Zeit Gold und Silber in solchen Mengen aus der neuen Welt, zumal aus Peru, ins Land geströmt sind, daß alle Preise auf das Zehnfache der damaligen Zeit gestiegen sind."[2]

Um den Zusammenhang zwischen Warenmenge, Preisniveau, Geldwert und Edelmetallmenge zu vermitteln, bedient sich Bodin der metaphorischen Modelle MECHANIK, HANDLUNG und RAUM/GEOMETRIE, mit den Submodellen, die auch heute noch unverzichtbarer Bestandteil geldtheoretischer Darlegungen sind.

GELD, verstanden als amorphe Masse/Menge an Edelmetall, ist FLÜSSIGKEIT, die in Länder ein- oder ausströmen kann (RAUM, INNEN-AUSSEN). Der Warenpreis steigt oder fällt (HANDLUNG) in Abhängigkeit von diesem FLÜSSIGKEITSSTROM[3].

> „Kurzum, ich habe nachgewiesen, daß viele Grafschaften, Freiherrschaften und andere große Besitztümer vor 100 oder 120 Jahren zu einem 20mal niedrigeren Preis als dem infolge des im Überfluß aus der neuen Welt hereingeströmten Goldes und Silbers heute üblichen erstanden worden sind. Auch Rom ist es so ergangen, als infolge des von Paulus Aemilius aus dem Königreich Mazedonien ins Land gebrachten Goldes und Silbers der Wert des Bodens mit einemal um ein Drittel stieg. Auch zur Zeit, als Cäsar die in Ägypten erbeuteten Schätze nach Rom brachte, ging sofort der Wucher zurück und stiegen die Bodenpreise."[4]

Der Wert des Geldes und damit verbunden auch die Definition von GELD ist bei Bodin, wie in seiner Zeit üblich, ganz stoffwertgebunden. Die Münzen sind soviel wert wie das in ihnen enthaltene Edelmetall. Deshalb ist es wichtig, nur

---

[1] Sprenger (1991), S. 117. Dort auch weiteres Datenmaterial zu den Preiserhöhungen einzelner Produkte.

[2] Bodin (1576/1981–1986), S. 347. Vgl. auch Bodin (1625), S. 11.

[3] Bodin nennt daneben auch andere preisbestimmende Faktoren: Monopole, Güterqualität, Nachfragesteigerungen durch „Könige und grosse Herrn" und insbesondere Münzverschlechterungen. Vgl. dazu Bodin (1625), S. 11.

[4] Bodin (1576/1981–1986), S. 348.

solche Edelmetalle zur Geldausprägung zu verwenden, die Wertschwankungen möglichst wenig unterworfen sind, d. h. den Metallen Gold und Silber. Über diese Stoffwertbindung kann erst der mechanische Zusammenhang (je mehr Edelmetall vorhanden ist, umso niedriger wird der Wert einer Einheit desselben) greifen.

> „Würde man sich also dazu aufraffen, Gold- und Silbermünzen von gleichem Gewicht, einheitlicher Bezeichnung und gleicher Zusammensetzung, d. h. also von einander entsprechendem Feingehalt herzustellen, dann könnten sie niemals so im Wert fallen oder steigen, wie das heute von Monat zu Monat und noch rascher der Fall ist, je nach dem Geschmack des Volkes oder derjenigen, die bei den Fürsten großen Einfluß ausüben."[5]

Noch nicht im Blick ist bei Bodin der Faktor der Umlaufgeschwindigkeit des Geldes. In dem von ihm verwendeten FLÜSSIGKEITS-Modell ist vor allem die Komponente des Zu- und Abflusses von Geld (= Edelmetall) betont. Die Tatsache, daß eine höhere Umlaufgeschwindigkeit des vorhandenen Geldes dieselbe Wirkung wie eine Geldmengenerhöhung bei gleichbleibender Umlaufgeschwindigkeit haben kann, wird nicht erkannt. Die Aktivierung dieses Aspektes innerhalb des MECHANIK-Modells geschieht erst mit Locke und besonders bei Cantillon. Den Sachverhalt als solchen erkennt bereits Petty (1665). Er versprachlicht ihn jedoch nicht mit Hilfe des metaphorischen Modells der GESCHWINDIGKEIT, sondern beschreibt ihn an einem Beispiel im Modell KREISLAUF (*circle*)[6]. Dies könnte ein Grund dafür sein weshalb gemeinhin Locke das Verdienst zugeschrieben wird, die Bedeutung der Umlaufgeschwindigkeit als erster erkannt zu haben. Bodin, der diesen theoretischen Zusammenhang so noch nicht erkennt, blendet den Aspekt der Fließgeschwindigkeit daher im MECHANIK-Modell aus und bleibt bei einer eher statischen, mit einer Waage vergleichbaren Auffassung der Geldwertdefinition[7].

Stoffwertgebunden ist auch die Gelddefinition **William Pettys**, der mehr als ein halbes Jahrhundert nach Bodin einzuordnen ist. Er geht insbesondere der Frage nach, wie der Metallwert zustande kommt und gibt dazu eine produktionskostentheoretische Begründung.

---

[5] Bodin (1576/1981–1986), S. 378.

[6] In der 1665 entstandenen Schrift „Verbum sapienti", die erstmals als Anhang zu „The Political Anatomy of Ireland" im Jahre 1691 gedruckt und veröffentlicht wurde, beschreibt Petty den Sachverhalt, daß eine Geldmenge von 1 Million wie 40 Millionen de facto wirken kann, wenn nur die Kreisläufe des Geldes entsprechend kurz sind [ZEIT = RAUM]: „[...] for the Expence being 40 Millions, if the revolutions were in such short Circles, *viz.* weekly, as happens among poorer artizans and labourers, who receive and pay every *Saturday*, then $\frac{40}{52}$ parts of 1 Million of Money would answer those ends: But if the Circles be quarterly, according to our Custom of paying rent, and gathering Taxes, then 10 Millions were requisite. Wherefore supposing payments in general to be of a mixed Circle between One week and 13. then add 10 Millions to $\frac{40}{52}$, the half of the which will be $5\frac{1}{2}$ Millions we have enough." Petty (1691/1899), S. 112 f. (*revolution* als *Umlauf* der ganzen vorhandenen Geldmenge, und *circle* als jeweiliger Zahlungs*kreislauf*, vgl. die Übersetzung Petty (1691/1986), S. 117).

[7] Vgl. das Zitat von Dobretsberger auf S. 137.

Metaphorisch bewegt sich Petty jedoch wie Bodin vorwiegend im MECHANIK–Modell. GELD ist dabei ein KRAFTSTOFF, mit dessen Hilfe man die Maschine des Handels in Gang halten kann. Wichtig ist dabei — wie im quantitätstheoretischen Denken —, die richtige Menge an Geld(einheiten) einzusetzen.

> „To which I say, that there is a certain measure and proportion of money requisite to drive the trade of a Nation, more or less than which would prejudice the same."[8]

Auch Petty kommt bei der Versprachlichung von quantitativen Größen (Wert**mengen**), die auf qualitative bezogen sind (**Wert**), nicht umhin, diese in den RAUM und in geometrische Relationen umzusetzen. Petty kann sich die Funktion des Geldes (bzw. hier des in den Münzen enthaltenen Edelmetalles), Werte zu messen (Wertmaßfunktion), nicht anders als in Verbindung mit einem konkret erfahrbaren Meßvorgang vorstellen.

> „The world measures things by Gold and Silver, but principally the latter; for there may not be two measures, and consequently the better of many must be the only of all; that is by fine Silver of a certain weight [...]."[9]

In diesem Zitat ist noch die Rückbindung des Wertes an eine Gewichtseinheit zu erkennen. Diese ist bei stoffwertgebundenem Geld nicht verwunderlich und tritt daher in allen Münzbereichen auf. An die Seite der Gleichsetzung von WERT = GEWICHT (an Edelmetall) tritt jedoch schon hier das RAUM–Modell (in Verbindung mit HANDLUNG).

> „Secondly, In case small pieces of this Money, viz. pieces of two pence should happen to be raised or depressed twelve, fifteen or sixteen per cent. Then there will be a certain loss by reason of the fractions, which the vulgar cannot reckon."[10]

Eine Veränderung im (relativen) Edelmetallgehalt einer Münze impliziert eine Wertänderung dieser Münze. Der Vorgang wird mechanisch gedeutet und die Art der Wertänderung räumlich umgesetzt. MEHR IST OBEN, WENIGER IST UNTEN[11].

Interessant an diesem Zitat ist ferner die Verbindung zwischen niedrigem Münzwert (bezogen auf die Stückelung, hier nur: *two pence*) und räumlich geringer Ausdehnung (*small pieces*). *Small* bezieht sich nicht auf die tatsächliche Größe der Münzen, sondern auf den Münzwert im Vergleich zu anderen Münzen (Stückelung)[12].

---

8 Petty (1662/1899), S. 35.

9 Petty (1662/1899), S. 44.

10 Petty (1662/1899), S. 86.

11 Vgl. zum Geldbegriff auch Petty (1682/1899). Es handelt sich um einen fiktiven Dialog in 32 Fragen und Antworten zum Geldwesen (Münzverschlechterungen, Zinsregulierung, Münzausfuhr etc.).

12 Vergleichbar wäre eine Bezeichnung des 10–Pfennig–Stückes als *kleine* Münze gegenüber dem 50–Pfennig–Stück, die in bezug auf den Wert *größer* ist.

Wie Bodin so sucht auch **Thomas Mun** die Erklärung des Geldwertes in quantitätstheoretischen Vorstellungen. Er richtet sein Interesse noch stärker auf die Einflußfaktoren 'Art und Umfang des Außenhandels' und 'Handelsbilanz'. Mun geht ganz von dem merkantilistischen Grundsatz aus, daß man mehr exportieren als importieren müsse, um durch den Handelsbilanzunterschied mehr Geld (= Gold und Silber) in das eigene Land zu bringen. Er kann darüber hinaus als Vertreter einer naiven Quantitätstheorie gelten, da er annimmt, mit einer steigenden Geldmenge erhöhten sich zwangsläufig die Warenpreise: „denn alles stimmt darin überein, daß Überfluß an Geld die einheimischen Erzeugnisse verteuert;“[13]
An metaphorischen Modellen treten bei Mun wie bei seinen Zeitgenossen in erster Linie das MECHANIK-Modell mit GELD als FLÜSSIGKEIT, dem INLAND als CONTAINER und die geometrisch/quantifizierende Metaphorik des *Steigens* und *Fallens* (WERT, PREIS etc.) auf.
Er plädiert für die Aufhebung der in der merkantilistischen Wirtschaftsform üblichen Geldausfuhrverbote, da man die für das ausgeführte Geld gekauften Waren ja wieder mit Gewinn verkaufen könne. Außerdem müsse man dazu das Geld nicht einmal real ausführen, da diese Geschäfte auch mit Wechseln bzw. auf Kreditbasis bewerkstelligt werden könnten. Der Vorteil, den ein solches Geschäft bringt, wird im LEBEWESEN-Modell versprachlicht.
„Inzwischen arbeitet das Gold, durch den jene Kredite [Schuldverschreibungen an Banken -M. H.] gedeckt sind, im Außenhandel als Ware [...].“[14]
Der verstärkten Beschäftigung mit dem Außenhandel entspricht die Verwendung der INNEN-AUSSEN-Orientierung des CONTAINER- und GLEICHGEWICHT-Modells. Der eigene Staat, das Inland, ist der CONTAINER, in dem GELD als FLÜSSIGKEIT umläuft, und aus dem es auch heraus (d. h. in das Ausland) gehen kann.

> „Wenn wir aber zu unseren übrigen Exportartikeln noch 300.000 Pfund Sterling gemünztes Geld hinzufügen, so werden viele fragen, welchen Gewinn wir erzielen, wenn wir auch auf diese Art ebensoviel gemünztes Geld hereinbringen wie früher, da wir augenscheinlich den gleichen Wert ausgeführt haben.“[15]

Bei negativer Außenhandelsbilanz, d. h. wenn mehr Waren(werte) im- als exportiert werden, fließt zwar Geld aus, aber die Waren selbst bringen wieder Gewinn und damit Geld.

> „So sehen wir, daß der Lauf der Ware, der das Gold weggeführt hat, zu einem mächtigen Strom wird, der die Kassen wieder füllt.“[16]

Die Summen der im- und exportierten Warenwerte stellen jeweils zwei räumlich gedachte Größen (PEGELSTÄNDE) dar, die bei Ungleichheit mittels Geld auf gleiche Höhe gebracht werden müssen. GELD ist dann das mechanische Ausgleichsmittel auf der WAAGE des Außenhandels.

---

[13] Mun (1664/1911), S. 126.
[14] Mun (1664/1911), S. 125.
[15] Mun (1664/1911), S. 122.
[16] Mun (1664/1911), S. 127.

> „Denn wenn auch die Summe der von uns exportierten Waren einen Überschuß über die Summe der importierten ergeben, der in Gold ausgeglichen werden muß, so können die einzelnen Teile des Außenhandels sehr wohl Unterschiede aufweisen.“[17]

Je nachdem auf welcher Seite dieser Ausgleich stattfinden muß[18], handelt es sich um eine negative oder positive Außenhandelsbilanz. Mun drückt dies in der OBEN–UNTEN–Metapher aus:

> „Wie der Überfluß oder Mangel an Geld den Preis der Wechsel steigert oder herabdrückt, so wird der Überfluß oder Mangel an Geld durch die Über- oder Unterbilanz im Handel hervorgerufen.“[19]

Für Mun ist nicht die bloße Geldanhäufung wichtig, sondern dessen produktiver Einsatz. Diesen Gedanken drückt er mit Hilfe des LEBEWESEN–Modells aus: „so liegt unser Geld niemals tot im Kasten, sondern arbeitet noch immer.“[20] „Geld erzeugt den Handel, und der Handel vermehrt das Geld.“[21]

7.2 John Locke

John Lockes Gedanken zur Geldtheorie sind in zweifacher Hinsicht von Bedeutung. Zum einen kann er als Vertreter der Konventionstheorie (Wesen des Geldes) bezeichnet werden; zum anderen thematisiert er in der Quantitätstheorie (Geldwertlehre) den Einflußfaktor der Umlaufgeschwindigkeit.

Daß Gold überhaupt wertvoll ist, rührt nach Locke nicht aus dem für andere Güter wesentlichen Wertfaktor, nämlich der Tauglichkeit eines Gutes, lebensnotwendige Bedürfnisse des Menschen zu befriedigen. Die Edelmetalle — und damit zugleich auch Geld — sind erst durch menschliche Konvention zum Wertträger geworden, wobei noch nichts über die Höhe des Geldwertes ausgesagt ist. Diese wird quantitätstheoretisch bestimmt.

Ist durch Konvention erst einmal ein Wertträger geschaffen, so kann damit die bis dahin bestehende Begrenzung der Güter–/Reichtumsakkumulation überwunden werden.

> „So kam der Gebrauch des Geldes auf, einer beständigen Sache, welche die Menschen, ohne daß sie verdarb aufheben, und nach gegenseitiger Übereinkunft gegen die wirklich nützlichen, aber verderblichen Lebensmittel eintauschen konnten.“[22]
>
> „[...] so gab die Erfindung des Geldes ihnen Gelegenheit, den Besitz zu vergrößern und beständig zu machen.“[23]

WERT ist dabei ein Begriff, den Locke über die INNEN–AUSSEN–Orientierung mit GELD und auch (generell mit anderen) GÜTERN in Verbindung

---

17 Mun (1664/1911), S. 151.

18 Wenn mehr Waren exportiert werden, dann muß von außen Geld nach innen fließen, um Ausgleich zu schaffen, und umgekehrt.

19 Mun (1664/1911), S. 150 f.

20 Mun (1664/1911), S. 174.

21 Mun (1664/1911), S. 122.

22 Locke (1690/1989), II § 47.

23 Locke (1690/1989), II § 48.

bringt. WERT steckt in GÜTERN und wird im Normalfall erzeugt durch die Natur und ganz besonders durch ARBEIT; im speziellen Fall von GELD ist es die Konvention der Menschen, die WERT (zunächst ohne Betrachtung seiner Höhe) im GELD plaziert[24].

Soviel zur Entstehung von GELD und GELDWERT bei Locke. Wodurch Höhe und Veränderungen im Geldwert bestimmt sind, erklärt Locke in strikt quantitätstheoretischer Argumentation. Wie Bodin und Mun verwendet auch er dabei unterschiedliche metaphorische Modelle. Entscheidend ist jedoch die Aktivierung des Aspekts der FLIESSGESCHWINDIGKEIT im Modell FLÜSSIGKEIT (MECHANIK).

Dabei versteht er „Trade“ einmal als ORGANISMUS, in dem GELD als NAHRUNG umläuft:

> „For Money being an Universal Commodity, and as necessary to Trade, as Food is to Life, everybody must have it, at what Rate they can get it;“[25]

An anderer Stelle ist das Handelsgeschehen mit BEWEGUNG und einer für FLÜSSIGKEITEN wichtigen Art von CONTAINER, dem KANAL („channel“) erklärbar:

> „For the Currents of Trade, like those of Waters, make themselves Channels, out of which they are afterwards as hard to be diverted, as Rivers that have worn themselves deep within their Banks.“[26]
>
> „[...] Money running in the several Channels of Commerce [...]“[27]

Noch deutlicher wird GELD als FLÜSSIGKEIT und als KRAFTSTOFF in der Trade-MASCHINE in folgendem Zitat ausgedrückt:

> „The Necessity of a certain Proportion of Money to Trade (I conceive) lyes in this, That Money in its Circulation driving the several Wheels of Trade, whilst it keeps in that Channel (for some of it will unavoidably be dreined into standing Pools) is all shared between the Landholder, whose Land affords the Materials; The Labourer, who works them; The Broker, (i. e.) Merchant and Shopkeeper, who distributes them to those, that want them; And the Consumer, who spends them. Now Money is necessary to all these sorts of Men [...].“[28]

Diese Metaphorik hat auch Petty verwendet. Neu ist bei Locke, daß er in der anschließenden Frage, wieviel KRAFTSTOFF man benötigt, um die MASCHINE in Gang zu halten, auf die GESCHWINDIGKEIT verweist. Locke nimmt zur bisherigen Quantitätstheorie die „quickness of circulation“ als wei-

---

[24] „Denn werden einem Geld oder ähnliche Reichtümer und Schätze genommen, so gehören sie nicht zu den natürlichen Gütern, sie haben nur einen phantastischen, imaginären Wert. Die Natur hat ihnen diesen Wert nicht verliehen, und ihrem Gehalt nach sind sie nicht mehr wert als die Wampomuscheln der amerikanischen Bewohner für einen europäischen Fürsten, oder als es früher das Silbergeld Europas für einen Bewohner Amerikas war.“ Locke (1690/1989), II § 184.

[25] Locke (1692/1991), S. 214.

[26] Locke (1692/1991), S. 223.

[27] Locke (1692/1991), S. 236 f.

[28] Locke (1692/1991), S. 233.

teren Bestimmungsfaktor hinzu. Es gilt also nicht mehr die einfache Gleichung, je größer das Handelsvolumen, umso größer muß auch die dieses Volumen umsetzende Geldmenge sein, wenn das Preisniveau (oder umgekehrt proportional dazu: der Geldwert) gleich bleiben soll.

> „This shows the necessity of some Proportion of Money to Trade: But what Proportion that is, is hard to determine; because it depends not barely on the quantity of Money, but the quickness of its Circulation. The very same shilling may at one time pay Twenty Men in Twenty days, at another rest in the same Hand One hundred days together. This makes it impossible exactly to Estimate the quantity of Money needful in Trade [...].“[29]

Bei verringerter Geldmenge muß die Häufigkeit der Zahlungen den Geldmangel ausgleichen. Dies hat dann folgende Vorteile:

> „First, That a great deal less Money would serve for the Trade of a Country. And Secondly, That less of the Money would lie still, the contrary whereof must needs happen, where growing Debts are to be paid at larger distances, and in greater Sums.“[30]

Insgesamt darf die Geldmenge nicht zu gering werden, „to move the several Wheels of Trade, and keep up Commerce in that Life and Thriving posture it should be [...]“[31]. Eine weitere Beeinflussung des Geldkreislaufes sind die Stopstellen, an denen das Geld ausgetauscht wird. Je mehr es von diesen gibt, umso länger wird der Weg des Kreislaufs.

> „[...] this is evident, that the multiplying of Brokers hinders the Trade of any Country, by making the Circuit, which the Money goes, larger, and in that Circuit more stops, so that the Returns must necessarily be slower and scantier, to the prejudice of Trade [...]“[32]

Gegen künstlich niedrig gehaltene Zinsen — das eigentliche Thema der Schrift von 1692[33] — spricht nach Locke ein Argument, in dem er das Basiskonzept GLEICHGEWICHT verwendet:

> „For Money being the Counter-ballance to all other Things purchasable by it, and lying, as it were, in the opposite Scale of Commerce, it looks like a natural Consequence, that as much as you take off from the value of Money, so much you add to the price of other Things, which are exchang'd for it; the raising of the price of any thing being no more but the addition to its value in respect of Money, or, which is all one, lessening the value of Money.“[34]

Die Wertveränderung wird im GEOMETRIE-Modell erfaßt: „Increase and Decrease“[35], „the Value of Money being brought lower“[36], „the price [...]

[29] Locke (1692/1991), S. 235.
[30] Locke (1692/1991), S. 239f.
[31] Locke (1692/1991), S. 241.
[32] Locke (1692/1991), S. 241.
[33] Locke geht von der Frage aus, ob der Staat den Geldzins auf 4% fixieren solle.
[34] Locke (1692/1991), S. 243.
[35] Locke (1692/1991), S. 245.
[36] Locke (1692/1991), S. 243.

will rise“[37]. Die Dynamisierung dieser Vorgänge wird in HANDLUNG umgesetzt: „and the falling of Interest from Six pound to Four pound per Cent is taking away so much of the price of Money, and so consequently lessening its value“[38].

Als Wertgegensatz führt Locke immer wieder das Paar *natürlich - künstlich* (d. h. gesetzlich) an. Der eigentliche, natürliche Zinssatz läßt sich nicht gesetzlich, künstlich regeln:

> „Because the rate of Money does not follow the Standard of the Law, but the price of the Market; and Men not observing the legal and forced, but the Natural and Current Interest of Money, regulate their Affairs by that.“[39]

GELD wird als LEBEWESEN verstanden, dem ein Eigenleben in der Weise zugesprochen wird, daß es sinnlos erscheint, die nach Naturgesetzen ablaufenden Funktionen des ORGANISMUS — hier das Zinsphänomen — von außen künstlich zu steuern.

Basiert die Tatsache, daß GELD überhaupt WERT in sich bergen kann auf Konvention, so hängt die Höhe des Geldwertes von der im Umlauf befindlichen Geldmenge ab, die sich faktisch durch eine höhere Umlaufgeschwindigkeit vergrößert (und umgekehrt verkleinert). Versprachlicht werden diese Zusammenhänge ständig in metaphorischen Modellen.

> „Money, whilst the same quantity of it is passing up and down the Kingdom in Trade, is really a standing measure of the falling and rising value of other Things in Reference to one another: and the alteration of its price is truly in them only. But if you increase or lessen the quantity of Money current in Traffick in any place, then the alteration of value is in the Money [...].“[40]

7.3 John Law

In **John Laws** Schrift „Money and Trade considered with a proposal for supplying the nation with money“ von 1705 kommen keine metaphorischen Modelle vor, die nicht auch schon seine Vorgänger — und hier vor allem Locke, mit dem er sich auseinandersetzt — schon verwendet hätten. Law ist im Zusammenhang dieser Arbeit aus dem Grunde bemerkenswert, da an ihm demonstriert werden kann, wie schwierig es zur damaligen Zeit war, nicht durch Edelmetall gedecktes, stoffwertloses *Papiergeld* zum GELD zu rechnen. Law verfocht die Einführung von Papiergeld und versprach sich davon positive Impulse auf den gesamten Wirtschaftsprozeß[41]. Ein ausdrucksseitiger Indikator für das Zuordnungsproblem — gehört ein „Banco-Zettel“ zu GELD oder nicht? — sind die bei Law vorkommenden Bezeichnungen. Er schwankt

[37] Locke (1692/1991), S. 243.
[38] Locke (1692/1991), S. 243.
[39] Locke (1692/1991), S. 253.
[40] Locke (1692/1991), S. 260.
[41] Zu den Stationen und der teilweisen Verwirklichung der Law'schen Bankprojekte s. Kerschagl (1956), Hoffmann (1907), S. 31-33, Kaulla (1906), S. 84 f., Klein (1982), S. 198-201, Rist (1947), S. 24-47.

zwischen *gemünztes Papier*[42], das vom ‚echten' GELD als *gemünztes Geld* geschieden ist, einerseits und der Bezeichnung *papierne[s] Geld*[43] andererseits. In letzterem Fall werden Banknoten eindeutig zum GELD gerechnet. Faktisch ist das Papiergeld mit dem herkömmlichen Münzgeld funktional gleichwertig; ist dieses durch Edelmetall gedeckt (wertgebunden), so soll für jenes eine Deckung durch Land erfolgen.

> „Dieses gemünzte Papier soll dem Gelde gleich seyn. Sein Preiß ist gesichert, denn man hat desselben Werth in Ländereyen zum Unterpfand."[44]

Im Gegensatz zum Münzgeld könnte dieses auf BODEN gegründete GELD sogar wertstabiler sein:

> „Es wird nicht in seinem Preiß so fallen, wie es das Geld gethan, und noch thun wird [hier rechnet es Law noch nicht zum GELD – M. H.]. Das Geld und die Waaren fallen herunter, so wie sie vermehret werden. Und weil nicht so große Nachfrage darnach ist. Da aber das Collegium der Commission nur Sum̃en ausleihet, die man verlangt, und niemahls die Acceptation abschlägt, so wird dieses papierne Geld seinen Preiß behalten, und man wird dessen so viel haben, als nöthig seyn wird, und nicht mehr."[45]

Die Wertbestimmung des Geldes geht damit bei Law eindeutig über die Geldmenge und die Nachfrage nach Geld, d. h. auch der Stoffwert der Metalle, die in diesem Sinne Waren sind, ist dadurch veränderbar. Die Idee des „intrinsick value" ist so auf die Nachfrage bezogen, da der Warenwert nachfrageabhängig ist und nicht absolut. Veränderungen des Wertes werden als WACHSTUM, die damit verbundenen Preisänderungen in HANDLUNG und MECHANIK versprachlicht.

> „Und in diesem begierigen Verlangen bestehet der Werth der Sachen. Aber dieser Zuwachs des Werths ist eben so chimerisch, als der Werth davon, da man es [Silber – M. H.] als Metall vertauschte. Sein Preiß stieg und fiel nach seiner Menge, und nachdem es viel oder wenig gesucht wurde. Und der hohe Preiß, auff welchem es seit dem Müntzen gekom̃en, ist wegen seiner Eigenschafft zu diesen Gebrauch her geflossen, und sein Werth ist nachdem es gesucht wird, proportionirt, und weil man es so wohl nutzen kan. Wenn dieser Werth nach Belieben drauff gesetzt werden kan [MECHANIK – M. H.], so wird der Werth aller andern Sachen eben so auch beschaffen seyn."[46]

Das Geld wird so zum Paradebeispiel und Wertmaß aller Waren schlechthin. Zur nominellen Geldwertveränderung (AUSSEN), die mechanisch erfolgen kann, indem der Feingehalt der Münze im Verhältnis zum aufgeprägten Wert vermindert wird, zieht Law den Quantitätsgedanken heran.

> „Wenn ich von dem Erhöhen der Müntze rede, so verstehe ich die Erhöhung dem Nahmen nach, welche ihrem innerlichen Werth [der nachfrageabhänig

---

[42] Law (1705/1720), S. 101.
[43] Law (1705/1720), S. 103.
[44] Law (1705/1720), S. 103.
[45] Law (1705/1720), S. 103.
[46] Law (1705/1720), S. 10.

> ist, Edelmetall! – M. H.] nichts zusetzet. Es kan nichts den Preiß des Geldes so sehr erhöhen, als wenn man dessen Anzahl vermindert, oder es zusammen suchen läßt. Es wird folglich im Werth steigen, wenn desselben Ausfuhre die Einfuhre übertrifft, oder die Nachfrage nach selbigem continuiret; Hingegen wird es im Preiße fallen, wenn dessen Einfuhre größer ist, als die Ausfuhre, und daß man nicht ausser ordentlich darnach fragt."[47]

Nominelle Geldwerterhöhungen wirken demnach nicht wie der oben beschriebene Mechanismus auf den ‚innerlichen' Geldwert. Vor allen Dingen sind solche nominellen Geldwerterhöhungen auf Dauer nicht haltbar, da sie an der tatsächlichen Nachfrage, am tatsächlichen Wert vorbeigehen.

In seiner Metaphorik bleibt Law den auch schon früher vertretenen Modellen (z. B. bei Locke) treu. Auch er spricht vom *Steigen* und *Fallen* der Preise; davon, „daß eine gute Policey das Geld so gut circulirend machen kann, als es möglich ist"[48]; Teile des Außenhandels „rouliren"[49] auf dem Geld; die Außenhandelsbilanz wird als GLEICHGEWICHT verstanden, werden mehr Waren im– als exportiert, muß „die balance"[50] mit Geld bezahlt werden; etc.

> „Wenn der Wechsel über der Gleichheit ist, zahlt man nicht allein das, was über der balance ist, sondern diese Zahlung schreibet allen Wechsel demjenigen Ort zu, wo man die balance schuldig ist."[51]

Law empfiehlt in diesem Zusammenhang, man solle nicht die Geld**ausfuhr**, sondern „die Einfuhre der frembden Waaren gäntzlig verbiethen."[52].
Auch Law bleibt so, als früher Warentheoretiker des Geldes, im Rahmen der allgemein für den Geldbegriff verwendeten metaphorischen Modelle.

7.4 David Hume und Richard Cantillon

Zwei bedeutende Geldtheoretiker um die Mitte des 18. Jahrhunderts sind David Hume und Richard Cantillon. Auffällig ist auch bei ihnen, daß sie trotz teilweisem Theoriefortschritt (bzw. trotz der Modifikation der von ihnen vorgefundenen Theorien) den von ihren Vorgängern vorgegebenen metaphorischen Rahmen nicht verlassen. Die vorhandenen Modelle werden immer wieder eingesetzt, teilweise sogar noch expliziter ausgebaut.

David Hume zeigt sich in seinem 1752 erschienenen Essay „Of Money" zum einen als Konventionstheoretiker[53] in der Nachfolge Lockes, und zum anderen als Quantitätstheoretiker par excellence. Bemerkenswert ist bei ihm, daß er wieder ganz zur einfachen Preis/Wert–Mechanik zurückkehrt und die von Locke bereits in die Diskussion eingebrachte Zirkulationsgeschwindig-

---

[47] Law (1705/1720), S. 51 f.
[48] Law (1705/1720), S. 13.
[49] Law (1705/1720), S. 15.
[50] Law (1705/1720), S. 25.
[51] Law (1705/1720), S. 26.
[52] Law (1705/1720), S. 29.
[53] Vgl. Kaulla (1906), S. 88, daneben Hume (1752b/1964), S. 321: „Money having chiefly a fictitious value, arising from the agreement and convention of men [...]."

keit des Geldes nicht berücksichtigt[54]. Dennoch modifiziert Hume die starre Mechanik zwischen Geld- und Gütermenge, indem er sie in einer Weise auflockert, die man als Vorläufer, als Protoform des metaphorischen Modells der ELASTIZITÄT bezeichnen kann. Wenn man im Modell MECHANIK argumentiert, entspricht einer Erhöhung der Geldmenge auf der einen Seite in derselben Weise eine Steigerung des Preisniveaus (und eine Senkung des Geldwertes) auf der anderen Seite. Ist dies nun in der Praxis nicht feststellbar, so lassen sich zwei Erklärungsmöglichkeiten im metaphorischen Modell MECHANIK denken. Der Umstand, daß sich die Veränderung einer der beteiligten Größen in der MECHANIK nicht voll umsetzt, kann entweder als Zeitproblem oder als Materialproblem betrachtet werden. D. h. die Ursache für die nicht vorhandene 1:1–Entsprechung der Veränderungen kann entweder darin gesucht werden, daß auch diese MECHANIK als Prozeß Zeit benötigt. Das bedeutet, eine Veränderung der einen Seite wird nicht sofort umgesetzt, prinzipiell aber — wenn man nur genügend Zeit zwischen der Betrachtung der Zustände verstreichen läßt — wird die Veränderung vollständig durchgeführt. Oder man argumentiert mit der MATERIALQUALITÄT der an der MECHANIK beteiligten Größen. Konzediert man für diese ELASTIZITÄT, so erklären sich Reibungsverluste und die nicht mehr vollständig wirkenden und sich umsetzenden Hebelkräfte in der MECHANIK. Diese Art das MECHANIK–Modell in seiner Starrheit aufzulockern und den Gegebenheiten der Praxis anzupassen findet sich jedoch erst in der zweiten Hälfte des 19. Jahrhunderts (z. B. bei Knies oder Wicksell[55]). Beide Erklärungsansätze kommen zu demselben Ergebnis: Es kann erklärt werden, weshalb nach einer Größenänderung auf der einen Seite zu einem bestimmten Zeitpunkt der Beobachtung keine genau entsprechende Größenänderung der anderen Seite vorliegt. Beide Aspekte, der zeitliche und der der eigentlichen ELASTIZITÄT, werden auch heute noch in der Volkswirtschaft verwendet. Dort begegnet die verzögerte Wirkung der MECHANIK als *time–lag* und die nicht vollständige Kraftübertragung als *Elastizität*. Der fachlich definierte Begriff ELASTIZITÄT wurde erst von Alfred Marshall explizit in die ökonomische Theorie eingeführt und zielt auf den zweiten Aspekt (MATERIALQUALITÄT) ab. In der Vorform — z. B. der ZEITVERZÖGERUNG — bestand das metaphorische Modell jedoch schon lange davor![56] Das Bedürfnis der Theorie zu erklären, weshalb die MECHANIK in der Praxis nicht so funktionierte, wie es die Theorie vorsah, führte zu der Vorläuferform des ELASTIZITÄTS–Modell als ZEITVERZÖGERUNG bei Hume und späteren Autoren.

Zwar gibt es eine Mechanik in der Bestimmung des Geldwertes, aber die Kraftumsetzung erfolgt bei einer Veränderung einer der beiden Seiten nicht

---

[54] Vgl. Hoffmann (1907), S. 41 ff.

[55] Vgl. Kap. 8.5. und 9.2.

[56] Vgl. Dichtl/Issing (1987), S. 477. Zu heute in der Wirtschaftstheorie gängigen ELASTIZITÄTEN vgl. Oberender (1975): *direkte Preiselastizität, Einkommenselastizität, Kreuzpreiselastizität, Angebotselastizität, Produktionselastizität, Skalenelastizität, Substitutionselastizität.*

sofort, sondern zeitverzögert; d. h. Veränderungen in der Geldmenge wirken sich nicht direkt aus.

> „To account, then, for this phenomenon, we must consider, that though the high price of commodities be a necessary consequence of the encrease of gold and silver, yet it follows not immediately upon that increase; but some time is required before the money circulates through the whole state, and makes its effects be felt on all ranks of people.“[57]

Wenn die Geldmenge vermehrt wird, ist diese zeitliche Verzögerung für das Wirtschaftsleben eines Volkes sehr nützlich, da bei zunächst gleichbleibenden Preisen mehr umgesetzt, produziert wird. Umgekehrt ist eine Geldmengenverminderung so lange von Nachteil, bis die Preise gesunken sind. Ist hier auch in vorläufiger Form ELASTIZITÄT als ZEITVERZÖGERUNG in der MECHANIK angedeutet, so bleibt der Grundgedanke derselbe wie bereits bei Bodin. Die MECHANIK gilt:

> „It seems a maxim almost self-evident, that the price of every thing depends on the proportion between commodities and money, and that any considerable alteration on either has the same effect, either of heightening or lowering the price. Encrease the commodities they become cheaper; encrease the money; they rise in their value. As, on the other hand, a diminution of the former, and that of the latter, have contrary tendencies.“[58]

Auch in der Flüssigkeitsmetaphorik greift Hume Bekanntes auf. Er betont außerdem, ähnlich wie Locke (s. S. 154) den KRAFTSTOFF–Charakter des Geldes (hier in Form eines Schmiermittels).

> „It [Geld – M. H.] is none of the wheels of trade: It is the oil which renders the motion of the wheels more smooth and easy.“[59]

Das wirkt sich dann folgendermaßen aus:

> „Accordingly we find, that, in every kingdom, into which money begins to flow in greater abundance than formerly, ervery thing takes a new face: labour and industry gain life; the merchant becomes more enterprising, the manufacturer more diligent and skilful [...].“[60]

Je stärker GELD als FLÜSSIGKEIT den CONTAINER der WIRTSCHAFT durchdringt, umso größer ist demnach auch der Umlauf–/Wirkungsbereich des Geldes.

> „But after money enters into all contracts and sales, and is every where the measure of exchange, the same national cash has a much greater task to perform; [...] the sphere of circulation is enlarged.“[61]

Ganz explizit stellt Hume den Zusammenhang zwischen GELD als FLÜSSIGKEIT und dem MECHANIK–Modell her, indem er die Wirkung von Geldmengenänderungen mit Pegelveränderungen in einem System zusam-

---

[57] Hume (1752/1964), S. 313.
[58] Hume (1752/1964), S. 316.
[59] Hume (1752/1964), S. 309.
[60] Hume (1752/1964), S. 313.
[61] Hume (1752/1964), S. 318.

menhängender Gefäße mit Flüssigkeiten vergleicht. Dabei sind die handeltreibenden NATIONEN die CONTAINER, GELD die FLÜSSIGKEIT und die GELDMENGE der FLÜSSIGKEITSPEGEL.

> „[...] suppose, that all the money of GREAT BRITAIN were multiplied fivefold in a night [...]. Must not all labour and commodities rise to such an exorbitant height, that no neighbouring nations could afford to buy from us; while their commodities, on the other hand became comparatively so cheap, that, in spite of all the laws which could be formed, they would be run in upon us, and our money flow out; till we fall to a level with foreigners, and lose that great superiority of riches, which had laid us under such disadvantages?“[62]

Dieses Beispiel wird anschließend explizit im MECHANIK-Modell erklärt:

> „All water, whereever it communicates, remains always at a level. Ask naturalists the reason; they tell you, that, were it to be raised in any one place, the superior gravity of that part not being balanced, must depress it, till it meet a counterpoise; and that the same cause, which redresses the inequality when it happens, must for ever prevent it, without some violent external operation.“[63]

Lediglich dann, wenn zwischen den CONTAINERN keine Verbindung besteht, können sich unterschiedliche FLÜSSIGKEITSPEGEL auf Dauer halten. Dies ist der Fall bei Ländern, die nur wenige bis gar keine Handelsbeziehungen miteinander unterhalten.

> „But as any body of water may be raised above the level of the surrounding element, if the former has no communication with the latter; so in money, if the communication be cut off, by any material or physical impediment, (for all laws alone are ineffectual) there may, in such a case, be a very great inequality of money. Thus the immense distance of CHINA, together with the monopolies of our INDIA companies, obstructing the communication, preserve in EUROPE the gold and silver, especially the latter, in much greater plenty than they are found in that kingdom.“[64]

Das GLEICHGEWICHT zwischen Geld- und Gütermenge (reguliert über das Preisniveau) stellt sich **langfristig** immer wieder ein. Deshalb ist langfristig gesehen die absolute Geldmenge unerheblich.

> „From the whole of this reasoning we may conclude, that it is of no manner of consequence, with regard to the domestic happiness of a state, whether money be in a greater or less quantity.“[65]

Wie oben bereits gezeigt, kann die Elastizität des Zusammenhangs **kurzfristig** auch positiv wirken. Hume empfiehlt daher (kurzfristige Effekte!) eine ständige leichte Geldmengenvermehrung[66].

---

62 Hume (1752a/1964), S. 333.
63 Hume (1752a/1964), S. 333.
64 Hume (1752a/1964), S. 334.
65 Hume (1752/1964), S. 315.
66 Vgl. zu kurz- und langfristigen Effekten der Geldmengenerhöhung bei Hume auch Starbatty (1985), S. 119f.

„A nation, whose money decreases, is actually, at that time, weaker and more miserable than another nation, which possesses no more money, but is on the encreasing hand. This will be easily accounted for, if we consider, that the alterations in the quantity of money, either on one side or the other, are not immediately attended with proportionable alterations in the price of commodities. There is always an interval before matters be adjusted [MECHANIK – M. H.] to their new situation; and this interval is as pernicious to industry, when gold and silver are diminishing, as it is advantageous when these metals are encreasing.“[67]
„The absolute quantity of the precious metals is a matter of great indifference. There are only two circumstances of any importance, namely, their gradual increase, and their thorough concoction and circulation through the state.“[68]

Nach dem Theorieraster Ehrlichers ist **Richard Cantillon** Produktionskosten- und Quantitätstheoretiker zugleich.
Im Gegensatz bzw. als Ergänzung zur Lockeschen Vorstellung der menschlichen Konvention als Wertbegründung richtet Cantillon sein Augenmerk ganz auf die Faktoren ARBEIT und BODEN.

„Locke sagt, daß eine Vereinbarung der Menschen dem Gold und dem Silber Wert verliehen hat. Man kann daran nicht zweifeln, weil eine absolute Notwendigkeit dafür nicht bestand. Es ist die gleiche Vereinbarung, die der Spitze, dem Leinenzeug, dem feinen Tuch, dem Kupfer und anderen Metallen einen Wert verliehen hat und ihnen jeden Tag verleiht. Überhaupt könnten die Menschen ohne all das leben. Aber man darf daraus nicht schließen, daß alle diese Dinge nur einen eingebildeten Wert haben. Sie haben einen solchen nach Maßgabe des Bodens und der Arbeit, die in ihre Produktion eingehen.“[69]

Auch in seinen quantitätstheoretischen Überlegungen setzt sich Cantillon mit Locke auseinander. Er geht von ihm aus, will jedoch weiterführende Erklärungen liefern.

„Locke stellt den Fundamentalgrundsatz auf, daß die Menge der landwirtschaftlichen Erzeugnisse und der Waren im Verhältnis zur Geldmenge den Marktpreis regelt. Ich habe in den vorangehenden Kapiteln versucht, seine Ansichten zu erklären: er hat wohl verstanden, daß der Geldüberfluß alles verteuert, aber er hat nicht untersucht, wie dies vor sich geht.“[70]

Wie die Geldmengenerhöhung das Preisniveau steigert und damit den Geldwert senkt[71], hängt nach Cantillon mit dem „Konsum“, also der Nachfrage nach Gütern zusammen.

67 Hume (1752/1964), S. 315.
68 Hume (1752/1964), S. 320.
69 Cantillon (1755/1931), S. 72 f.
70 Cantillon (1755/1931), S. 103.
71 Zu diesem engen Zusammenhang bei Cantillon vgl. Hoffmann (1907), S. 57.

> „Ich glaube, daß im allgemeinen eine Vermehrung des Bargeldes in einem Staat eine proportionale Erhöhung des Konsums bewirkt, die nach und nach eine Erhöhung der Preise hervorruft.“[72]

Diese allmähliche Preiserhöhung wirkt aber nicht auf alle Waren in gleicher Weise. Hier kommt Cantillon das FLÜSSIGKEIT–Modell zu Hilfe, das auch bei der Erklärung der Umlaufgeschwindigkeit unverzichtbar ist. Je nachdem in welche „Kanäle“ das zusätzliche Geld fließt, d. h. welche Waren damit gekauft werden, ist eine Preissteigerung dieser Waren zu erwarten.

> „Ich ziehe die Schlußfolgerung, daß eine Vermehrung des Bargeldes in einem Staate hier immer eine Erhöhung des Konsums und die Gewöhnung an größere Ausgaben mit sich bringt. Die Teuerung aber, die dieses Geld verursacht, ergreift nicht alle Arten von Lebensmitteln und Waren in gleicher Weise, entsprechend der Menge dieses Geldes, falls nicht das eingeführte Geld in den gleichen Kanälen des Umlaufes fließt wie das ursprünglich vorhandene Geld, d. h., falls nicht jene, die auf den Märkten eine Unze Silber boten, dieselben und einzigen sind, die jetzt nach der Vermehrung des umlaufenden Geldes auf das doppelte Gewicht zwei Unzen bieten, was aber nie vorkommt. Nach meiner Auffassung erteilt, falls eine beträchtliche Menge zusätzlichen Geldes in einen Staat eingeführt wird, dieses neue Geld dem Konsum eine neue Richtung und beschleunigt selbst den Umlauf, aber es ist nicht möglich, das wirkliche Ausmaß davon festzulegen.“[73]

Wichtiger als diese erklärende Modifikation der Quantitätsgleichung ist die detaillierte Berücksichtigung der Umlaufgeschwindigkeit in der MECHANIK, die zwischen Geldmenge, Gütermenge und Preisniveau angenommen wird. Diese Mechanik ist bestimmt durch das tatsächlich im Umlauf vorhandene und wirkende (Bar–)Geld. Je nachdem, wie schnell es fließt, wirkt es. Eine Geldeinheit kann de facto wie drei wirken, wenn sie dreimal so schnell umgesetzt wird. Hier ist also ähnlich wie bei Hume (nur inhaltlich anders gelagert) der Aspekt der ELASTIZITÄT in die Quantitätsmechanik eingeführt, und zwar über die Umlaufgeschwindigkeit des Geldes[74]. Für Cantillon gilt daher

> „[...] daß eine Beschleunigung oder eine größere Geschwindigkeit des Geldumlaufes im Tauschverkehr bis zu einem gewissem Punkt wie eine Vermehrung des Bargeldes wirkt.“[75]

Diese Umlaufgeschwindigkeit des Geldes wird auch dadurch beeinflußt, daß oft Geld gehortet oder einfach zu eventuellen Zahlungszwecken gehalten wird. Das heißt, daß die Höhe der Kassenhaltung in einer Wirtschaft die Umlaufgeschwindigkeit beeinflußt[76]. Je größer die in den Kassen zurückgehaltenen

[72] Cantillon (1755/1931), S. 104.

[73] Cantillon (1755/1931), S. 115.

[74] Hoffmann (1907), S. 287: Cantillon „[...] sah in der Elastizität der Zirkulationsgeschwindigkeit den Faktor, der es gestattete, eine größere Warenmenge bei gleichbleibender Geldmenge im Umlauf zu erhalten, ohne daß eine Preisrevolution eintrat.“

[75] Cantillon (1755/1931), S. 104.

[76] Cantillon (1755/1931), S. 94: „Manche Eigentümer, Unternehmer und andere behalten immer einiges Bargeld in ihren Taschen oder in ihren Kassen für unvorhergesehene Fälle zurück, um nicht auf das Trockene zu kommen. Wenn ein Herr die Beobachtung

Geldbestände sind, umso schneller muß das noch im Umlauf vorhandene Geld fließen, damit das Preisniveau erhalten bleiben kann[77].

Der Geldwert ist umgekehrt proportional zum Preisniveau und daher auch mechanisch erklärt. Von Bedeutung ist bei Cantillon hier — neben der Umlaufgeschwindigkeit als elastisch wirkendem Faktor — die Trennung des durch die Produktionskosten bestimmten „inneren Geldwert" („valeur intrinsèque") vom durch die Mengenmechanik bestimmten „äußeren" Geldwert [78]. Wichtig für die Fragestellung der vorliegenden Arbeit sind Cantillons sprachreflektierende Äußerungen. Im nachfolgenden Zitat kommt klar zum Ausdruck, daß sich Cantillon der Tatsache bewußt ist, daß die Versprachlichung von Theoriekonzepten nicht ohne den Rückgriff auf metaphorische Modelle (hier: INNEN-AUSSEN, CONTAINER) auskommt. Indikatoren dafür sind die jeweiligen Ausdrucksseiten.

> „Der Sprachgebrauch hat den Ausdruck innerer Wert dem Gold und dem Silber vorbehalten, um die Menge echten Goldes oder Silbers zu bezeichnen und anzuzeigen, die der ungemünzte Barren enthält, indessen habe ich mich in dieser Abhandlung des Ausdrucks innerer Wert immer bedient, um die Menge an Boden und Arbeit zu bestimmen, die in die Produktion der Dinge eingeht, weil ich kein geeigneteres Wort gefunden habe, um meinen Gedanken auszudrücken."[79]

Cantillon weiß um die Verwechslungsmöglichkeit und bleibt dennoch bei der metaphorischen Formulierung, in Ermangelung einer geeigneteren — vielleicht nichtmetaphorischen? — Ausdrucksweise. Hier zeigt sich m. E. einmal mehr ganz deutlich, daß die Basiskonzepte als Bestandteile metaphorischer Modelle auch in den Theoriesprachen unhintergehbar sind.

---

gemacht hat, daß er im Laufe eines Jahres niemals weniger als zwanzig Louis in seiner Tasche hatte, kann man sagen, daß diese Tasche zwanzig Louis während des Jahres aus dem Umlauf zurückgehalten hat. Man liebt es nicht, alles bis auf den letzten Sou auszugeben, man hat es gerne, nicht ganz blank zu sein und einen neuen Nachschub zu bekommen, ehe man von dem Geld, das man besitzt, etwas bezahlt, selbst eine Schuld."

[77] Vgl. dazu Cantillon (1755/1931), S. 95.

[78] Der **innere Wert**, der eigentliche Wert der Dinge, bestimmt sich über die Begriffe BODEN und ARBEIT: „Ich glaube, daß man nach diesen Überlegungen und Beispielen verstehen wird, daß der innere Preis oder Wert einer Sache das Maß der Menge von Boden und Arbeit ist, die in seine Erzeugung eingeht, wobei auf Güte oder Ertrag des Bodens und die Qualität der Arbeit Rücksicht zu nehmen ist." Cantillon (1755/1931), S. 19.
Dementgegen wird der **Marktwert** — auch der der Edelmetalle — durch Angebot und Nachfrage reguliert: „Der Marktwert der Metalle ebenso wie der aller Waren oder Nahrungsmittel, liegt bald über, bald unter dem inneren Wert und wechselt, je nachdem sie in Überfluß vorhanden oder knapp sind, und entsprechend dem Verbrauch an ihnen." Cantillon (1755/1931), S. 63.
Nun kennt Cantillon natürlich auch die in seiner Zeit gängige Regelung, nach der man vom inneren Wert vorwiegend in bezug auf Gold und Silber sprach und damit den Feingehalt von Barren oder Münzen meinte. Cantillon will seine Verlagerung des inneren Wertes auf BODEN und ARBEIT davon abgegrenzt wissen.

[79] Cantillon (1755/1931), S. 69.

Nun sind Boden und Arbeit in ihrer jeweiligen Kombination schwer meßbar (quantitativ und qualitativ). Wieviel von beiden Faktoren in ein Gut eingegangen sind, kann nach Cantillon mit Hilfe des Geldes gemessen werden.

> „Das Geld oder die Münze, in der sich im Tauschverkehr die Wertverhältnisse ausdrücken, ist das sicherste Maß, um über die Gleichung von Boden und Arbeit und über deren gegenseitigen Beziehungen in den verschiedenen Ländern ein Urteil zu gewinnen, in denen diese Gleichung je nach dem größeren oder geringeren Bodenertrag, der den Arbeitenden zufällt, wechselt.“[80]

Von da aus läßt sich die Verbindung zur Quantitätsgleichung wieder herstellen. Eine Münze repräsentiert eine bestimmte Menge an Boden und Arbeit, die zu ihrer Herstellung notwendig waren. Ebenso jedes andere Gut, das gegen gleiche Mengen von Boden und Arbeit in Form von Geld eingetauscht werden kann. Der Marktwert schwankt um den inneren Wert der Güter.

> „Wenn die Pächter in einem Staat mehr Getreide als gewöhnlich anbauen, d. h. viel mehr Getreide, als für den jährlichen Verbrauch notwendig ist, wird der innere und wirkliche Wert des Getreides dem Boden und der Arbeit entsprechen, die in seine Erzeugung eingehen; da es aber in zu großem Überfluß vorhanden ist und mehr Verkäufer als Käufer da sind, wird der Marktpreis des Getreides notwendig unter den inneren Preis oder Wert sinken. Wenn umgekehrt die Pächter weniger Getreide anbauen als der Verbrauch erfordert, wird es mehr Käufer als Verkäufer geben und der Marktpreis des Getreides wird über seinen inneren Wert steigen.
> Es gibt niemals Schwankungen in dem inneren Wert der Güter; aber die Unmöglichkeit, in einem Staat die Erzeugung von Waren und Nahrungsmitteln dem Verbrauch anzupassen, erzeugt tägliche Änderungen und ein ständiges Auf und Ab der Marktpreise.“[81]

Dieser in der OBEN–UNTEN–Metaphorik versprachlichte Sachverhalt gilt auch für das Geld. Gibt es zuviel bezogen auf die Nachfrage, so sinkt der Marktpreis und umgekehrt, wobei die Umlaufgeschwindigkeit noch modifizierend auf die Menge wirkt. Cantillon liest damit den Geldwert am Preisniveau ab. Beide verhalten sich reziprok zueinander.
Zur Stabilisierung des Geldwertes empfiehlt er staatliche Eingriffe in die Geldmenge. Bei zu hohen Preisen (→ niedriger Geldwert, hohe Geldmenge) solle ein Teil des Geldes aus der ZIRKULATION abgezogen und gehortet werden, bei gleichbleibender Geldmenge die UMLAUFGESCHWINDIGKEIT herabgesetzt werden.

> „Aus diesem Grunde sollte wohl, wenn ein Staat durch den Handel wächst, und der Geldüberfluß die Preise des Bodens und der Arbeit zu sehr in die Höhe treibt, der Fürst oder die gesetzgebende Macht Geld einziehen, es für unvorhergesehene Fälle aufbewahren und danach trachten, seinen Umlauf mit allen Mitteln, außer jenen des Zwanges und des Vertrauensmißbrauches,

[80] Cantillon (1755/1931), S. 28. [Kursive getilgt – M. H.]
[81] Cantillon (1755/1931), S. 19f.

zu verlangsamen, um der zu großen Verteuerung der Erzeugnisse zuvorzukommen und die bösen Folgen des Luxus zu verhindern."[82]

7.5 Exkurs: François Quesnay und A. R. J. Turgot

Ganz im Zentrum der Wertbestimmung stand der Begriff BODEN bei den Physiokraten. Die sprachliche Umsetzung ihrer Vorstellungen möchte ich in einem Exkurs skizzieren, da man sich bei diesen Quellen von der engeren Geldtheorie entfernt.

Die physiokratische Wirtschaftstheorie, dargestellt im berühmten „Tableau économique" von **François Quesnay**, ist ein ausgezeichnetes Beispiel für die bedeutungs- und verstehenskonstituierende Funktion metaphorischer Modelle in der Wirtschaftssprache. An ihm läßt sich zeigen, daß die Verwendung metaphorischer Modelle nicht geldtheoriespezifisch, sondern auch in anderen Theoriesektoren anzutreffen ist. Die Physiokratie mag dabei als ein Beispiel für viele stehen[83].

Quesnay entwirft eine gesamtwirtschaftliche Theorie, die auf den metaphorischen Modellen KREISLAUF, WACHSTUM, HANDLUNG und generell MECHANIK basiert. Der KREISLAUF besteht aus drei (Bevölkerungs-)Klassen: 1. der produktiven Klasse, d. h. der Landwirtschaft, 2. der sterilen Klasse, d. h. dem Handwerk und den Dienstleistern und 3. den Grundbesitzern. Zwischen diesen drei Gruppen zirkulieren Geld und Güter in der Form, daß Grundbesitzer und Handwerker landwirtschaftliche Produkte der produktiven Klasse kaufen, diese wiederum Produkte von den Handwerkern kaufen und an die Grundbesitzer z. B. Pacht bezahlen. Grundbesitzer kaufen ebenfalls von Handwerkern und damit ist der Kreislauf geschlossen[84]. Mit diesem Modell, das der von Hause aus als Mediziner tätige Quesnay in Analogie zum menschlichen Blutkreislauf entwickelte[85], begründete er zugleich die volkswirtschaftliche Kreislauftheorie.
Wie aus der Bezeichnung der einzelnen Wirtschaftsklassen schon zu erkennen war, verwendet Quesnay nicht nur das KREISLAUF-Modell, sondern auch Submodelle aus LEBEWESEN — hier besonders ORGANISMUS. Nur die Landwirtschaft ist in Quesnays Theorie (wertschaffend) produktiv, nur sie ist im WACHSTUM-Modell gesprochen *produktiv*. Die „sterile Klasse"[86] erzeugt nichts im eigentlichen Sinne, sondern verkauft Dienstleistungen an

---

82 Cantillon (1755/1931), S. 118. Zur Bemessung der ‚richtigen' Geldmenge, 1/3 der Renten aller Grundeigentümer, vgl. ebd. S. 119 f. Zu den Risiken einer zu geringen Geldmenge vgl. ebd. S. 185.

83 Als einen weiteren ganz offenkundigen Fall der Wirtschaftstheoriegeschichte, in dem auf metaphorische Modelle zurückgegriffen wird, sei auf Thünens „Isolirter Staat" verwiesen. Hier wird die Wirtschaft eines Landes in einem Modell mit sieben konzentrischen Kreisen um die zentrale Stadt (den Markt) gedacht. Thünen (1842), vgl. auch Stavenhagen (1969), S. 107 ff.

84 Vgl. die Darstellung bei Schmölders (1962), S. 18-23 und Quesnay (1758/1921), S. 23-35.

85 Schmölders (1962), S. 18.

86 Quesnay (1758/1921), S. 24.

die Grundbesitzer und die produktive Klasse. Von letzterer erhält sie dafür landwirtschaftliche Produkte.

Die ZIRKULATIONS- und WACHSTUMS-Metaphorik treten dann auch bei den Ausführungen zu GELD auf. Wichtig ist dabei, daß sich möglichst alles Geld, gedacht als Einkommen, im Umlauf befindet.

> „Die Gesamtsumme des Einkommens trete in die jährliche Zirkulation ein und durchlaufe sie in ihrer ganzen Ausdehung."[87]

Ganz selbstverständlich ist GELD hier ein im UMLAUF befindlicher CONTAINER; wenn man die Analogie des Blutkreislaufs im menschlichen Körper ‚mitdenkt', dann kann „Zirkulation" als die Bewegung der FLÜSSIGKEIT, des BLUTES im KREISLAUF gelesen werden. Echter Wohlstand, Werte im Sinne Quesnays, können nur durch die Landwirtschaft (Dominanz des Faktors BODEN) geschaffen werden; daher sind ihm auch Geldvermögen suspekt. Das Modell MENSCH klingt an, wenn er Geldvermögen als „heimliche Reichtümer, die weder König noch Vaterland kennen."[88] bezeichnet. Geldvermögen — hier als BEWUSST HANDELNDE MENSCHEN verstanden — weisen auch STOFFWECHSEL in Form von Schuldzinsen auf, die eine Gefahr für den Staat sein können.

> „*Der Staat vermeide Anleihen, welche Geldrenten bilden*, die ihn mit fressenden Schulden belasten und durch die Vermittlung von verkäuflichen Papieren einen Handel oder Verkehr in Geld veranlassen, wo der Diskont die sterilen Geldvermögen mehr und mehr vergrößert."[89]

Nur wenn Geld zur Förderung der Güterproduktion eingesetzt wird, ist es wirklich produktiv; andernfalls — z. B. beim Ämterkauf o. ä. — ist seine Wirkung und sein Umlauf *steril*.

> „Man darf unter den Vermögen, die in die Zirkulation zurückfließen, nicht einfach diejenigen verstehen, welche sich zerstören, sondern auch die sterilen oder müßigen Vermögen, die tätig werden, und die z. B. als Vorschüsse für die großen nutzbringenden Landwirtschafts-, Handels- und Industrieunternehmungen verwendet werden [...]. Gerade durch diese wohl angelegten tätigen Vermögen hat ein Staat Bestand [...]. Dieselbe Ansicht darf man aber nicht von den Geldvermögen haben, die sich Zinsen aus dem Geldvermögen ziehen, und die nicht auf produktiven Anlagen beruhen, noch von jenen, welche zur Erwerbung überflüssiger Ämter, Privilegien usw. verwendet werden; ihre sterile Zirkulation verhindert sie nicht, fressende und für die Nation drückende Vermögen zu sein."[90]

Geld selbst, d. h. Bargeld ist eo ipso *steril*, da es nur auf Reichtum, auf durch landwirtschaftliche Produktion geschaffene, echte Werte verweist. Nur als Tauschmittel ist es sinnvoll. Echte Werte können aus Geld nicht entstehen, da es sich nach Meinung Quesnays nicht selbst reproduzieren könne, wie dies für landwirtschaftliche Produkte, für aus dem Boden stammende Güter gilt.

---

[87] Quesnay (1758/1921), S. 57 [Kursive getilgt - M. H.].
[88] Quesnay (1758/1921), S. 63.
[89] Quesnay (1758/1921), S. 63.
[90] Quesnay (1758/1921), S. 73.

> „Das Geld ist also in einem Staate nur soweit ein aktiver und tatsächlich vorteilhafter Reichtum, als es unaufhörlich Reichtum für Reichtum zurückgibt; weil das bare Geld an sich nur ein steriler Reichtum ist, der in einer Nation keinen anderen Nutzen hat, als seine Verwendung für die Verkäufe und Käufe, und für die Bezahlung der Einkünfte und der Steuer, die ihn wieder in Zirkulation setzen; so daß ein und dasselbe Geld abwechselnd und ununterbrochen diesen Bezahlungen und seiner Verwendung im Handel Genüge leistet."[91]

Die Fixierung Quesnays auf die Modelle KREISLAUF und WACHSTUM hatte auch Konsequenzen in seinen wirtschaftspolitischen Vorschlägen. Steuern sollten demnach nur auf echtes Vermögen, also produktives Vermögen, erhoben werden, wenn sie dauerhaft eingetrieben werden sollen. Nur vom fruchtbaren Teil des Wirtschaftsorganismus kann man ohne Schaden für das Ganze etwas abzweigen, da sich hier das fehlende wieder selbst nachbildet. Dies gilt natürlich nicht für die sterilen Organismusteile (Dienstleister und Grundbesitzer). Als aus heutiger Sicht eigentümlich anmutende Konsequenz dieser WACHSTUMS-Argumentation ergibt sich so die Besteuerung der Landwirtschaft, während Einkünfte aus Grundbesitz und Geldvermögen (Pacht, Zinsen) unversteuert sind.

Einer der bedeutendsten Schüler und Nachfolger Quesnays war der unter Ludwig XIV. als Finanzminister tätige **Anne Robert Jaques Turgot**. Er wird hier erwähnt, weil er insbesondere zu GELD noch weitergehende Aussagen macht. Turgot übernimmt Quesnays Drei-Klassen-Schema und betont ebenfalls den Vorrang der Landwirtschaft bei der Bildung von wirtschaftlichen Werten, von Reichtum.

> „Obgleich nun der Landwirt auf das Entgelt seiner Arbeit beschränkt ist, behält er doch den natürlichen und physischen Vorrang, der ihn zum ersten Motor der ganzen gesellschaftlichen Maschine, und von seiner Arbeit allein seinen Unterhalt, den Reichtum des Grundeigentümers und den Lohn aller anderen Arbeiter abhängig macht."[92]

Daneben erkennt er auch die Möglichkeiten der Reichtumsakkumulation bei Dienstleistern und Grundbesitzern. ARBEIT ist in bezug auf die Landwirtschaft mit der Teilbedeutung 'produktiv' und in bezug auf den Dienstleistungssektor mit 'steril' verknüpft, also mit Komponenten aus WACHSTUM bzw. ORGANISMUS.

Die dritte Möglichkeit, zu Reichtum zu gelangen, ist Geldvermögen. KAPITAL wird dabei als eine Anhäufung von GELD (CONTAINER) verstanden, aus der ZINS entnommen werden kann. Das heißt „daß man von seinem Kapital lebt, oder vielmehr von dem Zins, den man daraus zieht, indem man es ausleiht."[93] Turgot nimmt eine klare Trennung zwischen GELDVERMÖGEN und KAPITAL vor. Diese Trennung erklärt er im WACHSTUM-Modell. KA-

---

91 Quesnay (1758/1921), S. 83.
92 Turgot (1766/1903), S. 12.
93 Turgot (1766/1903), S. 21.

PITAL ist meist nicht GELD, GELD ist das, was beim WACHSTUM des KAPITALS herauskommt und dann sofort wieder in andere Kapitalformen transformiert wird.

> „Wir haben gesehen, daß das Geld in der Totalsumme der vorhandenen Kapitalien fast nicht zählt; aber es kommt sehr bei der Bildung des Kapitals in Betracht. In der Tat werden fast alle Ersparnisse nur in Geld gemacht. In Geld werden den Grundeigentümern ihre Einkünfte bezahlt, den Unternehmern aller Art ihre Vorschüsse und Gewinne zurückerstattet. Geld also ersparen sie, und in Geld vollzieht sich das jährliche Wachstum des Kapitals. Aber alle Unternehmer verwenden es nur dazu, um es auf der Stelle in verschiedene Arten von Dingen umzusetzen, auf denen ihre Unternehmung beruht. So tritt denn das Geld in die Zirkulation zurück, und der größte Teil des Kapitals besteht nur in Form verschiedenartiger Gegenstände [...]."[94]

Geldtheoretisch ist Turgot Warentheoretiker. Zum GELD kann nur etwas gehören, was selbst einen (Material-)Wert hat. Umgekehrt sind alle Güter grundsätzlich mit der Geldeigenschaft in dem Sinne versehen, daß sie prinzipiell als Tauschmittel dienen können.

Wie Quesnay so stellt sich auch Turgot den GELDUMLAUF in Analogie zum BLUTKREISLAUF (LEBEWESEN) vor. Die Tätigkeit des Unternehmers, Kapital zu investieren (*Vorschießung*) und später mit Gewinn zurückzuerhalten (*Zurückfließen*) setzt den Geldkreislauf in Gang.

> „Dieses beständige Vorschießen und Zurückfließen des Kapitals bildet, was man die ‚Zirkulation des Geldes' zu nennen hat, diesen nützlichen und fruchtbaren Kreislauf, der alle Arbeiten der Gesellschaft beseelt, der Bewegung und Leben im politischen Körper unterhält, und den man mit Recht mit dem Kreislauf des Blutes im tierischen Körper vergleichen kann."[95]

Wie an dieser Stelle so bewegt sich Turgot auch sonst bezüglich des Geldbegriffs in den zu seiner Zeit gängigen metaphorischen Bahnen.
Interessant ist zusätzlich sein Erklärungsversuch des Zinsphänomens der den kognitiven Rückgriff des Autors auf das MECHANIK-Modell erkennen läßt. Zunächst geht er davon aus, daß die Höhe des Zinses vom Kapitalangebot (nicht von der vorhandenen Edelmetallmenge) abhängt. Der Geldwert ist so vom Edelmetallwert abhängig, die Höhe des Geldzinses nicht.

> „Bei der Bewertung des Geldes im Vergleich zu anderen Gütern ist das Geld als Metall Gegenstand der Schätzung. Bei der Bewertung des Geldzinses umgekehrt ist die Benutzung des Geldes während einer bestimmten Zeit Gegenstand der Schätzung. [...] Der Preis des Silbers auf dem Markt hängt nur von der Menge dieses Metalles ab, die zu den laufenden Tauschgeschäften verwendet wird; aber der Zinsfuß ist von der Menge der angehäuften und zur Kapitalbildung zurückgelegten Werte abhängig; es ist gleichgültig ob diese Werte in Metall oder anderen Gütern bestehen, wenn sie nur leicht in Geld umgesetzt werden können."[96]

---

[94] Turgot (1766/1903), S. 77.
[95] Turgot (1766/1903), S. 51.
[96] Turgot (1766/1903), S. 59f.

Wichtig ist also nur die schnelle Monetarisierbarkeit des Kapitals. ZINS wird so zu einer Möglichkeit, die Kapitalmenge zu ermessen. Diese, nicht die bloße Geldmenge, ist für Turgot die für die Wirtschaft entscheidende Größe.

> „Der landläufige Geldzins ist das Thermometer für den Überfluß oder die Seltenheit des Kapitals. Er bemißt die Ausdehnung, die ein Volk seinen landwirtschaftlichen, gewerblichen und kaufmännischen Unternehmungen geben kann."[97]

Zuletzt sei noch auf die Verbindung des MECHANIK-Modells (FLÜSSIGKEIT, PEGELSTÄNDE etc.) mit dem in der Physiokratie generell wichtigen WACHSTUM-Modell (hier als FRUCHTBARKEIT) hingewiesen. Turgot erläutert die positiven Wirkungen eines niedrigen Geldzinses und umgekehrt die Nachteile eines hohen Geldzinses folgendermaßen:

> „Man kann den Zinsfuß als eine Art Niveau betrachten, unterhalb dessen alle Arbeit, alle Bodenkultur, alle Industrie, aller Handel aufhören. Er gleicht einem Meere das über ein weites Land ausgebreitet ist: die Bergspitzen ragen aus dem Wasser heraus und bilden fruchtbare und kultivierte Inseln. Wenn dieses Meer abfließt, kommen in dem Maße, als es fällt, die Abhänge, dann die Ebenen und Täler zum Vorschein und bedecken sich mit Erzeugnissen aller Art. Es genügt, daß das Wasser um einen Fuß steige oder falle, um unendliche Küsten zu überschwemmen, oder sie der Kultur zurückzugeben. Der Überfluß an Kapital ist es, der alle Unternehmungen belebt, und der niedrige Zinsfuß ist zugleich die Wirkung und das Merkmal dieses Überflusses."[98]

7.6 J. H G. von Justi und Joseph von Sonnenfels

In **Johann Heinrich Gottlob von Justi** und **Joseph von Sonnenfels** begegnen uns zwei Autoren, die hauptsächlich in der zweiten Hälfte des 18. Jahrhunderts schreiben, und die man als die prominentesten Vertreter des Kameralismus im deutschsprachigen Raum bezeichnen kann. In ihren Schriften finden sich im Zusammenhang mit Vorschlägen zur Regelung und Verbesserung der Staatsfinanzen an verschiedenen Stellen quantitätstheoretische Reflexionen zum Geldbegriff. Argumentieren beide Autoren im wesentlichen in geldtheoretischen Fragen ähnlich, so kann an ihnen doch gezeigt werden, wie ein Theoriebegriff mit Hilfe eines zusätzlich herangezogenen metaphorischen Modells (GESCHWINDIGKEIT bei Sonnenfels) klarer erkannt und vermittelt werden kann.
Beide Autoren stehen in derselben Tradition metaphorischen Sprechens. Alle in Kap. 4.3 aufgeführten metaphorischen Modelle werden von ihnen verwendet. Ich möchte daher bei beiden nur noch diejenigen Aspekte hervorheben, die die konstitutive Funktion der Metaphern im Theoriesystem besonders deutlich machen können. Auffällig ist dabei — besonders bei Justi, der das Modell GESCHWINDIGKEIT in bezug auf den Geldumlauf nicht aktiviert

---

[97] Turgot (1766/1903), S. 65.
[98] Turgot (1766/1903), S. 66 f.

und diesen ganz in ORGANISMUS abhandelt (*lebhafter Umlauf* etc.) — daß beide Autoren auf teilweise bereits überwundene Positionen in der Quantitätstheorie zurückgreifen (z. B. von Locke oder Cantillon).

Justi geht in seiner Definition des Begriffs GELD strikt von der Stoffwertbindung aus. Geld ist zur Erleichterung sowohl des inländischen als auch ausländischen Tausches/Handels eingeführt worden. Dabei liegt die Betonung weniger auf den Teilbedeutungen, die die 'Geldfunktionen' zum Ausdruck bringen, als auf dem — warentheoretisch gesprochen — 'Wert des Edelmetalles', aus dem die Münzen bestehen. Der 'Edelmetallwert' ist der entscheidende Teil der Gelddefinition. Die INNEN–AUSSEN–Metaphorik kehrt so im „äusserlichen" und „innerlichen Werth" des Geldes wieder. Der äußere Geldwert ist nach Justi nur durch die unselige Praxis der Münzverschlechterungen, des Schlagschatzes u. ä. entstanden. In diesen Praktiken sieht er gravierende Handelshemmnisse und Folgen für das Geldwesen begründet.

> „Der wahre Endzweck des Geldes zum Dienste der Commercien erfordert weder innerlichen noch äusserlichen Werth. Diese sind nur durch den Mißbrauch des Geldes entstanden. Es solte weiter nichts als die Feine des Goldes und Silbers und das Gewicht darauf bemerket seyn; und aller Handel, oder Umtauschung solte nach dem Gewicht geschehen."[99]
>
> „Sie [die Regierungen – M H.] haben dannenhero an dem innerlichen Werth der Münzen beständig abgezwacket, und denenselben einen desto größeren Zusatz von geringen Metallen gegeben. Daraus ist also der Unterschied der Münzen nach ihren wahren innerlichen Gehalt, und nach ihren äußerlichen, oder numerairen Werth entstanden."[100]

Wie schädlich Münzverschlechterungen sind, demonstriert Justi im Modell des Staates als ORGANISMUS. Dieser wird von der KRANKHEIT der Münzverschlechterung befallen und dadurch langsam immer schwächer.

> „Allein, wie will man dem Staatskörper wieder helfen, welcher durch dieses verdammliche Mittel ärger, als durch die Schwindsucht ausgezehret ist [...]."[101]

Anstatt die umlaufenden Münzen in ihrem Feingehalt zu verringern, soll sich die Regierung besser einer Aufgabe widmen, die den Staatsorganismus belebt. Gemeint ist die Erhöhung der Geldmenge und die Förderung des Geldumlaufs. Letzteres Ziel wird Justi nicht müde immer wieder in der ORGANISMUS–Metaphorik in seiner Relevanz vorzuführen.

> „Man siehet demnach leicht, daß die Vorsorge der Regierung bey dem Umlaufe des Geldes, der vor den Nahrungsstand überaus wichtig ist, hauptsächlich dahin gerichtet seyn muß, daß sie alles dasjenige sorgfältig verhütet, was die Circulation des Geldes hemmen, oder die Summe des umlaufenden Geldes vermindern kann."[102]

---

99 Justi (1759), S. 162. Ähnlich Justi (1766), S. 324.

100 Justi (1760), S. 601 f. Der „äußere" Geldwert ist nach Justi der Grund aller Übel (Preissteigerung, Geldabfluß, Scheidemünzen verdrängen Kurantmünzen, schlechtes Geld verdrängt gutes Geld).

101 Justi (1760), S. 605.

102 Justi (1759), S. 165.

GELD ist FLÜSSIGKEIT. Wie ein wirklich ungehinderter Geldfluß im Staatskörper aussieht, schildert der Autor folgendermaßen:

„[...] und wenn wir die Natur des Umlaufes recht bestimmen wollen; so müssen wir uns denselben vorstellen, wie er beschaffen seyn würde; wenn er vollkommen nach seinen natürlichen Wirkungen erfolgte, und nicht die geringste Hinterniß im Staat fände. Wenn dieser Zusammenfluß durchaus natürlich wäre; so würden das Geld und die Waaren einander wechselsweise an sich ziehen, und wenn sie ihren Zusammenfluß verrichtet hätten; so würde sich das Geld ohne alle Verminderung wieder in alle Zweige des Nahrungsstandes vertheilen; eben so wie in einem vollkommen gesunden Menschen das Bluth nach dem Herzen circuliret, und sich von daraus zwar in unendliche Adern und Bluthgefäße, aber ohne alle Verminderung, Hemmung und Stockung wieder vertheilet. Diese Vergleichung ist vollkommen richtig; denn alle Zweige des Nahrungsstandes haben eben einen so genauen Zusammenhang und Verbindung mit einander, als die Bluthgefäße in dem menschlichen Körper.“[103]

Der Logik des ORGANISMUS-Modells entspricht es auch, daß jeder FLÜSSIGKEITS-Verlust nachteilig für den gesamten ORGANISMUS sein muß. Daneben ist eine FLÜSSIGKEITS-Vermehrung nur dann sinnvoll, wenn ihr eine Erhöhung der Warenproduktion bzw. des Warenumsatzes entspricht. Die Geldmengenerhöhung ist nicht Selbstzweck, sondern nur als wirtschaftlicher Stimulus sinnvoll. Dieses Verhältnis erklärt Justi im MECHANIK-Modell, in dem er auf das physikalische Gesetz verweist, nach dem zur Herstellung eines GLEICHGEWICHTS einander entsprechende KRÄFTE auf beiden Seiten (Geld – Ware) vorhanden sein müssen.

„Der Umlauf ist ein beständiger Zusammenfluß des Geldes und der Waaren, die sich wieder in alle Theile des Nahrungsstandes ausbreiten [...]. Aus dieser richtigen Erklährung des Umlaufes folgen zwey Wahrheiten, die vor dem Zusammenhang des Nahrungsstandes von großer Wichtigkeit sind. Erstlich, daß kein Geld aus dem Umlaufe herausgehen kann, ohne, daß in diesen, oder jenen Theilen des Nahrungsstandes eine Leere entsteht, die den Umlauf unterbricht, ein Theil Arbeiter außer Nahrung setzet, und so viel schädliche Folgen in den ganzen Nahrungsstand verbreitet, daß es allemal besser gewesen wäre, diese Summe wäre niemals in dem Umlaufe gewesen, als daß sie nun wieder herausgehet. Die andere daraus folgende Wahrheit ist, daß das Geld und die Waaren, welche unaufhörlich zusammenfließen, und sich wieder vertheilen, ein gerechtes Verhältniß gegen einander haben müssen. Denn wenn die Summe Geldes, die mit den Waaren zusammenfließen soll, gar zu geringe ist; so kann sie ohne Zweifel nicht die Wirkung thun, die man von ihr erwartet, nämlich die Waaren in unaufhörliche Bewegung zu setzen. Das Gewicht muß ohne Zweifel dem Gegengewichte gleich seyn.“[104]

Obwohl schon Locke und Cantillon die Bedeutung der Umlaufgeschwindigkeit für die Ermittlung der tatsächlich wirksamen Geldmenge festgestellt hat-

[103] Justi (1760), S. 636.
[104] Justi (1760), S. 615.

ten, ist GESCHWINDIGKEIT bei Justi nicht thematisiert. Dies erklärt sich m. E. aus der engen Verbindung des Geldumlaufs mit dem spezifischen Modell des BLUTKREISLAUFS bei Justi. Die einfacheren, allgemeineren Modelle FLÜSSIGKEIT und ZIRKULATION ermöglichen anscheinend eine problemlosere Aktivierung von GESCHWINDIGKEIT als dies im BLUTKREISLAUF möglich ist. Ganz in dieser Metaphorik bleibt Justi auch dann, wenn er die Wirkung von Kreditpapieren (Geldsurrogaten) erläutert. Kreditpapiere erhalten ihren Wert dadurch, daß die Inhaber darauf vertrauen, daß sie die Papiere jederzeit in Geld einlösen können. Schwindet dieses Vertrauen, dieser „Credit", so werden die Papiere wertlos.

> „Wenn eine solche Banco einen vollkommenen Credit hat: so ist sie eines der allervortrefflichsten Mittel, wodurch der Mangel einer genugsamen Summe des circulirenden Geldes gehoben werden kann. Denn wenn die Papiere der Banco allenthalben einen so guten Credit haben, daß sie ohne Weigerung als baar Geld angenommen werden; so ist es eben das, als wäre die Summe des circulirenden Geldes um so hoch vermehret worden, als Bancopapiere vorhanden sind [...]. Allein, wenn diese Papiere nicht beständig in dem vollkommensten Credit erhalten werden; so ist der nachherige Schaden viel größer, als der vorhergehende Nutzen. Diese Papiere verlieren augenblicklich ihren Wert [da stoffwertlos – M. H.]; und es ist eben das, als wenn eine große Menge Blut aus dem menschlichen Körper auf einmal ausgestoßen wird. Denn dieses vermeynte [!] Geld, oder diese Zeichen des Geldes, werden auf einmal aus der Circulation ausgestoßen, und die Unordnung, die dadurch in dem Staatskörper entsteht, ist leicht einzusehen."[105]

Besonders deutlich hat Justi die wirtschaftlichen Vorgänge im ORGANISMUS des STAATES in folgendem Zitat ausgeführt. Hier zeigt sich, daß bei Bedarf in einem vorhandenen metaphorischen Modell (LEBEWESEN, Submodell ORGANISMUS), bisher nicht aktivierte Teile zur weiteren Erklärung des Zielkonzepts herangezogen werden können (*Adern, Herz*).

> „In der That kann man sich eine Republik sehr natürlich unter dem Bilde eines menschlichen Körpers vorstellen. Der Reichthum ist das Blut, die Gewerbe sind die Adern und die Regierung ist das Herz, in welches der in den Gewerben circulirende Reichthum durch die Abgaben nach und nach fließet, und sich von dar wieder in alle Theile des Staatskörpers durch den Aufwand der Regierung ergießet."[106]

An anderer Stelle wird LEBEWESEN mit MECHANIK verbunden, indem der STAAT zur MASCHINE wird. Diese Gleichsetzung entspricht der teilweise noch bis heute typischen Metaphorik, nach der der menschliche Körper — vor allem das Gehirn — als MASCHINE verstanden wird. Es verschmelzen hier also zwei metaphorische Modelle ineinander: ORGANISMUS/MASCHINE. Justi verwendet diese Konstellation bei der Behandlung der Geldsurrogate.

> „Sobald diese Papiere ihren Credit verlieren [...] so werden alle diese zeither in der Zirkulation gewesene Papiere auf einmal gleichsam gewaltsamer

105 Justi (1758), Bd. I, S. 218.
106 Justi (1758), Bd. I, S. 259.

> Weise aus der Circulation ausgestoßen [...]. Es ist eben das, als wenn der menschliche Körper durch große Verminderung auf einmal eine große Menge seines Geblütes verlieret; und eine gänzliche Entkräftung und Unthätigkeit, oder eine große Krankheit, ist die unvermeidliche Folge davon, wenn auch die gänzliche Zerstörung der Maschine sich nicht ereignet. [...] Die Circulation des Geldes in der Maschine des Staatskörpers ist eben daß, was die Circulation des Geblüts in dem menschlichen Körper ist; und der Verlust von einem großen Theile des circulirenden Geldes, oder der vorstellenden Zeichen desselben, hat auf den Nahrungsstand eben die Wirkung, welche der Verlust des Geblütes auf den menschlichen Körper hat."[107]

Tritt im Fall der Entwertung von Kreditpapieren ‚Blutverlust' ein, so sind Schulden im Staatorganismus wie eine Stockung/Verdickung des Blutes[108]. Beides ist selbstverständlich zu vermeiden. Auch die Begründung hierfür kann mit Hilfe des metaphorischen Modells geliefert werden. Blutersatz und -verflüssigung sind medizinisch zur damaligen Zeit zwar bedingt möglich, aber nicht unproblematisch. Deshalb wird sich ohne Not niemand zu solchen Maßnahmen bequemen wollen.

> „Wahrhaftig, einer solchen Gefahr muß sich ein Staat nie ohne Not und dringende Ursachen aussetzen. Ein Staatskörper, der mit Schulden beladen ist, ist ein siecher und kranker Körper, dessen Geblüt faul und stockend ist. Die Arztneykunst hat erfunden, einen solchen Körper ein besseres Geblüt in seine Adern einzuspritzen; und die Staatsverständigen sind auf die glückliche Erfindung gefallen, das dicke und verdorbene Geblüt eines mit Schulden beladenen Staats durch die Circulation der Papiere zu verdünnen und flüßiger zu machen. Aber, welcher gesunde Körper wird sich ohne alle Noth, und gleichsam zum Spaß, fremdes Geblüt in seine Adern spritzen lassen?"[109]

Der „Credit", das Vertrauen der Gläubiger auf die Zahlungsfähigkeit der Schuldner, ist ein ganz wichtiges Moment für den Erhalt des richtigen Geldumlaufs[110]. Das bedeutet z. B. für den Staat als Schuldner, daß er ganz besonders darauf bedacht sein muß, die anfallenden Schuldzinsen zu bezahlen, da andernfalls die Geldgeber ihr Geld aus dem Umlauf zurückziehen würden (Hortung) oder gar in anderen Ländern (Geldabfluß) anlegen könnten.

> „Denn wenn die vermögenden Personen aus Mistrauen und Besorgung des Verlusts ihr Geld und Güter niemand anvertrauen; sondern ungebraucht

---

107 Justi (1766), S. 571.

108 Ein Hindernis für den normalen Blutfluß ist das Zinsnehmen für Geld, das damit erst in den Umlauf kommt, aber eben nicht auf natürliche Weise, sondern: „Allein, es ist nun nicht mehr vermögend, den vorigen natürlichen und gesunden Umlauf zu erhalten. Es ist einem verdickten, und mit Fäulnis angesteckten Geblüthe gleich, welches den ganzen Körper beschweret." Justi (1760), S. 638.

109 Justi (1766), S. 571.

110 Justi (1759), S. 170: „Nachdem wir nun also die Hindernisse in der Circulation des Geldes vorgestellet haben; so siehet man leicht, daß die Beförderung des Umlaufes hauptsächlich darauf ankommt, daß alles Mißtrauen in Handel und Gewerben vermieden, ein gerechter Gewinnst darinnen befördert und auf alle Art der Ausfluß wichtiger Geldsummen aus der Circulation verhütet werde."

> bey sich liegen lassen, oder solches lieber in auswärtigen Ländern unterbringen: so wird sich wenig Geld in den Gewerben befinden, und mithin ein schlechter Umtrieb desselben vorhanden seyn. Eine weise Regierung muß demnach sorgfältig bemühet seyn, den Credit im Lande vollkommen aufrecht zu erhalten."[111]

Zum Abschluß sei darauf hingewiesen, daß auch für Justi nicht gilt, was den Kameralisten oftmals nachgesagt wird, nämlich, daß sie in erster Linie in der Anhäufung von Geld den Reichtum eines Staates erblickten[112]. Nicht Geld, sondern Güter und die sie produzierenden Menschen (Peuplierungspolitik) begründen den Reichtum eines Staates: „Der wahre Reichthum eines Staates bestehet in den Güthern, die zur Nothdurft und Bequehmlichkeit des menschlichen Lebens unentbehrlich sind;"[113]
Die Dominanz der Güter in ihrer Gesamtheit gilt auch für das ZIRKULATION-Modell. Zwar betrachtet Justi primär den **Geld**umlauf und widmet sich den Möglichkeiten ihn zu verbessern[114] und die Geldmenge zu erhöhen[115]. Die „Quelle des Umlaufs" ist jedoch die Gesamtheit aller Güter. Damit wird auch dieser Zusammenhang in einem metaphorischen Modell erklärt.

> „Jedoch muß man ohngeacht dieses gedoppelten Begriffes [Geld- und Güterumlauf - M. H.] niemals das Geld, als die Quelle des Umlaufes ansehen. Die wahre Quelle des Umlaufes bestehet allemal in den Güthern; und wo diese nicht vorhanden sind; so wird man vergeblich einen Umlauf erwarten."[116]

Weitgehend ähnlich — auch in der Metaphorik — argumentiert ein weiterer wichtiger Vertreter des Kameralismus: **Joseph von Sonnenfels**. Er unterscheidet sich von Justi, bezogen auf das linguistische Erkenntnisinteresse der vorliegenden Arbeit, in der Verwendung bestimmter metaphorischer Modelle. Dies hat auch Konsequenzen für die von ihm vorgetragene Theorie. Ich möchte mich bei der Analyse der Texte von Sonnenfels auf zwei Modelle beschränken: GLEICHGEWICHT und GESCHWINDIGKEIT. Das erste Konzept verwendet Sonnenfels, wie Justi, zur Erklärung der ‚richtigen' Proportion zwischen Gütermenge und Geldmenge, die diese Gütermenge bewegen soll. Ein Unterschied zu Justi besteht nur insofern, als Sonnenfels dieses Modell häufiger und expliziter anwendet.

---

111 Justi (1758), Bd. I, S. 276.

112 Vgl. kritisch zur angeblichen Gleichsetzung von GELD und REICHTUM z. B. Tautscher (1956), S. 465: „Kein Kameralist sagte jemals, daß das Geld volkswirtschaftlich Reichtum sei. Das Geld wurde von den Kameralisten in seiner sozialwirtschaftlichen Funktion als integrales Organisationsmittel erkannt."

113 Justi (1760), S. 610.

114 Um den Geldumlauf zu fördern (nicht zu beschleunigen!), empfiehlt Justi vier Mittel: 1. den Zusammenhang des Nahrungsstandes fördern, d. h. die gesamte (Land-)Wirtschaft fördern, 2. den Credit fördern, 3. Manufakturen und Handwerk fördern, 4. Betteln und Müßiggang eindämmen. Vgl. Justi (1758), Bd. I, S. 276.

115 Justi nennt drei mögliche Quellen: 1. die Edelmetallproduktion in den Bergwerken, 2. die Ansiedlung reicher Ausländer im Inland, 3. den Außenhandel. Vgl. Justi (1760), S. 647.

116 Justi (1760), S. 614.

„Die bloße Vermehrung der Geldsumme allein aber, wahrhaft, oder durch Papiere, hilft dem Uebel [Störung des Gleichgewichts – M. H.] nicht ab: vielmehr wird jede plötzliche Vermehrung der Geldmasse eine Waarensteigerung veranlassen, deren Folgen so lange schädlich sind, bis sich das Gleichgewicht zwischen Geld und Waaren allgemein hergestellt hat.“[117]

Im GLEICHGEWICHT–Modell liefert Sonnenfels auch die Begründung dafür, daß Münzverschlechterungen insgesamt, d. h. langfristig gesehen(!), wirkungslos sein müssen. Die MECHANIK zwischen Warenwert und Geldwert wird nur kurzfristig verändert werden können, es stellt sich dann wieder ein Ausgleich ein, der die wahren Werte/Gewichte zum Ausdruck bringt. Das Ergebnis dieser Verschiebung ist eine nominelle Preiserhöhung. Verringert ein Münzherr beispielsweise den Edelmetallgehalt der Münzen um $\frac{1}{3}$, so werden auch die Warenpreise um $\frac{1}{3}$ steigen.

„Es erfolgt daher eine allgemeine Steigerung, welche das Gleichgewicht zwischen Geld und Waaren herstellt: daß also durch die Münzerhöhung nichts weiter geschehen, als daß z. B. nun gesprochen wird, ich gebe 15, für etwas, da man vor der um ein Drittheil geschehenen Münzerhöhung sprach: ich gebe 10.“[118]

Verwendet Sonnenfels GLEICHGEWICHT lediglich expliziter als Justi, so thematisiert er mit GESCHWINDIGKEIT einen Aspekt, der bei Justi so nicht auftaucht. Justi versucht den Sachverhalt in der ORGANISMUS–Metaphorik zu erklären. Für beide Autoren gilt, daß der Geldumlauf möglichst *lebhaft* sein soll. Beide vertreten auch die Ansicht, daß eine geringere Geldmenge tendenziell den Geldumlauf ins Stocken bringen bzw. behindern könne. Sonnenfels drückt jedoch diesen Zusammenhang in GESCHWINDIGKEIT aus und kann so — zumindest bezüglich der Erhöhung der Umlaufgeschwindigkeit — erklären, wie dieselbe Geldmenge wirksamer sein kann.

„Hieraus läßt sich das Wesen des Umlaufs [...] erklären, und seine Wirkung auf die Belebung der Aemsigkeit darthun. Der Umlauf ist die Wiederholung des Umsatzes von Waare gegen Geld, und von Geld gegen Waare [...]: die Wirkung des Umlaufs ist die Vermehrung der Beschäftigung, wo immer das Geld durchzieht [...]; die Größe des Vortheils hängt davon ab, je schneller, oder langsamer [GESCHWINDIGKEIT – M. H.] die Wiederholung des Tausches geschieht: der Vortheil des Umlaufs ist also das Produkt, wenn die umlaufende Summe des Geldes durch die Zahl des Umlaufs vermehrt wird; [...] eine Million also die ihre Verrichtung in einer gewissen Zeit nur einmal macht, wird gleich 100,000, welche in derselben Zeit zehnmal verkehrt werden.“[119]

Wie Justi so erachtet es auch Sonnenfels für wichtig, alle Hindernisse des Umlaufes zu beseitigen. Wie Cantillon so erkennt auch Sonnenfels, daß eine geringere Geldmenge durch eine erhöhte Umlaufgeschwindigkeit de fac-

[117] Sonnenfels (1769), S. 370.
[118] Sonnenfels (1769), S. 328.
[119] Sonnenfels (1769), S. 335 f.

to ausgeglichen werden kann[120]. Dieser Ausgleich muß jedoch bewußt von außen erfolgen. Etwa durch eine Verkürzung der Lohnzahlungsintervalle (bei entsprechend geringeren Einzelzahlungen) von staatlicher Seite. Diese Steuerungsmöglichkeit kann dann die Geldmengenverringerung ausgleichen.

> „Das einzige Mittel den Abgang der Menge zu ersetzen, ist seine Geschwindigkeit durch die Untertheilung in kleine Theile zu befördern: derjenige, so zu seinem täglichen Bedürfnisse einen Gulden nöthig hat, muß, wenn er nur einen Gulden empfängt, ihn sogleich wieder herausgeben: zieht er eine große Summe; so bleibt davon ein Theil auf lange bey ihm liegen.“[121]

Ohne diese Steuerung gilt eine gleichgerichtete Bewegung: Wenn viel Geld vorhanden ist, liegt tendenziell *lebhafter, schneller* Umlauf vor; wenn die Geldmenge gering ist, liegt tendenziell *langsamer* Umlauf vor. Eine Geldmengenverringerung tritt z. B. ein, wenn Geld gehortet wird.

> „Das Geld kann entweder auf immer, wenigstens auf sehr lange aus dem Umlaufe kommen, oder nur auf einige Zeit: jenes unterbricht den Kreislauf ganz: dieses hemmet nur seine Geschwindigkeit. [...] die Verminderung der Masse zieht die Langsamkeit des Umlaufs immer nach sich.“[122]

Der zu geringen Geldmenge (in Verbindung mit der Verlangsamung des Umlaufs) auf der einen Seite steht aber auch die Gefahr einer zu großen Geldmenge auf der anderen Seite gegenüber, die das GLEICHGEWICHT zwischen Waren und Geld (s. o.) kurzfristig stören kann. Eine Steuerungsmöglichkeit sieht Sonnenfels im Geldverkehr mit dem Ausland. Ist zuviel Geld vorhanden, soll man dieses verleihen, um es dann, wenn der Geldumlauf wieder einer Beschleunigung oder Belebung [ORGANISMUS] bedarf, zurückzufordern.

> „Die niedern Zinsen aber sind hauptsächlich eine Folge von einem durch die Handlung veranlaßten Ueberfluße des Geldes; und in einem solchen Falle ist es sogar nützlich, durch Versendung an fremde Nationen die überhäufte Geldmasse zu vermindern, und dadurch zwischen dem Gelde und den Waaren dasjenige Gleichgewicht zu erhalten, so dem Zusammenflusse mit Handlungsnebenbuhlern beförderlich ist. Eine solche Versendung entladet den Kreislauf seines schädlichen Ueberflusses auf einige Zeit, indessen die davon eingehenden Zinsen immer ein Gewinn sind, den die Nation mit dem Gelde macht, das zu einer Zeit, wo vielleicht die umlaufende Masse einer Belebung bedarf, zurückgezogen wird.“[123]

Sind niedrige Zinsen, wie aus dem Zitat ersichtlich, eine Folge des Geldüberflusses und unschädlich, da man das Geld verleihen (Ausland) kann, so sind hohe Zinsen für den Geldumlauf sehr schädlich.

> „Die hohen Zinsen und der gehemmte Umlauf haben ineinander, wenn ich mich so ausdrücken darf, eine Gegenwirkung: der gehemmte Umlauf verursacht die Erhöhung der Zinsen, die hohen Zinsen hemmen den Umlauf desto mehr.“[124]

---

[120] Cantillon (1755/1931), S. 95.
[121] Sonnenfels (1769), S. 351.
[122] Sonnenfels (1769), S. 339 f.
[123] Sonnenfels (1769), S. 342.
[124] Sonnenfels (1769), S. 348.

Wie an einzelnen Stellen zu erkennen war, verwendet auch Sonnenfels für GELD und GELDUMLAUF ORGANISMUS-Metaphern. Häufiger und systematischer gebraucht er jedoch die dem MECHANIK-Modell zugeordnete Konzepte GESCHWINDIGKEIT und GLEICHGEWICHT, mit deren Hilfe er die tatsächlichen Auswirkungen und die Funktion der Geldzirkulation beschreiben kann.

Die Fragen, ob Justi die Bedeutung der Umlaufgeschwindigkeit des Geldes nicht erkannt hat, weil er das ORGANISMUS-Modell verwendete, oder ob er das ORGANISMUS-Modell (statt wie Sonnenfels die einfachere FLÜSSIGKEIT/MECHANIK-Metapher) verwendete, weil er die Umlaufgeschwindigkeit nicht berücksichtigte, lassen sich m. E. nicht beantworten. Möglich sind beide Fälle. Zum einen trifft es zu, daß man innerhalb eines metaphorischen Modells als Erkenntnisinstrument nur das erkennen kann, was das Modell selbst an Inferenzen erlaubt. Zum anderen ist man jedoch auch — wie man an Sonnenfels sehen kann — frei in der Wahl des Modells, mit dessen Hilfe man sich das Zielkonzept erschließen möchte.

7.7 James Steuart

Die Analyse des Geldbegriffs in den Texten von James Steuart soll dieses Kapitel aus zwei Gründen beschließen. Erstens zeigt sich bei Steuart in noch stärkerer Weise als etwa bei Hume und Cantillon, wie allmählich die ursprünglich einfache MECHANIK der Quantitätstheorie modifiziert wird. Bei Hume war es die Zeitverzögerung, mit der sich Änderungen der Geldmenge auf das Preisniveau übertragen, die ELASTIZITÄT signalisierten; bei Cantillon war es die Umlaufgeschwindigkeit, die genauso wirksam die starre MECHANIK auflockerte; Steuart argumentiert noch stärker gegen die Quantitätsmechanik, ja er hebelt den Zusammenhang geradezu aus.
Zweitens ist mit Steuart eine wichtige Etappe auf dem Weg zu einer immer abstrakteren Gelddefinition erreicht. Steuart verhilft dem Papiergeld — das noch bei Law in der Theorie eine eigentümliche Zwischenstellung einnahm — über den Gedanken des abstrakten Wertmaßes und der Recheneinheitsfunktion des Geldes zu einem theoretischen Status innerhalb des Geldbegriffs.
Obgleich Steuart mit diesen beiden Punkten eine wichtige Stelle in der Geschichte der Geldtheorie[125] einnimmt, und schon allein aus diesem Grund erwähnt werden sollte, so geht andererseits auch er — wie die Neuerer der Geldtheorie vor ihm — metaphorisch keine neuen Wege. Alle uns bis jetzt schon bekannten metaphorischen Modelle (insbesondere MECHANIK und FLÜSSIGKEIT) verwendet Steuart. Die Hinwendung zu einem abstrakter definierten Geldbegriff kann also mit denselben Erkenntnisinstrumenten (Analogien) erfolgen, wie bisher. Lediglich eine teilweise intensivere, explizitere Verwendung einzelner Modelle und Submodelle (z. B. bei GEOMETRIE/RAUM) ist im Rahmen der theoretischen Neuorientierung festzustellen.

---

[125] Stark an Steuart orientiert ist im deutschsprachigen Raum z. B. Büsch (1800).

Im folgenden sollen Steuarts Kritik an der Quantitätstheorie und seine Abstraktion im Geldbegriff in ihrer spezifischen (kognitiv–metaphorischen) Versprachlichung vorgeführt werden.
Steuart kritisiert die von der naiven **Quantitätstheorie** postulierte Wirkung einer Geldmengenänderung auf das Preisniveau. Er bemerkt, daß eine erhöhte Geldmenge durch verstärkte Hortbildung kompensiert werden kann. Umgekehrt ist der Ausgleich einer zu geringen Geldmenge über den verstärkten Einsatz von Kreditmitteln möglich. Insgesamt stellt die Warenseite selbst genügend Preisbestimmungsgründe zur Verfügung[126]. Der PREIS als Wertausdruck wird dabei mit der INNEN–AUSSEN–Relation in zwei Bestandteile zerlegt.

> „[...] den Teil, der die aufgewendeten Kosten deckt (the real value oder intrinsic value), und denjenigen, der über jenen hinaus bei der Veräusserung erzielt wird (the profit). [...] Der real value ist also n i c h t etwa identisch mit dem Tauschwert. Er ist vielmehr nur ein rechnerischer Bestandteil des Preises [...]. Der zweite Bestandteil des Preises dagegen, der G e w i n n sagt Steuart, könne zum voraus n i c h t genau berechnet werden, vielmehr sei er eine Erscheinung der Konjunktur und schwanke mit dieser."[127]

Profit (AUSSEN) und *intrinsic value* (INNEN) ergeben den ganzen WERT, der einer Ware anhaftet, und als dessen Ausdruck den Preis. Preisbestimmend ist also nicht die vorhandene Geldmenge, sondern im wesentlichen vier Faktoren: das Warenangebot, die Nachfrage, die Konkurrenz der Nachfragenden untereinander und die Kaufkraft der Nachfragenden, d. h. deren Einkommen[128]. Für die Quantitätstheorie bedeutet dieses Preisbestimmung durch die Warenseite folgendes:

> „Die Ursache von niedrigen Preisen ist also nicht der grosse Ueberfluß an Dingen, welche verkauft werden sollen, sondern dies, daß fast niemand nöthig hat sie zu kauffen, da ein jeder auf eine oder andere Art damit versehen ist, ohne daß er nöthig hätte, auf den Markt zu gehen."[129]

Das auch bei Steuart in HANDLUNG erklärte Verhalten der Preise hat also nichts mit der Geldmenge zu tun.

> „Die Geld=Species eines Landes mögen also in einem so grossen Verhältnis vermehrt oder vermindert werden, als sie wollen, so werden doch die Waaren nur nach Maasgabe der Nachfrage und der Competition steigen oder fallen, und diese werden beständig von den Neigungen derjenigen abhangen, welche ein **Eigentum** oder irgend eine Art des **Aequivalents**, worinnen es auch bestehe, davor zu geben haben; aber niemalen von der Quantität des **Geldes**, das sie besitzen."[130]

Wie in Kapitel 5.3.2 bereits angedeutet, finden sich bei Steuart bereits einkommenstheoretische Gedanken, wenn er die Verwendung der Einkommen

---

[126] Vgl. Hoffmann (1907), S.65 f., 99.
[127] Kaulla (1906), S. 97.
[128] Vgl. Kaulla (1906), S. 98.
[129] Steuart (1767/1770), S. 301.
[130] Steuart (1767/1770), S. 306 f.

als preisbeeinflussend betrachtet. Nicht die Geldmenge, sondern die Art der Geldverwendung (Einkommensverwendung) ist somit ausschlaggebend.

> „Die Quantität des Geldes mag noch so sehr vermehrt seyn, so ist es doch das Verlangen, es auszugeben, allein, das die Preise steigen machen kann. Sie mag auch noch so sehr vermindert werden, so werden die Preise durch Hülfe des Tausches, des symbolischen Geldes, der gegenseitigen Dienstleistungen, und tausend anderer Erfindungen hoch bleiben, so lang noch ein wirkliches Eigenthum von irgend einer Benennung in dem Land ist, und eine Concurrenz zum Aufwand bei denen, welche es besitzen."[131]

Die Ausdehnung des Geldbegriffs auch auf abstrakte Geldformen wie Papiergeld unternimmt Steuart in einem ersten Schritt, indem er beide Geldformen definitorisch trennt.

> „Durch reelles Geld wird das verstanden, was wir Münze nennen, das ist, eine Modification der kostbaren Metalle, welche, durch allgemeines Einverständniß unter den Menschen, und unter der Autorität des Staats, ihren eigenen innerlichen Werth mit sich führt.
> Durch symbolisches Geld verstehe ich das, was man gemeiniglich Credit nennt, oder ein Mittel, unter den Parthien Rechnung über Debet und Credit zu führen, welche durch diejenige Geldbenennungen, die in den Münzen realisirt sind, ausgedrukt werden. Bancozettel, Credit in der Banco, Wechselbriefe, Schuldverschreibungen, und Kaufmannsbücher (wo Credit gegeben und genommen wird) sind einige von den vielerlei Gattungen des Credits, den der Ausdruk **symbolisches Geld**, in sich faßt."[132]

Sowohl „reelles" als auch „symbolisches" Geld sind Wertträger. Beide unterscheiden sich lediglich dadurch, daß ersteres den Wert (Edelmetall) konkret ‚mit sich trägt' und letzteres (Boden, Immobilien) dies abstrakt, eben symbolisch tut. Beides läßt sich im CONTAINER-Modell ausdrücken. Der Wert steckt im Geld, ob „reell" oder „symbolisch". Dabei ist natürlich das symbolische Papiergeld erklärungsbedürftiger.

> „Nichts ist leichter, als ein Geld zu erfinden, welches sowol Ländereien als Häuser, und jedes andre Ding, das, vermöge seiner Natur, während der Zeit seines Umlaufs immer einerlei Werth behält, in Circulation bringen kann. Alles was nur irgend einen Werth hat, kann, gegen ein Aequivalent, aus einer Hand in die andre kommen, und, wofern je dieser Werth bestimmt und unveränderlich ist, so kann es in Circulation gebracht werden, und dadurch ebensowol, als ein Pfund Gold oder Silber, das gemünzt worden, eine Schwankung in der Balanz des Vermögens hervorbringen."[133]

Wie zu sehen war, verwendet Steuart auch für seinen neuen Begriff von GELD, dieselben metaphorischen Modelle als Erklärungsgrößen wie seine Vorgänger. Wichtig ist dabei, daß er sich der Metaphorizität seiner Ausdrucksweise bewußt ist. Er reflektiert über seine Sprechweise. Z. B. benutzt er das KREISLAUF-Modell nicht im Anschluß an seine Vorgänger, sondern

[131] Steuart (1767/1770), S. 307.
[132] Steuart (1767/1770), S. 260.
[133] Steuart (1767/1770), S. 261.

weil es keine geeignetere Möglichkeit gibt, den Sachverhalt greifbar zu machen. Diese Tatsache ist für Steuart sprachenunabhängig. Er verweist zwar darauf, daß der Finanzexperte eine detailliertere Vorstellung vom Geldkreislauf haben müsse; nichtsdestotrotz ist das Modell auch für diesen wie für alle Nichtexperten unhintergehbar.

> „Das Wort **Circulation** ist vielleicht das einzige, das die Sache in irgend einer Sprache am besten ausdrukt, und ist daher leicht zu verstehen. Es bedeutet den nach und nach erfolgenden Umlauf des Geldes oder übertragbarer Waaren, von einer Hand in die andere, und derselben Rüklauf, gleich als bewegten sie sich in einem Zirkel, bis zu dem Punkt, von welchem sie auszulaufen angefangen. Dieses ist der rohe Begrif, den sich ein jeder, der anders das Wort versteht, von seiner Bedeutung machen muß.“[134]

Ebenso erkennt und verwendet Steuart GESCHWINDIGKEIT. Ein Mittel, die Geschwindigkeit des Geldumlaufes zu erhöhen, ist die Geldleihe.

> „Die Einführung des Leihens auf Zins ist daher ein gutes Hülfsmittel, die Circulation zu beschleunigen, und die Industrie aufzubringen.“[135]

Wie gezeigt wurde, ist das symbolische Geld als Wertträger zum GELD gehörig. Daß bei Steuart die bislang — und auch nach ihm noch — gültige stoffwertgebundene Gelddefinition wirkt, zeigen Äußerungen zum Papiergeld an anderer Stelle, die eine prototypisch randunscharfe Gelddefinition erkennen lassen. Danach ist Papiergeld in erster Linie KREDIT und vom „würklichen“ Geld unterschieden. Der Unterschied entsteht durch die weiter oben erwähnte Tatsache, daß Münzgeld die konkreten Werte transportiert, während Papiergeld auf konkrete Werte nur verweisen kann und insofern Kredit ist.

> „Es ist eine Verbindlichkeit, den innerlichen Werth gewisser auf dem Papier ausgedrukter Geldbenennungen zu bezahlen. Nun besteht der Unterschied zwischen einer Zahlung, die nach dem innerlichen Werth, und einer andern, die in Papier geschieht, darinnen derjenige, der nach dem innerlichen Werth zahlt, sezt die Person, welche er bezahlt, in den würklichen Besitz dessen, was er schuldig war: und wann dieses geschehen ist, so findet kein Credit mehr statt. Derjenige aber, der mit Papier bezahlt, sezt seinen Glaubiger nur in den Besiz der Verschreibung einer andern Person, welche ihm diesen Werth gut thun soll, und hier ist der Credit auch selbst nach geschehener Bezahlung nothwendig.“[136]

Steuart bewertet Papiergeld positiv als Ausgleichsmöglichkeit für die erforderliche Gesamtgeldmenge. Im Zentrum des Geldbegriffs steht aber bei ihm noch das stoffwertgebundene Münzgeld, das „würkliche“ Geld.

> „Der Nuzen dieser Art des Credits oder Papiergeldes äussert sich vornämlich bei seinem ersten Eintritt in die Circulation, denn nur alsdenn ist es das einige Mittel, dem Mangel an würklichem Gelde abzuhelfen, und durch diese Erfindung erschaft gleichsam die Begierde zum Aufwand das circulirende Aequivalent, ohne welches die Veräusserung der Werke der Industrie nicht

134 Steuart (1767/1770), S. 273.
135 Steuart (1767/1770), S. 278.
136 Steuart (1767/1770a), S. 5.

würde statt gefunden haben, und folglich die Industrie selbst einen Stoß hätte leiden müssen.“[137]

Papiergeld kann mit dem Verweis auf immobile Güter die Funktionen eines Wertträgers und Wertmaßes verrichten. In dieser Hinsicht ist es GELD. Es stellt sich nun die Frage, wie man sich das Wertmaß das GELD darstellt, vorstellen soll. Worauf verweisen die Zahlen und Einheiten auf den Münzen? Steuart nimmt in dieser Frage eine für seine Zeit neue Position ein. Nicht die Angabe der Feinheit des Edelmetalls, der Gewichtsanteile an Edelmetall in einer Münze sind der Wertmaßstab. Dieser ist abstrakt! Der Wertmaßstab muß getrennt gedacht werden vom Materialwert der Münzen.

> „Das erste, was daher bei der Abhandlung vom Gelde zu thun ist, bestehet darinnen, daß man **zween** Begriff von einander trenne, welche, indem sie miteinander verwechselt worden sind, vieles darzu beigetragen haben, die ganze Sache dunkel zu machen.
> Geld, wornach man rechnet, ist nichts weiter als ein **willkührlicher Maasstab gleicher Theile, welcher zur Ausmessung des respectiven Werths verkäuflicher Dinge erfunden worden ist.**
> **Geld, wornach man rechnet** (money of Account) ist der von **Geldmünze** (money-coin) ganz unterschieden, welches der **Preis** ist, und bestehen könnte, wenn auch gleich kein solches Wesen in der Welt wäre, das ein angemessenes und verhältnismäßiges Aequivalent für jede Waare vorstellen könnte.
> Eben so kann die Einheit bei dem Geld kein unveränderliches bestimmtes Verhältnis zu irgend einem Theile des Werthes haben, das ist, sie kann nicht auf eine besondere Quantität Golds oder Silbers, oder irgend eine andere Waare, sie mag beschaffen seyn, wie sie will, festgesezt werden.“[138]

Das Rechengeld als abstrakter Wertmaßstab ist nicht durch die Edelmetalle bzw. deren Gewichtsanteile verläßlich zu bestimmen. Gold und Silber sind auch nur Waren und als solche Wertveränderungen unterworfen. Ihre Wertmessung bezieht sich auf den abstrakten Wertmaßstab, sie schafft ihn nicht.

> „Könnte Gold= und Silbermünze die Stelle des Geldes genau vertretten, so wäre es ungereimt, einiges anderes Maas des Werths einzuführen: allein die Metalle haben moralische und physische Unfähigkeiten, welche sie hindern, das Amt eines Maasstabs zu verrichten: und da die gemeine Meinung ist, daß bei diesen Metallen keine solche Unfähigkeiten seyen, so ist es nöthig, sie in das hellste Licht zu sezen, indem man den genauen Unterschied zwischen **Preis** (das ist, Münze) als Maas betrachtet, und zwischen **Preis**, als in so fern er ein Aequivalent für den Werthe betrachtet wird, deutlich zeigt.“[139]

Wie soll aber dieses abstrakte Maß gedacht werden? Typisch — und ganz im Einklang mit der in der vorliegenden Arbeit zu prüfenden Hypothese des metaphorischen Sprechens in der Theorie — ist, daß Steuart dieses Maß im GEOMETRIE-Modell erklärt.

---

137 Steuart (1767/1770), S. 280.
138 Steuart (1767/1770a), S. 6f.
139 Steuart (1767/1770a), S. 10.

„Geld ist, genau und philosophisch zu reden [...], ein aus gleichen Theilen bestehender idealischer Maasstab. Würde man fragen, wie groß der festgesezte Fuß vom Werthe des einen Theils seyn müsse? so antworte ich mit einer andern Frage: welches ist der festgesezte Fuß von der Länge eines Grades, einer Minute, einer Secunde?"[140]

„Das Geld, wornach man rechnet, kann daher auf kein einiges körperliches Wesen eingeschränkt werden, dessen Werth sich in Ansehung anderer Dinge verändern kann."[141]

Das Konstante ist die Recheneinheit, das Wertmaß. Veränderlich sind die Werte der Edelmetalle in den Münzen. Das bedeutet z. B., daß der abstrakte Maßstab *Gulden* unveränderlich gegenüber dem Wert des in einem Guldenstück enthaltenen Edelmetalles ist. Die Münze ist je nach Feinheit und Gewicht, so und so viele Guldeneinheiten wert! Damit stellt Steuart für Geld eine eigene Maßeinheit auf, die getrennt ist von der bisherigen, am Edelmetall**gewicht** orientierten.
Werte werden so meßbar (RAUM) und unabhängig von der für Edelmetalle geltenden Einteilung nach Gewicht[142].

Steuart legt auf die Trennung der Maßstäbe großes Gewicht und schreibt die Begriffsverwirrung seiner Zeitgenossen einer ungenügenden theoretischen Durchdringung des Stoffes zu.

„Die erste Frage, die ich zur Erläuterung dieser Materie vorlegen will, ist diese: Woher kommt es, daß die Lehre vom Geld so ausnehmend schwer und verwickelt ist?

Antwort. Dieses schreibe ich hauptsächlich der Einführung unverständlicher Ausdrüke bei dem Geld zu, welche von Leuten gebraucht worden sind, die die Besorgung der Münzstätte gehabt haben, oder praktische Kaufleute waren, ohne das geringste von der Theorie ihres Geschäfts zu verstehen."[143]

Die Veränderung des Wertmaßstabes ist für ihn genauso gravierend, wie wenn man die Längenmaße (RAUM/GEOMETRIE) nach eigenem Gutdünken manipulieren würde.

---

140 Steuart (1767/1770a), S. 11.

141 Steuart (1767/1770a), S. 13.

142 „Da nun Gold und Silber, wie alle andere Sachen, Waaren sind, so müssen sie mit dem unveränderlichen Maasstab des Werths eben so gut gemessen werden können, als jede andere Waaren, und das Geld, wornach man rechnet, darf in keinem andern Gesichtspunkt betrachtet werden, als als ein Maasstab, den verhältnismäßigen Werth der Grane von Metallen, der Ellen von Stoffen, der Pfunde von Waaren, der Scheffel von Korn, oder der Mase von flüßigen Sachen auszudrücken. Wenn wir demnach hundert Pfund sagen, so ist es in diesem Betracht nöthig, daß wir diesen Werth eben sowol in Absicht auf das Maas irgend einer Waaren, als auf das metallische Maas der Münzen betrachten. Jede Waare sollte, wenn sie an sich selbst betrachtet wird, nach ihrem eigenen Maase betrachtet werden, das Gold nach Granen, die flüßige Sachen nach Maasen, der Weizen nach Scheffeln, u. s. w. Die Benennungen der Pfunde, Schilling und Pfenning sind allein darzu nöthig, alle andere Arten von Gewichten und Maasen auf eine Gleichheit des Werths zu bringen. Dieses ist es, was man unter dem allgmeinen Maasstab des verhältnißmäßigen Werths versteht." Steuart (1767/1771), S. 4.

143 Steuart (1767/1771), S. 64 f.

„Würde jemand, der von Längen und Weiten redet, das Wort **Fuß** gebrauchen, so daß es bisweilen eine **Elle**, bisweilen einen **Stab**, bisweilen eine **Ruthe** bezeichnete; oder das Wort **Meile**, um bald eine **Stundewegs**, bald einen **Zoll**, bald ein **Klafter** anzuzeigen: wer würde durch seine Erzehlung ein Wort von der ganzen Sache verstehen? Würden wir nicht selbst über eine solche Person lachen, welche uns auf diese Art von den Längen und Weiten unterrichten wolte?

Wenn nur die geringste Veränderung an dem Werth der Geld=Einheit eines Landes, welche man ein Pfund nennet, gemacht wird, so kann es, wenn man genau reden will, nach geschehener Veränderung eben so wenig ein Pfund genennet werden, as [!] man es ein Rhinoceros nennen kann.“[144]

Aus diesem Grund ist für Steuart die beste Möglichkeit der Wertmessung im abstrakten Bankgeld[145] gegeben.

„Kurz, kein materielles Geld, es mag ausgedacht werden, wie es will, ist frey von Abwechslungen in seinem Werth, als ein Metall. Dieses wird durch das allgemeine Steigen und Fallen in dem Preise der Waaren, nach den Umständen, in welchen sich die Münze findet, bewiesen. Dieses Steigen und Fallen der Preise, sage ich, ist eigentlich das Steigen und Fallen des Werths der Münze, und dieses hinwiederum ist eine Verlängerung und Verkürzung der gleichen Theile des Maasstabs, welcher mit ihr verbunden ist. Nun gibt es keine solche Veränderungen in den Preisen aller Waaren in Absicht auf das Bankgeld, obwohl nichts gewöhnlicher ist, als Schwankungen im Agio in Absicht auf das Currentgeld; folglich hat das Bankgeld eine Festigkeit und Stätigkeit in sich, welche kein materielles Geld zu erlangen fähig ist, und aus dieser Ursache ist es diesem vorzuziehen, und muß eigentlich als das festgesezte Ding angesehen werden.“[146]

---

144 Steuart (1767/1771), S. 70f.

145 Vgl. Kap. 5.4.1, dort das Beispiel der Hamburger Girobank (1619), die sich eine eigene Währung, Recheneinheit in der „Mark Banco“ verschaffte.

146 Steuart (1767/1771), S. 82f.

8 Von Adam Smith bis Carl Menger

8.1 Adam Smith, David Ricardo und John Stuart Mill

In diesem Kapitel werden wichtige Vertreter der englischen klassischen Nationalökonomie auf die Versprachlichung ihrer geldtheoretischen Entwürfe hin analysiert. Ich fasse dabei Adam Smith, David Ricardo und John Stuart Mill zu einer Einheit zusammen, da sie alle der Produktionskostentheorie verpflichtet sind, unterschiedlich stark quantitätstheoretisch argumentieren und teilweise Elemente des Metallismus bzw. der Warentheorie des Geldes vertreten[1].

Ich beginne mit dem Begründer der klassischen Nationalökonomie, Adam Smith. In seinem 1776 erschienen Hauptwerk „An Inquiry into the Nature and Causes of the Wealth of Nations", das rasch auch ins Deutsche übersetzt wurde, setzt sich Smith in erster Linie mit gesamtwirtschaftlichen Fragen auseinander. Seine Ausführungen zu GELD sind von großer Bedeutung, begründeten sie doch die Vorstellung von der „Neutralität des Geldes" im Wirtschaftsprozeß[2]. Wie sich zeigen wird, sind die Mittel der Versprachlichung in diesen — gegenüber merkantilistischen Geldtheorien neuen und andersgelagerten Vorstellungen — dieselben geblieben. Gerade an den Klassikern kann so gezeigt werden, daß die metaphorischen Modelle polyfunktionale Instrumente zum Verständnis ganz unterschiedlicher Begriffe sein können. Ob man GELD als zentralen Bestandteil des Wirtschaftsprozesses ansieht oder ihm eine (ersetzbare) Mittlerrolle zubilligt: Für die Versprachlichung beider Theoriesachverhalte sind MECHANIK, FLÜSSIGKEIT etc. geeignete metaphorische Modelle.

Der Begriff GELD taucht bei Smith im Zusammenhang mit zwei anderen bei ihm sehr wichtigen Begriffen auf: PREIS und KAPITAL. Bevor ich daher auf die spezifische Metaphorik zum Geldbegriff eingehe, möchte ich dessen Verhältnis zu diesen beiden anderen Begriffen bei Smith kurz skizzieren.
Der PREIS eines Gutes ist Ausdruck seines Tauschwerts (im Unterschied zu seinem Gebrauchswert). Im PREIS sind nach Smith immer drei Faktoren enthalten: ARBEIT, KAPITAL und BODEN. PREIS setzt sich nach der Definition Smiths primär aus ARBEIT, d. h. aus den Kosten (Lohn) für die Produktion des Gutes, zusammen. Daneben sind in wirtschaftlich entwickelten Ländern die Teilbedeutungen 'Gewinn für das vom Unternehmer eingesetzte Kapital' und 'Renten für den vom Grundbesitzer zur Verfügung gestellten Boden' konstitutiv für den Tauschwert eines Gutes.

> ARBEIT „The value of any commodity [...] to the person who possesses it, and who means not to use or consume it himself, but to exchange it for other commodities, is equal to the quantity of labour which it enables

[1] In diesem Sinne kann auch Senior (1840/1910), der gemeinhin nicht im Kanon der Klassiker auftaucht, zu diesen gerechnet werden. Vgl. Starbatty (1985), S. 5.

[2] „Die englischen Klassiker haben im Geld kein Phänomen wirtschaftsprägender Kraft gesehen." Starbatty (1985), S. 115. Er setzt sich dort detailliert mit den Gründen auseinander und weist die in der Forschung oft behauptete Ablehnung der Klassiker gegenüber der Überbetonung des Geldes im Merkantilismus als zu einseitig zurück.

> him to purchase or command. Labour, therefore, is the real measure of the exchangeable value of all commodities."[3]
> RENTE/GEWINN „As in a civilized country there are but few commodities of which the exchangeable value arises from labour only, rent and profit contributing largely to that of the far greater part of them, so the annual produce of its labour will always be sufficient to purchase or command a much greater quantity of labour than what was employed in raising, preparing, and bringing that produce to market."[4]

Ist das eigentliche Wertmaß die Arbeit, so wird der Wert der Dinge de facto in Geld gemessen. Geld kann den Tauschwert aber nicht wirklich anzeigen, es gibt nur den nominalen Wert an. GELD ist dabei ganz stoffwertgebunden. Der in Geld ausgedrückte Preis bezieht sich nur auf den Metallgehalt der Münze, nicht auf den aufgeprägten Betrag. Die Münze wird dabei nicht als aus Metall bestehend verstanden, sondern als CONTAINER, in dem ein bestimmtes Quantum desselben enthalten ist.

> „By the money-price of goods, it is to be observed, I understand always the quantity of pure gold or silver for which they are sold, without any regard to the denomination of the coin. Six shillings and eight-pence, for example, in the time of Edward I., I consider as the same money-price with a pound sterling in the present times; because it contained, as nearly as we can judge, the same quantity of pure silver."[5]

Zu welchem Preis ein Gut letztlich verkauft werden kann, hängt vom Angebot-Nachfrage-Verhältnis ab. Der oben skizzierte Tauschwert, der sich aus Lohn, Rente und Gewinn zusammensetzende, *natürliche Preis*, wird so neben den *Marktpreis* gestellt. Beide kann man sich im RAUM-Modell vorstellen, d. h. die OBEN-UNTEN-Orientierung wird auf das Verhältnis beider Preise zueinander angewandt. Relevant und preisregulierend ist dabei nur die *wirksame* Nachfrage, d. h. die Nachfrage die tatsächlich als AGENS auftritt.

> „The actual price at which any commodity is commonly sold is called its market price. It may either be above, or below, or exactly the same with its natural price."[6]

Natürlicher Preis und Marktpreis werden in räumlicher Metaphorik (*above*, *below* → MORE IS UP) oder in physikalisch-mechanischer Weise (KRAFT) erklärt. Dabei wird der natürliche Preis als ZENTRAL, der Marktpreis als PERIPHER im Sinne eines Basiskonzepts aufgefaßt. Der Marktpreis *gravitiert* (ANZIEHUNGSKRAFT) zum natürlichen Preis hin.

> „The natural price, therefore, is, as it were, the central price, to which the prices of all commodities are continually gravitating."[7]

GELD ist bei Smith jedoch nicht nur im Begriffsgefüge von PREIS ein wichtiger Bestandteil, sondern auch bei VERMÖGEN (*stock*). Smith trennt den

---

[3] Smith (1776/1976), S. 47.
[4] Smith (1776/1976), S. 71.
[5] Smith (1776/1976), S. 63f.
[6] Smith (1776/1976), S. 73.
[7] Smith (1776/1976), S. 75.

Begriff zunächst in zwei Unterbegriffe auf. Er teilt das VERMÖGEN einer Person in das KONSUMTIVVERMÖGEN („the stock which men commonly reserve for their own immediate consumption"[8]) und das KAPITAL (*capital*), womit hier der Vermögensteil gemeint ist, der investiert wird.
Dieses KAPITAL teilt sich wiederum in zwei Unterbegriffe auf[9], nämlich in das ANLAGEKAPITAL (*fixed capital*) und das UMLAUFKAPITAL (*circulating capital*). So ergeben Konsumtivvermögen, Anlagekapital und Umlaufkapital das gesamte Vermögen eines Menschen oder auch einer gesamten Wirtschaftsgemeinschaft.
Das *fixe Kapital* besteht im wesentlichen aus vier Bestandteilen.

> „First, of all useful machines and instruments of trade which facilitate and abridge labour:
> Secondly, of all those profitable buildings which are the means of procuring a revenue [...].
> Thirdly, of the improvements of land [...].
> Fourthly, of the acquired and useful abilities of all the inhabitants or members of the society."[10]

GELD wird erst unmittelbar wichtig beim UMLAUFKAPITAL, das sich wie folgt zusammensetzt:

> „The third and last of the three portions into which the general stock of the society naturally divides itself, is the circulating capital; of which the characteristick is, that it affords a revenue only by circulating or changing masters. It is composed likewise of four parts:
> First, of the money by means of which all the other three are circulated and distributed to their proper consumers:
> Secondly, of the stock of provisions which are in the possession of the butcher, the grazier, the farmer, the corn–merchant, the brewer, &c. and from the sale of which they expect to derive a profit:
> Thirdly, of the materials, whether altogether rude, or more or less manufactured [...].
> Fourthly, and lastly, of the work which is made up and compleated, but which is still in the hands of the merchant or manufacturer, and not yet disposed of or distributed to the proper consumers;"[11]

Wie aus dem Zitat zu erkennen ist, bekommt GELD, das in der Begriffshierarchie des VERMÖGENS erst auf der dritten Ebene genannt wird, als Unterbegriff des *circulating capital* eine ganz wesentliche Bedeutung im gesamten Gefüge: als Zirkulations– und Distributionsmittel für alle anderen Vermögensformen.
Bereits bei der begrifflich–definitorischen Abgrenzung und Erläuterung der unterschiedlichen Vermögensformen greift Smith auf den mittlerweile hinreichend bekannten Fundus an metaphorischen Modellen zurück.

---

[8] Smith (1776/1976), S. 279.
[9] Auch der Begriff KONSUMTIVVERMÖGEN ist noch weiter untergliedert, vgl. Smith (1776/1976), S. 279. Diese Unterteilung trägt jedoch nichts zum Geldbegriff bei.
[10] Smith (1776/1976), S. 282.
[11] Smith (1776/1976), S. 282 f.

Der Unterschied zwischen dem Brutto- und Nettoeinkommen der Gesamtheit der Einwohner eines Landes wird unter Zuhilfenahme von CONTAINER und HANDLUNG erklärt. Das Nettoeinkommen ist der Einkommensteil, der in den CONTAINER KONSUMTIVVERMÖGEN getan werden kann, ohne daß die CONTAINER/LEBEWESEN ANLAGE- und UMLAUFKAPITAL darunter leiden. Diese müssen aufrecht erhalten (*maintain*) werden. Es darf keine Beeinträchtigungen oder Übergriffe auf dieselben geben (*without encroaching*).

> „The gross revenue of all the inhabitants of a great country, comprehends the whole annual produce of their land and labour; the neat revenue, what remains free to them after deducting the expence of maintaining; first, their fixed; and, secondly, their circulating capital; or what, without encroaching upon their capital, they can place in their stock reserved for immediate consumption, or spend upon their subsistence, conveniencies, and amusements. Their real wealth too is in proportion, not to their gross, but to their neat revenue."[12]

Daß KAPITAL als LEBEWESEN aufgefaßt wird, und nicht nur — unspezifischer — als CONTAINER, kann das folgende Zitat deutlicher zeigen. Hier wird das *fixed capital* mit BEWUSSTSEIN ausgestattet; es kann intentional handeln:

> „The intention of the fixed capital is to increase the productive powers of labour, or to enable the same number of labourers to perform a much greater quantity of work."[13]

Geld nimmt im Einkommen einer Volkswirtschaft wegen seiner Zirkulations- und Distributionstätigkeit eine besondere Stellung ein. Der Wert des gesamten in einem Land vorhandenen Geldes (Materialwert des Edelmetalls!) muß bei der Ermittlung des Brutto- oder Nettoeinkommens einer Volkswirtschaft abgezogen werden. GELD ist bloßes WERKZEUG im Wirtschaftsprozess, nicht jedoch selbst ein Bestandteil der volkswirtschaftlichen Wertschöpfung. Diese kann nur in Gütern bestehen.

> „The great wheel of circulation is altogether different from the goods which are circulated by means of it. The revenue of the society consists altogether in those goods, and not in the wheel which circulates them. In computing either the gross or the neat revenue of any society, we must always, from their whole annual circulation of money and goods, deduct the whole value of the money, of which not a single farthing can ever make any part of either."[14]

Die Verbindung zwischen Geld und Einkommen besteht nach Smith in der Kaufkraft, die Geld repräsentiert, die aber getrennt gedacht werden muß von den Metallstücken (und deren Wert), aus denen Geld besteht.

---

[12] Smith (1776/1976), S. 286 f.
[13] Smith (1776/1976), S. 287.
[14] Smith (1776/1976), S. 289.

„When we talk of any particular sum of money, we sometimes mean nothing but the metal pieces of which it is composed; and sometimes we include in our meaning some obscure reference to the goods which can be had in exchange for it, or to the power of purchasing which the possession of it conveys. Thus when we say, that the circulating money of England has been computed at eighteen millions, we mean only to express the amount of the metal pieces, which some writers have computed, or rather have supposed to circulate in that country. But when we say that a man is worth fifty or a hundred pounds a-year, we mean commonly to express not only the amount of the metal pieces which are annually paid to him, but the value of the goods which he can annually purchase or consume.“[15]

Die vom Geld ausgehende KAUFKRAFT ist damit ausschlaggebend für die Einkommensermittlung. GELD wird so zum WERKZEUG, mit dem die MASCHINE der WIRTSCHAFT in Gang gehalten wird. Es darf nicht mit den Produkten/Erzeugnissen dieser Wirtschaft verwechselt werden. Es ist selbst wertvoll (Metallgehalt der Münzen) und doch kein Teil des gesamtwirtschaftlichen Outputs.

„Money, therefore, the great wheel of circulation, the great instrument of commerce, like all other instruments of trade, though it makes a part and a very valuable part of the capital, makes no part of the revenue of the society to which it belongs; and though the metal pieces of which it is composed, in the course of their annual circulation, distribute to every man the revenue which properly belongs to him, they make themselves no part of that revenue.“[16]

Solange eine klare Verbindung zum Kaufkraft repräsentierenden Stoffwert besteht, kann auch Papiergeld als „wheel“ dienen. Solange die Banknoten jederzeit gegen Metallgeld einlösbar sind, vermehren sie auch nicht die Geldmenge. Im Prinzip ist unter diesen Voraussetzungen Papiergeld dem Metallgeld sogar vorzuziehen, da seine Herstellung billiger, die Abnützung im Umlauf geringer und damit die gesamten Kosten des Papiergeldumlaufs niedriger als bei Münzgeld sind.

„The substitution of paper in the room of gold and silver money, replaces a very expensive instrument of commerce with one much less costly, and sometimes equally convenient. Circulation comes to be carried on by a new wheel, which it costs less both to erect and to maintain than the old one.“[17]

Den richtigen Einsatz sowie die Funktion von Banknoten und die damit verbundenen Banktätigkeiten erklärt Smith immer wieder in der FLÜSSIGKEITS–Metaphorik. Ich möchte dazu nur wenige Beispiele anführen.

Banknoten sollten immer durch Edelmetall gedeckt sein. Eine Bank sollte einem Unternehmer nur den Betrag in Banknoten vorstrecken, den er ohnehin als liquide Reserve halten müßte. Die Banknotenausgabe darf aber nicht andere Kapitalteile oder gar das Gesamtkapital eines Unternehmers finanzieren.

[15] Smith (1776/1976), S. 289.
[16] Smith (1776/1976), S. 291.
[17] Smith (1776/1976), S. 292.

Überträgt man dies für die gesamte Banknotenausgabe einer Volkswirtschaft, so heißt das, daß Banknoten nur für den Teil des Kapitals verwendet werden dürfen, der ohnehin (in Gold und Silber) gehalten werden müßte.

> „If the paper money which the bank advances never exceeds this value, it can never exceed the value of the gold and silver, which would necessarily circulate in the country if there was no paper money; it can never exceed the quantity which the circulation of the country can easily absorb and employ."[18]

Der Geldumlauf gedacht als LEBEWESEN (*employ*) bzw. als CONTAINER/SCHWAMM (*absorb*) kann demnach nur eine bestimmte Menge an Banknoten verkraften. Überschreitet man die Menge des für die Geldzirkulation zuträglichen Geldes, muß der CONTAINER zum Überlaufen kommen. Da ZIRKULATION in Zusammenhang mit FLÜSSIGKEIT und CONTAINER gedacht wird, fließt das Geld im CONTAINER (*channel*) als Kanal. Überschüssiges muß über den Rand des Kanals abfließen.

> „The channel of circulation, if I may be allowed such an expression, will remain precisely the same as before. One million we have supposed sufficient to fill that channel. Whatever, therefore, is poured into it beyond this sum, cannot run in it, but must overflow. One million eight hundred thousand pounds are poured into it. Eight hundred thousand pounds, therefore, must overflow, that sum being over and above what can be employed in the circulation of the country."[19]

So gilt auch für die von Banken gehaltenen und zur Verfügung gestellten Gelder: Sie sind FLÜSSIGKEITEN in einem CONTAINER. Wenn die Banknotenausgabe der Bank den Rahmen nicht überschreitet, bleibt ihr CONTAINER stets gefüllt (vgl. das Smith-Zitat auf S. 143).
Genauso muß der umgekehrte Fall eintreten, wenn die Bank in ihrer Kreditvergabe (auch durch Banknoten) unvorsichtig ist. Der CONTAINER („coffers of the bank"[20]) wird sich dann allmählich leeren, da die Banknoten keine genügende Deckung mehr haben, bzw. die von der Bank erteilten Kredite nicht ausreichend getilgt werden.

> „The stream which is in this case continually running out from its coffers in [!] necessarily much larger than that which is continually running in; so that, unless they are replenished by some great and continual effort of expence, those coffers must soon be exhausted altogether."[21]

So gilt für eine Bank wie für jedes andere Unternehmen, daß erst eine verläßliche FLÜSSIGKEITSMENGE in einem dichten CONTAINER vorhanden sein muß, wenn der Betrieb funktionieren soll. Wird ein Unternehmen ganz auf Kredite gegründet, z. B. auf Wechsel, dann bedeutet dies, daß ständig aus dem CONTAINER FLÜSSIGKEIT ausläuft (Tilgung der Kredite, Fälligkeit der Wechsel o. ä.). Will der Unternehmer dennoch seinen Betrieb aufrecht erhal-

[18] Smith (1776/1976), S. 304.
[19] Smith (1776/1976), S. 293 f.
[20] Smith (1776/1976), S. 304.
[21] Smith (1776/1976), S. 305.

ten, muß er immer wieder FLÜSSIGKEIT nachfüllen, ohne doch das Loch in dem CONTAINER stopfen zu können, da auch die neu aufgenommenen Gelder Kredite sind. Smith zeigt dies am Beispiel einer unsoliden Bankgründung.

> „At the first setting out of this bank, it was the opinion of some people, that how fast soever its coffers might be emptied, it might easily replenish them by raising money upon the securities of those to whom it had advanced its paper. Experience [...] soon convinced them that this method of raising money was by much too slow to answer their purpose; and that coffers which originally were so ill filled, and which emptied themselves so very fast, could be replenished by no other expedient but the ruinous one of drawing bills upon London, and when they became due, paying them by other draughts upon the same place with accumulated interest and commission. [...] The project of replenishing their coffers in this manner may be compared to that of a man who had a water-pond from which a stream was continually running out, and into which no stream was continually running, but who proposed to keep it always equally full by employing a number of people to go continually with buckets to a well at some miles distance in order to bring water to replenish it."[22]

Auch an anderen Stellen setzt Smith wiederholt metaphorische Modelle zur Erklärung der von ihm theoretisch postulierten Sachverhalte ein. So gebraucht er GESCHWINDIGKEIT, um den Unterschied zwischen fixem und umlaufendem Kapital in bezug auf den Ertrag derselben zu erklären. Die Erlöse aus dem fixen Kapital gehen langsamer ein als die aus dem Umlaufkapital. Deshalb müssen Investitionen in das Anlagekapital gut überlegt sein; Banken finanzieren solche Investitionen oft nicht vor, da sie das Risiko der langsam und spät (in RAUM versprachlicht) einkommenden Erlöse scheuen.

> „The returns of the fixed capital are in almost all cases much slower than those of the circulating capital; and such expences, even when laid out with the greatest prudence and judgement, very seldom return to the undertaker till after a period of many years, a period by far too distant to suit the conveniency of a bank."[23]

Zum Abschluß[24] möchte ich noch eine originelle Metapher bei Smith anführen, die die Produktivität metaphorischer Modelle (hier: MECHANIK, HANDLUNG) demonstriert, nämlich die des LUFTWEGS. Smith sieht es durchaus als einen Vorteil an, wenn es eine Bank durch eine vernünftige Kreditpolitik

---

[22] Smith (1776/1976), S. 315 f.

[23] Smith (1776/1976), S. 307.

[24] Auf weitere Beispiele metaphorischer Modelle bei Smith sei lediglich hingewiesen: WACHSTUM zur Geldschöpfung durch Zinsen: „This practice was called raising money by circulation." Smith (1776/1976), S. 310; KRANKHEIT/GESUNDHEIT im Zusammenhang mit nicht genutztem, *totem* Kapital: „That part of his capital which a dealer is obliged to keep by him unemployed, and in ready money for answering occasional demands, is so much dead stock, which, so long as it remains in this situation, produces nothing either to him or his country." Smith (1776/1976), S. 320; BEWUSST HANDELNDER MENSCH: „The quantity of industry which any capital can employ, must evidently, be equal to the number of workmen whom it can supply with materials, tools, and a maintenance suitable to the nature of the work." Smith (1776/1976), S. 295.

dem Unternehmer erlaubt, weniger Kapital ungenützt (als liquide Reserve) halten zu müssen. Die Bank kann so dazu beitragen, daß ein Teil des Umlaufkapitals und damit auch des Geldes besser genutzt werden kann. Diesen Sachverhalt versprachlicht Smith im Modell LEBEWESEN.

> „The judicious operations of banking enable him [den Unternehmer – M. H.] to convert his dead stock into active and productive stock;“[25]

Diese Bankpolitik hat volkswirtschaftlich positive Folgen; das Geld kann produktiver eingesetzt werden. Die Funktion des Geldes in einer Volkswirtschaft vergleicht Smith zunächst mit einer Straße, auf der viele Güter transportiert werden können (Mittel), ohne daß die Straße diese hervorgebracht hätte. Unnötig zu erwähnen, daß bessere Straßenverhältnisse einen größeren Warentransport ermöglichen.

> „The judicious operations of banking, by substituting paper in the room of a great part of this gold and silver, enables the country to convert a great part of this dead stock into active and productive stock; into stock which produces something to the country. The gold and silver money which circulates in any country may very properly be compared to a highway, which, while it circulates and carries to market all the grass and corn of the country, produces itself not a single pile of either.“[26]

Das oben beschriebene Vorgehen der Banken ist nach Smith (2. Schritt) die Schaffung eines Luftwegs für die Güter. Damit wird einerseits die Transportmöglichkeit für die Güter verbessert, und andererseits die Gütermenge durch eine Vergrößerung der Anbaufläche (wegfallende Bodenstraßen!) gesteigert. Smith merkt aber sogleich einschränkend an, daß der durch Banknoten entstehende Luftweg insgesamt weniger sicher als der Bodenweg ist, der auf Gold und Silber gründet. Die Luftstraße ist somit produktiv, aber riskant.

> „The judicious operations of banking, by providing, if I may be allowed so violent a metaphor, a sort of waggon-way through the air; enable the country to convert, as it were, a great part of its highways into good pastures and corn fields, and thereby to increase very considerably the annual produce of its land and labour. The commerce and industry of the country however, it must be acknowledged, though they may be somewhat augmented, cannot be altogether so secure, when they are thus, as it were, suspended upon the Daedalian wings of paper money, as when they travel about upon the solid ground of gold and silver.“[27]

Mit diesem besonders ausgebauten metaphorischen Modell möchte ich die Analyse von Adam Smith abschließen und zu einem weiteren Hauptvertreter der Klassik übergehen, zu **David Ricardo**.

Wie bei Smith soll auch bei ihm keine Einführung in seine Volkswirtschaftstheorie erfolgen, sondern lediglich die Metaphorizität des Geldbegriffs dargestellt werden. Da sich auch Ricardo in der Versprachlichung der von

---

[25] Smith (1776/1976), S. 320.
[26] Smith (1776/1976), S. 321.
[27] Smith (1776/1976), S. 321.

ihm neu und anders akzentuierten Sachverhalte der Geldtheorie[28] bereits gängiger metaphorischer Modelle bedient, soll er nur kurz und besonders zur Frage des Papiergeldes behandelt werden. Auf Ricardo beriefen sich in der Folge die Currencytheoretiker des Geldes. Sowohl produktionskostentheoretische als auch quantitätstheoretische Aspekte sind in Ricardos Ausführungen über GELD zu erkennen[29]. Dabei rekurriert der Autor stark auf die INNEN-AUSSEN-Orientierung, um unterschiedliche Aspekte des Geldwertes zu versprachlichen. Langfristig gesehen bestimmen die Produktionskosten den *inneren* Geldwert. Der im Gegensatz dazu als AUSSEN gedachte Marktwert des Geldes richtet sich zusätzlich nach dem Gesetz von Angebot und Nachfrage.

> „Gold und Silber haben gleich anderen Waren, einen inneren Wert, der nicht willkürlich ist, sondern der abhängt von ihrer Seltenheit, den Arbeitskosten, die zu ihrer Beschaffung aufgewendet wurden und dem Werte des Kapitals, das in den Bergwerken steckt, in denen sie gewonnen werden.“[30]

Nur kurzfristig kann das Gesetz von Angebot und Nachfrage den (Markt)Wert (AUSSEN) einer Ware beeinflussen; langfristig gilt der natürliche Wert, der sich aus den Produktionskosten ableitet. Die wertverändernden Einflüsse werden wiederum als KRÄFTE vorgestellt die auf den eigentlichen, den *inneren* Geldwert wirken.

> „Der Maßstab, nach welchem sich der Preiß der Erzeugnisse am Ende stets richtet, ist der zu ihrer Produktion erforderliche Aufwand, und nicht [...] des [!] Verhältniß zwischen der Nachfrage und dem Vorrathe; zwar mag dieses letztere Verhältniß auf den Marktwerth einer Waare eine Zeitlang einwirken [...]; diese Wirkung kann aber nur von momentaner Dauer seyn.“[31]

Der innere (durch die Produktionskosten bestimmte) Wert beeinflußt auch die Geldmenge. Ist sie zu hoch im Verhältnis zur Warenmenge und damit der Marktwert des Geldes geringer als sein innerer Wert, wird Gold aus dem Land abfließen, bis die Mechanik wieder ausgeglichen ist. Geldmenge und äußerer Geldwert sind so ganz mechanisch gekoppelt.

> „Die Circulation des Geldes kann nie zu sehr anschwellen, weil eben so wie der Werth desselben sich in dem Maße mehrt, als dessen Quantität sich mindert, in eben dem Maße auch durch die Vermehrung der Quantität der Werth abnehmen wird.“[32]

Die Konsequenzen der Wertmechanik werden von Ricardo in der CONTAINER- und FLIESS-Metaphorik vorgeführt. Die unterschiedlichen Flüssigkeitspegel in miteinander verbundenen Wirtschaftsräumen (CONTAINER) müssen ausgeglichen werden. Dies gilt natürlich auch von der verkäuflichsten aller Waren, dem Edelmetall.

---

[28] Vgl. dazu Starbatty (1985), S. 122f., Hoffmann (1907), S. 109f.
[29] Wie sich zeigte, äußerte sich Ricardo in den beiden von mir verwendeten Quellen nicht immer übereinstimmend zu Theoriefragen.
[30] Ricardo (1809/1910), S. 90.
[31] Ricardo (1817/1821), S. 539.
[32] Ricardo (1817/1821), S. 500.

„Wenn in Frankreich eine Unze Gold wertvoller wäre als in England und man deshalb in Frankreich mehr von einer beiden Ländern gemeinsamen Ware kaufen könnte, dann würde sofort Gold zu diesem Zwecke aus England herausfließen und wir würden vorzugsweise Gold versenden, da dieses dann die billigst ausführbare Ware auf dem englischen Markte wäre.“[33]

In der Schrift von 1809 („On the high price of bullion“) erkennt Ricardo auch andere Einflußgrößen auf den äußeren Geldwert an, als nur die Geldmenge. Er nennt hier die Umlaufgeschwindigkeit des Geldes, die Substitution der Barzahlung unter Geschäftsleuten durch Kredit (Wechsel, o. ä.).

„Der Wert des umlaufenden Tauschmittels jedes Landes steht in einem gewissen Verhältnis zu dem Werte der Waren, die es in Umlauf hält. In einigen Ländern ist dieses Verhältnis weit größer wie in anderen und unter bestimmten Bedingungen verändert es sich in demselben Lande. Es hängt dies von der Umlaufgeschwindigkeit ab, von dem Grade des Vertrauens und des Kredits der Kaufleute unter einander, vor allem aber von der sachverständigen Tätigkeit der Banken. In England hat man so viele Mittel gefunden, bei dem Gebrauch der Umlaufsmittel sparsam zu Werke zu gehen, daß ihr Wert, verglichen mit dem Werte der dadurch in Umlauf gebrachten Waren, wahrscheinlich (während einer Periode des Vertrauens [...]) auf ein möglichst niedriges Maß beschränkt ist.“[34]

Der ständige Ausgleich einer zu großen Geldmenge durch Abfluß ins Ausland und umgekehrt gilt jedoch nur für stoffwertgebundenes Edelmetallgeld. Dieses ist durch seinen Gold- oder Silbergehalt auch in anderen Wirtschaftsräumen ein Wertträger und kann so, je nach dem wie hoch in anderen Gebieten der Geldwert ist, zu- oder abfließen. Für Papiergeld — und hier hat Ricardo die zu seiner Zeit **uneinlösbaren** Noten der Bank von England im Blick — gilt dies nicht. Dieses kann nur in dem Wirtschaftsraum Wertträger sein, in dem man es per Verordnung in Geltung setzt. In diesem Falle wird die MECHANIK zwischen Geldmenge und Geldwert nicht durch eine Geldausfuhr oder -einfuhr ausgeglichen werden können. Betont sei dabei nochmals, daß sich Ricardo nicht auf jederzeit bei den Banken in stoffwertgebundenes Geld einlösbare Banknoten bezieht, sondern auf die zur damaligen Zeit[35] uneinlösbaren Banknoten der Bank von England. Somit mußte Ricardo die Wertbestimmung der Banknote anders ableiten als für einlösbare Banknoten, die nur auf Münzen verwiesen. Dies vollzieht er über den *Schlagschatz*. Die vom Münzherrn ausbedungene Gebühr für das Ausprägen des Edelmetalls zu Münzen, der Schlagschatz, ist nach Ricardo als Vergrößerung des bislang im Metall steckenden Arbeitsquantums zu betrachten und zum Geldwert zu rechnen. Die Münze ist gegenüber derselben Menge an ungemünztem Edelmetall um dieses Arbeitsquantum wertvoller. Die Einbeziehung des Schlagschatzes in den inneren Geldwert bedeutet:

---

33 Ricardo (1809/1910), S. 94.

34 Ricardo (1809/1910), S. 122.

35 Zwischen 1797 und 1819 waren die Noten der Bank von England von ihrer Einlösungspflicht befreit! Vgl. Hans Pohl (1982), S. 79.

„[...] so wird ein Geldstück den Werth eines ungemünzten Stücks von demselben Metall um den ganzen Betrag des daran haftenden Schlagschatzes übersteigen, weil nun eine größere Quantität Arbeit oder, was dasselbe ist, der Werthbetrag eines größeren Arbeitsquantums zu dessen Producirung erfordert wird.“[36]

Wenn nur der Staat prägeberechtigt ist, kann er nach Ricardo die Geldmenge vollständig regulieren. Da nun in konsequenter Umsetzung von MECHANIK gilt, je geringer das Angebot, um so höher der Wert, bedeutet dies für den Schlagschatz, daß er immer höher werden muß, je weniger Geld ausgeprägt wird.

„Hat der Staat allein das Recht, Geld zu prägen, so hat auch der Betrag des Schlagschatzes keine Gränzen, indem dadurch, daß weniger Geld gemünzt wird, selbiges bis zu einer unabsehbaren Höhe im Werthe gehoben werden kann.“[37]

Ricardo überträgt schließlich die durch staatliche Geldmengensteuerung gewährleistete Dynamik des Schlagschatzes auf das Papiergeld, gedacht als nichteinlösbare Banknoten des Staates.

„Dasselbe Princip liegt nun auch dem circulirenden Papiergelde zum Grunde; der ganze dem Papiergelde gegebene Werth kann als Schlagschatz betrachtet werden. Ob es gleich keinen innern Werth hat, ist doch, indem man Selbiges auf ein gewisses Quantum beschränkt, sein Tauschwerth eben so groß, als ein gleicher Werth von gemünztem oder ungemünztem Metall.“[38]

Wenn nun diese Papiergeldmenge erhöht wird, tritt für das Papiergeld kein Wertausgleichsmechanismus durch Abfluß in Kraft (wie für Münzgeld), da es stoffwertlos ist. Die Geldmenge bleibt dann zu hoch, der Geldwert bleibt auf Dauer zu niedrig. Das noch im Lande neben dem Papiergeld kursierende Münzgeld fließt aus. Alles dies versprachlicht Ricardo in den Modellen HANDLUNG und MECHANIK.

„Der Antrieb, den eine reichliche Menge umlaufenden Geldes auf die Münzausfuhr ausübt, hat neue Kraft gewonnen, kann diese Kraft aber nicht wie früher ausnützen. Wir haben nur Papiergeld im Umlauf, das sich notwendigerweise auf unser Land beschränken muß. Durch jede Vermehrung seiner Menge sinkt es unter den Preis von Gold- und Silberbarren, unter den Preis des Umlaufgeldes anderer Länder.“[39]

Wie aus den Zitaten zu erkennen ist, verwendet auch Ricardo die übliche geldtheoretische Metaphorik. Er bezieht sich darüber hinaus in seiner Metaphorik explizit häufiger auf Smith (Geld als Rad im Umlaufgetriebe) und auf Steuart (Veränderung des Längenmaßes als Analogie zur Geldwertänderung).

Auch John Stuart Mill verläßt den bisherigen metaphorischen Erkenntnisrahmen nicht. Auch er erklärt als Produktionskostentheoretiker den Geldwert in MECHANIK. CONTAINER, STEIGEN, FALLEN, UMLAUF, GE-

36 Ricardo (1817/1821), S. 500f.
37 Ricardo (1817/1821), S. 501.
38 Ricardo (1817/1821), S. 501.
39 Ricardo (1809/1910), S. 112.

SCHWINDIGKEIT sind bei ihm gängige Operatoren für die Theoriekonstruktion. Dasselbe gilt für William N. Senior[40]. Beide Autoren fallen metaphorisch nur noch durch einzelne, besonders explizite Analogien auf, die jedoch im zugrundeliegenden metaphorischen Modell längst gängig sind.
So formuliert Mill die für die klassische Nationalökonomie typische Vorstellung von der Neutralität des Geldes im MECHANIK–Modell. GELD wird zur MASCHINE, die nur eine Hilfsfunktion ausübt.

> „Es kann, um es kurz zu sagen, wenn man die innere Bedeutung der Sache in Betracht zieht, für die wirtschaftlichen Verhältnisse der Gesellschaft nichts Unwesentlicheres geben als das Geld, außer in seinem Charakter als Einrichtung zur Ersparung von Zeit und Arbeit. Geld ist eine Maschine, um schnell und bequem dasjenige auszurichten, was sonst doch geschehen wäre, nur weniger schnell und bequem, und wie so viele andere Arten von Maschinen, äußert das Geldwesen einen besonderen und selbständigen Einfluß nur dann, wenn es in Unordnung geraten ist.“[41]

Die Zeit ist wie bei Hume ein VERZÖGERUNGS–Faktor (Vorform der ELASTIZITÄT vgl. S. 159) in der MECHANIK. Mit CONTAINER und FLÜSSIGKEIT wird dieser Zusammenhang erläutert.

> „[...] sobald die Zeit für das vermehrte Angebot des Geldes genügt hat, alle Märkte zu erreichen, oder mit bildlichem Ausdruck alle Kanäle der Cirkulation zu durchströmen, werden alle Preise um ein Viertel gestiegen sein [bei um ein Viertel erhöhter Geldmenge – M. H.].“[42]
> „Der Werth des Geldes variirt daher, wenn die sonstigen Dinge sich gleich bleiben, im umgekehrten Verhältniß seiner Quantität, indem jede Zunahme der Quantität den Werth vermindert, und jede Verminderung der Quantität ihn erhöht, und zwar in einem genau entsprechenden Verhältniß.“[43]

An einer Stelle geht Mill sprachkritisch vor, indem er dem metaphorischen Modell UMLAUFGESCHWINDIGKEIT die Erklärungsstärke abspricht und für ein anderes Konzept plädiert. Er schlägt zur Erklärung des Sachverhalts das Konzept der WIRKSAMKEIT vor.

> „Da die Bezeichnung ‚Schnelligkeit des Umlaufes‘ so gar wenig dasjenige ausdrückt, worauf es grade ankommt, und dazu beiträgt, die Sache zu verwirren, indem ein von dem beabsichtigten äußerst abweichender Sinn nahe gelegt wird, wäre es zweckmäßig, jene Bezeichnung fallen zu lassen und statt deren eine andere zu wählen, welche den wirklich gemeinten Begriff directer bezeichnet. ‚Wirksamkeit des Geldes (efficiency of money)‘ [...] würde zweckmäßiger sein, da er die Aufmerksamkeit auf die Quantität der beschafften Leistung richten würde, ohne die Ansicht, daß dieß nach Zeit zu bemessen sei, nahe zu legen.“[44]

---

[40] S. Fußnote S. 185. Vgl. Senior (1840/1910).
[41] Mill (1848/1910), S. 10.
[42] Mill (1848/1852), S. 524.
[43] Mill (1848/1852), S. 523.
[44] Mill (1848/1852), S. 527.

Auffällig ist aber, daß Mill trotz dieser Kritik die Metapher der *Umlaufgeschwindigkeit* auch nach seiner Neuregelung des Sprachgebrauchs weiterhin verwendet!

8.2 Adam Müller

So wichtig und einflußreich die Werke der englischen Klassiker im 19. Jahrhundert für die Volkswirtschaftslehre und die Geldtheorie im besonderen waren, so gab es neben ihnen immer wieder Vertreter von anderen Theorieentwürfen, die geradezu als Gegenvorschläge zur klassischen Theorie — vor allem Smith'scher Ausprägung — gelesen werden können. Einer der Gegner Smiths war Adam Müller. Er ist der Philosophie des Deutschen Idealismus in der Tradition Fichtes verpflichtet. Daher wird er als „Romantiker"[45] bzw. als Vorläufer der historischen Schule der Nationalökonomie (zusammen mit Friedrich List)[46] bezeichnet.

Müller wendet sich bei der Definition von GELD gegen die Stoffwertgebundenheit desselben. Er bestimmt im Gegensatz dazu GELD über zwei Größen, über die *Sache* und über das *Wort*. Mit letzterem ist die Wertzuschreibung durch die Gesellschaft gemeint. Keine der beiden Größen kann ohne die andere GELD konstituieren.

> „Wenn man also in neueren Zeiten die Sache so dargestellt, als sey ein Staatspapier ein bloßes Substitut der Metalle, oder als könne ein Versprechen des Staates die Metalle nur repräsentieren, und als sey selbiges ohne Beziehung auf die Metalle wesenlos, so hat man die Ordnung der Dinge umgekehrt; die Metalle sind Repräsentanten; das große Bedürfnis des Zusammenhaltens, welches schon vor aller Theilung der Arbeit die einzelnen Organe des Menschen verbindet, dann später alle die verschiedenen ökonomischen Functionen unaufhörlich zu ihrem Ursprung und zur Vereinigung zurück zieht; das, was die Metalle durch den Stempel, wie durch eine Art von Creditiv erst zum Gelde erhebt, und was endlich bei weiterer Entwickelung des bürgerlichen Lebens durch das Staatspapier ausgedrückt wird — ist das Principale."[47]

Müllers Ablehnung der klassischen Geldtheorie resultiert aus einer romantischen Grundhaltung, die das Mittelalter glorifiziert: „Wir wollen das Mittelalter zurück ziehen, wieder herstellen!"[48] Für seine ganze Theorie ist ein zentrales metaphorisches Modell wichtig. Mit diesem versucht er alle ökonomischen Phänomene und deren Zusammenhänge zu erklären. Es handelt sich um das aus RAUM/GEOMETRIE stammende Modell der KUGEL.
Neben dieser Metapher, die mit weiteren (z. B. GLEICHGEWICHT) verbunden werden, finden sich bei ihm auch die anderen gängigen Modelle und für GELD die MECHANIK- und FLÜSSIGKEITS-Metaphorik. Da diese bekannt sind und da bereits gezeigt worden ist, daß sie auf unterschiedlichste

[45] Kaulla (1906), S. 222.
[46] Stavenhagen (1969), S. 191.
[47] Müller (1816), S. 156 f.
[48] Müller (1816), S. 181.

Theoriepositionen angewendet werden können, möchte ich auf Einzelbelege verzichten. Dagegen soll auf Müllers zentrales Erklärungsmodell, das der KUGEL, und auf die Gelderzeugung im Staatsorganismus näher eingegangen werden. Das metaphorische Modell KUGEL bei Müller ist ein Einzelphänomen. Es war in der zeitgenössischen Geldtheorieliteratur nicht verbreitet und akzeptiert, wie etwa FLÜSSIGKEIT oder LEBEWESEN. Daß es hier dennoch ausführlicher besprochen werden soll, liegt darin begründet, daß es zum einen verschiedene Versatzstücke aus anderen Modellen verwendet, die allgemein üblich waren und sind, und daß an ihm gezeigt werden kann, wie auch ein individuell konstruiertes metaphorisches Modell zur Theoriekonstitution wesentlich beitragen kann.

Für Müller ist KUGEL **das** analoge Modell zur Erklärung ganz unterschiedlicher Sachverhalte schlechthin:

> „Das große Schema aller menschlichen Angelegenheiten ist [...] die Kugel, die Gestalt des großen Körpers, der alle diese menschlichen Angelegenheiten trägt und hält. Mit der bloßen Betrachtung der Kugel ist die unendliche Bewegung gegeben: die Betrachtung muß von dem äußeren Flächenraum unaufhörlich nach dem Mittelpunct hinein und wieder heraus steigen, kurz, in ewiger Bewegung bleiben, wenn die Vorstellung der Kugel vollständig bleiben soll; daher ist auch hier nur von einer freyschwebenden, sich bewegenden, das heißt: sich allein auf ihren Mittelpunct beziehenden Kugel die Rede [...].“[49]

Besonders wichtig sind im KUGEL-Modell die Attribute 'Mittelpunkt', 'Polarität' und 'Ausgleich' (alle Punkte auf der Oberfläche haben denselben Abstand zum Mittelpunkt). So wird für Müller aus dem allgemeinen und — wie das obige Zitat zeigt — noch wenig spezifischen Konzept eine Analogie für jede Form von Wirtschaft („Haushaltung“) im besonderen.

> „Kurz die erste einfachste ungetheilteste Haushaltung formt sich schon nach dem Gesetze der Kugel. Aus einem einzelnen Puncte treten die Functionen nach allen gedenkbaren Richtungen wie eben so viele Radien der Kugel heraus, je nachdem sie von einzelnen Puncten der entstehenden Oberfläche der Kugel her, von der Aussenwelt oder von dem Bedürfnisse hervor gereitzt werden: keine aber darf sich von ihrem Mittelpuncte weiter entfernen als die andere, weil das Beyeinanderbleiben eben so nothwendig ist als das Auseinanderstreben. Die Radien müssen demnach als gleich gedacht werden: somit wäre die Kugel also der Ausdruck der Form jeder natürlichen und vollständigen Haushaltung.“[50]

Entscheidend für das Verständnis dieser Analogie ist der Gedanke des GLEICHGEWICHTS, der die Übertragung ökonomischer Phänomene in den RAUM erst sinnvoll macht. Auch in der KUGEL gilt die MECHANIK, nach der ein GLEICHGEWICHT zwischen auseinanderstrebenden KRÄFTEN nur dann zustandekommen kann, wenn diese einander entsprechen. Die KRÄFTE werden dabei als vektoriell gerichtet und im RAUM wirksam gedacht. Eine

---

[49] Müller (1816), S. 141.
[50] Müller (1816), S. 145 f.

„Haushaltung", gedacht als Summe unterschiedlicher Arbeiten/Maßnahmen zur Bedürfnisbefriedigung, kann nur dann von Bestand sein, wenn alle diese Tätigkeiten im rechten Maß ausgeführt werden. Jedem Bedürfnis (KRAFT) steht eine „ökonomische Function" (GEGENKRAFT) gegenüber, eine Möglichkeit dieses zu befriedigen. Die Überbetonung/Überbefriedigung eines einzelnen Bedürfnisses in diesem auf den Mittelpunkt bezogenen System hätte dann eine Gleichgewichtsstörung zur Folge, die sich räumlich als größere oder kleinere Distanz (der ökonomischen Funktionen) zum Mittelpunkt äußert.

> „Schon ehe die äußere Theilung der Arbeit vor sich ging, und als der Einzelne alle seine Bedürfnisse noch selbst besorgte, zeigte sich ein Streben jeder einzelnen ökonomischen Function aus dem Ganzen dieser Functionen heraus; da es aber so viel Bedürfnisse als Functionen gab, und diese Bedürfnisse im Laufe der Zeit alle an die Reihe kommen, so mußten sich die Functionen ihrer Befriedigung alle ins Gleichgewicht setzen: keine konnte ungebührlich thätig heraustreten, weil auch für die andere gesorgt werden mußte."[51]

Noch eingegrenzter, noch konkreter wird das KUGEL-Modell von Müller auf GELD angewendet. Wie oben gezeigt wurde, muß zwischen allen „Functionen", Maßnahmen zur Bedürfnisbefriedigung, ein GLEICHGEWICHT bestehen, so daß sich im Idealfall alle Funktionen einander zu einer auf dem Mittelpunkt bezogenen Einheit ergänzen. Für GELD ist nur noch eine Dimension der KUGEL besonders wichtig. Auf ihr lassen sich als Gegensätze zwei Pole ausmachen, die erst dadurch, daß sie beide im GLEICHGEWICHT zueinander stehen, GELD umfassend definieren. Diese Pole sind die oben bereits angesprochenen Phänomene des ‚Wortgeldes', d. h. des Kreditgeldes, und des ‚Sachgeldes', d. h. des stoffwertgebundenen Geldes.
Wort und Sache trennen die Geldkugel in zwei „Hemisphären"[52]. Die „Hemisphäre der Persönlichkeit", d. h. die ideelle Seite, und die „Hemisphäre der Sächlichkeit", d. h. die materielle Seite. Erst die Verbindung beider Seiten miteinander, erst das Inbeziehungsetzen beider Hemisphären miteinander, machen den gesamten Geldbegriff, als Mittelpunkt gedacht, aus.

> „Unter den Sachen sind es die edeln Metalle, unter den persönlichen Kräften des Menschen ist ist es das Wort, von denen jedes in seiner Sphäre die Vereinigung vollzieht, die der Mensch unaufhörlich unter allen seinen persönlichen und sächlichen Angelegenheiten zu stiften strebt: die edeln Metalle sind das natürlichste Band unter den Sachen, das Wort ist das natürlichste Band unter allen persönlichen Kräften. Das Wort und das edle Metall sind also die beyden großen Formen, unter denen das Geld erscheint; die beyden großen Versinnlichungen des ökonomischen Staates. Keines von beyden allein und für sich drückt das Wesen des Geldes vollständig aus: wer also eine bloß materielle Anschauung des Geldes hätte, oder wer es bloß im edeln Metalle begriffe, hätte von dem Wesen des Geldes, und weiterhin von seinem Leben und seinem Umlauf eine eben so falsche und todte Vorstellung, als derjenige, der eine bloß idealische Anschauung desselben nährte,

[51] Müller (1816), S. 145.
[52] Vgl. die Abbildung in Müller (1816), S. 308.

> das heißt: der es nur als Wort, als fixirtes Wort, im Münzstempel oder auf dem Papier zu begreifen wüßte."[53]

Die Beziehung beider Pole zueinander — die Metapher des GLEICHGEWICHTS zwischen dem „Sachgeld Pol" und dem „Creditgeld Pol"[54] — hat Konsequenzen für den Geldbegriff. Dieses kann nun nicht mehr isoliert als nur stoffwertgebundenes Geld oder nur als Papiergeld gedacht werden. Immer muß GELD als eine gleichgewichtige Mischung aus beidem vorgestellt werden! Dies gilt natürlich für alle Entwicklungsstufen des Geldwesens. Materielles Geld kann ebensowenig ohne die ideelle Wertbegründung definiert werden wie umgekehrt Kreditgeld ohne Verweis auf die materielle Wertbasis.

> „Es gibt demnach eben so wenig reines Metallgeld als reines Papier= oder Wortgeld. Wo also Metallgeld wirklich vorhanden ist, da muß es mit dem Worte schon versetzt seyn: und, wo wirkliches Wortgeld (Schrift= oder Papiergeld) vorhanden ist, da muß es mit dem Metallgelde versetzt, und gleichsam dadurch bestätigt seyn. Mit andern Worten: wenn das Metallgeld zu wirklichem Gelde werden soll, so muß das Wort sein Siegel, seinen Stempel darauf drücken: es muß M ü n z e werden [...]: andererseits soll das Wort zum wirklichen Gelde werden, so muß es in Beziehung auf das Metall stehen, es muß durch das Metall bestimmt werden."[55]

Gerade das, was im Zitat als „Münze werden" bezeichnet wird, kann die spezifische Verbindung von Material und menschlicher Konvention, geistiger Tätigkeit klären. Das Metall allein gehört noch nicht zu GELD.

> „Die Angabe des Gewichts und der Feinheit constituiren das Wesen der Münze noch nicht. Das Wort ist nichts ohne die Person des Sprechers: jedermann wird fragen, wer Gewicht und Feinheit auf dem Metalle angegeben. Das Bild oder Zeichen, oder der Wahlspruch, oder das Wappen des prägenden Souveräns, oder der prägenden Commune muß hinzugefügt werden. Ferner die Bestimmungen des Gewichts, der Feinheit, der Benennung der Münze, sind Einrichtungen der bürgerlichen Gesellschaft, sind Sachen der Convention. Der Inbegriff aller dieser Dinge ist das Wort, welches zum Metall hinzu kommen muß, damit es zur Münze werde."[56]

Müller verwendet das KUGEL–Modell noch weitergehend, indem er seine Anwendung auf GELD wieder rückbezieht auf die allgemeine Definition von WIRTSCHAFT durch KUGEL. Ursprünglich, d. h. in einem idealiter gedachten Zustand vor aller Arbeitsteilung, war jeder Mensch sein eigener Mittelpunkt in seiner eigenen Haushaltung (KUGEL). Mit der Arbeitsteilung mußte der WIRTSCHAFTSRAUM ausgedehnt werden; es entwickelten sich einzelne Funktionen, arbeitsteilige Prozesse, die wiederum gegenseitig ausgeglichen werden mußten. Die Hauptachse der ökonomischen KUGEL, um die sie sich selbst dreht (HANDLUNG), wird von Müller als die von Sach– und Kreditgeld gebildete beschrieben. Alle Wirtschaft *dreht* sich so um Geld. Zusätzlich

[53] Müller (1816), S. 158 f.
[54] Müller (1816), S. 308.
[55] Müller (1816), S. 160 f.
[56] Müller (1816), S. 161.

gestützt wird diese Analogie durch das Bild der Erde, die sich ebenfalls um eine Achse dreht.

> „Nicht anschaulicher wüßte ich diesen großen Proceß der Gelderzeugung zu machen, als indem ich zu dem Schema der Kugel zurückkehre. Metallgeld und Wortgeld sind die beyden Pole der ökonomischen Sphäre: jede ökonomische Function, die aus der ursprünglichen Vereinigung aller Functionen in einem und demselbigen Menschen heraus trat, nöthigte eine andere entgegen gesetzte Function aus dem Mittelpuncte heraus zu treten: so entwickelte sich [...] die Kugel. Aber alle die so entstehenden Radien und Diameter unter sich, alle diese verschiedenen ökonomischen Functionen sind wieder einem Hauptradius, einem Diameter par excellence untergeordnet, wie alle Radien und Diameter der Erdkugel einem Hauptdiameter, nähmlich, der Axe untergeordnet sind, um welche sie sich zunächst und dann erst mit ihr um den Mittelpunct der Erde bewegen.
> Diese Hauptfunction, diese Axe der ökonomischen Sphäre ist die F u n k t i o n d e s G e l d e s."[57]

Wenn GELD eine so wichtige Stellung im Wirtschaftsprozeß hat, so stellt sich die Frage, wie Sach- und Kreditpol im richtigen Verhältnis zueinander stehen können? Was bewirkt das GLEICHGEWICHT zwischen ihnen? Müller argumentiert hier in der ORGANISMUS- und MECHANIK-Metaphorik. Im GESUNDEN KÖRPER des Haushalts darf keine Geldzerrüttung (KRANKHEIT) auftreten, dort gleicht der Mittelpunkt die entgegengesetzten KRÄFTE beider Pole aus.

> „Weil es sich in der Privathaushaltung wohl ereignet, daß der Metallpol versäumt wird, und man sich ausschließend auf den Wortpol, auf Versprechung, Schuld und Schuldverschreibung stellt, und nun durch eine gelegentliche Acquisition des Metalls die Sache, wie durch ein Wunder, in augenblickliches Gleichgewicht gesetzt wird, so wähnt man daß auf das Mehr oder Weniger des Metalls, und auf das Mehr oder Weniger des Schuldpapiers alles ankomme. Wenn aber alle Verhältnisse der Privathaushaltung unter einander zerrüttet sind, wenn nicht das Persönliche und das Sächliche in dieser Haushaltung, das Eigenthum und die Kraft es zu bewirthschaften, überall in sphärischem (geometrischem) Gleichgewichte sehen, so ist das Gleichgewicht, welches die Metallmasse hervorbringt, nur scheinbar und vergänglich. Werft Millionen in den einen Pol, wenn nicht alle Puncte der Kugel mit gleichförmiger Macht reagiren, d. h. wenn der Mittelpunct nicht Kraft hat, sie zu tragen, so habt ihr die Zerrütung des gesammten Haushalts nur um so viel beschleunigt, als die Kraft der Oekonomie von der Masse des Metalls übertroffen wird, die ihr aufgebürdet wird."[58]

Für Müller ergibt sich daraus eine klare Priorität der Erklärung wirtschaftlicher Phänomene durch GEOMETRIE und die in der KUGEL wirkenden KRÄFTE vor der sonst angewendeten einfachen (quantitätstheoretischen) MECHANIK.

---

[57] Müller (1816), S. 164 f.
[58] Müller (1816), S. 184 f.

„Also Geldzerrüttung, eine Krankheit, über die zumahl in unsern Tagen geklagt wird, ist nie ein Lokalübel, nie auf mechanischem Wege durch bloßes Abwägen von Quantitäten zu heilen, denn es hat in dem innern, geometrischen Verhältnisse der gesammten Oekonomie seinen Sitz.“[59]

Was muß getan werden, wenn das GLEICHGEWICHT gestört ist? Müller demonstriert diesen Fall ganz in der ORGANISMUS-Metapher. Wenn es nicht zum Ausgleich zwischen Metall- und Kreditgeld kommt und sich eine Geldform übermäßig ansammelt, dann muß zum *Aderlaß* geschritten werden. Die Ausgleichskräfte beschreibt Müller sogar in dem komplexeren metaphorischen Modell (strukturelle Metapher) KRIEG[60].

„Führen die Geldzeichen nicht untereinander diesen unendlichen Krieg, den die Natur dadurch angedeutet hat, daß sie jedem Staate, ursprünglich zwey entgegen gesetzte Geldformen, das Metallgeld und das Creditgeld gegeben, so entstehen jene Häufungen des Bluts an einzelnen Theilen des Körpers, die von den schrecklichsten Folgen sind: nun wird die Zahl für den Staatsmann sehr wichtig, nun erst wird die arithmetische Verminderung, der Aderlaß nothwendig, der aber so lange eine bloße Palliative bleibt als der Organische, der Constitutionsfehler der die einseitige Bluthäufung veranlaßt, nicht selbst durch Mittel gehoben wird, die ganz außerhalb dem Gebiete der Zahl und der Berechnung liegen.“[61]

So notwendig der *Aderlaß* zur Verminderung des überschüssigen Geldes ist, so muß doch letztlich die Ursache und nicht nur das Symptom bekämpft werden. Auch diese Argumentation kann Müller im metaphorischen Modell des ORGANISMUS weiterführen. Er bleibt dabei im Submodell KRANKHEIT/GESUNDHEIT und verweist auf den dort geltenden Umstand, daß der Arzt den *Aderlaß* nicht mit der *eigentlichen Cur* verwechselt.

„Es kann Gefahr beym Verzuge seyn, eine Verminderung, eine Reducktion nothwendig, nachdem eine plötzliche und willkührliche Vermehrung vorgenommen: aber der wahre Arzt weiß, daß diese Aderläße mit der eigentlichen Cur, welche die innerliche Organisation ergreifen muß, nichts zu thun haben.“[62]

Eine mögliche Ursache der KRANKHEIT ist (im Modell argumentiert) ein Organ, das unablässig zuviel Blut produziert, bzw. generell der Mangel an Blut in den einen Körperteilen kombiniert mit Bluthäufung in anderen.

„Wo zu viel Geldzeichen vorhanden sind, da sind auch sicherlich zu gleicher Zeit wieder zu wenig, eben so, wie, wo zu viel Blut auch wieder Mangel des Bluts: das zu Viel und zu Wenig deutet auf Häufungen in einzelnen Organen, und auf Stockungen in Andern.“[63]

---

59 Müller (1816), S. 185.

60 Zur Unterscheidung zwischen Banknoten („Hemisphäre der Persönlichkeit“, durch Einlösbarkeit rückgebunden an Metallgeld) und uneinlöslichem Staatspapiergeld („Hemisphäre der Sächlichkeit“), vgl. Müller (1816), S. 278 f.

61 Müller (1816), S. 282.

62 Müller (1816), S. 295.

63 Müller (1816), S. 295.

Am Beispiel des nichteinlöslichen Papiergeldes, das zu stark vermehrt wurde (Organ produziert zuviel Blut), zeigt Müller, daß eine einfache Geldmengenverringerung als Lösung nicht ausreicht.

> „Gesetzt ein Papier habe für eine Zeitlang das Metall wirklich repräsentiert und ergänzt, darauf sey es durch unnatürliche Creationen so vermehrt worden, daß derjenige Theil der Nation, welcher unmittelbar mit dem Gelde hantirt [...] übermäßig begünstigt wäre, während der andere Theil der Gesellschaft, der mit dem Grundeigenthum oder mit dem Staate selbst, als Civil= oder Militärbeamter, wirthschaftet, alle diese Vortheile entbehren muß; gesetzt in Folge dieser unnatürlichen Begünstigung habe also das Geld einmahl eine bestimmte Richtung nach der Seite des Wuchers hin erhalten, so mögen wir die Masse des Papiers vermindern wie wir wollen, das begünstigte Organ oder der Wucher wird das Vacuum unmittelbar zu erfüllen wissen; denn wir haben dieses Organ nicht bloß mit Blut überfüllt, sondern wir haben es auch [...] zur Bluterzeugung besonders fähig gemacht; oder wir mögen die Masse des baaren Geldes vermehren, wie wir wollen, so wird es gleichsam magnetisch dorthin gezogen werden, wo einmahl die größte Geldkraft etablirt ist, das Mißverhältniß wird nur größer werden durch alle diese mechanischen Operationen, alle anderen Organe werden mit dem begünstigten Organe nun erst recht in Kriegszustand gerathen: alle anderweiten Lebenssäfte werden relativ mangeln; ein Gefühl der Unzulänglichkeit, des Entbehrens — und was ist die Steigrung aller Preise, die Theurung aller Bedürfnisse und Lebensmittel in der Staatswirthschaft anders — wird den ganzen Körper ergreifen.“[64]

Eine wirkliche Lösung kann also nur darin bestehen, daß im gesamten Organismus die nötige Blutmenge von allen Organen gleichmäßig erzeugt wird.

> „Der ganze Körper soll das Blut erzeugen, nicht aber soll ein einzelnes Organ für diese Bluterzeugung besonders eingerichtet und privilegirt werden.“[65]

Zum Abschluß möchte ich noch erwähnen, daß Müller sich der Bedeutung der Analogien für das Verständnis der Theoriesachverhalte durchaus bewußt war. Er sah, daß die Verwendung von bestimmten Analogien — bei ihm „Bilder“ — zu ganz bestimmten Ergebnissen führen muß. Den seiner Meinung nach ungeeigneten Bildern möchte er daher sein KUGEL-Modell entgegenstellen.

> „Man will noch immer nicht einsehen, wie der Mensch nicht bloße Hauptgedanken, sondern auch Hauptbilder vor der Seele hat, wenn er sich zum Handeln anschickt, ferner, wie ganze Geschlechter von einem falschen Bilde beherrscht werden können. Welches Unheil hat das nunmehr schon bis auf seine letzten Fäden abgenutzte Gleichniß von einem baufälligen Hause bey den Gutdenkenden, bey den Leuten von so genanntem gesundem Menschenverstande in den letztverflossenen Revolutionszeiten angerichtet? und wie viel kommt also darauf an, die ewigen Bilder der Dinge zu finden und zu zeigen, welche nur aus den Normalgestalten der Mathematik zu schöpfen sind?“[66]

---

64 Müller (1816), S. 295 f.
65 Müller (1816), S. 304.
66 Müller (1816), S. 140 f.

8.3 Adolph Wagner

In dem 1862 erschienenen Buch „Die Geld– und Credittheorie der Peel'schen Bankacte" setzt sich Adolph Wagner intensiv mit den Lehren der Currencytheorie auseinander. Er selbst sieht sich in der Tradition der Bankingtheorie und beruft sich auch wiederholt auf wichtige Vertreter dieser Theorierichtung (Tooke, Fullarton). In der Peelschen Bankakte von 1844 setzte sich für das englische Geldwesen das Currencyprinzip durch, d. h. eine gesetzlich vorgeschriebene Deckungspflicht für von Banken emittierte Banknoten durch Edelmetall. Wagner bezieht gegen die Currencytheorie Stellung[67], indem er zwei wichtige Voraussetzungen derselben angreift. Zum einen definiert er die Geldmenge anders, d. h. Banknoten fallen nach Wagner eindeutig nicht unter GELD; zum anderen kehrt er den Kausalzusammenhang in der Quantitätsgleichung dergestalt um, daß nicht mehr die Geldmenge die Warenpreise bestimmt, sondern umgekehrt bestimmen die Warenpreise die Menge der Zirkulationsmittel (i. e. nicht nur Geld). GELD definiert Wagner durch die Kombination dreier Funktionen: (gesetzliches) Zahlungsmittel, Preismaß und Tauschmittel. Erst das Zusammentreffen aller drei Funktionen macht etwas zu GELD. Banknoten können zwar als Tauschmittel dienen, da sie jedoch in Geld einlösbar sind, sind sie nicht Währung und kein Preismaß. Banknoten fallen somit unter den Begriff KREDIT. Für sie gilt dasselbe wie für alle anderen Formen des Kredits. Die verschiedenen Kreditformen setzt Wagner im LEBEWESEN–Modell sprachlich um. KREDIT ist bei ihm meist MENSCH bzw. teilweise unspezifischer LEBEWESEN.

> „Die Benutzung aller Geldsurrogate beruht dagegen wesentlich auf Credit, es sind gewissermaßen Formen, in welche der Kredit sich kleidet. In diesen Formen tritt er an die Stelle von Geld, wo dieses bisher unmittelbar körperlich zur Bewerkstelligung von Umsätzen, beim Kauf und Verkauf, bei Darlehensgeschäften u. s. w. als Tauschmittel und Darsteller von Kaufkraft diente und sucht es hier zu verdrängen."[68]

Der Sachverhalt der Einlösbarkeit der Banknoten wird im metaphorischen Modell FLÜSSIGKEIT versprachlicht. EINLÖSUNG heißt in diesem Zusammenhang „regelmässige Rückströmung der Noten zur Bank."[69] Von Banknoten strikt zu unterscheiden ist das Papiergeld, d. h. uneinlösbare Banknoten. Diese beiden werden von Currencytheoretikern oft nicht klar unterschieden. Auch wenn diese sich auf Ricardo beziehen, ließen sie häufig außer Acht, daß er über die Noten der Bank von England schrieb, als diese uneinlösbar und damit Papiergeld waren.

Neben der Uneinlösbarkeit ist es die Eigenschaft des Papiergeldes, als gesetzliches Zahlungsmittel (mit Zwangskurs) zu dienen, die es gleichberechtigt

---

[67] Vgl. zur Currency– und Bankingtheorie Kap. 5.3.2.

[68] Wagner (1862), S. 67 [Sperrung getilgt – M. H.]. Dieselbe Kleidungsmetapher bei Wagner (1862), S. 124. An anderen Stellen spricht er davon, daß der Kredit *wankt*, daß eine *Lähmung* eintreten kann usw., ebd. S. 194.

[69] Wagner (1862), S. 29.

neben dem Metallgeld zu GELD zugehörig macht. Liegen beide Merkmale vor, dann dient es ebenso wie Metallgeld als WERKZEUG:

> „[...] es wird als Werkzeug des Austausches zur Zertheilung des Tausches in Kauf und Verkauf, d. h. als Tauschmittel (Umlaufsmittel) benützt und in ihm werden die Preise der Güter ausgedrückt und gemessen, d. h. es dient als Preismaass (Werthmesser).“[70]

Bei Wagner ist somit eine klare Definition gegeben. Banknoten fallen nicht unter GELD, Staatspapiergeld (uneinlösbar, gesetztliches Zahlungsmittel) gehört zum GELD. Die Entwicklung des Geldbegriffs in den hier untersuchten Quellentexten findet damit einen gewissen Abschluß. Law schwankte noch in der Behandlung von Banknoten; Steuart rechnete sie im Prinzip zum GELD (als „symbolisches Geld“), zeigte daneben jedoch auch teilweise prototypische, randunscharfe Verwendungsweisen des Geldbegriffs. Wagner grenzt nun definitorisch klar ab:

> „Wir unterscheiden oder, richtiger gesagt, wir setzen ein für allemal einander gegenüber: Geld, d. h. Metallgeld (Münze) oder Papiergeld, und Geldsurrogate, Ersatzmittel von Geld, die schon dem Begriff eines Ersatzmittels gemäss nicht wieder ‚Geld‘ sein können. Zwischen Papiergeld und allen diesen Geldsurrogaten besteht ein principieller juridischer Unterschied, der einen nicht minder grundsätzlichen volkswirthschaftlichen Unterschied involviert.“[71]

Die Verwischung der Unterschiede zwischen Banknoten einerseits und (Papier)Geld andererseits führt Wagner auf den allgemeinen Sprachgebrauch[72] und vor allem darauf zurück, daß Banknoten de facto wie Metallgeld verwendet werden. Diese Ähnlichkeit in der Verwendung und eine mögliche Konsequenz (Banknoten setzen sich in der Praxis gegenüber Metallgeld durch!) drückt Wagner im metaphorischen Modell LEBEWESEN aus.

> „Die Banknote ist eine Anweisung der Bank auf sich selbst, zahlbar auf Sicht an den Ueberbringer, dem Wesen nach ein trockener Sichtwechsel mit Blancoindossament. Sie schmiegt sich dem baaren Gelde, namentlich in den kleineren Appoints, am Innigsten an. Man kann daher allenfalls sagen, potentiell wird die Note das baare Geld mehr aus dem Umlaufe verdrängen, wie andere Creditumlaufsmittel. Aber wenn dies auch möglich ist, so steht es doch noch immer sehr dahin, ob sie thatsächlich, actuell, eine solche Bedeutung für die Circulation stets erlangt oder gar erlangen muss.“[73]

Das Modell MECHANIK, das in der Quantitätstheorie angewendet wird, sagt allein noch nichts darüber aus, durch welche Ursachen die MECHANIK zwischen Geldmenge und Umlaufgeschwindigkeit einerseits und Preisniveau und Warenmenge andererseits angetrieben wird. Was die MECHANIK bewegt, ist Interpretationssache. Die Currencytheoretiker entscheiden sich für die Geldmengenseite, während Bankingtheoretiker wie Wagner die Warensei-

---

70 Wagner (1862), S. 63 f. [Sperrung getilgt – M. H.].
71 Wagner (1862), S. 65 [Sperrung getilgt – M. H.].
72 Wagner (1862), S. 63.
73 Wagner (1862), S. 109 f. [Sperrung getilgt – M. H.].

te als Movens verantwortlich machen. In beiden Fällen kann MECHANIK als metaphorisches Modell zur Erklärung des Sachverhaltes dienen.

> „Diese Ansicht [der Currencytheorie – M. H.] ist schon vom Standpuncte der Theorie des Geldes überhaupt aus unhaltbar. Denn es ist durch rein theoretische Erörterungen nachgewiesen worden, dass der Geldwerth, d. h. das Tauschwerthverhältniss zwischen Geld und Waaren, keineswegs genau im umgekehrten Verhältniss zur Menge schwanke. Neben dem Momente der Menge kommt das der Umlaufsgeschwindigkeit, sodann der Grad der Ausbildung des Creditwesens, wodurch Baarzahlungen unnöthig gemacht werden, in Betracht, und selbstverständlich braucht aus der Vermehrung der Geldmenge niemals ein Sinken des Werthes des Geldes zu folgen, wenn der Bedarf an Geld zur Bewerkstelligung der Umsätze in dem nemlichen Masse gewachsen ist.“[74]

Auch bei der Formulierung der Steuerungsmaßnahmen wird deutlich, daß das MECHANIK-Modell verwendet wird. Während die Versprachlichung des Quantitätszusammenhanges auch metaphorisch unspezifisch erfolgen kann, kommen bei den Steuerungsvorschlägen meist eindeutige Indikatoren für MECHANIK und FLÜSSIGKEIT vor. GELD ist FLÜSSIGKEIT und die GELDMENGE eine im RAUM ausgedehnte Quantität von FLÜSSIGKEIT. Eine Geldmengenveränderung aufgrund der Notenausgabe von Banken wird so zur „Ausdehnung und Zusammenziehung des Notenumlaufs“[75]. Daraus ergibt sich für Wagner die Koppelung der Notenausgabe an eine vorhandene Edelmetallmenge (Deckung).

> „Umgekehrt findet ebenfalls eine Ueberemission, resp. eine ‚zu grosse‘ Circulation statt, wenn eine Abnahme des Baarfonds nicht von einer genau entsprechenden Reduction des Notenumlaufs begleitet wird. Der schlimme Einfluß einer solchen Missverwaltung der Bank und Missregulirung der Notencirculation soll eben darin bestehen, dass in dem practisch besonders wichtigen und deshalb von der Schule meist allein näher betrachteten Falle der Metallausfuhr, welche ja selbst bereits ein Symptom und eine Wirkung des zu niedrigen Geldwerths, folgeweise der zu großen Geldmenge sei, keine Steigerung des Geldwerths, folglich keine Pause in der Metallausfuhr eintrete, wenn der Notenumlauf nicht entsprechend dem Abfluss des Metalls oder der Abnahme des Baarfonds, welche die Grösse dieses Abflusses messen lässt, und gleichzeitig mit der Abnahme zusammengezogen wird.“[76]

---

[74] Wagner (1862), S. 50 [Sperrung getilgt – M. H.].

[75] Wagner (1862), S. 45. Vgl. auch ebd. S. 174. Dort erläutert Wagner die Argumentation der Currencytheoretiker ebenfalls in MECHANIK und FLÜSSIGKEIT: „Wir konnten es als einen theoretischen Irrtum der Currencyschule nachweisen, dass dieselbe stets meint, jede Metallausfuhr resultire aus einer ‚übermässigen Geldmenge‘ und wirke auf die ‚Geldzirkulation‘ im sogenannten rein metallischen Geldwesen, woraus ja dann im Zusammenhange mit anderen irrigen Definitionen und Dogmen der Schluss gezogen war, es müsse zur Stopfung der Metallausfuhr nothwendig die Notencirculation, als Bestandtheil der Geldcirculation zusammengezogen werden.“ [Sperrung getilgt – M. H.].

[76] Wagner (1862), S. 130 [Sperrung getilgt – M. H.].

Nimmt man ein nur auf Münzen basierendes Geldwesen als „reines" und ein auf Münzen und Banknoten basierendes als „gemischtes" System[77] an, dann ergibt sich für die Currencytheorie folgende Konsequenz (MECHANIK).

> „Alles käme nun darauf an, dass der Werth des Geldes im gemischten Systeme ganz der nemliche wie im rein metallischen sei. Da für diesen Werth die Bewegungen der Menge entscheidend sind, so muss vor Allem stets bewirkt werden, dass das gemischte Geldwesen immer den gleichen Belauf habe und dieselben Schwankungen in der Menge des Geldes erfahre, wie auch das rein metallische thun würde. Die Schwankungen des letzteren hängen von der Metall-Ein- und Ausfuhr ab. Deshalb soll auch das gemischte Geldwesen seiner Menge nach ab- und zunehmen mit der Metall-Ein- aus Ausfuhr. Denn nur hierdurch würde die jetzige ‚Circulation', Münze und Noten, sich hinsichtlich der Menge genau so bewegen, wie sonst die rein metallische Circulation sich bewegt haben würde."[78]

Für die Currencytheoretiker ist der Indikator der Geldmenge, an dem sich auch die Notenausgabe zu orientieren hat, in der Edelmetallmenge begründet. Nach Meinung Wagners wird dabei jedoch nur die zu- und abfließende Edelmetallmenge von und ins Ausland berücksichtigt. Wichtiger sind aber die Geldhorte, die er als MASCHINEN beschreibt. Sie sind letztlich *Saugapparate*, die in Abhängigkeit von der wirtschaftlichen Konjunktur Geld aus der Zirkulation absaugen oder abgeben.

> „Treten nun aber in allen solchen Ländern mit weniger entwickeltem Creditwesen Fälle der Nothwendigkeit plötzlicher grosser Geldzahlungen [...] ein, so werden viele Personen durch die sich ihnen jetzt in der Regel bietenden Vortheile, den gestiegenen Zinsfuss, angelockt, mit ihren Vorräthen herauszurücken. In einem solchen Zustande des Geldwesens [...] wird das zum Export und für andere Zwecke [...] erforderliche Metallgeld nicht aus der im Umlauf befindlichen Geldmenge, sondern aus jenen Geldvorräthen gezogen. Hier fliesst Geldcapital fort. [...] Aber [...] die Zusammenziehung der Geldcirculation erfolgt nicht direct durch den Metallabfluss, sondern indirect durch die von ihm mit herbeigeführte Verminderung der allgemeinen wirthschaftlichen Thätigkeit. Auch in dem geschilderten Zustande der Wirthschaft bilden die Cassen der Einzelnen gewissermassen die Saugapparate, welche aus der Circulation für kürzer oder länger Geld an sich ziehen, und dasselbe bei ungewöhnlichem Bedarfe der Wirthschaft wieder von sich geben."[79]

Die Quantitätsmechanik definiert Wagner (wie Tooke) genau umgekehrt wie die Currencytheoretiker. Preisschwankungen gehen den Schwankungen in der Menge der Banknoten voraus[80]; die Geldmenge hängt von den Warenpreisen ab, ist also „endogen"[81] durch den Bedarf der Wirtschaft bestimmt. Wagner versprachlicht dies z. B. im Modell LEBEWESEN, wobei WIRTSCHAFT der

[77] Vgl. Wagner (1862), S. 86-89.
[78] Wagner (1862), S. 88 [Sperrung getilgt – M. H.].
[79] Wagner (1862), S. 98 [Sperrung getilgt – M. H.].
[80] Wagner (1862), S. 224.
[81] Ehrlicher (1981a), S. 379.

ORGANISMUS ist, der mit GELD (und Geldsurrogaten) als NAHRUNG *gesättigt* werden soll. Die „Sättigung" ist das Kriterium der Notenemission.

> „Es kommt hier auf verschiedene Verhältnisse an. So frägt [!] es sich, ob in einem concreten Falle, also ob z. B. in einem bestimmten Lande bereits eine ‚Sättigung' des Verkehres mit Banknoten erfolgt ist, oder ob etwa erst mit der Notenemission begonnen wird."[82]

Banknoten als Formen des „Credits" können langfristig gar nicht in zu großer Menge ausgegeben werden (*Sättigung*!). Die tatsächlich ausgegebene Menge „bewegt sich nur in kleinen Oscillationen um einen gewissen Durchschnittsbetrag herum gemäß dem periodischen Wechsel des Bedürfnisses"[83] (Kreditnachfrage).
Die MECHANIK der Quantitätsgleichung ist bei Wagner durch elastische Faktoren relativiert. Sie wird durch den Zeitfaktor (kurzfristige vs. langfristige Betrachtung) und durch andere Friktionen ihrer unmittelbaren Hebelwirkung beraubt. Steigen und Fallen des Preisniveaus hängen somit nicht unmittelbar und direkt mit der Notenmenge zusammen.

> „Noch weniger aber lässt sich auch nur ein entfernt so unmittelbarer Einfluss z. B. der Papiergeldvermehrung auf das Steigen der Waarenpreise begründen, wie ihn die Quantitätstheorie annimmt. Der Process der Preisveränderung, respective Preissteigerung ist viel ungleichmässiger, langsamer. Von einer der procentweisen Vermehrung der Papiergeldmenge genau entsprechenden Steigerung der allgemeinen Waarenpreise kann, zumal innerhalb kürzerer Zeiträume, ebenso wenig die Rede sein, wie von einer solchen Wirkung der vermehrten Edelmetallmenge auf die in Gold und Silber gemessenen Waarenpreise."[84]

Zusammenfassend läßt sich für Wagner als einem prominenten deutschsprachigen Vertreter der Bankingtheorie festhalten:
1. Es kommen dieselben metaphorischen Modelle zum Einsatz wie in den bisherigen Quellen auch. Die Ausdrucksseiten sind zwar stellenweise unauffälliger[85] als in den Quellen des 17. und 18. Jahrhunderts. Nichtsdestotrotz wird mit denselben — nun schon in der Geldtheorie gängigen und keiner expliziten Einführung mehr bedürfenden — Modellen gearbeitet. MECHANIK (FLÜSSIGKEIT, GESCHWINDIGKEIT, ZIRKULATION), LEBEWESEN, HANDLUNG, RAUM/GEOMETRIE sind in ihren spezifischen Ausprägungen für Sachverhalte der Geldtheorie bereits so allgemein anerkannt, daß nicht mehr in jeder Verwendung auch ausdrucksseitig explizit auf das metaphorische Modell verwiesen oder es gar begründet werden müßte.
2. Die im Text von Wagner nachvollziehbare Auseinandersetzung zwischen der Currency- und der Bankingtheorie, als zwei einander entgegengesetzte Theorieentwürfe, kann durchweg in denselben metaphorischen Modellen vollzogen werden. Die zur Erklärung der Quantitätsgleichung benutzten MECHANIK-

---

[82] Wagner (1862), S. 142.
[83] Wagner (1862), S. 150.
[84] Wagner (1862), S. 51 [Sperrung getilgt - M. H.].
[85] Vgl. z. B. das Zitat zur Quantitätsmechanik.

und HANDLUNGS-Metaphern determinieren die Interpretation der Sachverhalte nicht. Man muß den metaphorischen Rahmen nicht verlassen, um zu ganz entgegengesetzten Theorien zu gelangen. Hier zeigt sich einmal mehr die Polyfunktionalität der aus Basiskonzepten konstruierten metaphorischen Modelle. Aufgrund ihrer einfachen Struktur lassen sie sich zum einen auf ganz unterschiedliche Sachverhalte (Technik, unterschiedliche Konzepte der Wirtschaftstheorie) anwenden; zum anderen müssen sie nicht die jeweilige Interpretation des Sachverhalts innerhalb der Theorie festlegen.

8.4 Karl Marx

Der Geldbegriff von Karl Marx kann im Detail aus den ersten beiden Abschnitten des ersten Buches des „Kapitals" („Der Produktionsprozeß des Kapitals") rekonstruiert werden. Im ersten Abschnitt („Ware und Geld") definiert Marx GELD als WARE einer bestimmten Art; im zweiten Abschnitt („Die Verwandlung von Geld in Kapital") geht er dem weiteren Weg des Geldes bis hin zur Kapitalbildung nach. Wie für die anderen hier vorgestellten Theoretiker zum GELD, so gilt auch für Marx, daß es in dieser Arbeit nicht um eine Kritik ihrer Geldtheorie und nicht um eine umfassende Darstellung ihrer geld- und wirtschaftstheoretischen Vorstellungen geht und gehen kann. Der Einwand etwa, daß man Marx erst verstehen kann, wenn man seine Ausführungen zu ARBEIT, MEHRWERT, KAPITAL, LOHN, PROFIT etc. rezipiert habe, gilt sicher für ein theoriekritisches Erkenntnisinteresse. Da mein Erkenntnisinteresse jedoch auf die spezifischen metaphorischen Modelle, mit deren Hilfe Marx über GELD spricht und mit deren Hilfe er GELD definiert, gerichtet ist, erscheint mir ein quasi isolierender Zugang zum „Kapital" gerechtfertigt[86]. Diese Einschränkung gilt es zu beachten, wenn die nachfolgenden Äußerungen zur Geldtheorie von Marx isoliert erscheinen sollten.

Marx war Warentheoretiker des Geldes, und Produktionskostentheoretiker in bezug auf den Geldwert. Er argumentiert durchgängig in metaphorischen Modellen und zieht über die uns bislang bekannten polyfunktionalen Modelle wie HANDLUNG, RAUM, MECHANIK und LEBEWESEN hinaus häufig auch strukturelle Metaphern — vor allem aus den Bereichen der Philosophie und Religion — heran. Ich möchte zur Redundanz des metaphorischen Sprechens bei Marx ein Beispiel geben, um danach auf die spezielle Metaphorik des Geldbegriffs (und damit verbunden zu WARE, WERT und PREIS) einzugehen. Marx erklärt viele theoretische Sachverhalte nicht nur durch ein einfaches metaphorische Modell, sondern zieht darüber hinaus oftmals noch weitere Analogien heran, die den — für die vorliegende Arbeit bisher — üblichen Rahmen sprengen. Mit dieser Redundanz oder Überdetermination kann er den Sachverhalt für unterschiedliche Zielgruppen verständlicher machen. Ein Beispiel: Den Tausch von Ware gegen Gold, d. h. den tatsächlichen Über-

[86] Die Analyse des Begriffsnetzes, in dem Marx argumentiert, und die Aufweisung der in allen seinen Theoriebegriffen auftauchenden metaphorischen Modelle, muß einer anderen Untersuchung vorbehalten bleiben.

gang eines Gebrauchswertes in einen Tauschwert, erklärt Marx an einer Stelle gleich vierfach:

1. Im Modell LEBEWESEN/MENSCH
2. In einer strukturellen Metapher aus der Hegelschen Philosophie, d. h. in einer sehr viel komplexeren Analogie als unter 1.
3. In einer strukturellen Metapher aus dem Alltag.
4. In einer strukturellen Metapher aus der Religion.

Im folgenden Zitat sind an den entsprechenden Stellen die einzelnen Analogien von mir numeriert worden.

> „Wie die relative Wertform überhaupt, drückt der Preis den Wert einer Ware, z. B. einer Tonne Eisen, dadurch aus, daß ein bestimmtes Quantum Äquivalent, z. B. eine Unze Gold, unmittelbar austauschbar mit Eisen, aber keineswegs umgekehrt, daß seinerseits das Eisen unmittelbar austauschbar mit Gold ist. Um also praktisch die Wirkung eines Tauschwerts auszuüben, muß die Ware ihren natürlichen Leib abstreifen [1.], sich aus nur vorgestelltem Gold in wirkliches Gold verwandeln, obgleich diese Transsubstantiation ihr ‚saurer' [1.] ankommen mag als dem Hegelschen ‚Begriff' der Übergang aus der Notwendigkeit in die Freiheit [2.] oder einem Hummer das Sprengen seiner Schale [3.] oder dem Kirchenvater Hieronymus das Abstreifen des alten Adam [4.].“[87]

Die Überdetermination in der metaphorischen Erklärung zusammen mit der generell bei Marx feststellbaren stark konkretisierenden, besonders auf CONTAINER, HANDLUNG und LEBEWESEN rekurrierenden Sprechweise machen Marx' Schriften für unterschiedlichste Adressatenkreise zugänglich.

Zur Klärung des Geldbegriffs sind als bestimmende ‚Nachbar'-Begriffe ARBEIT, WARE, WERT und PREIS zu nennen, die allesamt in denselben Metaphern erklärt werden.
Marx betont die Unterscheidung zwischen Gebrauchswert als der „Nützlichkeit eines Dings“[88] und dem Tauschwert, der den Warencharakter eines Gutes hervorhebt. Gebrauchswerte als CONTAINER bzw. gleichgesetzt mit dem Gut können Tauschwerte „tragen“.

> „Der Gebrauchswert verwirklicht sich nur im Gebrauch oder der Konsumtion. Gebrauchswerte bilden den stofflichen Inhalt des Reichtums, welches immer seine gesellschaftliche Form sei. In der von uns zu betrachtenden Gesellschaftsform bilden sie zugleich die stofflichen Träger des — Tauschwerts.“[89]

Tauschwerte sind IN den Gütern enthalten, als Reduktion von der Qualität (unterschiedliche Güter!) auf die bloße Quantität[90]. Diese Quantität bezieht

---

[87] Marx (1867/1989), S. 117 f.
[88] Marx (1867/1989), S. 50.
[89] Marx (1867/1989), S. 50.
[90] „Nehmen wir ferner zwei Waren, z. B. Weizen und Eisen. Welches immer ihr Austauschverhältnis, es ist stets darstellbar in einer Gleichung, worin ein gegebenes Quantum Weizen irgendeinem Quantum Eisen gleichgesetzt wird, z. B. 1 Quarter Weizen = a

sich auf ARBEIT, gedacht als durchschnittliche, kollektive Arbeitszeit. Diese ist die Vergleichsgröße beim Tauschwert[91]. Neben der INNEN–AUSSEN-Orientierung verwendet Marx dabei durchgängig eine spezielle Form des MECHANIK–Modells, das man mit MATERIALQUALITÄT umschreiben kann. Es handelt sich dabei um AGGREGATSZUSTÄNDE (aus dem Sektor der Chemie). Arbeit kann *flüssig, gallertartig*, oder *fest*, d. h. *kristallisiert* sein.

„Betrachten wir nun das Residuum der Arbeitsprodukte. Es ist nichts von ihnen übriggeblieben als dieselbe gespenstige Gegenständlichkeit, eine bloße Gallerte unterschiedsloser menschlicher Arbeit, d. h. der Verausgabung menschlicher Arbeitskraft ohne Rücksicht auf die Form ihrer Verausgabung. Diese Dinge stellen nur noch dar, daß in ihrer Produktion menschliche Arbeitskraft verausgabt, menschliche Arbeit aufgehäuft ist. Als Kristalle dieser ihnen gemeinschaftlichen gesellschaftlichen Substanz sind sie Werte — Warenwerte.“[92]

„Als Werte sind alle Waren nur bestimmte Maße festgeronnener Arbeitszeit.“[93]

Auch die unterschiedliche Produktivität von Arbeit kann in MATERIALQUALITÄT ausgedrückt werden. Je produktiver die Arbeit, umso weniger muß *auskristallisieren*.

„Je größer die Produktivkraft der Arbeit, desto kleiner die zur Herstellung eines Artikels erheischte Arbeitszeit, desto kleiner die in ihm kristallisierte Arbeitsmasse, desto kleiner sein Wert.“[94]

Marx bleibt ganz konsequent bei diesen Modellen: der Tauschwert als *geronnene* Arbeit, die *in* den Dingen steckt, wird immer wieder so versprachlicht. Güter werden dadurch zu Waren, daß sie Tauschwerte enthalten.

„Waren kommen zur Welt in der Form von Gebrauchswerten oder Warenkörpern, als Eisen, Leinwand, Weizen usw. Es ist dies ihre hausbackene Naturalform. Sie sind jedoch nur Waren, weil Doppeltes, Gebrauchsgegenstände und zugleich Wertträger. Sie erscheinen daher nur als Waren oder besitzen nur die Form von Waren, sofern sie Doppelform besitzen, Naturalform und Wertform.“[95]

Die Tauschwerte sind vergegenständlichte Arbeit, sie lassen sich nur im Vergleich, im Bezug aufeinander messen. Die Vergegenständlichung der Arbeit wird im Kontinuum zwischen *flüssig* und *auskristallisiert, fest* ausgedrückt.

„Sagen wir: als Werte sind die Waren bloße Gallerten menschlicher Arbeit, so reduziert unsere Analyse dieselben auf die Wertabstraktion, gibt ihnen

Ztr. Eisen. Was besagt diese Gleichung? Daß ein Gemeinsames von derselben Größe in zwei verschiedenen Dingen existiert, in 1 Quarter Weizen und ebenfalls in a Ztr. Eisen. Beide sind also gleich einem Dritten, das an und für sich weder das eine noch das andere ist. Jedes der beiden, soweit es Tauschwert, muß also auf dieses Dritte reduzierbar sein.“ Marx (1867/1989), S. 51.

[91] Vgl. dazu Marx (1867/1989), S. 53 f.

[92] Marx (1867/1989), S. 52.

[93] Marx (1867/1989), S. 54.

[94] Marx (1867/1989), S. 55.

[95] Marx (1867/1989), S. 62.

> aber keine von ihren Naturalformen verschiedne Wertform. Anders im Wertverhältnis einer Ware zur andern. Ihr Wertcharakter tritt hier hervor durch ihre eigene Beziehung zu der andern Ware."[96]
> „Es genügt indes nicht, den spezifischen Charakter der Arbeit auszudrükken, woraus der Wert der Leinwand besteht. Menschliche Arbeitskraft im flüssigen Zustand oder menschliche Arbeit bildet Wert, aber ist nicht Wert. Sie wird Wert in geronnenem Zustand, in gegenständlicher Form. Um den Leinwandwert als Gallerte menschlicher Arbeit auszudrücken, muß er als eine ‚Gegenständlichkeit' ausgedrückt werden, welche von der Leinwand selbst dinglich verschieden und ihr zugleich mit andrer Ware gemeinsam ist."[97]

Die gegenständliche Form des Warenwerts muß etwas sein, daß beiden Waren gemeinsam ist. Gesucht ist die „Aequivalentform", die Bezugsgröße für den Tauschwert. Möglich ist eine Wertbestimmung zwischen zwei Waren, von denen eine als wertbestimmend (Aequivalentform) angenommen, und die andere relativ zur ersten in ihrem Wert gemessen wird. So kann z. B. Leinwand in Röcken im Wert gemessen werden[98]. Marx verdeutlicht dies in der Analogie des Gewichts.

> „Dies veranschauliche uns das Beispiel eines Maßes, welches den Warenkörpern als Warenkörpern zukommt, d. h. als Gebrauchswerten. Ein Zuckerhut, weil Körper, ist schwer und hat daher Gewicht, aber man kann keinem Zuckerhut sein Gewicht ansehn oder anfühlen. Wir nehmen nur verschiedne Stücke Eisen, deren Gewicht vorher bestimmt ist. Die Körperform des Eisens, für sich betrachtet, ist ebensowenig Erscheinungsform der Schwere als die des Zuckerhuts. Dennoch, um den Zuckerhut als Schwere auszudrücken, setzen wir ihn in ein Gewichtsverhältnis zum Eisen. In diesem Verhältnis gilt das Eisen als ein Körper, der nichts darstellt außer Schwere. Eisenquanta dienen daher zum Gewichtsmaß des Zuckers und repräsentieren dem Zuckerkörper gegenüber bloße Schwergestalt, Erscheinungsform von Schwere. [...] Wie der Eisenkörper als Gewichtsmaß dem Zuckerhut gegenüber nur Schwere, so vertritt in unsrem Wertausdruck der Rockkörper der Leinwand gegenüber nur Wert."[99]

Um alle Waren gegeneinander austauschbar bzw. meßbar zu machen, empfahl es sich, eine Ware zu finden, die für alle anderen Waren als Aequivalentform, d. h. als endgültige Wertbezugsgröße dienen konnte. Diese Ware wurde im Gold gefunden. Marx formuliert dies wiederholt metaphorisch, indem er den Waren selbst zuschreibt, daß sie sich durch ihr Inbeziehungsetzen zu anderen Waren oder nur zu Gold als Aequivalentform (Tausch)Wert verschaffen. Die Entstehung von Tauschwert und dessen Messung wird so ein dynamischer Vorgang (HANDLUNG, LEBEWESEN), der sich immer wiederholt.

> „Die beiden frühen Formen drücken den Wert je einer Ware, sei es in einer einzigen verschiedenartigen Ware, sei es in einer Reihe vieler von ihr verschiednen Waren aus. Beidemal ist es sozusagen das Privatgeschäft der

[96] Marx (1867/1989), S. 65.
[97] Marx (1867/1989), S. 65 f.
[98] Vgl. das Beispiel bei Marx (1867/1989), S. 70 f.
[99] Marx (1867/1989), S. 71.

> einzelnen Ware, sich eine Wertform zu geben, und sie vollbringt es ohne Zutun der andren Waren. Diese spielen ihr gegenüber die bloß passive Rolle des Äquivalents.“[100]

Zu fragen bleibt, welche Ware die Funktion einer allgemeinen Wertbezugsgröße übernimmt. Der Vorgang ist ein organischer, erst allmählich wird eine bestimmte Ware zur ausschließlichen Bezugsgröße. Erst allmählich verbindet sich die „Naturalform“ der Ware mit der „Aequivalentform“. Die Fixierung der Äquivalentfunktion bei der Ware Gold erklärt Marx im Modell WACHSTUM. In Gold sind beide Formen (Naturalform und Äquivalentform) so verbunden (*verwachsen*), daß aus Gold Geld werden kann.

> „Die spezifische Warenart nun, mit deren Naturalform die Äquivalentform gesellschaftlich verwächst, wird zur Geldware oder funktioniert als Geld. Es wird ihre spezifisch gesellschaftliche Funktion, und daher ihr gesellschaftliches Monopol, innerhalb der Warenwelt die Rolle des allgemeinen Äquivalents zu spielen.“[101]

Ist dieses Zusammenwachsen geschehen, ist die Ware Gold vorwiegend auf ihre gesellschaftliche Funktion, Geld zu sein, eingeschränkt, so wird sie als Ware von den anderen Waren abgetrennt. Da alle Waren ihren Wert in dieser speziellen Ware messen, erhält sie einen Sonderstatus in der Warenwelt, nämlich den, die Geldware zu sein. Diesen Vorgang stellt Marx aus der Perspektive der übriggebliebenen Waren (LEBEWESEN) dar, die durch ihr Wertmessen an einer Ware (Gold) die gültige Äquivalentform schaffen.

> „Die gesellschaftliche Aktion aller andren Waren schließt daher eine bestimmte Ware aus, worin sie allseitig ihre Werte darstellen. Dadurch wird die Naturalform dieser Ware gesellschaftlich gültige Äquivalentform. Allgemeines Äquivalent zu sein wird durch den gesellschaftlichen Prozeß zur spezifisch gesellschaftlichen Funktion der ausgeschlossenen Ware. So wird sie — Geld.“[102]

Auch wenn die Perspektive der spezifischen Geldware (Gold) eingenommen wird, kann im metaphorischen Modell LEBEWESEN geblieben werden. Gold tritt als LEBEWESEN den anderen Waren gegenüber: „Gold tritt den andren Waren nur als Geld gegenüber, weil es ihnen bereits zuvor als Ware gegenüber stand.“[103]

Auch die Überlegungen zum „Fetischcharakter der Ware“, d. h. der Hypostasierung von Arbeit/Tauschwert in der Warenform, versprachlicht Marx nicht nur in der MECHANIK-Metaphorik, sondern zusätzlich — quasi redundant — in zwei weiteren Analogien.

> „Das Geheimnisvolle der Warenform besteht also einfach darin, daß sie den Menschen die gesellschaftlichen Charaktere ihrer eignen Arbeit als gegenständliche Charaktere der Arbeitsprodukte selbst, als gesellschaftliche Natureigenschaften dieser Dinge zurückspiegelt, daher auch das gesellschaft-

[100] Marx (1867/1989), S. 80.
[101] Marx (1867/1989), S. 83.
[102] Marx (1867/1989), S. 101.
[103] Marx (1867/1989), S. 84.

liche Verhältnis der Produzenten zur Gesamtarbeit als ein außer ihnen existierendes gesellschaftliches Verhältnis von Gegenständen. Durch dies Quidproquo werden die Arbeitsprodukte Waren, sinnlich übersinnliche oder gesellschaftliche Dinge. So stellt sich der Lichteindruck eines Dings auf den Sehnerv nicht als subjektiver Reiz des Sehnervs selbst, sondern als gegenständliche Form eines Dings außerhalb des Auges dar [1a]. Aber beim Sehen wird wirklich Licht von einem Ding, dem äußeren Gegenstand, auf eine andres Ding, das Auge, geworfen. Es ist ein physisches Verhältnis zwischen physischen Dingen [1b]. Dagegen hat die Warenform und das Wertverhältnis der Arbeitsprodukte, worin sie sich darstellt, mit ihrer physischen Natur und den daraus entspringenden dinglichen Beziehungen absolut nichts zu schaffen [R1]. Es ist nur das bestimmte gesellschaftliche Verhältnis der Menschen selbst, welches hier für sie die phantasmagorische Form eines Verhältnisses von Dingen annimmt. Um daher eine Analogie zu finden, müssen wir in die Nebelregion der religiösen Welt flüchten. Hier scheinen die Produkte des menschlichen Kopfes mit eignem Leben begabte, untereinander und mit den Menschen in Verhältnis stehende selbständige Gestalten [2]. So in der Warenwelt die Produkte der menschlichen Hand [R2]. Dies nenne ich den Fetischismus, der den Arbeitsprodukten anklebt, sobald sie als Waren produziert werden, der daher von der Warenproduktion unzertrennlich ist."[104]

Marx vollzieht in der ersten Analogie, der vom Sehen (im Zitat von mir mit 1a und 1b markiert), eine Übertragung aus dem ganz konkreten Sektor des menschlichen Sehens auf das zu erklärende Wertphänomen. Das Sehen wird wiederum in MECHANIK und HANDLUNG beschrieben. Auge und Objekt sind CONTAINER, die über Licht verbunden sind; dieses wird vom einen *auf* den anderen *geworfen*. Im zweiten Schritt nimmt Marx die Anwendung dieser komplexen Analogie zurück. Er verweist explizit darauf, daß die Übertragung Mängel aufweist (siehe R1). Er begründet das gerade mit ihrer Konkretheit; während zwischen den CONTAINERN Auge und Gegenstand eine tatsächliche *physische* Verbindung besteht, gilt dies nicht für die Beziehung zwischen Warenform und Warenwert. Zur ersten Erklärung schien diese Analogie geeignet zu sein. Die Entstehung des Warenwertes als gesellschaftliches Phänomen kann so aber nicht erklärt werden. Hier ist für Marx eine Analogie passender, in der ebenfalls etwas durch bloße menschliche Setzung, durch Gedanken vergegenständlicht, ja erst geschaffen wird. Marx greift dazu auf die Religion als Hypostasierung von Metaphysischem zurück. Diese — nicht aus dem Konkreten ableitbare — Analogie kann nur auf dem Hintergrund des Marx'schen Religionsbegriffes verstanden werden. Vereinfachend wird jedoch auch diese zweite Analogie von Marx durch die grundlegenden metaphorischen Modelle ausgedrückt. Die religiösen Gedanken, die eigentlich vom menschlichen Kopf produziert werden (MASCHINE), sind LEBEWESEN, die wie alle LEBEWESEN abgrenzbare CONTAINER sind, die BEWUSST HANDELN können usw. So ist auch die zweite Analogie letztlich aus einfachen metaphorischen Modellen aufgebaut. Sie wird explizit an den zu erklärenden Sachverhalt rück-

104 Marx (1867/1989), S. 86 f.

gebunden (R2). Der Fetischcharakter der Ware wird mit Hilfe mehrerer Analogien redundant, aber immer im Rückbezug auf gängige Metaphern erklärt. Marx kann so erläutern, wie der Tauschwert zum CONTAINER wird.

> „Erst innerhalb ihres Austausches erhalten die Arbeitsprodukte eine von ihrer sinnlich verschiednen Gebrauchsgegenständlichkeit getrennte, gesellschaftlich gleiche Wertgegenständlichkeit.“[105]

Die Vergegenständlichung von WERT und darüber hinaus oft die Personifikation wird konsequent beibehalten. Ein Beispiel mag für viele stehen:

> „Es steht daher dem Werte nicht auf der Stirn geschrieben, was er ist. Der Wert verwandelt vielmehr jedes Arbeitsprodukt in eine gesellschaftliche Hieroglyphe. Später suchen die Menschen den Sinn der Hieroglyphe zu entziffern, hinter das Geheimnis ihres eignen gesellschaftlichen Produkts zu kommen, denn die Bestimmung der Gebrauchsgegenstände als Werte ist ihr gesellschaftliches Produkt so gut wie die Sprache.“[106]

Wie bereits angedeutet, werden Tauschwerte von Waren bestimmt mit Hilfe von Äquivalentformen, Bezugsgrößen. Wie Geld als allgemeine Äquivalentform entsteht, demonstriert Marx im LEBEWESEN-Modell.

> „Diese allgemeine Äquivalentform entsteht und vergeht mit dem augenblicklichen gesellschaftlichen Kontakt, der sie ins Leben rief. Abwechselnd und flüchtig kommt sie dieser oder jener Ware zu. Mit der Entwicklung des Warenaustausches heftet sie sich aber ausschließlich fest an besondere Warenarten oder kristallisiert zur Geldform. An welcher Warenart sie kleben bleibt, ist zunächst zufällig.“[107]

Gold als Geldware kann seine Wertmaßfunktion nur erfüllen, weil es wie alle anderen Waren in sich *geronnene Arbeitszeit* enthält. Preismaßstab ist in konsequenter Fortführung des Gedankens das Gewicht des Goldes. Je konstanter man nun ein bestimmtes Goldgewicht mit einem bestimmten Preis verbindet, umso stabiler wird der Preismaßstab sein.

> „Für den Maßstab der Preise muß ein bestimmtes Goldgewicht als Maßeinheit fixiert werden. Hier, wie in allen andren Maßbestimmungen gleichnamiger Größen, wird die Festigkeit der Funktion umso besser, je unveränderlicher ein und dasselbe Quantum Gold als Maßeinheit dient. Als Maß der Werte kann Gold nur dienen, weil es selbst Arbeitsprodukt, also der Möglichkeit nach ein veränderlicher Wert ist.“[108]

Zwischen Warenpreis (= bestimmte Gewichtseinheit an Gold), Warenwert (= Arbeitszeit) und Geldwert bestehen Zusammenhänge, die Marx in der MECHANIK-Metapher erklärt.

> „Die Warenpreise können nur allgemein steigen, bei gleichbleibendem Geldwert, wenn die Warenwerte steigen; bei gleichbleibenden Warenwerten, wenn der Geldwert fällt. Umgekehrt. Die Warenpreise können nur allgemein fal-

[105] Marx (1867/1989), S. 87.
[106] Marx (1867/1989), S. 88.
[107] Marx (1867/1989), S. 103.
[108] Marx (1867/1989), S. 113.

len, bei gleichbleibendem Geldwert, wenn die Warenwerte fallen; bei gleichbleibenden Warenwerten, wenn der Geldwert steigt. Es folgt daher keineswegs, daß steigender Geldwert proportionelles Sinken der Warenpreise und fallender Geldwert proportionelles Steigen der Warenpreise bedingt. Dieses gilt nur für Waren von unverändertem Wert. solche Waren z. B., deren Wert gleichmäßig und gleichzeitig steigt mit dem Geldwert, behalten dieselben Preise. Steigt ihr Wert langsamer oder rascher als der Geldwert, so wird der Fall oder das Steigen ihrer Preise bestimmt durch die Differenz zwischen ihrer Wertbewegung und der des Geldes usw."[109]

Preis und Wert einer Ware können auseinanderklaffen[110]. Ist das Geld einmal eingeführt, dann gestaltet sich der Austauschprozeß zwischen Waren in der bekannten Formel W – G – W. Ware wird gegen Geld getauscht, verkauft, um mit diesem andere Ware kaufen zu können: *Metamorphose* der Waren im Austausch. Diese wird ganz explizit mit der LEBEWESEN–Metapher verbunden. Auch hier sollen wenige Beispiele genügen.

„Die Waren gehen zunächst unvergoldet, unverzuckert, wie der Kamm ihnen gewachsen ist, in den Austauschprozeß ein."[111]

„W – G. Erste Metamorphose der Ware oder Verkauf. Das Überspringen des Warenwerts aus dem Warenleib in den Goldleib ist [...] der Salto mortale der Ware."[112]

Auch der Markt, auf dem Waren ausgetauscht werden, wird personifiziert, der Warenaustausch in ihm wird mit den Vorgängen im Magen verglichen. Das Fassungsvermögen des Markts wird mit dem des menschlichen Magens analog gesehen („Marktmagen"[113]). Die Beziehung zwischen Ware und Geld wird in EMOTION versprachlicht: „die Ware liebt das Geld"[114]. Die WARENZIRKULATION wird in LEBEWESEN umgesetzt: „Die Zirkulation schwitzt beständig Geld aus."[115] Der GELDUMLAUF wird in BEWEGUNG und HANDLUNG erklärt:

„Die dem Geld durch die Warenzirkulation unmittelbar erteilte Bewegungsform ist daher seine beständige Entfernung vom Ausgangspunkt, sein Lauf aus der Hand eines Warenbesitzers in die eines andren, oder sein Umlauf (currency, cours de la monnaie)."[116]

Erst Geld macht die Waren beweglich. Da es selbst beweglich ist und sich in dem Kreislauf W – G – W bewegt, kann es letztlich auch die Warenzirkulation bewerkstelligen.

„Das Resultat der Warenzirkulation, Ersatz von Ware durch andre Ware, erscheint daher nicht durch ihre eignen Formwechsel vermittelt, son-

109 Marx (1867/1989), S. 114.
110 Vgl. zu PREIS auch Marx (1867/1989), S. 117. Als PREIS kann gegebenenfalls auch etwas zur Ware werden, das keinen Tauschwert besitzt, z. B. Ehre, Gewissen etc.
111 Marx (1867/1989), S. 119.
112 Marx (1867/1989), S. 120.
113 Marx (1867/1989), S. 122.
114 Marx (1867/1989), S. 122.
115 Marx (1867/1989), S. 127.
116 Marx (1867/1989), S. 129.

dern durch die Funktion des Geldes als Zirkulationsmittel, welches die an und für sich bewegungslosen Waren zirkuliert, sie aus der Hand, worin sie Nicht-Gebrauchswerte, in die Hand überträgt, worin sie Gebrauchswerte, stets in entgegengesetzter Richtung zu seinem eignen Lauf. Es entfernt die Waren beständig aus der Zirkulationssphäre, indem es beständig an ihre Zirkulationsstelle tritt und sich damit von seinem eignen Ausgangspunkt entfernt. Obgleich daher die Geldbewegung nur Ausdruck der Warenzirkulation, erscheint umgekehrt die Warenzirkulation nur als Resultat der Geldbewegung.«[117]

Nun erhebt sich auch für Marx die alte Frage, wie groß die Geldmenge in diesem Austausch sein muß. Zunächst schlägt er sich auf die Seite der Bankingtheoretiker[118], indem er die Geldmenge von den Warenpreisen abhängen läßt.

„Die Warenmasse als gegeben vorausgesetzt, flutet die Masse des zirkulierenden Geldes auf und ab mit den Preisschwankungen der Waren. Sie steigt und fällt, weil die Preissumme der Waren infolge ihres Preiswechsels zu- oder abnimmt. Dazu ist keineswegs nötig, daß die Preise aller Waren gleichzeitig steigen oder fallen. Die Preissteigerung einer gewissen Anzahl leitender Artikel in dem einen oder ihre Preissenkung in dem andren Fall reicht hin, um die zu realisierende Preissumme aller zirkulierenden Waren zu erhöhn oder zu senken, also auch mehr oder weniger Geld in Zirkulation zu setzen. Ob der Preiswechsel der Waren wirkliche Wertwechsel widerspiegelt oder bloße Schwankungen der Marktpreise, die Wirkung auf die Masse der Zirkulationsmittel bleibt dieselbe.«[119]

Dann berücksichtigt er, in ähnlich explizit metaphorischer Weise, die Umlaufgeschwindigkeit des Geldes. Hier kommt besonders deutlich das metaphorische Modell MECHANIK/FLÜSSIGKEIT und BEWEGUNG zum Tragen. Wird die Umlaufgeschwindigkeit einzelner Teile der Geldmenge über das nötige Maß hinaus gesteigert, müssen andere Teile *herausfliegen*. Sie können nicht mehr ihm Umlauf gehalten werden. Die Beschleunigung einzelner Geldmengenteile wirkt wie eine Geldmengenvermehrung, einzelne Geldteile können sich nicht mehr im CONTAINER bzw. genauer im SCHWAMM (*absorbieren!*), der die Geldflüssigkeit umschließt, halten.

„Die Geldmasse, die bei Beginn z. B. des täglichen Zirkulationsprozesses in ihn hineigeworfen wird, ist natürlich bestimmt durch die Preissumme der gleichzeitig und räumlich nebeneinander zirkulierenden Waren. Aber innerhalb des Prozesses wird ein Geldstück sozusagen für das andre verantwortlich gemacht. Beschleunigt das eine seine Umlaufsgeschwindigkeit, so erlahmt die des andren, oder es fliegt ganz aus der Zirkulationssphäre heraus, da diese nur eine Goldmasse absorbieren kann, welche, multipiziert mit der mittlern Umlaufsanzahl ihres einzelnen Elements, gleich der zu realisierenden Preissumme ist. Wächst daher die Anzahl der Umläufe der Geldstücke, so nimmt ihre zirkulierende Masse ab. Nimmt die Anzahl ihrer Umläufe ab,

[117] Marx (1867/1989), S. 130.
[118] Gegen die Currencytheoretiker vgl. Marx (1867/1989), S. 137f.
[119] Marx (1867/1989), S. 132.

> so wächst ihre Masse. Weil die Masse des Geldes, die als Zirkulationsmittel funktionieren kann, bei gegebner Durchschnittsgeschwindigkeit gegeben ist, hat man daher z. B. nur eine bestimmte Quantität von Ein–Pfund–Noten in die Zirkulation hineinzuwerfen, um ebenso viele Sovereigns hinauszuwerfen, ein allen Banken wohlbekanntes Kunststück."[120]

Umgekehrt muß bei einer Verlangsamung des Umlaufs Geld nachgefüllt werden. Für beide Fälle nimmt Marx die Geldhorte als Lösung an. Sie sind die CONTAINER, aus denen heraus mangelndes Geld in die Zirkulation einfließt, und in die hinein überschüssiges Geld aus der Zirkulation abfließt. Die Geldzirkulation ist dabei als ein System von *Kanälen* (CONTAINER) gedacht, die mit den *Schatzreservoirs* verbunden sind. Die Geldzirkulationskanäle können so nicht überlaufen, da die Geldhorte als Ausgleichsbehälter dienen.

> „Die Schatzbildung erfüllt verschiedne Funktionen in der Ökonomie der metallischen Zirkulation. [...] Man hat gesehn, wie mit den beständigen Schwankungen der Warenzirkulation in Umfang, Preisen und Geschwindigkeit die Umlaufsmasse des Geldes rastlos ebbt und flutet. Sie muß also der Kontraktion und Expansion fähig sein. Bald muß Geld als Münze attrahiert, bald Münze als Geld repelliert werden. Damit die wirklich umlaufende Geldmasse dem Sättigunsgrad der Zirkulationssphäre stets entspreche, muß das in einem Lande befindliche Gold– oder Silberquantum größer sein als das in Münzfunktion begriffene. Diese Bedingung wird erfüllt durch die Schatzform des Geldes. Die Schatzreservoirs dienen zugleich als Abfuhr– und Zufuhrkanäle des zirkulierenden Geldes, welches seine Umlaufskanäle daher nie überfüllt."[121]

Als letzten wichtigen Aspekt des Geldbegriffs bei Marx[122] möchte ich noch die Umkehrformel vorstellen, bei der nicht der Warenaustausch das Ziel ist, sondern die Bildung von Mehrwert: G – W – G. Es handelt sich dabei um die Verbindung der Begriffe GELD und KAPITAL bei Marx. KAPITAL wird bei ihm ebenfalls sehr konsequent im LEBEWESEN–Modell versprachlicht. „[...] die moderne Lebensgeschichte des Kapitals"[123] beginnt im 16. Jahrhundert.

> „Historisch tritt das Kapital dem Grundeigentum überall zunächst in der Form von Geld gegenüber, als Geldvermögen, Kaufmannskapital und Wucherkapital. Jedoch bedarf es nicht des Rückblicks auf die Entstehungsgeschichte des Kapitals, um das Geld als seine erste Erscheinungsform zu erkennen. Dieselbe Geschichte spielt täglich vor unsren Augen. Jedes neue Kapital betritt in erster Instanz die Bühne, d. h. den Markt, Warenmarkt, Arbeitsmarkt oder Geldmarkt, immer noch als Geld, Geld das sich durch bestimmte Prozesse in Kapital verwandeln soll."[124]

---

120 Marx (1867/1989), S. 134.

121 Marx (1867/1989), S. 148.

122 Zum Papiergeld als „Geldzeichen oder Goldzeichen" vgl. Marx (1867/1989), S. 141 f. Er empfiehlt eine Ausgabe nur in dem Rahmen, in dem auch das vom Papiergeld repräsentierte Gold– und Silber zirkulieren müßte. Bei Überausgabe von Papiergeld wird nur die Preismaßfunktion, nicht aber der Goldwert (Arbeit!) tangiert.

123 Marx (1867/1989), S. 161.

124 Marx (1867/1989), S. 161.

'Geld' als Teilbedeutung, als eine Form von KAPITAL unterscheidet sich von 'Geld' in der Bedeutung des bloßem 'Umlaufsmittels' für den Warenaustausch dadurch, daß es sich in einem anderen Kreislauf bewegt (d. h. nicht zum Warenaustausch, sondern zur Kapitalvermehrung/Mehrwertbildung). Es nimmt nicht Wunder, daß auch dieser andere Kreislauf in MECHANIK versprachlicht wird. In diesem neuen Kreislauf wird nicht mehr Ware gegen Geld verkauft, um damit andere Ware zu kaufen, sondern es wird mit Geld Ware gekauft, um diese wieder gegen Geld verkaufen zu können.

> „Neben dieser Form finden wir aber eine zweite spezifisch unterschiedne vor, die Form G – W – G, Verwandlung von Geld in Ware und Rückverwandlung von Ware in Geld, kaufen, um zu verkaufen. Geld, das in seiner Bewegung diese letztre Zirkulation beschreibt, verwandelt sich in Kapital, wird Kapital und ist schon seiner Bestimmung nach Kapital."[125]

Zentral in diesem neuen Kreislauf ist der Begriff des MEHRWERTS, auf den ich nur kurz eingehen möchte. Er entsteht in G – W – G, genauer G – W – G' mit $G' = G + \Delta G$ (Mehrwert). Die Besonderheiten der Entstehung des MEHRWERTS und sein Verhältnis zu anderen Wertbegriffen erläutert Marx stark metaphorisch. Einige Beispiele mögen genügen:

> MENSCH, BEWUSST HANDELND: „Der ursprünglich vorgeschoßne Wert erhält sich daher nicht nur in der Zirkulation, sondern in ihr verändert er seine Wertgröße, setzt einen Mehrwert zu oder verwertet sich. Und diese Bewegung verwandelt ihn in Kapital."[126]
> LEBEWESEN/MECHANIK: „Fixiert man die besondren Erscheinungsformen, welche der sich verwertende Wert im Kreislauf seines Lebens abwechselnd annimmt, so erhält man die Erklärungen: Kapital ist Geld, Kapital ist Ware. In der Tat aber wird der Wert hier das Subjekt eines Prozessses, worin er unter dem beständigen Wechsel der Formen von Geld und Ware seine Größe selbst verändert, sich als Mehrwert von sich selbst als ursprünglichem Wert abstößt, sich selbst verwertet. Denn die Bewegung, worin er Mehrwert zusetzt, ist seine eigne Bewegung, seine Verwertung also Selbstverwertung. Er hat die okkulte Qualität erhalten, Wert zu setzen, weil er Wert ist. Er wirft lebendige Junge oder legt wenigstens goldne Eier."[127]

MEHRWERT kann nun nicht einfach dadurch WACHSEN, daß die Waren abweichend von ihrem durch Arbeitszeit bestimmten Tauschwert ver- oder gekauft werden[128]. MEHRWERT entsteht aus einer ganz bestimmten Ware, der Arbeitskraft. Aus dieser WARE (CONTAINER) fließt MEHRWERT heraus.

> „Um aus dem Verbrauch einer Ware Wert herauszuziehn, müßte unser Geldbesitzer so glücklich sein, innerhalb der Zirkulationssphäre, auf dem Markt, eine Ware zu entdecken, deren Gebrauchswert selbst die eigentümliche Beschaffenheit besäße, Quelle von Wert zu sein, deren wirklicher Verbrauch

[125] Marx (1867/1989), S. 162.
[126] Marx (1867/1989), S. 165.
[127] Marx (1867/1989), S. 169.
[128] Marx (1867/1989), S. 175.

also selbst Vergegenständlichung von Arbeit wäre, daher Wertschöpfung. Und der Geldbesitzer findet auf dem Markt eine solche spezifische Ware vor — das Arbeitsvermögen oder die Arbeitskraft.“[129]

Die Arbeitskraft hat einerseits den (Tausch)Wert, der durch die Arbeitszeit definiert ist, die zu ihrer Produktion nötig ist, d. h. im Falle der Arbeitskraft das Existenzminimum für den Arbeiter.

„Die letzte Grenze oder Minimalgrenze des Werts der Arbeitskraft wird gebildet durch den Wert einer Warenmasse, ohne deren tägliche Zufuhr der Träger der Arbeitskraft, der Mensch, seinen Lebensprozeß nicht erneuern kann, also durch den Wert der physisch unentbehrlichen Lebensmittel. Sinkt der Preis der Arbeitskraft auf dieses Minimum, so sinkt er unter ihren Wert, denn sie kann sich so nur in verkümmerter Form erhalten und entwickeln. Der Wert jeder Ware ist aber bestimmt durch die Arbeitszeit, erfordert, um sie in normaler Güte zu liefern.“[130]

Andererseits kann die Arbeitskraft aber auch größere Werte erzeugen, als zu ihrem Erhalt im gleichen Zeitraum nötig ist. Sind z. B. für den Erhalt der Arbeitskraft sechs Stunden Arbeit pro Tag vonnöten, so entsteht in jeder darüber hinaus gehenden Arbeitsstunde Mehrwert. Der Arbeiter wird für die von ihm angebotene Ware ‚Arbeitskraft‘ bezahlt. Er erhält ihren Wert z. B. in Geldform, aber eben nur soviel als zu ihrem Erhalt (Tauschwert = Arbeit) erforderlich ist, als sie wert ist. Zusätzlich wird die Entlohnung erst im Nachhinein vom Käufer getätigt, d. h. er kann den Gebrauchswert nutzen noch bevor er die Ware bezahlt hat. So gibt ihm de facto der Verkäufer, der Arbeiter einen Vorschuß[131]. Als Wechsel zwischen STOFFWECHSEL und WACHSTUM entsteht aus dem *Verbrauch* von Arbeitskraft MEHRWERT.

„Der Konsumtionsprozeß der Arbeitskraft ist zugleich der Produktionsprozeß von Ware und von Mehrwert.“[132]

Zum Abschluß sei noch ein letztes Beispiel für die Verwendung des LEBEWESEN–Modells gegeben, in dem LEBEWESEN mit einer Anspielung auf Goethes „Faust“[133] ausgebaut wird, um die Wirkung zu intensivieren.

„Indem der Kapitalist Geld in Waren verwandelt, die als Stoffbildner eines neuen Produkts oder als Faktoren des Arbeitsprozesses dienen, indem er ihrer toten Gegenständlichkeit lebendige Arbeitskraft einverleibt, verwandelt er Wert, vergangne, vergegenständlichte, tote Arbeit in Kapital, sich selbst

---

129 Marx (1867/1989), S. 181.

130 Marx (1867/1989), S. 187.

131 „Bei solchen Waren aber, wo die formelle Veräußerung des Gebrauchswerts durch den Verkauf und seine wirkliche Überlassung an den Käufer der Zeit nach auseinanderfallen, funktioniert das Geld des Käufers meist als Zahlungsmittel. In allen Ländern kapitalistischer Produktionsweise wird die Arbeitskraft erst gezahlt, nachdem sie bereits während des im Kaufkontrakt festgesetzten Termins funktioniert hat, z. B. am Ende jeder Woche. Überall schießt daher der Arbeiter dem Kapitalisten den Gebrauchswert der Arbeitskraft vor; er läßt sie vom Käufer konsumieren, bevor er ihren Preis bezahlt erhält, überall kreditiert daher der Arbeiter dem Kapitalisten.“ Marx (1867/1989), S. 188.

132 Marx (1867/1989), S. 189.

133 Faust I, Auerbachs Keller, Vs. 2140.

verwertenden Wert, ein beseeltes Ungeheuer, das zu ‚arbeiten' beginnt, als hätt' es Lieb' im Leibe."[134]

Wie in diesem Kapitel zu sehen war, arbeitet Marx ausgiebig und konsequent mit der in der für alle geldtheoretischen Richtungen maßgeblichen Grundmetaphorik. Darüber hinaus wendet er häufig eine Technik an, die ich als „Analogienredundanz" bezeichnen möchte. Um einen zu erklärenden Begriff besonders deutlich zu machen, um ihn verschiedenen Zielgruppen zugänglich zu machen, bedient sich Marx nicht nur der üblichen Grundmetaphorik (metaphorische Modelle wie LEBEWESEN, MECHANIK, HANDLUNG, RAUM), sondern auch struktureller Metaphern aus den Bereichen Philosophie, Religion und Alltag. Diese sind wiederum teilweise aus einfachen metaphorischen Modellen konstruiert. Die Häufung der Analogien an einzelnen Stellen und die sehr konsequente Anwendung der MECHANIK- und LEBEWESEN-Metaphorik auf wichtige Theoriebegriffe kann so wesentlich zum besseren Verstehen des Gemeinten beitragen. Erst in der Konkretisierung der abstrakten Sachverhalte mittels Metaphern werden diese begreifbar und vermittelbar. Wie für die anderen Autoren der Geldtheorie so gilt also auch für Marx, daß nicht Manipulations- oder Verschleierungsabsichten die Gründe für den Metapherngebrauch sind. Die metaphorischen Modelle bieten vielmehr die Möglichkeit, abstrakte Sachverhalte erst faßbar zu machen.

8.5 Karl Knies

In Karl Knies begegnen wir einem Vertreter des volkswirtschaftstheoretischen Paradigmas der **Historischen Schule**. In geldtheoretischer Hinsicht kann er als Metallist bezeichnet werden. Unter den Begriff GELD kann bei ihm nur etwas fallen, daß selbst Stoffwert besitzt. Alle anderen Erscheinungen, die Geldfunktionen erfüllen, leiten sich aus stoffwertgebundenem, dem eigentlichen Geld ab.
Knies fragt, welche Funktionen Geld im Wirtschaftsprozeß erfüllt und kommt zu vier Grundfunktionen[135]. Anders als Menger (vgl. Kap. 9.1), der GELD über die Funktionen definiert, leitet Knies die Funktionen aus dem Geldbegriff ab. Geld erfüllt bestimmte Funktionen — und hier hat Knies besonders die Tauschmittel- und Wertmaßfunktion im Blick — aber es ist nicht allein dadurch definiert, daß es diese Funktionen erfüllt. Der Begriff steht vorher schon fest, und erst nachträglich wird geprüft welche Funktionen das, was unter GELD fällt, erfüllt. Um die Notwendigkeit des Eigenwertes des Geldmaterials zu begründen, argumentiert er im CONTAINER-Modell. Man kann das in den Gütern steckende Wertquantum nur wiederum mit einem Gegenstand messen, der selbst ein CONTAINER mit einem klar bestimmten CONTAINERINHALT (WERT) ist.

[134] Marx (1867/1989), S. 209.
[135] Vgl. Doms (1953), S. 28: „1) Wertmaßfunktion, 2) Tauschmittelfunktion, 3) Zahlungsmittelfunktion, 4) Funktion als Wertträger durch Zeit und Raum."

> „Es steht deshalb ebenso unumstösslich fest, dass wenn und soweit überhaupt das besondere Quantum wirthschaftlichen Werthes, welches die mannigfaltigen einzelnen Güter umschliessen, geschätzt und bemessen werden kann und soll, dies nur mittels eines Gegenstandes möglich ist, der selbst wirthschaftlichen Werth hat, selbst ein wirthschaftliches Gut ist, sodass dann dieser generische Charakter jedem besonderen Quantum eignet, in welchem derselbe zur Bemessung des Werthes in jedem Quantum anderweitiger Güter verwendet wird.“[136]

GELD ist damit **nicht** aufgrund von menschlicher Konvention oder staatlicher Setzung Wertmesser, sondern durch seinen eigenen Stoffwert.
Das sogenannte ‚Papiergeld‘, das selbst stoffwertlos ist, kann diese Funktion nicht übernehmen. Es gehört nicht zum GELD. Das zähe Fortleben des Metallismus im 19. Jahrhundert und die damit verbundene Ablehnung der Anerkennung von Banknoten als Geld[137] ist auch darauf zurückzuführen, daß das mentale Modell CONTAINER den Geldtheorien nach wie vor die Rückbindung an einen konkreten Stoffwert nahe legte. Man konnte sich die Tauschmittel- und Wertmaßstabsfunktion nicht anders vorstellen, als daß ein Wertobjekt gegen ein anderes eingewechselt wurde. Deshalb mußte man am materialen Stoffwert des Geldes unbedingt festhalten. Banknoten verwiesen demnach nur auf das eigentliche Geld!
Nach der Erörterung der einzelnen Geldfunktionen widmet sich Knies der Frage der Doppelwährungen (Silber und Gold) und plädiert für die einfache Goldwährung. Während Geld durch seinen Stoffwert ein CONTAINER für WERT ist, verhält es sich mit dem Papiergeld anders: „Das Papiergeld ist vielmehr Träger und Circulationsmittel einer Ermächtigung zu Gebrauch für Zahlung anstatt des Geldes.“[138]
Wenn Knies auch selbst von *Papiergeld* spricht, so läßt er doch daran keinen Zweifel, daß es nicht zum GELD gehört. Es leitet seinen Wert, seine Funktionen vom echten Geld ab. Dies ist selbst dann so, wenn es uneinlösbar ist, d. h. wenn aus (einlösbaren) Banknoten Staatspapiergeld mit Zwangskurs wird.

> „Jeder Gebrauch von Papierscheinen als gesetzliches Zahlungsmittel setzt unvermeidlich voraus, dass Gold oder Silber als gesetzliches Werthmaass und gesetzlicher Preismaassstab fungiert, selbst in dem Falle, wenn es gesetzlich verboten sein sollte, ein anderes Zahlungsmittel als Papiergeld zu gebrauchen!“[139]

Selbst den Unterschied zwischen den einlösbaren „Geldcreditpapieren“ (z. B. Banknoten, Wechsel etc.) und dem sogenannten „Papiergeld“ erklärt Knies in der CONTAINER-Metaphorik. Beide transportieren und beinhalten unterschiedliche wirtschaftliche Sachverhalte. Beide wirken dadurch verschieden. Während Papiergeld echtes Geld als Zahlungsmittel ersetzen kann, da es ein CONTAINER mit dem Inhalt 'Liberation von echter Zahlung' ist, können

136 Knies (1873), S. 113 f.
137 Vgl. Knies (1873), S. 166.
138 Knies (1873), S. 268.
139 Knies (1873), S. 268.

dies Geldcreditpapiere nicht. Mit ihnen kann nur auf echtes Geld verwiesen werden, da sie 'Forderungen auf Geld' *umschliessen*[140].

Auch Knies geht der unter Geldtheoretikern intensiv diskutierten Frage nach, ob die Ausgabe von Banknoten durch private Bankinstitute reglementiert und z. B. durch Deckungsvorschriften gesetzlich begrenzt werden soll, oder ob man die Menge der ausgegebenen Banknoten nicht regulieren müsse, da eine Überausgabe sofort durch verstärkte Einlösung derselben in (Münzgeld) ausgeglichen würde. Dabei versprachlicht er unterschiedliche Erscheinungen des historischen Geldwesens im LEBEWESEN-Modell. Die Phänomene der geringhaltigen Scheidemünze, des Papiergeldes und der Banknoten werden zu LEBEWESEN, die — ganz in der Denkweise der zweiten Hälfte des 19. Jahrhunderts (Darwin) — einen *Kampf ums Dasein* führen. Die oben von mir vereinfacht formulierte Frage nach der Regulierung der Banknotenausgabe stellt sich dann folgendermaßen:

> „Sollten wir, die wir Schaden und Heiterkeit aus der »wilden« Scheidemünze und aus den »wilden« Papiergeldscheinen gewonnen haben, wirklich den Kampf um das Dasein »wilder« Noten durch ein Reichsgesetz conserviren?"[141]

Bemerkenswert ist dabei, daß Knies nicht für das *survival of the fittest* und das Nichteingreifen plädiert, sondern sich eindeutig für eine klare, von staatlicher Seite zu schaffende Gesetzesregelung und gegen ein Sich-selbst-Überlassen des Banknotenbereichs ausspricht. Neben dieser sehr zeittypischen Metapher finden sich bei Knies auch alle anderen einfachen metaphorischen Modelle der Geldtheorie. So beschreibt Knies GELD als MENSCH mit einer *Mission* im Zusammenhang der Geldfunktionen.

> „Sollte es etwa die wirthschaftliche und eventuell auch rechtlich anzuerkennende Mission des Geldes sein: überall in Wirksamkeit zu treten, wo jenes Fungible in dem Gebrauchswerth der verschiedenartigen Gütergattungen für die in gesellschaftlicher und staatlicher Gemeinschaft lebenden Menschen in Wirksamkeit treten muß."[142]

Auch zur Versprachlichung des Sonderstatus der Banknoten (zwar außerhalb des Geldbegriffs liegend, aber dennoch Geldfunktionen erfüllend) verwendet Knies das metaphorische Modell LEBEWESEN, genauer das Submodell WACHSTUM/FRUCHTBARKEIT. Die Banknote ist ein *Mischling*, dadurch daß sie Geldfunktionen erfüllt und doch nicht zum GELD gehört.

> „Diese unleugbaren Verhältnisse zwingen uns das Bekenntnis ab, dass die Banknote thatsächlich eine Hybrida, ein Mischling ist, dessen eigenartiges Wesen aus der Verbindung der allgemeinen Grundlagen für ein Circula-

---

[140] Knies (1873), S. 275: „Lernten wir die Geldcreditpapiere kennen als Träger, Circulationsmittel von Forderungen auf quantitativ präcisirten Geld-Empfang, so präsentiren sich hier die Papiergeldscheine als Träger, Circulationsmittel quantitativ präcisirter Liberationen von Geld-Zahlungen. Sie bilden das Gegenstück zum Geldcreditpapier, indem sie die Berechtigung zur Tilgung einer Geldforderung ‚umschliessen'."

[141] Knies (1873), S. 306.

[142] Knies (1873), S. 143.

> tionsmittel für Geldforderungen mit der grundsätzlichen Uebernahme der Aufgabe des Zahlungsmittels herangewachsen ist."[143]

Dieses Modell gilt bei Knies ebenfalls beim Begriff BANK, wenn es darum geht, bestimmte Bankformen, die einander in Einzelfunktionen ähneln, voneinander abzugrenzen. Die Urform der Tauschbank pflanzt sich in anderen Formen, wiederum *Mischlingen*, fort.

> „Es wurde zum Stein des Anstosses für jene »Tauschbank«, wie für die Mischlinge ihrer Nachkommenschaft, dass man die Gliederreihe einer solchen Kette durch Leute herzustellen unternahm, deren dringlichem Begehr nach entgeltlicher Abgabe ihrer Güter ein correspondierender Begehr zum Empfang derselben nicht gegenübertrat."[144]

Daß in den Quellen GELD und das oft als Oberbegriff dienende KAPITAL häufig als LEBEWESEN verstanden werden, welches *aktiv* oder *tot* sein kann, ist bekannt. Knies zieht die KRANKHEITS-Metaphorik ebenfalls heran. Er verwendet sie, um zu begründen, weshalb die Abnützung der Münzen in der Geldzirkulation, also die tatsächliche Verringerung ihres absoluten Edelmetallgehaltes nicht durch ständiges Neuprägen des Geldes aufgefangen werden kann. Neben den Kosten für die immer wieder nötige Neuprägung führt er das „Todtliegen" von Edelmetall an, das den neuzuprägenden Münzen als Ersatz für das durch Abnutzung verschwundene zugegeben werden müßte.

> „Denn der Kostenaufwand für die Prägung kann unmöglich nach jeder noch so minimalen Abnützung der Münzen durch Gebrauch im Verkehr wiederholt werden. Zu dem positiven Aufwand würde sich eine empfindliche Einbusse durch zeitweiliges »Todtliegen« der Metallmassen gesellen."[145]

An die KAMPF-Metaphorik erinnert es, wenn Knies mit GELD das mobile Kapital gegen den Grundbesitz (als immobilem Kapital) zum Durchbruch kommen sieht.

> „Es ist das Geld in seiner Function als Werthträger durch Zeit und Raum, welches jene Alleinherrschaft des immobilen (Grund-)Besitzes gebrochen und dieser Macht eine zweite, die des mobilen (»Kapital«-)Besitzes erst zur Seite gestellt, dann übergeordnet hat. Dem Eigenthum an immobilen Gütern (real property) gegenüber konnte das Eigenthum an beweglichen Gütern zur Zeit der Naturalwirthschaft eine durchschlagende und andauernde Machtstellung niemals erringen [...]."[146]

Den Zusammenhang zwischen Geldmenge, Umlaufgeschwindigkeit des Geldes, Handelsvolumen und Preisniveau versprachlicht auch Knies in MECHANIK. Zu seiner Zeit war die Spielart der Quantitätstheorie, die eine unmittelbare Hebelwirkung einer der beteiligten Größen in der MECHANIK annahm, überwunden. Man brachte ELASTIZITÄT ein, indem man (z. B. in der Vorform schon bei Hume, s. S. 159) Verzögerungsfaktoren in der MECHANIK

143 Knies (1873), S. 206.
144 Knies (1873), S. 150.
145 Knies (1873), S. 184.
146 Knies (1873), S. 219.

annahm. Knies greift dabei nicht auf ELASTIZITÄT zurück, sondern auf ein besonderes KRAFT-Modell. Eine KRAFT kann in einer MECHANIK nur dann Hebelwirkung haben, wenn sie eine GEGENKRAFT (nach Johnson COUNTERFORCE)[147] überwindet. Knies stellt, ganz im Einklang mit den physikalischen Gesetzen, den Hebelkräften in der Mengen-Wert-Mechanik den Reibungswiderstand als COUNTERFORCE entgegen. Damit erreicht er dasselbe, was man mit ELASTIZITÄT bewirken kann: Die Auflösung der unmittelbaren Hebelwirkung einzelner Gleichungsgrößen. Ein Vorteil vor ELASTIZITÄT ist, daß die einzelnen Gleichungsgrößen (CONTAINER) nicht *nachgiebig, weich* gemacht werden müssen, um die Kraftübertragung zu verzögern. Man kann weiterhin von festen CONTAINERN ausgehen. In beiden Modellen ist es möglich, sowohl den Umstand auszudrücken, daß nicht jede Größenänderung auf der einen Seite **vollständig** auf die andere Seite übertragen wird, und zum anderen, daß dies nicht **sofort** geschieht.

> „Um »empfindlich« zu werden, d. h. eine Bewegung im Preisstand zu bewirken, muss freilich auch hier die Veränderung des Verhältnisses von Angebot und Nachfrage die Stärke des Druckes erlangen, welcher erforderlich ist, um den Reibungswiderstand zu überwinden, den der vorhandene Preisstand durch die Kraft des Beharrens (vis inertiae) der Veränderung entgegensetzt. Und dieser Reibungswiderstand wird um so stärker, je grösser das Quantum, je ausgebreiteter der Raum, je zahlreicher die Stellen werden, in denen das fragliche Gut entgeltlich umgesetzt wird."[148]

Aus dem Bereich der Physik stammen noch zahlreiche andere Analogien bei Knies. Sie lassen sich alle der MECHANIK-Metaphorik zuordnen. Die Wertrelation zwischen Gold und Silber kann beispielsweise so erklärt werden. Knies äußert durch die Benutzung von MECHANIK massive Zweifel daran, daß sich diese Wertrelation gesetzlich fixieren lasse. In dieser damals ebenso wichtigen Diskussion wie die zur Banknotenausgabe oder der Zinsregulierung schlägt sich Knies auf die Seite derjenigen, die eine gesetzliche Regelung ablehnen.

> „Diese dem Verkehr widersprechende aber rechtsgiltige Werthrelation soll die Befähigung haben, die Abbeugung der Relation in dem freien Verkehr aufzuhalten, sie zur rechtsgiltigen Relation zurückzurufen, in die Oscillation um die rechtsgiltige Werthung herum, als den durchschlagenden Schwerpunkt für ihre Schwankungen zu bannen. — Das ist eine durch nichts erwährte Hypothese, ein durchaus irriges Axiom! Wenn die alternirende Währung [...] die Kraft hätte, die Schwankungen der Werthrelation der Edelmetalle um den 1803 angesetzten und noch jetzt fraglichen Drehpunkt 1:15½ herum festzuhalten, so müsste sie gerade so gut dasselbe vermögen für jeden andern Drehpunkt, auch für einen Drehpunkt wie 1:10; 1:11; 1:12 u. s. w."[149]

Insgesamt spricht er sich in der damals aktuellen Frage, ob ein Staat eine Doppelwährung (auf Gold und Silber als Münzmetallen gründend), al-

---

[147] Vgl. zu den möglichen KRAFT-Modellen Johnson (1987), S. 46, Jakob (1991), S. 38 f.
[148] Knies (1873), S. 141 f.
[149] Knies (1873), S. 254.

so Bimetallismus haben solle, oder nicht, eindeutig für das Gold als einzige Währungsgrundlage aus. Dies erfolgt wiederum mit einer KRAFT–Metapher aus der Physik, dem *Magneten*.

> „Die Staaten mit Doppelwährung dagegen sind heutzutage unvermeidlich neben Alledem, was in ihrem Innern vorgeht, Object eines ganz selbständigen internationalen Handelszweiges. Sie erstellen demselben Kosten und Gewinn, und setzen ein Magnet in Wirksamkeit, der für sich allein eine besondere Strombewegung der edlen Metalle hervorruft.“[150]

Auch die negativen Konsequenzen des Bimetallismus lassen sich im MECHANIK–Modell umsetzen. Es ist dabei verbunden mit der LEBEWESEN–Metaphorik in der Form, daß die Währungen selbst nicht nur als CONTAINER in der MECHANIK betrachtet werden, sondern verlebendigt gedacht sind. Indikatoren dafür sind Ausdrücke wie *heimgesucht* und *entgegenzutreten*. Die MECHANIK der Wertveränderung bzw. der ständigen Veränderung des Wertmaßes kann als IN dem LEBEWESEN vor sich gehend vorgestellt werden (LEBEWESEN als CONTAINER).

> „Die Mischwährung wird eben sowohl durch die Werthveränderung des Goldes als auch durch die des Silbers heimgesucht. Um einem im Laufe längerer Zeit bemerkbaren stärkeren Schwanken des Werthmaasses einfacher Währung entgegenzutreten, muß ein chronisches Vibriren in dem Werthmaass der Doppelwährung hingenommen werden.“[151]

Das metaphorische Modell FLÜSSIGKEIT kommt ebenfalls häufiger zum Einsatz. Das gilt nicht nur für die Edelmetalle, sondern natürlich für GELD und damit verbundene Begriffe (z. B. PREIS) überhaupt. Ein metaphorisch besonders ausgebautes Beispiel mag hier für viele andere — teilweise ausdrucksseitig unauffälligere — stehen.

> „Die ungeheuren Effecte der modernen Communicationsmittel [...] haben die Geldpreise der Güter wie in einen Zustand des Brodelns und Schäumens versetzt, während dessen man sehr gern die eingetretenen und sich fortsetzenden Niveauveränderungen mit Hilfe eines unbedingt sicheren Werthänderungsmassstabes feststellen möchte.“[152]

Diese auffällige Metapher darf jedoch nicht über eine sehr wichtige Tatsache hinwegtäuschen. Es gibt zwar auch bei Knies einige wenige ausgebaute und teilweise explizit in ihrem Analogiecharakter eingeführte Metaphern. Es herrschen insgesamt jedoch die unauffälligen, nunmehr auch immer selbstverständlicher verwendeten einfachen Metaphern vor. Das Umlaufsmodell für GELD ist geradezu ubiquitär und mit HANDLUNG gekoppelt.

> „[...] das gemünzte Geld ist zum ›Umlaufmittel‹, Circulationsmittel (›circulating medium‹, ›currency‹) bestimmt und wird als Circulationsmittel von Jedermann auch sofort erkannt.“[153]

---

[150] Knies (1873), S. 255.
[151] Knies (1873), S. 251.
[152] Knies (1873), S. 131.
[153] Knies (1873), S. 182.

„Es sollten also viele grosse und kleine Stücke des Geldgutes im Verkehr sich bewegen.“[154]

Für Übertragungen von Abstrakta in RAUM/GEOMETRIE gilt dies ebenso. Raumorientierungen dienen nicht nur zur Erklärung der WERT–CONTAINER, sondern auch in anderen Zusammenhängen. Es lassen sich etwa der Zahlungsverkehr generell und die Veränderungen der Wertrelation zwischen Gold und Silber in den RAUM transponieren.

„[...] der Geldbesitz bildet eine Zwischenstation zwischen der Hingabe der einen Waare und dem Gegenempfang der andern.“[155]
„Während sich das Pfund Silber von dem Quantum seines früheren Werthes abwärts entfernt hat, ist das Pfund Gold jenem von oben her näher gerückt, entgegen gekommen.“[156]

Die bekannte Übertragung des räumlichen Ausmessens einer Länge auf die Messung von Werten steht nicht nur dann als metaphorisches Modell zum Verständnis des Sachverhaltes zur Verfügung, wenn beide explizit in Beziehung gesetzt werden.

„Fassen wir zunächst das Geld als allgemeines Werthmaass in's Auge. Es ist eine naturgesetzliche Nothwendigkeit, dass man zur Messung d. h. zur Feststellung des besonderen quantitativen Verhältnisses in irgend einem quantitativ bestimmbaren Gegenstand nur einen solchen Gegenstand als Maasswerkzeug verwenden kann, welcher selbst die Qualität dessen, was gemessen werden soll, besitzt. Eine Längenerstreckung lässt sich nur durch ein Maass bestimmen, welches selbst eine Länge darstellt [...].“[157]

Auch dann, wenn ‚nur‘ vom *Werthmaß* oder einer sonstigen *Werthmessung* die Rede ist, kann davon ausgegangen werden, daß das mittlerweile fest etablierte Modell zur Bedeutungskonstitution und Verständnissicherung beiträgt. Man kann zusammenfassend sagen, daß die ausdrucksseitigen Indikatoren für die metaphorischen Modelle unauffälliger werden. Sie werden selbstverständlicher verwendet, und dennoch verweisen die Ausdrucksseiten auf die jeweilige Metapher. Das metaphorische Modell dient nach wie vor zur Strukturierung und Erfassung des theoretischen Begriffs. So ist, wenn von *Werthübertragung* gesprochen wird, noch immer der konkrete Transport von WERT als INHALT eines CONTAINERS (GELD, WARE) präsent.

„Fast gänzlich unbeachtet geblieben ist der so weitgreifende und für uns so bedeutsame Gebrauch des Geldes für örtliche Werthübertragung und Werthmobilisierung, in der Function des interlocalen Werthträgers.“[158]
„Dass ich den Werth meines immobilen Grundstückes in der Werthform des Geldes überallhin in meiner Tasche tragen, überallhin übersiedeln kann, gleichviel was ich dann an irgend einem andern Orte mit diesem Gelde beginnen will — das hat mit allen jenen Functionen [Tauschmittel, Zah-

[154] Knies (1873), S. 180.
[155] Knies (1873), S. 135.
[156] Knies (1873), S. 235.
[157] Knies (1873), S. 113.
[158] Knies (1873), S. 215.

> lungsmittel – M. H.] nichts gemein, ist ein selbständiger, nur aus besonderen Gründen willkommener oder nöthiger Dienst des Geldes.“[159]

Der primitive act PTRANS, die Ortsveränderung eines Objektes ist somit die Grundlage für ATRANS, die Eigentumsübertragung (vgl. Kap. 4.3.3, s. S. 117). In derselben Weise werden KRAFT–Modelle ausgelöst, wenn die „gesetzliche Zahlkraft“[160] von Münzen angesprochen wird oder eine große Quantität von Geld als „starke Geldreserven“[161] bezeichnet werden.
Trotz tendenziell weniger in die Augen fallender ausdrucksseitiger Indikatoren werden die metaphorischen Modelle noch immer verwendet. Die zu erklärenden theoretischen Sachverhalte haben sich seit Bodin verändert, ebenso hat sich die Auffälligkeit der metaphorischen Modelle auf der Ausdrucksseite verringert, die Modelle selbst werden jedoch nahezu unverändert eingesetzt.

---

159 Knies (1873), S. 215.
160 Knies (1873), S. 328.
161 Knies (1873), S. 213.

9 Von Carl Menger bis John Maynard Keynes

9.1 Carl Menger, Friedrich von Wieser und Ludwig von Mises

Die Geldfunktionen als Teilbedeutungen des Geldbegriffes der Wirtschaftswissenschaften sind uns in den Textanalysen schon begegnet. Verschiedentlich fanden sich bereits Ansätze dazu, GELD von seiner konkreten Materialisation zu lösen und stoffwertlose Funktionsträger in den Geldbegriff miteinzubeziehen. Die konsequente Durchführung einer nurmehr auf Funktionen beruhenden Gelddefinition findet sich bei Carl Menger. Ihm wird in der Dogmengeschichte der Geldtheorie das Verdienst zugesprochen, der funktionalen Betrachtungsweise endgültig zum Durchbruch verholfen zu haben.

> „In den Mittelpunkt seiner Betrachtungen über Wesen und Begriff des Geldes stellt Menger das Kriterium der Geldfunktion. Nicht der Wirkungsträger, sondern letztlich die Wirkung ist es, die das Geld ausmacht. Alles, was Geldfunktion ausübt, ist Geld, ohne Rücksicht auf seine substantielle oder ideelle Beschaffenheit."[1]

In dieser Hinsicht stellt Menger eine sehr wichtige Etappe auf dem Weg der geldtheoretischen Diskussion vom stoffwertgebundenen, konkreten zum stoffwertlosen, abstrakten Geldbegriff dar.
Im Theorieraster Ehrlichers gedacht ist Menger in bezug auf das ‚Wesen des Geldes' ein Funktionswerttheoretiker. Diese Eigenschaft teilt er mit anderen Theoretikern wie Friedrich von Wieser und Ludwig Mises, die aus diesem Grund ebenfalls in diesem Unterkapitel erwähnt werden sollen. Mises' Auffassung ist der von Menger ähnlich, sie führt diese fort[2]. Alle drei Autoren sind Vertreter der subjektiven Wertlehre, die in der Bestimmung des ‚Geldwertes' den Gedanken des Grenznutzens auch auf GELD übertragen[3].

Carl Menger betrachtet unter den Geldfunktionen die Tauschmittelfunktion als die wesentliche, als die für den Geldbegriff maßgebliche. Die anderen Funktionen (Preismaß/Recheneinheit, Wertaufbewahrung) sind von dieser primären Funktion abgeleitet[4]. Explizit wendet er sich gegen die Konventionstheorie des Geldes, nach der Geld ein Phänomen menschlicher Übereinkunft und/oder staatlicher Setzung ist. Geld ist als Tauschmittel *natürlich*, organisch entstanden aus einer Ware. Diesen Entstehungsvorgang zeichnet

---

1 Köhler (1960), S. 28.

2 Doms (1953), S. 75.

3 Vgl. Ehrlicher (1965), S. 235 und Kap. 5.3.2.

4 Vgl. zusammenfassend Menger (1871), S. 279: „[...] so gelangen wir zu dem Schlusse, dass die zum Gelde gewordene Waare [...] zwar zugleich diejenige ist, in welcher die den practischen Zwecken der wirthschaftenden Menschen entsprechenden Schätzungen, sowie die Anlage der Tauschvorräthe am zweckmäßigsten vorgenommen werden können, und das Metallgeld, (welches die Forscher auf dem Gebiete der Wissenschaft stets zunächst im Auge haben, wenn sie vom Gelde im Allgemeinen sprechen), diesen Zwecken auch thatsächlich in hohem Grade entspricht. Eben so sicher scheint es uns aber auch, dass dem Gelde als solchem nicht die Function als ‚Werthmassstab' und ‚Werthbewahrer' zugeschrieben werden darf, denn dieselben sind lediglich accidentieller Natur und nicht bereits in dem Begriffe des Geldes enthalten." Vgl. auch Doms (1953), S. 68.

Menger anschaulich in seinen „Grundsätzen der Volkswirthschaftslehre" von 1871 nach; zunächst, d. h. in noch wenig entwickelten Volkswirtschaften — gab es das *natürliche* Geld, das meist in Vieh bestand:

> „[...] so stellt sich uns das Vieh als die absatzfähigste unter allen vorhandenen Waaren, als das natürliche Geld der Völker der alten Welt dar."[5]

Diese Ware, als allgemeines Tauschmittel und damit als Geld wurde im Laufe der Zeit zu unhandlich (unökonomisch), weshalb man es durch *ökonomisches* Geld ablöste.

> „Das Vieh büsst demnach mit der fortschreitenden Culturentwicklung die weiten Grenzen seiner Absatzfähigkeit rücksichtlich des Kreises von Personen, an welche, und des Zeitraumes, innerhalb dessen es in ökonomischer Weise abgesetzt werden kann, grossentheils ein, während es in Rücksicht auf die räumlichen und quantitativen Grenzen seiner Absatzfähigkeit gegen andere Güter immer mehr in den Hintergrund tritt. Es hört auf, die absatzfähigste Waare, das ökonomische Geld und damit schliesslich und endlich überhaupt Geld zu sein."[6]

Den Begriff GELD definiert Menger vollständig über die Funktion, d. h. über die Teilbedeutung 'Tauschmittel'. Der Warencharakter, der in den obigen Zitaten anklingt, tritt demgegenüber ganz zurück. Nicht das stofflich greifbare Objekt, die Ware, ist Geld, sondern die Funktion dieses Objekts, als allgemeines Tauschmittel zu dienen, die absatzfähigste Ware zu sein (*ökonomisches Geld*) läßt es unter GELD fallen.
So sehr Menger den Geldbegriff der volkswirtschaftlichen Theoriesprache neu definierte, so sehr er in der Geldtheorie einer funktionalen Betrachtung den Weg ebnete, so verbleibt er doch in der Versprachlichung des neuen, anders akzentuierten Geldbegriffes den gewohnten metaphorischen Modellen verbunden. Da in dieser Hinsicht bei Menger keine Auffälligkeiten festgestellt werden konnten, möchte ich die Erörterung auf zwei Aspekte reduzieren. Zum einen sollen für verschiedene metaphorische Modelle exemplarische Zitate zeigen, daß und wie Menger in der sprachlich-kognitiven Tradition seiner Zeit steht. Zum anderen soll demonstriert werden, daß auch für Menger gilt, was schon für andere Geldtheoretiker festgestellt werden konnte: Auch er ist sich der Verwendung der verschiedenen metaphorischen Modelle durchaus bewußt. Es sind somit keine in irgendeiner Art ‚verblaßten' Metaphern, derer sich die Sprache der Geldtheorie bedient. Wie schon z. B. Mills Kritik und Weiterverwenden von *Umlaufgeschwindigkeit des Geldes* zeigte, ist den Autoren das Metaphorische ihrer Sprechweise bewußt. Daß sie dennoch an ihr festhalten — auch gegen ihre eigene Kritik! — ist ein Indiz für die Unausweichlichkeit der Versprachlichung theoretisch-abstrakter Sachverhalte mit Hilfe von metaphorischen Modellen. Dies gilt auch für Menger, dessen Kritik an der seiner Meinung nach zu Irrtümern verleitenden Sprechweise vorgeführt werden soll. Menger beschreibt die einzelnen Vorgänge in einer Geldwirtschaft sehr kon-

[5] Menger (1871), S. 261.
[6] Menger (1871), S. 264.

kret, d. h. er erläutert an Beispielen bzw. an konkreten Tauschhandlungen Funktion und Wirkung des Geldes in einer Volkswirtschaft. Obwohl er somit GELD in einer sehr an konkreten Sachverhalten orientierten Sprache erklärt, die in dieser Hinsicht nicht-metaphorisch ist (weil auf tatsächlich im Raum lokalisierbare Gegenstände und Handlungen bezogen), benutzt er an anderen Stellen alle vier metaphorischen Modelle der Geldtheorie, um abstrakte Aspekte des Geldbegriffs zu versprachlichen.
Als erstes Beispiel kann der Prozeß dienen, in dem eine Ware zu Geld wird, d. h. zum allgemeinen Tauschmittel. Diesen Übergang versprachlicht Menger im Modell LEBEWESEN.

> „[...] die Erklärung der Erscheinung, wie so auf den Märkten des Tauschhandels bestimmte Güter (auf gewissen Kulturstufen die edlen Metalle) aus dem Kreise der übrigen Güter hervortreten und zu allgemein anerkannten Tauschmitteln geworden sind — eine Frage nicht nur des Ursprungs, sondern auch des Wesens des Geldes und seiner Stellung im Kreise der übrigen Güter.“[7]

Das so als LEBEWESEN vorgestellte GELD zeichnet sich jedoch nicht nur durch BEWEGUNGEN im RAUM aus, sondern hat auch Fähigkeiten — zu GELD werden nur „die relativ absatzfähigsten Waren“[8]. Dieses kann in der Weise BEWUSST HANDELN, daß sie den Besitzern *Herrschaft verschafft* bzw. *gewährt*.

> „Die Eigentümlichkeit der zum Gelde gewordenen Ware besteht somit darin, daß ihr Besitz uns jeweilig, d. i. in jedem uns geeignet erscheinenden Zeitpunkte, die gesicherte Herrschaft über alle auf dem Markte befindlichen Waren und zwar gemeiniglich in den der jeweiligen ökonomischen Sachlage angemessenen Preisen verschafft, während uns der Besitz anderer Waren eine in Rücksicht auf den Zeitpunkt, zum Teil auch auf den Preis unsichere, oder doch ungleich minder sichere Herrschaft über die Marktgüter gewährt.“[9]

Häufiger als die LEBEWESEN-Metaphorik ist jedoch das Modell MECHANIK mit seinen verschiedenen Submodellen vertreten. Die *Umlaufgeschwindigkeit* — und damit verbunden auch das sonst bei Menger seltener vertretene FLÜSSIGKEITS-Modell (*zirkulieren* o. ä.) — wird ganz selbstverständlich als Theoriegröße verwendet.

> „Die Umlaufsgeschwindigkeit des Geldes ist, wie schon die Abnützung der Münzen und Geldzeichen lehrt, im allgemeinen bei Geldsorten von geringerem Nennwerte eine besonders große. Ebenso zirkulieren die Barmittel von Aufwandswirtschaften mit kurzer Periodicität der Einnahmen und von Erwerbswirtschaften mit raschem Umsatze des umlaufenden Kapitals ungleich schneller, als solche von Aufwands- bezw. Erwerbswirtschaften, bei welchen das Gegentheil der Fall ist. Die verschiedene Umlaufsgeschwindigkeit des Geldes gelangt im wesentlichen bei den verschiedenen Teilen des

[7] Menger (1892), S. 731 f.
[8] Menger (1892), S. 734.
[9] Menger (1892), S. 734 f.

Geldbestandes einer Volkswirtschaft, nicht bei diesem überhaupt zur Erscheinung."[10]

Auch die INNEN–AUSSEN–Relation wird zur Versprachlichung des *inneren* bwz. *äußeren* Tauschwertes des Geldes verwendet. Beides, sowie das Problem, einen *stabilen* (MATERIALQUALITÄT) Maßstabes für den inneren Tauschwert zu finden, sind die Hauptfragestellungen in dem grundlegenden Beitrag Mengers. So werden gerade an den entscheidenden Stellen metaphorische Modelle als Hilfsmittel eingesetzt.

> AUSSEN:
> „1) ob die uns verfügbaren Geldsummen [...] der richtige Ausdruck der uns durch dieselben verfügbaren Quantitäten von Kaufgütern [...] sind, und umgekehrt, ob der äußere (der in Kaufgütern ausgedrückte) Tauschwert des Geldes unter verschiedenen örtlichen und zeitlichen Verhältnissen ein verschiedener und meßbarer sei? (Problem des Maßes des sog. äußeren Tauschwertes des Geldes)."[11]
> INNEN:
> „2) ob bei dem Umstande, daß die Bestimmungsgründe der Preisbewegung sich nicht nur auf Seite der Güter, sondern auch auf jener des Geldes geltend machen und es von hohem theoretischen und praktischen Interesse ist, daß im konkreten Falle festgestellt werde, ob die Preisbewegung in Ursachen der ersteren oder in solchen der letzteren Art (in einem Wechsel im ‚inneren Werte' der einzelnen Kaufgüter oder des Geldes) begründet sei, — ob, sage ich, es ein Verfahren gebe, mittelst welches wir aus der Preisbewegung das Steigen oder Sinken des ‚inneren Geldwertes' und das Maß dieser Bewegung festzustellen vermöchten? (Problem eines Maßes des sog. inneren Tauschwertes des Geldes) [...]."[12]
> MATERIALQUALITÄT (des Maßstabes):
> „3) ob in der Volkswirtschaft ein Gut vorhanden oder künstlich darstellbar ist, dessen örtlich und zeitlich verschiedene Austauschverhältnisse zu den anderen Gütern lediglich auf Ursachen beruhen, welche sich rücksichtlich der letzteren, nicht aber auch rücksichtlich des betreffenden Gutes selbst geltend machen — ein Gut, aus dessen wechselnden Austauschverhältnissen wir somit den Wechsel des ‚inneren Tauschwertes' aller übrigen Güter und das Maß dieser Preisbewegung zu bestimmen vermöchten? (Problem eines stabilen Maßstabes des ‚inneren Tauschwertes' der Güter)"[13]

In der Behandlung dieser Fragen spricht Menger ebenso vom *Steigen* und *Sinken* der Preise, der unterschiedlichen Tauschwerte des Geldes, von ihren *Schwankungen* und *Bewegungen*, wie von den in den RAUM verlagerten Preis– und Wertgrößen: *hoch, niedrig*. Ein Beleg, in dem diese verschiedenen Modelle kombiniert auftreten, mag genügen.

> „Ein anderes vielfach angewendetes Verfahren, um aus der Preisbewegung die Schwankungen des sog. inneren Tauschwertes des Geldes zu bestim-

[10] Menger (1892), S. 755.
[11] Menger (1892), S. 743.
[12] Menger (1892), S. 743.
[13] Menger (1892), S. 743.

> men, beruht auf der Beobachtung, daß die auf Seite der Kaufgüter wirksamen preisändernden Einflüsse sich in verschiedener Richtung, teils preiserhöhend, teils preisermäßigend [...] geltend machen."[14]

War GELD schon als CONTAINER mit einer INNEN–AUSSEN–Orientierung verstanden worden, so gilt dies auch für die größere Einheit einer WIRTSCHAFT, die GELD als FLÜSSIGKEIT *absorbieren* kann. Das RAUM–Modell wird über den primitive act INGEST aus HANDLUNG dynamisiert.

> „Auch die kleinere Wirtschaft, welche thesauriert oder gewerbsmäßig Geldgeschäfte betreibt, wird leicht mehr Barmittel absorbieren, als die ungleich größere, in welcher das Geld indes etwa nur als Zahlungsmittel Anwendung findet."[15]

Auf die FLÜSSIGKEITS–Metaphorik greift Menger nur sehr indirekt (s. o.) zurück. Er bleibt tendenziell stärker dem FESTKÖRPER/CONTAINER–Modell verbunden.

An der CONTAINER–Metaphorik läßt sich zeigen, daß Menger sich des Metaphorischen seiner Sprechweise durchaus bewußt war. Er kritisiert weniger die Verwendung des Modells als vielmehr die seiner Meinung nach irrtümliche Interpretation desselben bei anderen Autoren. Zwar gebraucht auch er zur Versprachlichung des Theoriebegriffes GELD die CONTAINER–Metapher, die INNEN–AUSSEN–Orientierung usw., nur weist er darauf hin, daß man sich vor Augen halten muß, daß diese Sprechweise Irrtümer geradezu suggeriert. Zwei derselben formuliert Menger folgendermaßen:

> „[...] ich meine die irrtümlichen Meinungen, daß der Tauschwert ein den e i n z e l n e n Gütern innewohnendes Ding (ein von denselben umschlossenes variables Tauschwertquantum) sei, und andererseits, daß derselbe in der Wirklichkeit durch das von der Geldeinheit umschlossene, gleichfalls als variabel gedachte Tauschwertquantum gemessen werde."[16]

Er erläutert im Anschluß daran jedoch nicht nur, aus welchem theoretisch bedingten Grund die CONTAINER–Metapher irreführend sein kann und wie sich der Tauschwert seines Erachtens tatsächlich konstituiert, sondern er geht auch darauf ein, wie es zu dieser Metapher kam: aufgrund eines „spekulativen Rückschlusses" von Austauschverhältnissen auf in den Gütern liegende Ursachen derselben[17]. D. h. die Relationen zwischen den Gütern wurden konkretisiert, und in den Gütern materialisiert! Menger stellt diesen ‚Irrtum' klar und bleibt bei der Verwendung des metaphorischen Modells. Das zeigt m. E., daß er zum einen zwar den ‚spekulativen Rückschluss' ablehnt, aber dennoch nicht anders kann, als die von ihm gemeinten Theoriesachverhalte auch mit Hilfe des CONTAINER–Modells zu versprachlichen. Das bedeutet, zwar wird auch im Bereich der Geldtheorie metaphorisch gesprochen, jedoch muß die Metaphorizität der Sprechweise stets bewußt bleiben![18]

---

[14] Menger (1892), S. 747.
[15] Menger (1892), S. 755 f.
[16] Menger (1892), S. 739 f.
[17] Menger (1892), S. 740.
[18] Genauso verhält es sich nach Menger (1892), S. 740, mit dem Ausdruck *Tauschkraft*.

In derselben Weise macht Menger auf die Problematik der MESS–Metaphorik aufmerksam. Hier werden meist Messungen von Längen im Raum auf die Messung von Wert, also einer abstrakten Größe, übertragen. Während bei den konkreten Messungen das Maß bekannt und unverändert ist, ist dies beim Wert des Geldes und der damit zu kaufenden Güter nicht der Fall. Hier müssen noch die Preise miteinbezogen werden. Keine Messung (konkret), sondern eine „Berechnung" (abstrakt) liegt demnach vor.

> „Um was es sich bei dem obigen ökonomischen Vorgange in Wahrheit handelt, ist keine Messung eines den Gütern innewohnenden Tauschwertes durch einen uns angeblich bekannten Tauschwert des Geldes, es ist vielmehr die Berechnung des möglichen oder voraussichtlich erzielbaren Preises bestimmter Güter oder Güterquantitäten [...]. Die ‚Funktion des Geldes als Wertmaßstab' hat, soweit ihr ein realer wirtschaftlicher Vorgang zu Grunde liegt, bereits bestehende Austauschverhältnisse zwischen den Kaufgütern und dem Gelde, keineswegs aber ein Meßinstrument und Akte der Messung zur Voraussetzung."[19]

Menger faßt beide Ansichten, die seiner Meinung nach maßgeblich dazu beitragen, die Wirtschaftstheorie „in die Bahnen falscher Problemstellung zu leiten"[20], wie folgt zusammen.

> „Es ist eine unrealistische Supposition, daß den Kaufgütern und dem Gelde Tauschwertquanten innewohnen; es ist indes kein geringeres Mißverständnis, wenn die bestehenden Austauschverhältnisse als Ergebnis einer vorangehenden Messung des Tauschwertes der Kaufgüter durch jenen des Geldes aufgefaßt werden."[21]

Er spricht dabei nicht ausdrücklich davon, daß es die Metaphern und deren (Über–)Interpretation sind, die zu diesen Fehlannahmen führten. Doch ist m. E. mit „unrealistische Supposition" und „Mißverständnis" genau diese falsche und zu weit gehende Interpretation der metaphorischen Modelle, die schließlich Menger selbst auch verwendet, gemeint.

Friedrich von Wieser war ebenfalls Funktionswerttheoretiker (Geldbegriff) und ein Vertreter des Grenznutzengedankens, der subjektiven Wertlehre (Geldwert). Er legte in seinen Ausführungen zu GELD starkes Gewicht auf das Problem des GELDWERTES. Dies erklärt sich aus der Stellung des Begriffs WERT im gesamten Denken Wiesers. WERT ist für ihn der zentrale Begriff der Wirtschaftstheorie. Um die hervorragende Bedeutung dieses Begriffes zu vermitteln, verwendet er nicht nur immer wieder das MECHANIK–Modell, sondern postuliert, zeittypisch[22], Gesetze für WERT, die den Status von Naturgesetzen haben. Dazu greift er explizit auf das physikalische Gesetz der Schwerkraft als Analogie zurück.

---

19 Menger (1892), S. 741.
20 Menger (1892), S. 741.
21 Menger (1892), S. 741.
22 Man denke nur an die Junggrammatiker, die ebenfalls in Anlehnung an Naturgesetze den Lautgesetzen und deren ausnahmsloser Gültigkeit nachgingen.

> „Wie man über den Werth urtheilt, muss man aber, wenn man folgerichtig bleibt, letztlich über die Wirthschaft urtheilen. Er ist der Charakter der Dinge in der Wirthschaft, seine Gesetze sind für die Politische Oekonomie das, was das Gesetz der Schwere in der Mechanik ist.“[23]

Gesetze, die den Gültigkeitsstatus von Naturgesetzen haben, gelten jedoch nicht nur für WERT. Auch die Prozesse zwischen Angebot und Nachfrage u. a. werden so verstanden. Das Wertgesetz ist unabhängig von der Wirtschaftsform und von der historischen Epoche. Wie die Naturgesetze ist es zeitlos gültig.

> „Welche Wirthschaftsordnung auch gelten möge, ob diejenige, unter der wir gegenwärtig leben, ob eine socialistische, immer wird der Werth — der Grenzwerth — seine hervorragende Rolle in der Wirthschaft beibehalten. Auch wenn es dereinst kein Privateigenthum, keinen Tausch, keinen Preis, keinen Tauschwerth mehr geben sollte, wird doch die Hauptmasse der wirthschaftlichen Geschäfte nicht unmittelbar durch die Rücksichtnahme auf den Güterwerth geleitet werden, und man wird sich der direkten Erwägung des Nutzens, eben so wie jetzt, nur nebenher zur Ergänzung, zur Motivirung dessen, was das Grosse, das Ganze, das Allgemeine, fordert, bedienen. Mit dem Gesetze der Grenzwerthschätzung wird das in ihm enthaltene Kostengesetz, sowie dasjenige Gesetz, welches wir derzeit unter dem Namen des Gesetzes von Angebot und Nachfrage kennen [...], Geltung behalten. Beide gehören nicht bloss [...] der Tauschwerthschätzung, sondern sie gehören der Werthschätzung überhaupt in jeder Form, auch in der der Gebrauchswerthschätzung an.“[24]

Das ‚Gesetz des Grenzwertes‘ unterscheidet diese damals neue Richtung der subjektiven Wertlehre von der objektiven Wertlehre klassischer Ausprägung. GRENZWERT, hier gleichbedeutend mit GRENZNUTZEN, beinhaltet, „den Nutzen der letzten zur Verfügung stehenden Einheit eines Gutes, die das als am wenigsten dringend empfundene Bedürfnis noch deckt“[25]. Die subjektive Wertschätzung eines Gutes ist ein Gefühl, der Wert eines Dinges keine ihm objektiv anhaftende Eigenschaft. Die Messung, Ermittlung dieses Wertes wird somit zum Problem. Wie kann man Gefühle messen? Lehnt Mises (s. u.) jede absolute Messung des subjektiven Wertes ab, da sich Gefühle seiner Meinung nach einer Messung entziehen und allenfalls ein Vergleich statthaben kann, so gehen andere Grenznutzentheoretiker — etwa Jevons — von der Meßbarkeit aus. Auch bei ihm ist die starke Leitfunktion der Naturwissenschaften und insbesondere der physikalischen Gesetze (MECHANIK!) zu erkennen[26]. Jevons

[23] Wieser (1889), S. VI.
[24] Wieser (1884), S. 210 f.
[25] Gablers Wirtschaftslexikon (1992), S. 1394.
[26] Jevons (1871/1924), S. XXV: „Die auf diese Weise behandelte Theorie der Wirtschaft zeigt eine auffallende Ähnlichkeit mit der Wissenschaft der statischen Mechanik, und die Gesetze des Tausches ähneln den Gleichgewichtsgesetzen eines Hebels, wie sie durch das Prinzip der virtuellen Geschwindigkeiten bestimmt sind. Die Natur des Gutes und des Wertes läßt sich aus der Betrachtung unendlich kleiner Größen von Lust- und Unlustgefühlen darstellen, geradeso wie die Theorie der Statik auf der Gleichheit unendlich

überträgt NUTZEN in den RAUM, er zieht zur Erklärung der Gefühlsmessung das metaphorische Modell RAUM/GEOMETRIE heran.

> „Nutzen kann als eine Quantität von zwei Dimensionen behandelt werden, eine Dimension besteht in der Quantität des Gutes, die andere in der Stärke der auf den Verbraucher ausgeübten Wirkung."[27]

Der so ermittelte „Gesamtnutzen" ist damit als FLÄCHE, der „Nutzen des Gutes an einem bestimmten Punkte"[28] als LINIE definiert. Der Grenznutzen ist der „Grad des Nutzens des letzten Zuwachses oder des nächsten möglichen Zuwachses einer sehr kleinen oder unendlich kleinen Quantität zur vorhandenen Gütermenge."[29] In Analogie zu den Maßeinheiten der Mechanik (Physik) bildet Jevons Maßeinheiten für Güter, Nutzen, Wert etc. aus.

> „Die Gefühlsintensität bedeutet dann den augenblicklichen, durch eine einfache oder unendlich kleine Menge des verbrauchten Gutes hervorgerufenen Zustand. Gefühlsintensität ist indessen nur ein anderer Name für den Nutzensgrad [...]."[30]

Die ergänzende dritte Dimension, die dritte Achse neben der Gefühlsintensität und der Gütermenge, ist die Zeit. Sie ist zwar für die Messung von Gefühlen wichtig, wird in der Betrachtung des ‚Zustandes' (statisch) jedoch eliminiert[31].

Auch Wieser geht davon aus, daß WERT als Gefühl gemessen werden kann. Diese Fähigkeit des Menschen ist sogar ganz zentral für alles wirtschaftliche Handeln. Um das zu unterstreichen, zieht Wieser die strukturelle Metapher des KAMPFES UMS DASEIN heran.

> „[...] dass sie [die Idee des Wertes – M. H.], indem sie die disparaten Mengen der Dinge mit dem einheitlichen Gefühle des Bedürfnis durchdringt und hinwieder das letztere dem äusserlichen Masse der Güter unterwirft, als psychophysische Einheit das Stoffliche geordnet und lebendig und das Innerliche rechenbar macht, dass, wenn man sie nicht besässe, sondern bloss auf jene Erwägungen und Wahrnehmungen hin handeln müsste, man grössere wirthschaftliche Aufgaben nicht ohne erhebliche Schwierigkeit, ja wohl gar nicht bewältigen könnte; und dass sie darum, wenn auch nicht das einzige mögliche, so doch das weitaus wirksamste Motiv der Wirthschaft erzeugt.
> Wir haben hiemit gezeigt, dass die Gabe der Werthschätzung ursprünglich nicht eine Waffe des einen Menschen wider den andern, sondern eine gemeinsame Ausstattung im wirthschaftlichen Kampfe wider die Natur ist."[32]

Die INNEN–AUSSEN–Orientierung, die schon bei der objektiven Wertlehre als Metapher eine große Rolle spielte, kommt auch in der subjektiven Wertlehre zum Tragen. Wenn das „Innerliche rechenbar" gemacht werden

---

kleiner Energiegrößen beruht."

27 Jevons (1871/1924), S. 46.

28 Jevons (1871/1924), S. 48.

29 Jevons (1871/1924), S. 49 f.

30 Jevons (1871/1924), S. 63.

31 Vgl. Jevons (1871/1924), S. 64.

32 Wieser (1884), S. 213 f.

soll, ist hier nicht mehr das objektiv, unabhängig vom Betrachter bestehende INNEN des CONTAINERS WARE/GUT gemeint, sondern das INNEN des CONTAINERS, das durch die beurteilende Person, durch deren Gefühl des Bedürfnisses entsteht. INNEN–AUSSEN wird nach wie vor verwendet, nur der INHALT ist nicht mehr als gegeben gedacht, sondern als durch den Beurteiler konstituiert! Der Wert wird zwar verlagert, als abstrakte Größe kommt er jedoch nicht ohne Konkretisierung aus.

Wieser ist den metaphorischen Modellen nicht nur in der Raumorientierung verbunden. MECHANIK wird ebenso wie LEBEWESEN und HANDLUNG selbstverständlich zur Erklärung seiner Theorie verwendet. Aus der Fülle möglicher Beispiele seien lediglich zwei hervorgehoben, die die Verwendung der metaphorischen Modelle besonders anschaulich belegen. So spricht Wieser in MECHANIK, wenn er die Veränderungen des Geldwertes[33] in Beziehung zum überlieferten Geldwert setzt.

> „Selbst dort, wo die Veränderungen des Geldwertes sprunghaft groß erscheinen, wie dies auf den erregten Märkten der Fall ist, bleiben sie im geschichtlichen Zusammenhang mit dem überlieferten Geldwert. Dieser ist für sie das Sprungbrett, von dem sie in die Höhe schnellen oder herabstürzen."[34]

Zu dieser expliziten, stark konkretisierenden Modellverwendung müssen die vielen Belege hinzugedacht werden, in denen Wieser den Prozessen der Geldwirtschaft mechanische Zusammenhänge zuordnet. Dort sind dann die ausdrucksseitigen Indikatoren weniger auffällig, wenn etwa vom „hochgespannten Grenznutzen"[35] gesprochen wird, oder davon, wie sich der „geschichtliche Wert des Metallgeldes vom Stoffwerte des Metalles abgespaltet"[36] hat. Werte werden vom „Verkehr" (LEBEWESEN) „in Bewegung" gesetzt[37], verschiedenen Kreditformen wird eine „Ausdehnung"[38] zugesprochen. FLÜSSIGKEIT und GESCHWINDIGKEIT sind ebenfalls häufig vertreten, so wenn vom „Gesetze der Rückströmung"[39] für Banknoten gesprochen wird.
Ein zweites eindrückliches Beispiel für die Verwendung der bekannten metaphorischen Modelle ist eine Stelle, an der Wieser die Reaktion auf Inflationsphänomene (KRANKHEIT) mit einer (falschen) Kur vergleicht. GELD ist die NAHRUNG, derer sich der KÖRPER, das LEBEWESEN WIRTSCHAFT fälschlicherweise enthält.

> „Nach den schlimmen Erfahrungen der Inflation, die zum guten Teil Kreditinflation gewesen war, wollte man sich jedoch in den Kreditierungen aufs äußerste zurückhalten, in der begreiflichen Furcht, abermals in Inflation zu verfallen. Dadurch geriet man aus der Inflationskrise in eine Deflationskrise, die man um so schwerer ertrug, weil sie sich mit der volkswirtschaftlichen

---

[33] Gemeint ist hier der objektive, volkswirtschaftliche Geldwert. Zur Definition der Begriffe („persönlicher" vs. „volkswirtschaftlicher" Tauschwert) vgl. Wieser (1927), S. 697-699.
[34] Wieser (1927), S. 699.
[35] Wieser (1927), S. 697.
[36] Wieser (1927), S. 688.
[37] Wieser (1927), S. 690.
[38] Wieser (1927), S. 691.
[39] Wieser (1927), S. 691.

> Krise verband. An dem berauschenden Gifte der Inflation erkrankt, suchte man die Heilung in der Enthaltung, für den geschwächten Körper war aber die Enthaltung die Ursache neuer Leiden.“[40]

Wie für MECHANIK so gilt auch hier, daß neben diesem auffälligen Beleg viele unscheinbare, aber dennoch auf das metaphorische Modell rückführbare Beispiele angeführt werden könnten[41].

Nun könnte eingewendet werden, daß die von mir angeführten Beispiele nicht (mehr) auf metaphorische Modelle verweisen, sondern als terminologische Einheiten, sozusagen als ‚verblaßte Metaphern‘ gelesen werden sollten; nicht das metaphorische Modell würde demnach zur Erklärung des Sachverhaltes herangezogen, sondern die Ausdrücke verwiesen auf den gemeinten Begriff und nur auf ihn. D. h. wenn von *liquiden Forderungen* gesprochen wird, würde kognitiv nicht FLÜSSIGKEIT aktiviert.

Gegen diesen Einwand sprechen m. E. drei Argumente: Zum einen werden die Metaphern nicht immer gleichförmig ausdrucksseitig verwendet, es finden verschiedentlich — siehe oben — stärkere Konkretisierungen (*Sprungbrett, berauschendes Gift, geschwächter Körper*) statt. Diese zeigen, daß durchaus das jeweilige metaphorische Modell und nicht das Modell des zu erklärenden Sachverhaltes allein aktiviert waren.

Zweitens werden die metaphorischen Modelle auch produktiv verwendet. Ich will dies am Beispiel von RAUM und HANDLUNG (INGEST) weiter unten zeigen.

Drittens finden sich auch bei Wieser wie bei zahlreichen anderen Autoren sprachreflektierende und metaphernkritische Äußerungen, die zeigen, daß er sich der metaphorischen Sprechweise bewußt war. Wieser kritisiert in dieser Hinsicht die überkommene Literatur (objektive Wertlehre) und ihre Verwendung des MECHANIK-Modells. Dabei bleibt er jedoch ebenfalls im Modell; er bezieht zusätzlich LEBEWESEN ein:

> „Im Werthe wird nicht das Gewicht der Güter, sondern die Schwierigkeit, sie zu heben und zu tragen, gemessen, und diese kann bei einer kleineren Menge grösser, bei einer grösseren Menge kleiner sein, wie es unter Umständen, wenn man z. B. ermüdet ist, oder wenn man gezwungen wird, immer eine starke Last auf einmal zu tragen, schwerer sein kann, die geringere Last von

---

[40] Wieser (1927), S. 705 f.

[41] WACHSTUM: „Das Geld ist nach und nach aus kleinen Anfängen zu seiner fertigen Gestalt emporgewachsen.“ Wieser (1927), S. 683; BEWUSST HANDELND: „[...] die ganze Fülle der Dienste, die das Geld im Verkehr verrichtet [...]“ ebd. S. 686; in Verbindung mit BEWEGUNG: „Wiederum sehen wir, daß die realen Werte, die erzeugt und im Verkehr umgesetzt werden, sich selber die Geldmittel schaffen, die zu ihrer Bewegung erfordert sind“ ebd. S. 691, vgl. zum Submodell BEWUSST HANDELND auch Wieser (1909/1929), S. 233: „Dabei kommt es wieder darauf an, welche Beziehungen zwischen den einzelnen Währungen bestehen, ob diese untereinander kommunizieren oder voneinander isoliert sind. Alle reinen oder hinkenden Goldwährungen mit freier Prägung kommunizieren untereinander.“; KRANKHEIT: „Denn das Staatspapiergeld ist unter den heute gegebenen Verhältnissen ein ungesundes Geld.“ Wieser (1927), S. 693; EMOTION: „[...] wenn sich befreundetes Kapital ihr [der Baissespekulation – M. H.] zur Verfügung stellen sollte.“ ebd. S. 713.

> fünfzig Centner von einem Orte zu einem bestimmten anderen zu tragen, als die grössere Last von hundert Centnern, wenn man sie frisch und ausgeruht, in bequemen Formen und angemessenen Theilen zu tragen hat."[42]

Er verwahrt sich gegen die Materialisation von Wert und begründet dies in einer Analogie[43]. Nichtsdestotrotz rekurriert auch Wieser auf CONTAINER, INNEN–AUSSEN etc., wenn er z. B. vom „inneren Werte der Waren"[44] oder vom „Binnenwert des Papiergeldes"[45] spricht. Die Neudefinition des Begriffs überhebt den Autor nicht, weiterhin die tradierten metaphorischen Modelle einzusetzen. Lediglich ihre Interpretation, d. h. was man unter *innerem Wert* zu verstehen hat, ist anders!

Im folgenden möchte ich die oben erwähnten Beispiele für die produktive Verwendung der Modelle RAUM und HANDLUNG (INGEST) darstellen. Die Vorstellung der *Deckung* von (stoffwertlosen) Banknoten durch (stoffwertiges) Metall begegnet uns in der gesamten Diskussion des 19. Jahrhunderts. Auch Wieser verwendet diesen Ausdruck. Die Tatsache, daß er ihn in ganz bestimmter Weise variiert und mit dem, ebenfalls in RAUM gedachten *Grenznutzen* verbindet, zeigt, daß RAUM und nicht allein der definierte Fachbegriff hinter den Ausdrücken steht. Eine Forderung von Geld als Tauschmittel oder auf Waren ist eine im RAUM lokalisierte FLÄCHE, die mit GELD *abgedeckt* sein muß:

> „Der gute kaufmännische Wechsel ist geschäftlich gedeckt und ist dadurch zum Zahlungstermin bar gedeckt."[46]

Der GRENZNUTZEN ist ebenfalls konkret räumlich rückgebunden. Auch ihn kann man sich als eine FLÄCHE vorstellen, der eine bestimmte Geldquantität entspricht. Im GRENZNUTZEN kommt damit nicht nur der von Lakoff für CONTAINER festgestellte Modellbestandteil SURFACE — als Begrenzung einer im RAUM ausgedehnten Größe — zum Ausdruck, sondern auch FLÄCHE selbst:

> „Immer wird die Geldeinheit nach Maß des realen Grenznutzens angeschlagen, den zu decken sie nach den gegebenen persönlichen Verhältnissen bestimmt ist, immer darf sie nur zur Erwerbung solcher realer Werte ausgegeben werden, deren Verwendung diesen Grenznutzen realisiert, indem sie ihn mindestens deckt oder vielleicht noch übersteigt."[47]

Die Begriffe NUTZEN und GRENZNUTZEN sind Gefühlsgrößen („psychophysische Einheit"[48]), das Gefühl ist das Bedürfnis, der *Bedarf*, den man an

---

[42] Wieser (1884), S. 195.

[43] Wieser (1884), S. 195 f.: „Der Werth darf nicht materialisirt werden. In welchen Wendungen immer man ihn aussagt, man sagt immer eine Gefühlsgrösse aus. Das Interesse der Menschen schwankt um die Güter beweglich wie die Wolken um die Berge, umhüllt sie bald dichter, bald lässt es sie frei, nicht dass in den Gütern selbst, fest und unveränderlich wie die Schwere, der Werth sässe und stäke."

[44] Wieser (1909/1929), S. 209.

[45] Wieser (1927), S. 712.

[46] Wieser (1927), S. 690.

[47] Wieser (1927), S. 696.

[48] Wieser (1884), S. 214.

bestimmten Gütern hat. Wie der *Grenznutzen*, so ist auch der *Bedarf* als eine räumlich ausgedehnte Größe gedacht.

> „Dem Geldeinkommen der Hauswirtschaft kann man das Realeinkommen gegenüberstellen, die Summe der Eingänge an realen Werten, die im Haushalt innerhalb der Wirtschaftsperiode zur Bedeckung des ordentlichen Bedarfes neu erforderlich sind.“[49]

Die Variation im Ausdruck vom allgemein gebräuchlichen *Deckung* zu *Bedeckung* zeigt, daß das metaphorische Modell durchaus noch ‚lebendig' ist. Es ist nicht so, daß es seinen anfänglichen Dienst im Laufe des 19. Jahrhunderts getan hat, und nun beim Sprechen von *Deckung* etc. nicht mehr aktiviert wird. Dasselbe kann man sehen, wenn die RAUM–Metaphorisierung für GELD noch produktiv weitergeführt wird, indem es nicht nur als eine FLÄCHE, sondern konkreter als *Gelddecke* versprachlicht wird.

> „Wenn die Gelddecke gleich bleibt und einen gesteigerten Zahlungsbedarf zu überspannen hat, so meint man daß sie notwendigerweise dünner werden müsse, da die Geldeinheit nun eine größere Summe realer Werte zu repräsentieren habe.“[50]

Ein weiteres Beispiel für die Produktivität metaphorischer Modelle ist die Verwendung des primitive act INGEST aus HANDLUNG, um das Verhältnis von Naturalwirtschaft und Geldwirtschaft zu kennzeichnen.

> „[...] die eingreifendsten Veränderungen des Geldwerts fallen aber ohne Zweifel in die Periode der Ausbreitung der Geldwirtschaft, welch letztere übrigens auch heute noch nirgends [...] die ganze Naturalwirtschaft ohne Rest in sich aufgesogen hat.“[51]
>
> „Selbst in der Stadt ist die Naturalwirtschaft heute noch nicht ganz restlos beseitigt, auf dem Lande vollends sind überall die Grundlagen der alten Naturalwirtschaft noch mehr weniger [!] in Wirksamkeit, deren endgültige Aufsaugung den geschichtlich überlieferten Geldwert noch stark wird verändern müssen.“[52]

Beispiele wie diese, die in ihrer Metaphorik an die Absorptionsfähigkeit des Marktes für Geld erinnern, zeigen, daß die an konkreten Handlungen orientierten Ausdrücke (*Aufsaugung*), nicht losgelöst von ihrer konkreten Erfahrungsbasis eingesetzt werden, sondern daß sie durchaus auf die jeweiligen konkreten Handlungen (als metaphorische Modelle) rekurrieren[53].

---

[49] Wieser (1927), S. 699.

[50] Wieser (1927), S. 706. Wieser kritisiert zwar hier diese Interpretation der RAUM–Metapher, verwendet jedoch das Modell selbst auch.

[51] Wieser (1909/1929), S. 218.

[52] Wieser (1909/1929), S. 228.

[53] Ähnlich produktiv ist die Verwendung von WACHSTUM, wenn Wieser die Entstehung des nationalen, überlokalen Tauschwertes als *Herauswachsen* desselben, aus den lokalen Werten versteht. Dort, wo dies nicht der Fall ist — z. B. auf dem Land —, hat der nationale Tauschwert den lokalen noch nicht *überwuchert*: „Es bedarf keiner weiteren Ausführung, daß überall der nationale Tauschwert selber erst aus den lokalen Geldwerten engerer Gebiete herausgewachsen ist, die übrigens in abgelegenen ländlichen Bezirken noch heute nicht ganz vom nationalen Tauschwerte überwuchert sind.“

Die drei oben angeführten Gründe (Ausdrucksvariation, produktive Modellverwendung, Sprach- und Metaphernreflexion) weisen hinreichend den Einwand zurück, daß in der Sprache der Geldtheorie die jeweiligen Ausdrücke nicht mehr auf Metaphern verweisen bzw. metaphorische Modelle ‚auslösen'. Darüber hinaus ist die Verwendung von strukturellen Metaphern — also von komplexeren metaphorischen Modellen wie z. B. der oben erwähnte KAMPF UMS DASEIN (vgl. S. 236) — ein Indiz dafür, daß zur Versprachlichung abstrakter Sachverhalte diese Modelle notwendig sind. Metaphorisches Sprechen ist zwar ein bewußt zu haltender und in der jeweiligen Metapherninterpretation zu kritisierender Vorgang. Dennoch ist es unvermeidlich.

Als dritten und letzten Repräsentanten der Funktionswerttheorie und der subjektiven Wertlehre möchte ich auf **Ludwig von Mises** eingehen. Drei Aspekte sollen thematisiert werden, die mehr auf den Geldbegriff abheben, da sich Mises in der Metaphorik nicht von seinen Zeitgenossen unterscheidet.

1. Mises grenzt — obwohl auch er Funktionswerttheoretiker ist — Geldsurrogate vom Geldbegriff aus. Trotz funktionaler Definition wirkt die Abgrenzung des 19. Jahrhunderts hier weiter.
2. Mises weist auf den Fachsemantikcharakter der Sprache der Volkswirtschaftslehre im Unterschied zu anderen Fachsemantiken (z. B. Jura) hin. Er fordert eine dementsprechende Begriffsbildung, die auf die kommunikativen Zwecke der Volkswirtschaftstheorie ausgerichtet ist.
3. Mises lehnt eine Meßbarkeit von Gefühlen, also auch des subjektiven Wertes ab.

1. Der Geldbegriff:
Mises unterscheidet begrifflich GELD und GELDSURROGATE (z. B. Banknoten, Scheidemünzen, Giroguthaben). Letztere sind „jederzeit fällige und [...] sichere und in juristischem Sinne liquide Forderungen"[54] auf Geld. Mises ist sich der Tatsache bewußt, daß eine streng funktionale Definition des GELDES eine solche Abgrenzung überflüssig macht. Er demonstriert sogar, welche Argumente für einen solchen, konsequent funktionalen Geldbegriff sprechen. Dennoch kehrt er schließlich — aus „Zweckmäßigkeitsgründen"[55] — zur überlieferten Trennung zwischen GELD und GELDSURROGATEN, die auf dem Kriterium der Stoffwertigkeit des Geldes basiert, zurück. Diese Vorgehensweise zeigt klar die damals noch als problematisch bzw. als unzweckmäßig empfundene strikte Durchführung der funktionalen Gelddefinition. Geldsurrogate sind somit 'nicht selbst wertgeschätzte Tauschgüter', sondern verweisen durch ihre jederzeitige Fälligkeit und Umwandelbarkeit nur auf Geld. GELD ist ein 'wertgeschätztes Tauschgut'. Je nach Erscheinungsform lassen sich drei Geldarten ausmachen: „Sachgeld", „Zeichengeld" und „Kreditgeld":

Wieser (1909/1929), S. 231. Vgl. auch die strukturelle Metapher des GARTENS für den inländischen Wirtschaftsraum in Wieser (1909/1929), S. 232 f.

[54] Mises (1912), S. 34.

[55] Mises (1912), S. 36.

> „Beim Sachgeld ist das entscheidende Merkmal die Verwendung einer Ware im Sinne der Technologie als Geld. Welche Ware dies ist, kann die theoretische Untersuchung als gleichgültig außer acht lassen; festhalten muß man jedoch, daß die fragliche Ware Geld und das Geld eben jene Ware ist. Beim Zeichengeld hingegen gibt der Stempel, das Zeichen, allein den Ausschlag. Geld ist hier nicht der Stoff, der das Zeichen trägt, sondern das Zeichen selbst. Welcher Stoff das Zeichen trägt, ist völlig nebensächlich. Das Kreditgeld endlich ist eine künftig fällig werdende Forderung, welche als allgemeines Tauschmittel verwendet wird.“[56]

Die Fixierung auf die Stoffwertbindung des Geldes ist überwunden. Das zeigt die Einbeziehung von Zeichen- und Kreditgeld in den Begriff. Diese sind keine Geldsurrogate. Kreditgeld ist nicht jederzeit fällig und einlösbar.
Das NICHTGELD, die Geldsurrogate, wird von Mises ebenfalls gegliedert[57]. Er unterscheidet als Unterbegriffe die UMLAUFSMITTEL, die nicht durch Geld gedeckten Geldforderungen[58], und die GELDZERTIFIKATE, d. h. diejenigen jederzeit fälligen, sicheren Forderungen, die durch Einlagen gedeckt sind[59].
Wenn Mises mit dieser differenzierten Gliederung auch zahlreiche Phänomene des Geldverkehrs mit größerer Trennschärfe zuordnen und begründen kann[60], so übersieht er dennoch nicht, daß dieser Theoriebegriff im Alltag nicht verwendet wird. Dort ist diese starke Begriffsdifferenzierung unnötig. Darauf weist Mises an verschiedenen Stellen hin, wenn er die Praxis des Geldverkehrs beschreibt. So ist etwa für den Alltag die Unterscheidung zwischen GELDZERTIFIKAT und UMLAUFSMITTEL bei der Banknote hinfällig, wenn die Bank nur im Ruf der Zahlungsfähigkeit bleibt.

> „Die jederzeit einlösliche Note einer solventen Bank ist als Umlaufsmittel im Verkehre überall an Stelle des Geldes verwendbar, und niemand macht daher einen Unterschied, ob er in seiner Kasse Geld oder Noten liegen hat. Die Note ist gerade so ein gegenwärtiges Gut wie etwa das Geld.“[61]

Genauso fallen die Geldsurrogate in der alltäglichen und institutionellen Praxis unter den Geldbegriff. Der Unterschied zwischen den Semantiken zeigt sich hier ganz deutlich. Mises ist sich dessen bewußt, wenn er von der „faktischen Verwendung“ der Geldsurrogate spricht.

---

56 Mises (1912), S. 48.

57 Zum Verhältnis GELD vs. KAPITAL vgl. Mises (1912), 80 f.

58 Z. B. die von Banken über ihre Deckung durch Einlagen hinaus ausgegebenen Banknoten. Mises (1912), S. 318 definiert folgendermaßen: „Das Umlaufsmittel ist sohin charakterisiert als eine nicht durch Gelddepots gedeckte, jederzeit fällige Forderung auf Auszahlung eines bestimmten Geldbetrages, die vermöge ihrer rechtlichen und technischen Ausstattung geeignet ist, an Stelle des Geldes in Erfüllung von auf Geld lautenden Zahlungsverpflichtungen gegeben und genommen zu werden.“

59 Z. B. durch Einlagen gedeckte Banknoten, gedeckte Schecks.

60 So kann z. B. der Unterschied zwischen Wechsel, Scheck und Banknote anhand der Teilbedeutungen 'Deckung' und der jeweiligen 'Fälligkeit' erklärt werden. Wechsel fallen demnach unter KREDITGELD, Schecks und Banknoten gehören je nach Deckung zu den UMLAUFSMITTELN oder GELDZERTIFIKATEN.

61 Mises (1912), S. 311.

> „Im inländischen Verkehr der überwiegenden Mehrzahl der Kulturstaaten haben die Geldsurrogate heute die faktische Verwendung von Geld zur Durchführung von durch Geld vermittelten Tauschakten zum größten Teile verdrängt. Innerhalb der Geldsurrogate wieder nimmt das Umlaufsmittel einen immer größeren Platz ein, während die Vermehrung der Geldzertifikate ein weit langsameres Tempo einhält."[62]

Dennoch ist die semantische Feingliederung des Geldbegriffs aus erkenntnistheoretischen Gründen notwendig. Wenn verschiedene Geld- und Geldsurrogatformen in der Praxis ähnlich bis gleich ‚funktionieren', muß dies nicht bedeuten, daß sie identisch sind. Ihre Unterschiede aufzuzeigen, ist die Aufgabe der Theoriesemantik. Wird in der Theorie nicht genügend differenziert, muß es nach Mises zu Fehleinschätzungen und Verwechslungen kommen, die letztlich auch praxisrelevant sind.

> „Die Unklarheit über das Wesen der Umlaufsmittel, welche das Hauptmerkmal der Schriften der Banking-Theoretiker und ihrer Epigonen [...] bildet, führt zu einer fortwährenden Verwechslung der Geldsurrogate und einer Reihe von Einrichtungen zur Verminderung des Geldbedarfes im engeren Sinne und weiter dazu, daß innerhalb der Geldsurrogate wieder nicht genügend Rücksicht auf die Unterschiede genommen wird, die zwischen Geldzertifikaten und Umlaufsmitteln bestehen."[63]

2. Fachsemantik und Volkswirtschaftstheorie:
Mises' Hinweise auf die weniger differenzierte Begriffsbildung in der institutionellen und alltäglichen Praxis zeigt dem heutigen Leser, daß zu Beginn des 20. Jahrhunderts von einer eindeutigen Trennung der kommunikativen Bezugsbereiche ausgegangen werden kann. Alltag, Institutionen und Theorie entwickeln ihre eigenen semantischen Systeme. Interessant ist in diesem Zusammenhang jedoch noch ein weiterer Aspekt. Mises, der auf die Trennung zwischen Alltag und Theorie nur implizit in seinen Exkursen in die Praxis des Geldverkehrs verweist, fordert ganz explizit eine eigenständige, volkswirtschaftstheoriegebundene Begriffsbildung. Das heißt, er intendiert — linguistisch gesprochen — eine klare Abgrenzung der Semantik der Volkswirtschaftstheorie im kommunikativen Bezugsbereich ‚Theorie/Wissenschaften'. Aufgehängt wird diese Forderung z. B. an dem damals intensiv diskutierten Entwurf von Georg Friedrich Knapp („Staatliche Theorie des Geldes", vgl. dazu Kap. 9.3). Knapp betrachtet die geldtheoretischen Probleme vor allem von einem juristischen Blickwinkel aus. Mises plädiert dagegen für eine eigenständige Begriffsbildung der Wirtschaftstheorie, die den funktional-zweckhaften Anforderungen der Wirtschaft entspricht. Die juristische Begriffsbildung kann hier nicht genügen.

> „Die Terminologie, deren sich die nationalökonomische Geldlehre in der Regel zu bedienen pflegt, ist eine juristische, keine volkswirtschaftliche. Sie ist von den Schriftstellern und Staatsmännern, von den Kaufleuten und Rich-

[62] Mises (1912), S. 328 f.
[63] Mises (1912), S. 321.

> tern ausgebildet worden, die den rechtlichen Eigenschaften der verschiedenen Geldsorten und ihrer Stellvertreter das Augenmerk zuzuwenden hatten. Sie ist recht brauchbar für die Erkenntnis sowohl der privatrechtlichen als auch der öffentlich-rechtlichen Seite der Geldwesens, sie ist aber für die nationalökonomische Untersuchung kaum verwertbar."[64]

Gerade im Sektor der Geldtheorie sieht Mises die Vermischung von juristischen und nationalökonomischen Erkenntnisinteressen als falsch an. Beide Disziplinen müssen unterschiedliche Begriffe entwickeln: „Es ist verfehlt, an nationalökonomische Begriffe den Maßstab der Rechtswissenschaft anzulegen."[65] Wo beide Disziplinen in dem beschriebenen Weltausschnitt einmal übereinstimmen — man könnte diese als ‚Welt' des Rechtssystems und als ‚Welt' der wirtschaftlichen Prozesse bezeichnen —, können durchaus Begriffe gegenseitig übernommen werden. Insgesamt sollte sich aber die Nationalökonomie einer eigenständigen Begrifflichkeit bedienen. Sie sollte sich stärker von dem für juristische Zwecke geschaffenen Begriffssystem lösen.

> „Es unterliegt auch keinem Anstande, in der nationalökonomischen Deduktion dort, wo dies ohne Schaden geschehen kann, den juristischen Kunstausdruck anzuwenden. Für ihre eigenen Zwecke aber muß sie sich besondere Ausdrücke schaffen."[66]

3. Meßbarkeit des subjektiven Wertes:

Wie mißt man den subjektiven Wert eines Gutes? Wie bereits erwähnt (s. S. 236) bedient sich z. B. Jevons dabei der metaphorischen Umsetzung von 'Gefühlsintensität' und 'Gütermenge' in den zweidimensionalen RAUM[67]. Mises dagegen lehnt jede Meßbarkeit des subjektiven Wertes ab. Er ist ein Gefühl und als solches seiner Meinung nach nicht meßbar. Die Tatsache, daß alle Güter dennoch in gewisser Weise in ihrem Wert eingeschätzt werden, eben im Vergleich zu anderen, erklärt Mises ebenfalls in einer auf das Modell RAUM/GEOMETRIE deutenden Sprechweise. Zunächst erklärt er den Sachverhalt an einem ganz konkreten Beispiel[68]. Im zweiten Schritt wird der im Beispiel zum Ausdruck kommende Sachverhalt generalisiert. Hier wird der Rekurs auf die konkretisierende Raummetapher nötig! Die Wertgefühle werden in den RAUM projiziert. Die ad hoc gebildeten Wertzuschreibungen werden als in einer *Reihe aufgestellt* gedacht. Das ganze Gebilde ist eine *Skala* der Wertgefühle.

> „So ist jedermann imstande, eine unendliche Reihe der verglichenen Wertbedeutungen aufzustellen, die nur für einen bestimmten Augenblick gilt, da sie an einen bestimmten Zustand der Bedürfnisgestaltung und Güterver-

64 Mises (1912), S. 43.

65 Mises (1912), S. 44.

66 Mises (1912), S. 44.

67 Dreidimensional unter Hinzunahme des Aspektes 'Zeit'.

68 „Als Gefühl ist der Wert jeder Messung unzugänglich; Vergleiche mit anderen, gleichartigen Gefühlen sind möglich. Jedermann ist in der Lage, zu sagen, ob dieses Stück Brot ihm wertvoller erscheine, als jenes Stück Eisen oder minder wertvoll als jenes Stück Fleisch." Mises (1912), S. 16.

> sorgung geknüpft ist. Ändern sich die Verhältnisse des Individuums, dann ändert sich auch die Skala seiner Wertgefühle."[69]

Ausdrücke wie *Skala* und *Skalierung* verweisen auf physikalische Meßvorgänge, z. B. von räumlicher Ausdehnung, Wärme oder Gewicht. Man muß die Metapher nicht unbedingt auf RAUM beschränken; es ist möglich, daß die Gewichts- oder Wärmeskalierung bei der Metaphorisierung auch beteiligt war. In jedem Fall läßt sich aber die *Skala* auf konkrete Körpererfahrungen als Bezugsgrößen zurückführen. Mir erscheint das metaphorische Modell RAUM/GEOMETRIE die plausibelste Erklärung für die Übertragung abstrakter Wert*größen* zu liefern. Werden doch auch Temperatur- und Gewichtsquantitäten meistens in RAUM versprachlicht[70].

Wiederum kann an diesem Beleg bei Mises gezeigt werden, daß die metaphorischen Modelle polyfunktional sind und die Interpretation des Sachverhalts nicht determinieren. Wie Jevons, der das Gefühl des Wertes mißt, bleibt auch Mises im RAUM-Modell und kann doch innerhalb desselben das zu erklärende Phänomen ganz entgegengesetzt interpretieren. Er gelangt zum „skalierten Werturteil": „In diesem skalierten Werturteil ist für Erwägungen des Messens überhaupt kein Platz."[71]

Auf die intensive Verwendung der anderen metaphorischen Modelle bei Mises möchte ich lediglich verweisen. Er verwendet sie ganz selbstverständlich[72]. Auch für Mises gilt: Die Kritik an der Verwendung etwa des MECHANIK-Modells durch andere Autoren bedeutet für ihn nicht, das Modell nicht mehr zu verwenden, sondern lediglich es anders zu interpretieren.

> „Wenn man in diesem Sinne von einem Beharrungsvermögen, von einer Trägheit der Preise spricht, dann wäre gegen eine solche Ausdrucksweise nichts einzuwenden. Es empfiehlt sich allerdings, in der Nationalökonomie Ausdrucksformen, die der Mechanik entlehnt sind, zu meiden; für die Darstellung sind sie entbehrlich, und die Gefahr einer ‚mechanischen', d. i. von den subjektiven Werturteilen der Individuen fehlerhaft abstrahierenden Auffassung liegt nahe."[73]

Mises spricht dann weiterhin vom „Trägheitsmoment der Preise"[74], von den KRÄFTEN, die zwischen Angebot und Nachfrage wirken, von der „Elastizität der bargeldsparenden Zahlungsmethoden"[75] usw. Die Kritik ist m. E. damit eher als Mahnung zu verstehen, sich der unausweichlichen Metaphorik der Sprechweise und der darin begründeten Möglichkeit von Fehlinterpretationen bewußt zu bleiben.

---

69 Mises (1912), S. 16.

70 *Hohes, großes Gewicht; hohe, tiefe Temperatur* usw.

71 Mises (1912), S. 17.

72 Z. B. zur MECHANIK zwischen den Geldarten, Mises (1912), S. 200 ff., zu *Kaufkraftschwankungen* ebd. S. 188 ff.

73 Mises (1912), S. 112.

74 Mises (1912), S. 112.

75 Mises (1912), S. 160.

9.2 Knut Wicksell

Wendet man die Theoriegliederung Ehrlichers auf **Knut Wicksell** an, so kommen bei ihm in bezug auf den Geldwert zwei Aspekte zum Tragen. Zum einen wird ihm das Verdienst zugesprochen, daß er die „Quantitätstheorie zur Einkommenstheorie des Geldes um[formte]“[76]; zum anderen war er ein Vorläufer der erst in der Cambridger (Alfred Marshall, Arthur C. Pigou, D. H. Robertson) und in der Chicagoer Schule voll ausgebauten Kassenhaltungstheorie des Geldes (vgl. Kap. 5.3.2).

Wicksell, auf den sich später Keynes berufen sollte, repräsentiert damit zwei Stränge in der hier als Folie zur Quellenauswahl dienenden Theoriegliederung. Ohne auf Wicksells theoretische Neuerungen näher einzugehen[77], möchte ich mich auf die spezifische Verwendung metaphorischer Modelle in den Texten Wicksells konzentrieren.
Für Wicksells Theorie gilt ganz das Modell der MECHANIK. Er versucht, für wirtschaftliche Vorgänge Gesetze zu finden, deren Gültigkeit denen der im MECHANIK-Modell (Physik) geltenden entsprechen. Die durchgehende Verwendung des metaphorischen Modells MECHANIK verwundert daher nicht. Wicksell kennt nicht nur die Dogmengeschichte der Geldtheorie, sondern auch wichtige Analogien, die für GELD aufgestellt wurden. So äußert er sich an einer Stelle zustimmend zur Gleichsetzung von GELD und ÖL. Er gibt zwar nicht an, auf welchen Autor er sich dabei bezieht — vermutlich auf Hume (vgl. Kap. 7.4) —, interessant ist aber, für wie erklärungsstark er diese Analogie hält und wie detailliert er sie ausbaut.

> „Unter den vielen Gleichnissen, vermittelst welcher man die Natur und die Funktionen des Geldes zu veranschaulichen gesucht hat, ist das von dem Öle in einer Maschinerie aus mehreren Gesichtspunkten recht zutreffend; das Öl bildet keinen Teil der eigentlichen Maschine, ist weder treibende Kraft, noch ausführendes Werkzeug, und in einer absolut vollendeten Maschinerie würde ein Minimum an Schmiermitteln erforderlich sein.“[78]

Wicksell warnt zwar im Anschluß an diese Stelle vor der Verabsolutierung dieser „Vereinfachung“. Er weist — ohne weitere Beispiele — darauf hin, daß die Theoretiker häufiger im Aufstellen von Gesetzen für Wirtschaftsprozesse zu weit gegangen seien. Am Modell MECHANIK hält er aber fest. Und nicht nur das; er hält das metaphorische Modell MASCHINE mit GELD als FLÜSSIGKEIT/SCHMIERMITTEL für so geeignet, um den Begriff GELD-WIRTSCHAFT zu erfassen, daß es teilweise besser auf WIRTSCHAFT als auf den ursprünglichen Begriff der MECHANIK selbst anwendbar sei. Während man eine ganz ohne Reibungsverluste arbeitende Maschine, eine Maschine die gar keiner Schmiermittel mehr bedarf, real wohl kaum produzieren kann, sei man im Sektor der WIRTSCHAFTSMASCHINE diesem Idealfall schon

---

[76] Schmölders (1962), S. 93; vgl. dazu auch Stavenhagen (1969), S. 445.

[77] Hier sind vor allem seine Überlegungen zu den unterschiedlichen Auswirkungen der Zinsniveaus auf das allgemeine Preisniveau zu nennen.

[78] Wicksell (1922), S. 4 f.

näher gekommen. Im Dreischritt a) mentales Ausgangsmodell (Begriff MECHANIK), b) metaphorisches Modell (MECHANIK, nur bestimmte, polyfunktionale Aspekte des Ausgangsbegriffs) und c) Zielbegriff (GELDWIRTSCHAFT) hat sich somit das metaphorische Modell verselbständigt. Nach Wicksell kann der Fall eintreten, daß es in seiner Polyfunktionalität besser auf einen Zielbegriff paßt, als auf den Ausgangsbegriff, von dem es abgeleitet wurde!

> „Die in idealer Vollendung dastehende Maschinerie, die ganz ohne Reibung ginge und daher keiner Schmiermittel bedürfte, ist noch nicht erfunden: wenngleich man sich hierin auf dem wirtschaftlichen Gebiete vielleicht mehr der Vollendung genähert hat als auf dem mechanischen."[79]

Auch in „Geldzins und Güterpreise", Wicksells Hauptwerk zum GELD von 1898, widmet der Autor seine Aufmerksamkeit den in der MECHANIK der WIRTSCHAFT wirkenden KRÄFTEN. Zwei wichtige Faktoren oder Kräfte sind in dieser MECHANIK die Begriffe KAPITALZINS und GELDZINS. Unter KAPITALZINS ist der 'natürliche Zins' zu verstehen, der 'Ertrag, den Kapital am Markt abwirft'. GELDZINS ist demgegenüber die 'gesetzlich festgeschriebene oder von Banken vorgegebene Zinsrate für Geld' (Kredit). Wicksell erkennt nun das Verhältnis zwischen beiden Zinsformen als den mechanischen Bestimmungsfaktor für das allgemeine Preisniveau. Kapitalzins, Geldzins und Güterpreise streben danach, in ein GLEICHGEWICHT zu gelangen. Ist dieses einmal gestört, funktioniert die MECHANIK wie folgt:

> „Zu jeder Zeit [...] wird es eine Höhe der durchschnittlichen Rate des Geldzinses geben, bei welcher das allgemeine Niveau der Warenpreise keine Tendenz mehr hat, sich aufwärts oder abwärts zu bewegen. Wir nennen diese die normale Zinsrate, ihr Betrag wird von dem gleichzeitigen Stande des natürlichen Kapitalzinses bestimmt und muss mit diesem steigen oder fallen.
> Wenn nun aus irgend welcher Ursache die durchschnittliche Rate des Geldzinses um einen noch so kleinen Betrag unter jener normalen Höhe angesetzt wird und dabei erhalten bleibt, so werden die Preise steigen und abermals steigen oder, wenn schon im Fallen begriffen, langsamer fallen und schliesslich die entgegengesetzte Richtung einschlagen.
> Wenn umgekehrt der Geldzins um einen noch so kleinen Betrag über dem gleichzeitigen Stande des natürlichen Kapitalzinses erhalten bleibt, werden die Preise unausgesetzt und schliesslich unter jede Grenze fallen."[80]

Die Frage, von welcher der drei Größen ein einmal bestehendes Gleichgewicht gestört wird, beantwortet Wicksell, indem er den Kapitalzins zum „primum movens" der MECHANIK erklärt.

> „Alle jene Schwierigkeiten und Widersprüche lösen sich mit einmal auf, wenn wir in den aus unabhängigen Ursachen herrührenden Veränderungen des natürlichen Kapitalzinses das primum movens erblicken, welches sowohl die Bewegung der Preise wie auch, und zwar durch Vermittlung

[79] Wicksell (1922), S. 5.
[80] Wicksell (1898), S. 111.

> dieser Bewegung, die den ersten analogen aber etwas später eintretenden Veränderungen des Geldzinsfusses verursacht."[81]

Immer wieder kommt Wicksell auf das MECHANIK-Modell zurück. Häufig baut er es noch zur Veranschaulichung des von ihm Gemeinten aus. So erklärt er den Unterschied zwischen den „konkreten Geldpreisen" (nominal) und den „relativen Preisen" (real, Preis eines Gutes im Verhältnis zu anderen Gütern) mit zwei unterschiedlichen MECHANIK-Varianten. Eine Änderung in den relativen Preisen ist wie eine PENDELBEWEGUNG.

> „Letztere [Veränderungen der relativen Preise – M. H.] sind etwa mit einem mechanischen System, welches den Anforderungen des stabilen Gleichgewichts erfüllt, z. B. einem aufgehängten Pendel vergleichbar. Jede Abweichung von der Gleichgewichtslage ruft sofort Kräfte hervor — desto stärker, je grösser die Abweichung — welche das System nach der ursprünglichen Lage zurückzuführen streben und dies auch, wenngleich erst nach einigen Oscillationen hin und her, wirklich erreichen."[82]

Erzielt ein Gut relativ zu anderen am Markt einen höheren Preis, so wird es verstärkt produziert, so daß sein Angebot im Verhältnis zu dem an anderen Gütern steigt. Das relative Sinken des Angebots an anderen Gütern bedeutet nun eine im Verhältnis zum Angebot erhöhte Nachfrage nach den anderen Gütern. Sie erzielen damit einen höheren Preis am Markt, werden folglich verstärkt produziert usw. Der Pendelausschlag des einen Gutes wird somit durch die Kraft der anderen Güter wieder zurückgeholt mit dem letztlichen Bestreben nach dem Gleichgewichtszustand. Dieser ist erreicht wenn alle Güter in einem ausgewogenen Preisverhältnis zueinander stehen.
Anders sieht es für die „konkreten Geldpreise" aus, also für das nominale Preisniveau. Hier kommen solche Gegenkräfte nicht zum Zug, weshalb eine andere MECHANIK-Variante zur Erklärung herangezogen werden muß.

> „Das analoge Bild für die Geldpreise wäre vielmehr ein leicht beweglicher Gegenstand, z. B. ein Cylinder, welcher auf einer horizontalen Ebene ruht und sich somit in sog. indifferentem Gleichgewicht befindet. Die Ebene ist etwas rauh, es gehört eine gewisse Kraft dazu, den Preiscylinder in Bewegung zu setzen und in dieser Bewegung zu erhalten; so lange aber jene Kraft — die Erhöhung bezw. Erniedrigung des Darlehnszinses — bestehen bleibt, bewegt sich auch der Cylinder unausgesetzt in derselben Richtung. Bald kommt er sogar ‚ins Rollen': die Bewegung wird bis zu einer gewissen Grenze eine akcelerierte, und sie setzt sich noch eine Weile fort, auch wenn die bewegende Kraft selbst aufgehört hat. Einmal zum Stillstand gelangt, erfährt aber der Cylinder keinen Antrieb, nach seiner ursprünglichen Ruhelage zurückzukehren, er bleibt einfach liegen, wenn nicht nunmehr Kräfte entgegengesetzter Richtung auftreten, um ihn zurück zu schieben."[83]

Mit dieser Ausformung des MECHANIK-Modells kann Wicksell zwei Momente der Veränderung des nominalen Preisniveaus anschaulich erklären. Zum

[81] Wicksell (1898), S. 152f.
[82] Wicksell (1898), S. 92.
[83] Wicksell (1898), S. 92f.

einen macht er so das Phänomen der sich beschleunigenden Inflation faßbar, die nominalen Preise steigen nicht gleichmäßig, sondern, wenn sie in Bewegung geraten sind, immer schneller. Zum anderen gibt es keine automatische, durch Gegenkräfte wie bei den relativen Preisen herbeigeführte Rückbewegung. Wird eine neue „Ruhelage", ein weiteres ‚indifferentes Gleichgewicht' erreicht, so bleibt es bestehen und keine Kraft bewegt den Zylinder in die Ausgangsposition zurück. Das einmal erreichte nominale Preisniveau besteht auf der erreichten Höhe fort. Den Anstoß, die KRAFT, die den Zylinder aus dem Gleichgewicht bringt, bildet eine im Verhältnis zum Kapitalzins niedrige Geldzinsrate, d. h. die Möglichkeit für Geschäftsleute, günstige Kredite aufnehmen zu können. Bewegen sich die Preise erst einmal, so werden sie durch die Erwartung der Marktteilnehmer, daß die Preise weiter steigen werden, noch schneller gesteigert. Die KRAFT des niedrigen Kreditzinses wird durch die KRAFT der Erwartungen noch gesteigert[84].
In der zweiten MECHANIK-Variante erschließt sich ein weiteres Anwendungsgebiet des Submodells GESCHWINDIGKEIT. Dieses wendet Wicksell nicht nur ganz selbstverständlich auf die UMLAUFGESCHWINDIGKEIT des Geldes an, sondern auch auf andere dynamische Vorgänge in der MECHANIK, z. B. auf Inflationsphänomene.

Im Zusammenhang mit der UMLAUFGESCHWINDIGKEIT des Geldes möchte ich an dieser Stelle auf den von Wicksell formulierten Gegenbegriff verweisen, der ebenfalls metaphorisch begründet ist: die „Ruhezeit des Geldes". Als Vorläufer einer kassenhaltungstheoretischen Geldbetrachtung konzentriert er sich nicht so sehr auf die Umlaufsgeschwindigkeit des Geldes, die er nicht als „eine feste, wenig nachgiebige [...] Grösse"[85], sondern als Größe mit einer „rein unbegrenzte[n] Elastizität"[86] sieht.

> „Die Umkehrung hiervon [Umlaufgeschwindigkeit – M. H.] und ein ebenso wichtiger Begriff ist die durchschnittliche Ruhezeit des Geldes, das mittlere Intervall, welches zwischen je zwei durch dieselbe Geldsumme vermittelten Kaufgeschäften verstreicht, während welcher das Geld in Kisten und Kasten unverwendet liegen bleibt."[87]

---

[84] Wicksell (1898), S. 88 f.: „[...] die aufsteigenden Preisbewegung wird sich einigermassen auch selbst ‚den Zugwind schaffen'. Sind die Preise einige Zeit hindurch ununterbrochen gestiegen, so werden die Unternehmer unzweifelhaft nicht nur mit den aktuell schon erreichten, sondern eben mit weiter ansteigenden Preisen zu rechnen beginnen, was auf Angebot und Nachfrage offenbar denselben Einfluss ausüben muss wie eine entsprechende Krediterleichterung. [...] Um eine weitere Preissteigerung sofort zu verhindern, würde es somit hier nicht einmal hinreichen, dass die Banken auf ihre ursprüngliche höhere Zinsrate zurückgriffen, denn diese bedeutet für die Geschäftswelt nunmehr effektiv nur noch dasselbe wie bei voraussichtlich unveränderten Preisen ein etwas niedrigerer Zins. Behaupten aber die Banken noch immer die niedrigere Zinsrate, so hat man nunmehr mit zwei preiserhöhenden Momenten zu thun und die Steigerung der Preise muss eine entsprechend schnellere werden."

[85] Wicksell (1898), S. 37.

[86] Wicksell (1898), S. 37.

[87] Wicksell (1898), S. 46 f.

> „Die durchschnittliche Ruhezeit des Geldes in meiner Kasse giebt [...] zugleich die relative Höhe dieser Kasse, im Verhältnis zum durchschnittlichen Umfang meiner täglichen (wöchentlichen, oder monatlichen) Zahlungen, an.“[88]

Wie an der Umlaufgeschwindigkeit des Geldes zu sehen war, ist die MECHANIK der WIRTSCHAFTSMASCHINE an verschiedenen Stellen durch ELASTITZITÄT und GEGENKRÄFTE (*Reibungswiderstand*) in der unmittelbaren Umsetzung von Hebelkräften behindert. REIBUNG und ELASTIZITÄT treten z. B. bei der Umlaufgeschwindigkeit (an anderer Stelle nur elastisch, s. o.) gemeinsam auf. Wenn die Umlaufgeschwindigkeit des Geldes auch eine elastische Größe ist und sie somit als modifizierender Faktor im Kräftegefüge wirkt, so ist sie doch auch — gedacht als stofflicher CONTAINER — mit Materialeigenschaften versehen, die der Elastizität entgegenwirken. Dieses ‚Entgegenwirken‘ ist theorienotwendig, da Wicksell damit begründet, weshalb die Aussagen der Quantitätstheorie des Geldes, die er für die einzige konsequent durchgeführte Geldtheorie überhaupt hält[89], Gültigkeit haben. Auf das „System des einfachen, unorganisierten Kredits“ bezogen, gilt für die Umlaufgeschwindigkeit des Geldes somit sowohl REIBUNG als auch ELASTIZITÄT.

> „[...] das System des einfachen, unorganisierten Kredits wird allerdings die Notwendigkeit der Kassenhaltung um etwas einschränken, aber keineswegs aufheben, vor allem nicht in betreff der Geldbeträge, welche als Reserven für unvorhergesehene Aufgaben dienen. Die Umlaufgeschwindigkeit des Geldes tritt somit hier als eine einigermassen elastische Grösse auf, besitzt aber immerhin gegen Ausdehnung oder Zusammnendrückung Widerstandskraft genug, um die Schlussfolgerungen der Quantitätstheorie als im wesentlichen berechtigt erscheinen zu lassen.“[90]

Doch nicht nur die Umlaufgeschwindigkeit wird unter Zuhilfenahme von ELASTIZITÄT erläutert. Auch der Begriff des GELDWESENS kann nach Wicksells Ansicht besser erfaßt werden als CONTAINER aus einem elastischen Material. Nimmt man die beiden Zinsformen als KRÄFTE an, die auf das GELDWESEN (CONTAINER) einwirken, mit dem Ziel, das PREIS–NIVEAU entsprechend zu verändern, so kann ELASTIZITÄT plausibel machen, weshalb die KRÄFTE nicht sofort bzw. u. U. nicht vollständig übertragen werden[91].

ELASTIZITÄT läßt sich aber auch noch in anderen Submodellen einbauen. Nicht nur Festkörper können elastisch sein, sondern auch FLÜSSIGKEITEN. Man spricht hier im allgemeinen von Viskosität, wenn dieser Aspekt der MATERIALQUALITÄT gemeint ist. Da jedoch in unserem Zusammenhang

88 Wicksell (1898), S. 50.
89 Vgl. Kap. 5.3.2 und Wicksell (1898), Vorwort.
90 Wicksell (1898), S. 55.
91 „Zugleich aber ist klar, dass, je elastischer das Geldwesen ist, je weniger es überhaupt gegen Aenderungen der Preise reagiert, um so länger ein mehr oder weniger konstanter Unterschied zwischen den beiden Zinsraten bestehn bleiben, und um so erheblicher folglich seine Einwirkung auf die Preise sein kann.“ Wicksell (1898), S. 101.

dasselbe Phänomen — nur vom umgekehrten Standpunkt aus gesehen — wie beim CONTAINER vorliegt, bleibe ich bei der Bezeichnung ELASTIZITÄT. Die unvollständige Kraftübertragung in der MECHANIK wird in bezug auf den Begriff GELDWESEN mit der ‚Erweiterung' des CONTAINERS erklärt, in bezug auf die FLÜSSIGKEIT GELD mit der ‚Verdichtung/Zähflüssigkeit'. Verbesserungen im Zahlungs- und Kreditverkehr können diese Zähflüssigkeit („praktische Hindernisse") aufheben.

> „Durch Vereinigung der Kassen und Konzentrierung der Leihgeschäfte in den Händen der Banken, durch den Gebrauch von Wechseln und Noten, Checks und Clearing, werden in der That die verschiedenen praktischen Hindernisse, welche sich der theoretisch unbegrenzten Beweglichkeit des Geldes entgegenstellen, allmählich hinweggeräumt. Das Geld wird immer flüssiger, das Angebot an Geld schmiegt sich mehr und mehr jeder beliebigen Höhe der Nachfrage an."[92]

Als letztes Beispiel für die ELASTIZITÄTS-Metaphorik bei Wicksell möchte ich seine Veranschaulichung der Kraft anführen, die durch die unterschiedliche Höhe der Zinsraten entsteht, und die auf die Preise übertragen wird. Wie bereits erwähnt ist die MECHANIK der Hebelkraft, die aus einem veränderten Verhältnis zwischen Kapital- und Bankzins entsteht, nicht unmittelbar auf die Preise wirksam. Diese nimmt Wicksell als elastische Größe, als *Spiralfeder* an, die zwar die auf sie ausgeübten Kräfte überträgt, aber erst nachdem sie in einem bestimmten Grad *verlängert* oder *zusammengedrückt* worden ist.

> „Die Gleichheit der beiden Zinsraten stellt sich schliesslich nichts destoweniger, aber nur nach und infolge einer vorangehenden Aenderung der P r e i s e her. Letztere sind sozusagen ein Spiralfeder, welche die Kraftübertragung zwischen der natürlichen und der Geldzinsrate vermittelt, aber erst nachdem sie selbst hinreichend verlängert oder auch zusammengedrückt worden ist. Bei reiner Barwirtschaft ist die Feder kurz und stark, sie wird länger und nachgiebiger, in dem Masse als sich das Kredit- und Bankwesen entwickelt."[93]

Die Vorstellung der „Spiralfeder" ist eine sehr anschauliche Umsetzung des MECHANIK-Modells. Obgleich an anderen Stellen des Textes immer wieder MECHANIK und genauso die anderen metaphorischen Modelle[94] als bedeutungskonstituierende Analogien herangezogen werden, sind sie doch wesent-

---

92 Wicksell (1898), S. 101.

93 Wicksell (1898), S. 125.

94 Geradezu ubiquitär wird in Verbindung mit MECHANIK HANDLUNG verwendet. Etwa wenn davon gesprochen wird, daß „die Kaufkraft des Geldes gegenüber den Waren [...] gesunken bezw. gestiegen sei" Wicksell (1898), S. 6; Käufer wollen den Preis einer Ware durch Kaufenthaltung „drücken" ebd. S. 18; es kommt zu einer „Preiserniedrigung" oder umgekehrt zu einer „Preissteigerung" ebd. S. 24. Ebenso sind die Modelle LEBEWESEN (z. B. das „Dazwischentreten des Geldes" ebd. S. 21) und RAUM/GEOMETRIE (z. B. Käufer „decken" ihren Bedarf, „Erhöhung der Zinsrate" ebd. S. 97) vertreten. Insgesamt sind diese metaphorischen Modelle jedoch dem bei Wicksell dominierenden Modell MECHANIK nachgeordnet bzw., wo dies möglich ist, mit diesem verbunden.

lich unauffälliger, weniger explizit und ausgebaut als das PREIS/FEDER-Beispiel. Weitere ausgebaute MECHANIK-Analogien treten selten auf[95].

MECHANIK ist also das wichtigste metaphorische Modell, mit dessen Hilfe Wicksell Wirtschaftsvorgänge[96] erfaßt. Aber er begnügt sich nicht nur mit der Erklärung des Sachverhaltes allein. Auch Prognosen in bezug auf die Steuerbarkeit der Wirtschaft lassen sich aus der MECHANIK ableiten. Wenn ähnliche Gesetze für GELD gelten wie in der MECHANIK, dann kann die WIRTSCHAFT über die Beeinflussung des Verhältnisses der beiden Zinsraten zueinander gesteuert werden. Aus dem Indikator des Preisniveaus kann geschlossen werden, wie es um das Verhältnis von Kapital- und Geldzins steht.

> „[...] bei unveränderten Preisen würde auch der Zinssatz der Banken unverändert bleiben, bei steigenden Preisen müsste der Bankzins erhöht, bei fallenden Preisen erniedrigt und jedesmal auf dem so erreichten Stande erhalten werden, bis eine weitere Bewegung der Preise eine neue Veränderung der Zinssätze in dieser oder jener Richtung verlangt."[97]

In dieser Weise werden sogar geldpolitische Maßnahmen aus dem MECHANIK-Modell abgeleitet. An Textstellen wie diesen werden aus den metaphorischen Modellen Hilfsmittel zur Prognostizierbarkeit wirtschaftlicher Entwicklungen. Sie sind hier nicht nur zur begrifflichen Erfassung, zur semantischen Konstitution des gemeinten Sachverhaltes eingesetzt, sondern darüber hinaus als Mittel der Prognose.

9.3 Georg Friedrich Knapp

Georg Friedrich Knapps Buch „Staatliche Theorie des Geldes" von 1905 erregte in den Kreisen der Nationalökonomen großes Aufsehen. Ob es nun bewundert oder wegen seiner ungewohnten und ausgeprägten Terminologisierung kritisiert oder schlicht als zu sehr der Rechtswissenschaft und zu wenig der Nationalökonomie verbunden angesehen wurde: Es wurde diskutiert.
Knapps Definition des Geldes als „chartalem Zahlungsmittel"[98] macht ihn zum Konventionstheoretiker. Verlegte Locke noch die Übereinkunft der Menschen in die ferne Vergangenheit, so zeigt Knapp, daß der Konventionscharakter des Geldes durch die proklamatorische Setzung des Staates immer wieder neu bis in die Gegenwart hinein erfolgt. Geld ist für Knapp in erster Linie

---

[95] So verwendet er z. B. in der Frage, ob man das damals demonetisierte Silber wieder als Währungsmetall mit einer festen Wertrelation gegenüber Gold einführen solle, die der MECHANIK zugehörende Metapher der SCHLEUSE: „Man muss sich eben vergegenwärtigen, dass eine Rehabilitation des Silbers jetzt eine ganz andere Bedeutung haben würde als seine frühere Demonetisation. Letztere war etwa mit dem S c h l i e s s e n einer Schleuse bei vorläufig gleichem beiderseitigem Wasserstand vergleichbar, erstere aber würde die O e f f n u n g (oder vielmehr Zertrümmerung) dieser Schleuse bei schon erreichtem ungleichen Wasserstand bedeuten" Wicksell (1898), S. 164.

[96] Auch seine kreislauftheoretischen Gedanken sind in MECHANIK versprachlicht.

[97] Wicksell (1898), S. 172 f. [Sperrung getilgt – M. H.].

[98] Knapp (1905), S. 31.

„ein Geschöpf der Rechtsordnung“[99]. Ganz eindeutig lehnt Knapp den Metallismus ab, der noch an der Notwendigkeit der Edelmetalldeckung allen Geldes festhielt.
Knapps „Staatliche Theorie des Geldes“ soll hier nicht im Detail vorgestellt werden. Im Hinblick auf die linguistischen Erkenntnisinteressen zur Fachsemantik und zur Metaphernverwendung möchte ich lediglich auf zwei Aspekte der Versprachlichung theoretischer Sachverhalte näher eingehen.

1. An Knapp läßt sich m. E. gut demonstrieren, welchen Anforderungen eine voll entwickelte Fachsemantik und damit auch eine Fachsprache genügen muß. Im Alltag ist die ‚Randunschärfe‘ von Konzepten erlaubt; ihre prototypische, oft auf sehr wenigen Kriterien und Bedeutungsmerkmalen beruhende Definition reicht aus. Sie sollen meist gar nicht durch ‚zu genaue‘, d. h. durch zu differenzierte Teilbedeutungen erfaßt werden. Eine Fachdefinition versucht dagegen, tendenziell alle Teilbedeutungen eines Konzeptes, alle nur denkbaren und in theoretischer Hinsicht relevanten Kriterien der Definition miteinzubeziehen. Im Falle von Knapp kommt es so zu einer sehr differenzierten Terminologie zum Geldbegriff, die ich in ihren Grundzügen vorstellen möchte. Seine Systematik hat sich zwar in der Geldtheorie nicht durchgesetzt, was in der juristischen Begriffsbildung und in der griechisch-lateinischen Ausdrucksbildung mit begründet sein mag; als Beispiel für eine Fachterminologie kann sie dennoch dienen!
2. Auch die starke Terminologisierung des Geldbegriffs kann Knapp nicht die Möglichkeit verschaffen, in einer nichtmetaphorischen Sprache zu sprechen. Seine Terminologie ist letztlich ebenfalls metaphorisch. Die einzelnen Ausdrücke sind aus dem Griechischen und Lateinischen entlehnt und verhindern daher einen stärkeren Gebrauch von deutschen Ausdrucksseiten für Metaphern. Der kunstsprachliche Charakter der Terminologie ändert jedoch nichts daran, daß zum Verständnis der so gebildeten Termini die bekannten metaphorischen Modelle eingesetzt werden müssen. Die metaphorischen Modelle sind aber bei Knapp nicht nur zur ‚Übersetzung‘ seiner Terminologie notwendig; sie treten ebenfalls zeittypisch und der metaphorischen Tradition der Geldtheorie entsprechend auf. Obwohl GELD nun ganz aus der Substanzbindung heraus in die Sphäre der staatlich-juristischen Setzung hineingeführt wird, ist die CONTAINER- und FLIESS-Metaphorik genauso vorhanden wie in anderen Texten.

Fachdefinitionen geben Antworten auf Fragen, die man im Alltag für gewöhnlich nicht stellt. Auch die Kriterien, die Knapps differenzierter Gliederung zu den beiden Großgruppen 'Geldentstehung/Geldbegriff' und 'Verwendungsart/Funktionelle Geldartengliederung', zugrundeliegen lassen sich als Fragen formulieren:

[99] Knapp (1905), S. 1.

1. In welcher Weise werden wirtschaftliche Forderungen übertragen? Je nach dem, wie diese Frage beantwortet wird, ergeben sich unterschiedliche Unterbegriffe von ZAHLUNGSMITTEL, dem auch für GELD geltenden Oberbegriff.

(1) „pensatorisch", d. h. durch die Übertragung einer bestimmten Quantität (Gewicht) des Zahlungsmittels, das selbst Stoffwert besitzt[100].

(2) „chartal", d. h. durch Übertragung einer bestimmten Anzahl von durch staatliche Setzung legitimierten Geldstücken (‚proklamatorische' Geltung[101]).

(3) „giral", d. h. durch Kontenübertragungen. Die letzte Zahlungsform tritt — auch historisch — zu den beiden ersten als Abstraktion hinzu[102].

2. Wie sieht das Zahlungsmittel aus?

(1) „morphisch", d. h. das Zahlungsmittel besteht aus geformten, meist vom Staat mit einer Prägung versehenen Stücken.

(2) „hylisch", d. h. das Zahlungsmittel erscheint nur als Quantität (meist Gewicht) eines bestimmten Stoffes.
Beide Formen schließen sich gegenseitig aus; der so definierte Begriff ZAHLUNGSMITTEL ist noch zu weit, um GELD klar abzugrenzen[103].

3. Woher bezieht das Geld seinen Wert?

(1) es ist entweder „hylogenisch", d. h. sein Wert leitet sich aus dem Stoff ab, aus dem es besteht (z. B. Metall) oder es ist

(2) „autogenisch", d. h. es leitet seinen Wert aus sich selbst und nicht vom Material ab. Im ersten Fall ist es wertvoll, weil es aus wertvollem Material besteht, im zweiten Fall, weil es Zahlungsmittel ist.

---

100 Knapp (1905), S. 23.

101 Knapp (1905), S. 30 f.

102 Knapp (1905), S. 141: „Zugleich wird hierdurch der Begriff des Zahlungsmittels erweitert; pensatorische und chartale Zahlungsmittel sind uns schon bekannt; es tritt hier noch — wenn der Ausdruck erlaubt ist — das girale Zahlungsmittel hinzu. Alle drei Arten gestatten die Übertragung von Forderungen, die an die Zentralstelle gerichtet sind, aber nur die beiden ersten Arten leisten diese Übertragung durch körperliche Übergabe von Stücken; die dritte Art kennt nicht mehr die körperliche, sondern nur noch die buchführerische Übertragung."

103 Knapp (1905), S. 23: „Die jetzt üblichen Zahlungsmittel haben stets diese Stückverfassung im juristischen Sinne; sie sind ‚morphisch'.
Morphische Zahlungsmittel sind [...] noch nicht immer Geld, aber alles Geld gehört zu den morphischen Zahlungsmitteln. Der Morphismus ist eine Bedingung, aber noch keine ausreichende Bedingung für die Geldverfassung.
Die morphische Verfassung ist aber nicht mehr authylistisch. Denn der Authylismus ist, juristisch betrachtet, amorphisch; er läßt zwar Stücke zu, welche, technisch betrachtet, Formen haben und Zeichen tragen, aber diese Formen und Zeichen bedeuten juristisch nichts. Sobald aber die Formen und Zeichen bedeutsam sind für Abgrenzung dessen, was Zahlungsmittel ist oder nicht, haben wir Morphismus."

4. Welche Beziehungen bestehen zwischen Geld und Metall?[104]

(1) „platische"

(2) „genetische"

(3) „dromische"

> „Die platischen Beziehungen ergeben sich aus der Betrachtung der fertigen Geldstücke, indem man nur auf die Beschaffenheit der Platten achtet;
> die genetischen Beziehungen erkennt man durch die Untersuchung ob eine Geldart nur geschaffen werden darf unter Verwendung eines Metalles, das von der Rechtsordnung aufgefaßt wird als sei es immer zur Verwandlung in Geld bestimmt; [...]
> die dromischen Beziehungen sind wieder von ganz anderer Art: dabei handelt es sich um die Frage, ob einem Metall ein fester Preis verschafft wird, oder nicht."[105]

Verschiedene dieser Unterkriterien, auf die hin der Zahlungsmittel– und der Geldbegriff befragt werden, unterteilt Knapp nochmals (z. B. „hylogenische", „hyloleptische" und „hylophantische" Normen in der „dromischen" Beziehung zwischen GELD und Metall). Für die Definition von GELD ist die obige Differenzierung jedoch ausreichend. Unter Einbeziehung der jeweils relevanten Teilbedeutungen definiert Knapp GELD folgendermaßen:

> „In der deutschen Sprache bedeutet Geld immer ein geformtes (morphisches) Zahlungsmittel, aber es gibt morphische Zahlungsmittel, welche noch pensatorisch behandelt werden; so lange man aber pensatorisch zahlt, steht man noch auf einer tieferen Stufe, die nach dem Gange der geschichtlichen Entwicklung überwunden werden soll. Für den genaueren Beobachter ist Geld erst dann vorhanden, wenn die morphischen Zahlungsmittel proklamatorisch gelten. Dann aber haben die Zahlungsmittel chartale Verfassung. So erhalten wir auf die gestellte Frage folgende Antwort:
> Geld bedeutet stets chartales Zahlungsmittel; jedes chartale Zahlungsmittel heißt bei uns Geld. Die Definition des Geldes ist: chartales Zahlungsmittel."[106]

Diese ‚nach oben' in der Begriffshierarchie abgrenzende Definition ergänzt Knapp anschließend um eine weitere Gliederung des Geldbegriffes ‚nach unten', indem er die dritte Frage ('Wertbegründung') auf das nun als Oberbegriff fungierende GELD anwendet.

> „Da, wo es Geld gibt, ist zu unterscheiden, ob es hylogenisch ist — oder autogenisch. Man gibt aus vielen Gründen dem hylogenischen Gelde den Vorzug — aber niemand leugnet, daß es auch autogenisches Geld gibt; denn das viel beschrieene uneinlösbare Papiergeld heißt doch immerhin Geld — und was ist es anders als autogenisches Geld mit papierenen Platten?
> Unsere Theorie wird also auch diesem Stiefkinde gerecht."[107]

---

[104] Mit dieser auf GELD beschränkten Frage beschäftigt sich Knapp eingehend in § 4 und § 5, Knapp (1905), S. 47-83.

[105] Knapp (1905), S. 47.

[106] Knapp (1905), S. 31.

[107] Knapp (1905), S. 31.

Die historische Entwicklung und Ausdifferenzierung dessen, was jeweils in Institutionen und Alltag ungenau als GELD fungierte, kann nun mit Hilfe des klar definierten Theoriebegriffes exakt beschrieben werden. Was bislang theoretisch schwer zu integrieren war (z. B. Papiergeld, das „Stiefkind"!) kann nun problemlos erklärt werden.

> „Die Reihenfolge, in welcher die lytrischen Erscheinungen hier vorgeführt sind, ist nicht willkürlich sondern notwendig.
> Die Hylogenese des Zahlungsmittels setzten wir voraus: nur hylische Zahlungsmittel lassen die pensatorische Verwendung zu. Dann tritt Morphismus auf; nur morphische Zahlungsmittel können proklamatorisch sein und dadurch chartal werden. Nur bei chartalen Zahlungsmitteln endlich kann die hylische Grundlage verschwinden, nur sie können autogenisch werden."[108]

Der von Knapp verwendete Kriterienkatalog erlaubt es ihm, ganz klar definierte Begriffe von GELD und ZAHLUNGSMITTEL aufzustellen, auch wenn die Ausdruckssystematik in ihrer griechisch–lateinischen Ausprägung gewöhnungsbedürftig ist. Entweder hylogenische oder autogenische, chartale Zahlungsmittel sind GELD. Das Verhältnis zwischen Geld und Metall (4. Kriterium) ist davon noch nicht berührt[109].

Der zweite Sektor, dem sich Knapp terminologisch gliedernd widmet, kann als Teilbedeutung 'Funktionelle Gliederung/Verwendungsart von Geld' bezeichnet werden. Er wendet auch dort eine ganze Reihe von Trennkriterien an. So werden die Geldarten danach gegliedert, wer an den Zahlungen beteiligt ist bzw. in welcher Richtung diese erfolgen[110]. Die Geldarten können auch nach den Kriterien 'Annahmezwang' oder 'Einlösbarkeit' unterschieden werden. Ich möchte die Gliederung dieses zweiten Sektors nicht ausführlich vorführen, da das fachsemantische Prinzip bereits im ersten Teil ('Geldentstehung/Geldbegriff') hinreichend deutlich wurde. Hier soll lediglich am Beispiel 'Zahlungsrichtung/Zahlungsbeteiligte' gezeigt werden, daß auch für die von Knapp neu erstellte Systematik das Prinzip der kognitiv–metaphorischen Versprachlichung theoretisch–abstrakter Sachverhalte gilt.

Knapps Bezugsgröße in der Teilbedeutung 'Zahlungsrichtung/–beteiligte' ist der Staat. Er ist das Zentrum. Das dem metaphorischen Modell RAUM zugehörige Basiskonzept ZENTRAL–PERIPHER wird von Knapp konsequent auf die unterschiedlichen *Richtungen* von Zahlungen angewendet. Um die Begriffe mit Ausdrücken zu versehen, bedient sich Knapp wiederum des Griechischen als Hilfsmittel. Es gibt Zahlungen, die „zentrisch", „epizentrisch", „apozentrisch" oder „parazentrisch" sind[111].

> „Zahlungen, an denen der Staat beteiligt ist, sei es als Geber oder als Empfänger, sollen zentrisch heißen, indem der Staat als Mittelpunkt gedacht

---

108 Knapp (1905), S. 31 f. „Lytron" = Zahlungsmittel, vgl. ebd. S. 9.

109 Vgl. die Tabelle in Knapp (1905), S. 36. Er kommt zu sechs Zahlungsmittelgruppen, von denen vier zu GELD gehören.

110 Vgl. Knapp (1905), S. 87.

111 Griechisch apo: von–weg (Raum, Richtung); epi: auf, an, bei (Raum), auf–hin (Richtung); para: daneben, vorbei (Raum, Richtung).

> wird, von welchem die Ordnung des Zahlungsverkehrs ausgeht. Zahlungen, an denen der Staat in keiner Weise [...] beteiligt ist, nennen wir parazentrisch. Alle Zahlungen unter Privaten gehören zu den parazentrischen; [...]
> Die zentrischen Zahlungen sind wieder zweierlei: Zahlungen, die an den Staat gerichtet sind, bei denen also der Staat als Empfänger auftritt, nennen wir epizentrisch. [...]
> Zahlungen hingegen welche der Staat leistet, bei denen er also als Geber erscheint, wollen wir apozentrisch nennen; sie sind für die funktionelle Einteilung der Geldarten von höchster Bedeutung, und es ist sehr auffallend, daß man diesen Zahlungen so wenig Beachtung widmet, daß sie nicht einmal einen Namen tragen."[112]

Das Basiskonzept ZENTRAL–PERIPHER kann jedoch auch auf ein anderes Zentrum angewendet werden, wenn dies aus Theoriegründen notwendig sein sollte. Die Emission von Banknoten durch private Banken und deren Einlösung kann dann genauso in dem terminologischen System untergebracht werden. Während staatliches Papiergeld im epi– und apozentrischen Zahlungsverkehr gilt (und auch im parazentrischen!), gelten Banknoten ihrer Definition nach zunächst nur im Zahlungsverkehr zwischen Bank und Bankkunden. Es handelt sich also bei einer Zahlung eines Kunden an eine Bank (mit Banknoten) um eine „epitrapezische" Zahlung[113].

> „Vielmehr ist die Banknote eine chartale Urkunde, auf welcher eine Summe valutarischen Geldes genannt ist; die rechtliche Natur der Urkunde besteht darin, daß die Bank verpflichtet ist, die Urkunde zu jenem Betrage in Zahlung anzunehmen. Dies aber ist nichts anderes als ein chartales Zahlungsmittel — von privater Emission [...] verwendbar zu Zahlungen an die Bank (epitrapezische Zahlungen). Ob auch epizentrisch verwendbar bleibt einstweilen noch in der Schwebe; [...]."[114]

Diese hier besonders mit griechischen Affixen arbeitende Systematik in der Bezeichnung von theoretischen Begriffen mag aus heutiger Sicht eigenartig anmuten. Sie zeigt aber andererseits beispielhaft die Anforderungen und Probleme einer Fach– und genauer einer Theoriesemantik. Aufgrund theoretisch bedingter Erkenntnisinteressen kann es nötig werden, ganz bestimmte Konzepte zu konstruieren, d. h. ganz bestimmte ‚Weltausschnitte' herauszugreifen, die Teilbedeutungen zu einem Begriff zu bündeln und schließlich noch mit einem Ausdruck zu versehen. Während es im Alltag und zum Teil auch in den damaligen Wirtschaftsinstitutionen kaum nötig war, die Zahlung an eine Bank mit deren Banknoten begrifflich gesondert zu erfassen und mit einem Ausdruck zu versehen, kann dieser spezielle Begriff in der Systematik von Knapp erfaßt und bezeichnet werden. Die „epitrapezische" Zahlung wird so fachsprachlich fixiert.

Auf die weiteren Möglichkeiten der „funktionellen" Gliederung der Geldarten durch Knapp (s. o.) möchte ich hier nicht mehr eingehen. Es gilt für sie

---

112 Knapp (1905), S. 87.
113 Griechisch: trapeza = Wechslertisch, Bank.
114 Knapp (1905), S. 121 f.

dasselbe Prinzip wie bei dem Kriterium der 'Zahlungsrichtung/-beteiligte'. Ein ganz bestimmter theoretisch konstituierter Sachverhalt wird begrifflich erfaßt und schließlich mit einem Ausdruck bezeichnet. Dabei hat die griechisch-lateinische Systematik Knapps den Vorteil, daß durch die Wahl ungewohnter (nicht alltagssprachlicher) Ausdrücke die Wahrscheinlichkeit des Mißverstehens aufgrund der Verwechslung der fachlichen mit der alltäglichen Bedeutung verringert ist.

In der Systematik Knapps kommen die bekannten metaphorischen Modelle der Geldtheorie zur Anwendung. Es werden dabei ebenso die vorgefundenen und neu definierten Konzepte (z. B. GELD) metaphorisch versprachlicht, wie auch die neu geschaffenen Theoriebegriffe. So wird etwa die „Chartalverfassung", also das Geldsystem mit auf staatliche Proklamation hin gültigem Geld, als LEBEWESEN umgesetzt. Ausdrücke wie *verhindern, fordern, zulassen, ausschließen* zeigen dies.

> „Die Chartalverfassung verhindert nicht die Verwendung kostbarer Stoffe zur Herstellung von Zahlungsmitteln, aber sie fordert es auch nicht. Sie schließt also keinerlei Metallgebrauch zu jenen Zwecken aus, läßt aber ebenso jedes andere Material ohne weiteres zu. Und dies geschieht deshalb, weil durch die Chartalität der Begriff des Zahlungsmittels unabhängig wird vom Stoff."[115]

Die Neubildung „Hylodromie" bindet Knapp ganz explizit an die Modelle RAUM und MECHANIK zurück. In der Erklärung dieses Begriffes rechtfertigt er nicht nur seine Verwendung von griechischen Ausdrücken, sondern zeigt auch wie diese mit den bekannten Metaphern verbunden sind. Aus UMLAUF/ZIRKULATION wird so ‚dromos' (griech.: Lauf), das in verschiedenen Komposita verwendet werden kann.

> „Zur Rechtfertigung dieser Ausdrücke diene folgendes: nur das hylische Metall kann einer solchen Regelung des Preises unterworfen werden; daraus erklärt sich der erste Teil des neuen Wortes; der zweite Teil entsteht unter Anlehnung an die Tatsache, daß gewisse Preise häufig als ‚Kurs' bezeichnet werden — wofür wir wegen der bequemeren Bildung eines adjektivischen Ausdruckes das griechische Wort ‚Dromos' verwenden, was allerdings ganz willkürlich aber doch wohl erlaubt ist. Unter Hylodromie verstehen wir also die bewußte Befestigung des Preises eines hylischen Metalles; noch genauer: die bewußte Herstellung fester Grenzen, nach unten und nach oben, für den Preis eines hylischen Metalles."[116]

An anderer Stelle bildet Knapp analog „exodromisch"[117]. Bekannte und neudefinierte Begriffe wie GELD werden weiterhin metaphorisiert. So halten sich bestimmte Geldformen „mit Ausdauer im Zahlungsverkehr"[118] (LEBEWE-

---

[115] Knapp (1905), S. 33.
[116] Knapp (1905), S. 70.
[117] Knapp (1905), S. 231: „Exodromisch bedeutet, daß es sich um die Bewegung des Kurses zwischen dem Inlande und Auslande handelt."
[118] Knapp (1905), S. 149.

SEN), sie können „ins Leben gerufen“[119] werden. Eine WÄHRUNG kann als „gesund“[120] bezeichnet werden. Über „Papierne Staatsnoten“ sagt man, „sie seien am damaligen Defizit [1866 – M. H.] schuld, während doch das Defizit die Noten gebar, nicht aber die Noten das Defizit erzeugten.“[121]. Der Devisenkurs macht selten „tolle Sprünge“, er weist „in der Regel eine gewisse Trägheit“ auf, aus der er nur durch „größere Ereignisse aufgerüttelt wird.“[122] MECHANIK wird ebenfalls ausgiebig verwendet. Geldarten „strömen“ in die Staatskasse und können dort gegebenenfalls eine „Stauung“[123] hervorrufen. Die Staatswährung kann „unterwühlt“ werden und „in Verfall“geraten[124]. Der Wechsel/„Übergang“ von einer Währung zu einer anderen (z. B. von der Gold– zur Silberwährung) kann „steigend, schwebend oder sinkend sein“[125]. Devisenkurse können manchmal „fest“ sein, prinzipiell sind sie aber „beweglich“[126]. Diese Beispielreihe ließe sich noch stark erweitern. Stattdessen soll dieses Kapitel mit einem Beleg zu einer ausgebauten MECHANIK–Metapher schließen.

Die Versprachlichung von Preisbewegungen in MECHANIK und die Erklärung der Ursachen als KRÄFTE, die in dieser MECHANIK wirken, sind bekannt. Knapp baut nun dieses Modell an einer Stelle so aus, daß er die Mechanik des Gezeitenwechsels und den Wind als Erklärung für das Preisniveau (Wasserstand!) des Silbers heranzieht. In einem ersten Schritt beschreibt er den Sachverhalt. Danach holt er zur Analogie aus, die er anschließend noch mit einem konkreten Anwendungsfall (England/Goldwährung — Indien/Silberwährung) bestätigt. Das Verständnis des Gemeinten wird so über die Metaphern gesichert.

> „Etwa so wie der Wasserstand an der Meeresküste sich in der Hauptsache aus den Gründen erklärt, welche die Erscheinung von Ebbe und Flut hervorrufen; es kommt allerdings auch der Wind in Betracht, welcher das Wasser an die Küste treibt oder von ihr wegführt — aber für den Verlauf der Erscheinung im großen bedeutet der Wind weniger als die Gezeiten.“[127]

Beispiele wie diese zeigen, daß die metaphorischen Modelle in immer neuen Variationen eingesetzt werden. Dies gilt besonders für MECHANIK, da die mechanische Deutung von Naturvorgängen (Ebbe und Flut) ebenso möglich ist, wie das metaphorische Verständnis von LEBEWESEN als MASCHINE. Die metaphorischen Modelle werden somit nicht nur in ihren alten, tradierten Formen weiterbenutzt, sondern immer wieder neu aktiviert und ausgebaut, bis hin zu komplexen, strukturellen Metaphern.

---

119 Knapp (1905), S. 160.
120 Knapp (1905), S. 202.
121 Knapp (1905), S. 273.
122 Knapp (1905), S. 209.
123 Knapp (1905), S. 165.
124 Knapp (1905), S. 166.
125 Knapp (1905), S. 183.
126 Knapp (1905), S. 208.
127 Knapp (1905), S. 222 f.

Die relativ häufige Anwendung von komplexen Metaphern ist ein Charakteristikum des nun folgenden Autors: Friedrich Bendixen.

9.4 Friedrich Bendixen

Friedrich Bendixen war nicht nur ein Anhänger der „Staatlichen Theorie des Geldes" von Knapp, die er in volkswirtschaftstheoretischer Hinsicht erweitern wollte[128], er war auch ein Mann der institutionellen Praxis, ein Banker. Seit 1895, also lange bevor er seine wichtigen Schriften zur Geldtheorie[129] verfaßte, war er Direktor der Hamburger Hypothekenbank, „wo er sich hauptsächlich mit dem Pfandbriefgeschäft befaßte"[130]. Nach Ehrlichers Theorieklassifikation ist Bendixen ein bedeutender Vertreter der Anweisungs-/Zeichentheorie des Geldes. Er hat sich demnach — wie Knapp — ganz vom metallistischen Standpunkt gelöst und sieht in GELD vor allem eine Anweisung, eine Marke. Der Geldumlauf ist daher für Bendixen mit dem „Umlauf der Marken beim Kartenspiel"[131] vergleichbar.
Damit stellt er sich einerseits ganz auf die Seite Knapps, andererseits trägt er aber so auch den Anforderungen der Bankpraxis, dem institutionalisierten Geldverkehr Rechnung. Dort wurde de facto längst ein nominalistischer Geldbegriff, der auch Banknoten und Staatspapiergeld miteinschloß, verwendet. Bendixen fordert deshalb eine Orientierung der wissenschaftlichen Theorie an den Gegebenheiten der institutionellen Praxis. Diese habe die einstigen Theorien schon längst überholt und hinfällig gemacht!

> „Was wir heute noch in alten und neuen Bücher über die Geschwindigkeit des Geldumlaufs, über den Geldbedarf und die Geldversorgung der Volkswirtschaft lesen, ist durch die moderne Entwicklung des Zahlungswesens längst überholt worden. Die Wissenschaft hat nicht Schritt gehalten mit dem Leben."[132]

Die Berechtigung dieser Kritik unterstützt Bendixen mit Hilfe einer strukturellen Metapher. Solche komplexeren Analogien setzt er (s. u.) häufiger ein, um Sachverhalte plausibel zu machen. Die Rückständigkeit der zeitgenössischen Geldtheorie verbindet er mit einer LICHT-Metapher.

> „Die Übertragung stoffwertvollen Geldes von Hand zu Hand ist ihr [der traditionellen Wissenschaft - M. H.] noch heute der Inbegriff der Zahlung, woneben die modernen Zahlungsmethoden nur den Charakter von Surrogaten haben sollen. Es ist, als wenn man bei der Beschreibung des moder-

128 Bendixen (1912), S. 14. Vgl. dazu auch Doms (1953), S. 90.

129 Vor allem Bendixen (1908/1922), daneben auch Bendixen (1912), (1916/1919). Auf das Buch „Das Wesen des Geldes" von 1908 — und auf spätere, überarbeitete Auflagen — berief sich Bendixen in den anderen Schriften immer wieder. Es kann somit als sein Hauptwerk zur Geldtheorie betrachtet werden.

130 Baxa (1971), S. 40.

131 Bendixen (1908/1922), S. 38.

132 Bendixen (1912), S. 10 f.

nen Beleuchtungswesens die elektrische Lampe ein Surrogat des Talglichtes nennte."[133]

Wie das Konzept ELEKTRISCHES LICHT so können auch die Konzepte GELD und ZAHLUNG in der damaligen Form nicht nur als historische Phänomene definiert werden. Es stellt sich die Frage, wie Bendixen stattdessen GELD genau definiert. Ich möchte im folgenden dazu in drei Schritten vorgehen. Zunächst soll Bendixens Geldbegriff thematisiert werden, dann — anhand weniger Beispiele — die Verwendung einfacher metaphorischer Modelle; abschließend soll auf die Benutzung von komplexer strukturierten Metaphern in Bendixens geldtheoretischen Schriften eingegangen werden.

GELD ist für Bendixen nicht mit dem Stoff, aus dem es jeweils gemacht ist (z. B. Gold), begrifflich verbunden. Diese Verbindung ist geradezu ausgeschlossen.

> „Wer das Wesen des Geldes in seiner Reinheit erfassen will, muß sich die Überzeugung zu eigen machen, daß die Ausstattung der Geldzeichen mit Eigenwert eine Begriffswidrigkeit ist. Denn das Geld hat nicht den Zweck, durch den Stoff, aus dem es hergestellt ist, uns zu erfreuen oder zu bereichern, sondern uns die Gegenleistungen zu vermitteln, auf die wir durch unsere Vorleistungen einen Anspruch haben."[134]

Da die Stoffwertbindung von GELD sowohl institutionell–praktisch, als auch theoretisch überholt ist, ist die Herstellung von Geldzeichen auch nicht an Edelmetalle oder an bestimmte Materialien gebunden.

> „Ob zur Herstellung der Zahlungsmittel Metall verwendet wird oder nicht, ist für den Begriff des Geldes gleichgültig."[135]

Wie kann aber, wenn es keine Stoffwertbindung mehr gibt, der Geldwert festgestellt werden? Hier zieht sich Bendixen vom Gold als Wertmaßstab zurück und orientiert sich abermals an der Realität. GELDWERT — als Unterbegriff zu GELD[136] — wird selbst in seiner Bedeutung anders definiert. Er wird im 'Vergleich von Güterpreisen' ermittelt, nicht mehr in bezug auf Gold.

> „Was aber ist denn der Geldwert, wenn er nicht mit Goldwert identisch ist? Der Geldwert ist eine Vorstellung des einzelnen wie der Gesamtheit, die sich bildet als der Niederschlag von Erfahrungen. Der Gegenstand dieser Erfahrungen aber ist nicht das Gold, sondern die Preise. Als Derivat aus allen ihm bekannten Preisen entwickelt sich in einem jeden die Vorstellung vom Geldwert. Wer den Wert einer Sache abschätzt, mißt nicht am Golde, sondern vergleicht Preise."[137]

---

133 Bendixen (1912), S. 11.

134 Bendixen (1908/1922), S. 51 f.

135 Bendixen (1908/1922), S. 10.

136 Es ist eine Frage der jeweiligen Blickrichtung, ob man von Teilbedeutung oder Unterbegriff sprechen soll. Teilbedeutung ist 'Geldwert' wenn von Begriff GELD aus gedacht wird, Unterbegriff ist GELDWERT, wenn er selbst thematisiert wird. Er kann wiederum aus verschiedenen Teilbedeutungen zusammengesetzt sein.

137 Bendixen (1908/1922), S. 13.

Die Praxisorientierung wird in der extensionalen Definition von GELD konsequent fortgeführt. Ist intensional erst die Stoffwertbindung beseitigt und GELD in den wichtigen Teilbedeutungen 'Zahlungsmittel' (juristisch) und 'Anspruch auf Gegenleistungen' (volkswirtschaftlich)[138] erkannt, kann alles, was diese Teilbedeutungen hat, zu GELD gerechnet werden. So sind Banknoten und staatliches Papiergeld (Reichskassenscheine), aber auch Giroguthaben GELD.

> „Was wirtschaftlich wie Geld funktioniert, was der Verkehr als Geld anerkennt, muß ihm Geld sein. Also auch die Giroguthaben, die nach der staatlichen Theorie unzweifelhaft nicht zum Geld gehören, wirtschaftlich aber Geld, girales Geld sind. Das staatliche Geld und das girale Geld sind aus der ökonomischen Perspektive gesehen nur Erscheinungsformen des ‚wirtschaftlichen' Geldes."[139]

An diesem Zitat zeigt sich auch, daß sich Bendixen der unterschiedlichen Anforderungen und Intentionen juristischer und ökonomischer Begriffssysteme bewußt ist. Das eher juristische System von Knapp kann nach Meinung Bendixens nicht einfach auf die Volkswirtschaftstheorie übertragen werden. Bendixen erkennt hier die semantischen Unterschiede der juristischen und der ökonomischen Theoriefachsprache. Er beklagt allerdings, daß diese Differenz, die in den unterschiedlichen Fragestellungen beider Disziplinen begründet ist[140], nicht immer beachtet wurde.

> „Eine bewußte Scheidung juristischer und ökonomischer Gesichtspunkte scheint bis in die neueste Zeit hinein nicht gerade die Richtschnur bei der wissenschaftlichen Behandlung des Geldes gewesen zu sein. Vielmehr fehlt es in der Literatur nicht an Erörterungen, in denen ökonomisch richtige Gedanken durch juristische Argumente ‚widerlegt' werden."[141]

Textstellen wie diese belegen, daß die Ausdifferenzierung der kommunikativen Bezugsbereiche und darüber hinaus eine weitere semantische ‚Feingliederung' im Bereich ‚Theorie/Wissenschaften' zu Beginn des 20. Jahrhunderts weit fortgeschritten war. Die juristische und die ökonomische Theoriefachsprache waren in ihrer Semantik — zunächst bei einzelnen Vertretern wie Bendixen — tendenziell getrennt.

In der Verwendung der metaphorischen Modelle unterscheidet sich Bendixen nicht von seinen Zeitgenossen. Er benützt die Metaphern unauffällig, ganz selbstverständlich und häufig. Daher möchte ich mich auf wenige Beispiele zu den einzelnen Modellen beschränken.

MECHANIK: Geld ist für Bendixen ein von den Menschen erfundenes „Werkzeug"[142] und kein für einen Geldtheoretiker unlösbares Rätsel. Die VOLKS-

---

138 Bendixen (1912), S. 33. Zur Abgrenzung von der juristischen Definition vgl. auch Doms (1953), S. 91.

139 Bendixen (1908/1922), S. 23.

140 „Der Jurist fragt nach Gesetz, nach Rechten und Pflichten, der Ökonomist nach Werten." Bendixen (1908/1922), S. 23.

141 Bendixen (1908/1922), S. 23.

142 Bendixen (1916/1919), S. 119.

WIRTSCHAFT ist wie üblich als MASCHINE gedacht, die jedoch auch bei „Deckungsmangel“ (RAUM) funktioniert, d. h. wenn die von Banken ausgegebenen Noten nicht voll durch Metall abgesichert sind.

> „Denn selbst die Nachdenkenden sehen den Deckungsmangel recht gleichmütig an. Warum? Weil der Augenschein lehrt, daß die volkswirtschaftliche Maschine bei dieser Sachlage wohl funktioniert.“[143]

Man kann „Einblick in das Getriebe der stofflosen Girozahlungen“[144] gewinnen. Wenn das Zinsniveau institutionell angehoben wird, „hat die Zentralbank die ‚Diskontschraube‘ angezogen.“[145]
GLEICHGEWICHT: „Gleichgewicht zwischen Angebot und Nachfrage“[146]; „Man sieht: bei idealem Gleichgewicht zwischen Einfuhr und Ausfuhr [RAUM – M. H.] würden die Wechselkurse stabil [ELASTIZITÄT – M. H.] sein.“[147]
BEWEGUNG: Kursänderungen werden als „Schwankungen“ versprachlicht, oder als „Ausschlagsmöglichkeit des Pendels“[148]. Zu starke Inanspruchnahme von Krediten sind „Kreditüberspannungen“[149].
FLÜSSIGKEIT: „flüssige Kapitalien“[150]; „So wenig aus festem Kapital wieder flüssiges werden kann (wie daher Geldkreationen auf Basis stehender Kapitalien [RAUM – M. H.] widersinnig sind), so wenig kann flüssiges Kapital sich in einem Moment in festes verwandeln.“[151]; „Das Betriebskapital ist der Vorläufer des ersparten flüssigen Kapitals.“[152]
ZIRKULATION/ GESCHWINDIGKEIT: „Auf den schnellen Umlauf des Geldes kommt gar nichts an; die Umlaufsgeschwindigkeit ergibt sich aus Produktion und Konsumtion mit Selbstverständlichkeit [...]“[153].

LEBEWESEN: Bendixen spricht vom „ruhenden“ Gold, es ist ein „toter Reichtum“[154]; Geld darf die Konsumgüter „nicht überleben“[155], es ist zu einer „dienende[n] Funktion [...] berufen“[156]; Geld kann „seiner körperlichen Eigenschaft völlig entkleidet“ sein[157].
WACHSTUM: „Dieses nur in den Handelsbüchern lebende, auf den Kredit der Geldinstitute basierte Geld vermehrte sich über den vorhandenen Vorrat an gemünztem Geld weit, weit hinaus.“[158].

---

143 Bendixen (1908/1922), S. 46.
144 Bendixen (1912), S. 11.
145 Bendixen (1908/1922), S. 14.
146 Bendixen (1912), S. 37.
147 Bendixen (1912), S. 46.
148 Bendixen (1912), S. 46.
149 Bendixen (1912), S. 58.
150 Bendixen (1908/1922), S. 34.
151 Bendixen (1908/1922), S. 35.
152 Bendixen (1908/1922), S. 36.
153 Bendixen (1908/1922), S. 38.
154 Bendixen (1908/1922), S. 17.
155 Bendixen (1908/1922), S. 40.
156 Bendixen (1908/1922), S. 44.
157 Bendixen (1912), S. 32.
158 Bendixen (1916/1919), S. 177. Mit dem Übergang zu RAUM, in dem WACHSTUM als Expansion eines Körpers gedacht wird.

Auch KRANKHEIT ist vertreten, wenn Bendixen von der „Pathologie des Geldes“[159] spricht.

RAUM/HANDLUNG: „Da findet der steigende und fallende Wechselkurs keine obere und untere Grenze [...].“[160] Wird zuviel Edelmetall im Verhältnis zu ausgegebenen Noten von einer Bank gehalten, kann es zur „Überdeckung der Banknoten“[161] kommen. Das Verhältnis zwischen Geldzeichen und Gold ist als „Golddecke“[162] versprachlicht.

Als Abschluß dieser Beispielsammlung möchte ich noch eine Stelle anführen, an der sich Bendixen sprachbewußt und metaphernkritisch äußert. Zwar verwendet auch er die ZIRKULATIONS-Metapher, vor falschen Interpretationen derselben warnt er jedoch.

> „Das wirtschaftliche Getriebe ist kein Kreislauf von Werten, sondern Produktion und Konsumtion. So wenig sich die Jahre im Kreise drehen, so wenig die invaliden Arbeiter als Jünglinge wiederkehren, so wenig können konsumierte Werte wiedererstehen. Das ist höchst selbstverständlich, aber bei den verschwommenen, Bildliches und Wirkliches konfundierenden Vorstellungen, die heute herrschen, möchte man doch manchmal daran erinnern.“[163]

Bendixen verwendet metaphorische Modelle, auch wenn er theoretisch abermals einen neuen, anders gelagerten Schwerpunkt setzt, als die hier bisher vorgestellten Geldtheoretiker. Doch er benutzt nicht nur MECHANIK, LEBEWESEN und ähnlich einfach strukturierte Metaphern. Ein Charakteristikum seiner Texte sind die relativ zahlreich vorhandenen strukturellen Metaphern als Erklärungsgrößen. Auf die LICHT-Metapher wurde bereits hingewiesen (s. S. 260). Da Bendixen für eine nominalistische Geldbetrachtung plädiert, ist es nicht verwunderlich, daß er die damit zusammenhängende These von der Unabhängigkeit des Geldwertes vom jeweiligen Stoff, aus dem die Geldzeichen gemacht sind, metaphorisch — und hier eben mit strukturellen Metaphern — untermauert. Gegen die Auffassung von GELD als 'stoffwertiger Ware', als einem 'Tauschgut' führt er eine SCHACH-Analogie an.

> „So oft ich die Werttheoretiker an der Arbeit sehe, den Wert des ‚Tauschgutes‘ Geld zu bestimmen, fällt mit folgende Geschichte ein:
> Ein Knabe berühmt sich, er wolle mit den beiden besten Schachspielern der Stadt gleichzeitig spielen, und zwar die eine Partie als Anziehender, die andere als Nachziehender, und nicht mehr als eine Partie verlieren oder beide Remis machen. Er macht seine Behauptung wahr, indem er die Züge des anziehenden Gegners in dem Spiel mit dem anderen Gegner, und dessen Züge auf dem ersten Brett wiederholt. Über die Spielstärke dieses Knaben aber herrschte große Verwunderung.

159 Bendixen (1912), S. 54.
160 Bendixen (1912), S. 46.
161 Bendixen (1912), S. 40.
162 Bendixen (1908/1922), S. 61.
163 Bendixen (1908/1922), S. 38.

> Dieses Geschichtchen möchte ich allen Geldtheoretikern ans Herz legen, welche nicht von dem Wahn lassen können, daß das Geld, indem es dem Umsatz von Waren dient, selber eine Ware und Gegenstand der Bewertung sein müsse. So wenig wie der Knabe Anspruch darauf machen kann, unter die Koryphäen des Schachspiels aufgenommen zu werden, so wenig darf man das Geld als besonderes Gut in den Kreis der wirklichen Güter einbeziehen. Es vermittelt nur zwischen den Gütern, wie jener Knabe zwischen den Schachspielern."[164]

Geld ist nach Bendixen selbst kein Gut; es stellt 'Ansprüche' auf Güter dar, und vermittelt zwischen Produktion und Konsumtion. Sein Wert leitet sich nicht aus der Bezugsgröße Gold ab, sondern umgekehrt erhält das Gold, wenn es Währungsmetall und somit preisfixiert ist, seinen Wert durch den Wert des Geldes. Nicht Gold, sondern die nominale Werteinheit ist damit letztlich für alle Werte die Bezugsgröße, das Zentrum, um das sie kreisen. Hier greift Bendixen auf den Wandel von der geozentrischen zur heliozentrischen Astronomie zurück. Das Basiskonzept ZENTRAL–PERIPHER liegt dabei der ASTRONOMIE–Metapher zugrunde.

> „Bisher sah man alle Werte um das Gold kreisen, wie um einen feststehenden unerschütterlichen Mittelpunkt; jetzt weiß man, daß das Täuschung ist. In Wahrheit bewegen sich die Werte um einen idealen Mittelpunkt (die nominale Werteinheit), und nur künstlich hat man das Gold an diesen Punkt festgebunden. Löst man diese Verbindung, d. h. wird in den Goldwährungsländern die freie Ausprägbarkeit des Goldes aufgehoben, so wandeln die Werte ruhig weiter ihre Bahn um die nominale Werteinheit. Aber das Gold, als frei gewordener Wert, teilt jetzt das Schicksal der anderen Werte, indem es nach Angebot und Nachfrage sich sein Verhältnis zum Zentrum des Systems zu suchen hat. Man denkt bei diesem Bilde an Kopernikus, der den Mittelpunkt des Planetensystems von der Erde auf die Sonne verlegte und mit seiner Lehre gewiß wenig Beifall bei denen gefunden hat, denen der Augenschein über allen Beweisen steht. Das Schicksal der geozentrischen Weltauffassung war dennoch besiegelt, und die chrysozentrische Wertanschauung, die ebenfalls auf einer Täuschung des Augenscheins beruht, wird ihr in die Unterwelt folgen müssen."[165]

Allerdings schätzt Bendixen die Chancen dafür, daß sich seine Wertauffassung in der Geldtheoriediskussion durchsetzen werde, gering ein. Er geht von einem „fast religiöse[n] Glaube[n] an die mystische Kraft des Goldes"[166] aus, den er in einer GEBÄUDE/STATIK–Analogie veranschaulicht.

> „Eine mächtige goldene Säule scheint im Tempel unseres nationalen Wirtschaftsgebäudes die Dachkonstruktion zu tragen; die Andeutung, daß das wertvolle Ding keinen Zweck habe, da die Konstruktion sich von selber halte, rührt an ganz andere und viel tiefere Empfindung als nur an das technische Interesse."[167]

---

[164] Bendixen (1916/1919), S. 125 f.
[165] Bendixen (1912), S. 5 f.
[166] Bendixen (1908/1922), S. 49.
[167] Bendixen (1908/1922), S. 49.

Auch den Fall einer Geldentwertung durch Zuvielausgabe von staatlichem Papiergeld mit Zwangskurs versprachlicht er nicht nur in RAUM/HANDLUNG und KRAFT („Nachfrage steigern, die Preise in die Höhe treiben, die Kaufkraft des Geldes vermindern."[168]), sondern darüber hinaus in einer ESSEN-Metapher. Dabei entsprechen die Speisen den durch Geld zu vermittelnden Waren, die Anzahl der Esser der Menge des Geldes. Nehmen mehr Personen als vorgesehen am Tisch Platz, bleibt für die einzelnen weniger übrig, d. h. die einzelne Geldeinheit kann weniger Waren umsetzen.

> „Es ist so, als wenn sich an einen für eine bestimmte Zahl von Personen gedeckten Tisch einige Eindringlinge setzen. Auf den einzelnen entfällt dann so viel weniger. Die Quoten der legitimen Geldbesitzer werden vermindert."[169]

Immer wieder weist Bendixen die Annahme zurück, Geld müsse stoffwertig sein, der Umsatz von Ware gegen Geld sei ein „Tausch von Äquivalenten"[170]. Wenn auch dieser Irrtum auf die Verwechslung von juristischen und ökonomischen Erkenntnisinteressen — und damit auf eine nicht hinreichende semantische Trennung — zurückgeführt werden kann, so bleibt es dennoch eine falsche Annahme, die der Verwechslung der Eintrittskarte mit der Vorstellung beim THEATER gleichkommt.

> „Aber jenes Axiom ist falsch. Man denkt als Jurist, nicht als Volkswirt, wenn man im Gelde das Äquivalent für die Ware sieht. Man verwechselt das Theaterbillet mit der Vorstellung. Das Geld ist erst die Anweisung auf die Äquivalente, es hat keinen selbständigen Wert, sondern spiegelt nur den Wert der Äquivalente wider."[171]

Das „Phantom des Geldwertes"[172] (LEBEWESEN) muß demnach beseitigt werden. Daß dies bis dahin nicht geschah, liegt nach Meinung von Bendixen an der unzureichenden wissenschaftlichen Herangehensweise an den Geldbegriff. Zu sehr war man den historischen Erscheinungsformen des Geldes verhaftet. Nicht so, wie es ein Theoretiker der Volkswirtschaft tun sollte, sondern eher wie ein Botaniker geht daher der Geldtheoretiker vor, der nicht über die konkreten Erscheinungsformen des Geldes hinausgelangt. WIRTSCHAFTSTHEORIE wird dann metaphorisch zur BOTANIK.

> „Man kann das Geld nur erschöpfend wissenschaftlich behandeln, wenn man es mit dem Auge des politischen Ökonomen betrachtet. Die bisherige Methode aber gleicht der des Botanikers. Wie dieser eine Pflanze in der Natur nach ihren Merkmalen bestimmt und in sein System eingliedert, so hat man die Münze nach kulturhistorischer Vergangenheit und gegenwärtigem Gebrauchszweck studiert, ohne zu beachten, daß man eine bloße Erscheinungsform mit dem Wesen der Sache verwechselte. Denn es genügt nicht, daß man die Banknoten in den Rang des Geldes erhob. Wenn man nach

[168] Bendixen (1908/1922), S. 47.
[169] Bendixen (1908/1922), S. 47 f.
[170] Bendixen (1912), S. 34.
[171] Bendixen (1912), S. 34.
[172] Bendixen (1912), S. 34.

> den modernen Formen des Geldes fragt, so hat man nicht nur Münzen und Scheine, sondern auch Girogelder zu nennen."[173]

Im Hinblick auf die zu prüfende Hypothese, ob man zur Versprachlichung von Theoriebegriffen notwendigerweise auf metaphorische Modelle zurückgreifen muß, haben die zuletzt angeführten strukturellen Metaphern eine vergleichsweise geringe Beweiskraft. In diesen Fällen hätte Bendixen auch auf sie verzichten und die gemeinten Begriffe ‚nur' mit Hilfe von einfachen metaphorischen Modellen umsetzen können. Die in dieser Weise reich ausgebaute Metaphorik bei Bendixen kann daher als ein individuelles Charakteristikum eines Geldtheoretikers betrachtet werden.
Nichtsdestotrotz bestätigt sich die Hypothese auch bei Bendixen, verwendet er doch wie alle andern Autoren die Modelle MECHANIK, LEBEWESEN, HANDLUNG und RAUM intensiv. Darüber hinaus gebraucht er an verschiedenen Stellen ausgebaute, komplexer strukturierte Analogien, die sich teilweise leicht auf Basiskonzepte zurückführen lassen (z. B. die ASTRONOMIE–Metapher auf ZENTRAL–PERIPHER) und die teilweise Begriffe redundant erklären, die bereits vorher mit Hilfe einfacher metaphorischer Modelle versprachlicht worden sind (z. B. KRAFT, RAUM, HANDLUNG bei GELDWERT, der dann noch über die ESSEN–Analogie erläutert wird).

9.5 John Maynard Keynes

Mit **John Maynard Keynes** wird nicht nur die historische Grenze des Untersuchungszeitraumes erreicht, sondern es werden mit ihm auch die bislang noch bestehenden ‚Lücken' in der Abdeckung des Theorierasters mit geeigneten Quellen geschlossen. Zum Geldbegriff und der damit zusammenhängenden Metaphorik wurde in erster Linie das zweibändige Werk Keynes' „A Treatise on Money" von 1930 herangezogen. Daneben fand auch „The General Theory of Employment Interest and Money" von 1936 Berücksichtigung, in dem Keynes die Integration von geldtheoretischen Fragestellungen in die allgemeine Wirtschaftstheorie leistet[174].
Nach der Theoriegliederung Ehrlichers kann Keynes in bezug auf den Geldbegriff (‚Wesen des Geldes') der Liquiditätstheorie, in bezug auf den Geldwert der Einkommenstheorie des Geldes zugeordnet werden.

Keynes' Geldtheorie, deren detaillierte Darlegung nicht die Aufgabe der vorliegenden Arbeit sein kann, soll im folgenden unter zwei Aspekten linguistisch untersucht werden.

1. Die Ausdifferenzierung des Geldbegriffs, seine immer neue Trennkriterien/ Teilbedeutungen einbeziehende Definition.
2. Die spezifische, dennoch im wesentlichen unveränderte metaphorische Versprachlichung auch der neu definierten Begriffsteile.

[173] Bendixen (1912), S. 9.

[174] Vgl. zur Verbindung von Geldtheorie und allgemeiner Wirtschaftstheorie und zum mit Keynes stattfindenden Paradigmenwechsel in der Volkswirtschaftstheorie Kap. 5.2, S. 125.

Ähnlich wie Knapp geht auch Keynes bei der Frage, was zur theoretischen Klärung des Geldbegriffs berücksichtigt werden muß, zahlreichen Aspekten nach. Er verwendet dabei zwar keine artifizielle, griechisch–lateinische Terminologie, sondern greift auf alltagssprachliche Ausdrücke zurück, die er neu und im Hinblick auf GELD definiert; dennoch ist auch Keynes' Vorgehen ganz typisch für die Erstellung einer Fachsemantik. Das genaue Fragen der Theoretiker nach Sachverhalten, die im Alltag vielleicht sogar relevant sein könnten, die dort jedoch nicht begrifflich und erst recht nicht durch Einzelausdrücke geschieden sind, macht mit zunehmender Entwicklung der Theorie zum jeweiligen Konzept (GELD, PREIS, WERT ...) eine immer ausgeprägtere semantische und ausdrucksseitige Differenzierung notwendig. Der Geldbegriff tritt uns daher bei Keynes sehr stark gegliedert entgegen. Je nach dem, welcher monetäre Aspekt des Wirtschaftsgeschehens beleuchtet werden soll, ist der GELD–Begriff untergliedert. Auch hier können die unterschiedlichen Trennkriterien, nach denen die verschiedenen Teilbedeutungen von GELD angesprochen werden, als Fragen aufgefaßt werden. Die so entstehenden Begriffshierarchien (z. B. nach 'Geldarten', 'Kassenhaltungsmotiven', 'Einlagearten' ...) und Abgrenzungen zu anderen Begriffen schließen sich dabei nicht gegenseitig aus, sondern können sich jeweils ergänzen. Es erfolgt eine starke vertikale und horizontale Begriffsvernetzung. Ich möchte diesen für alle Theoriefachsprachen gültigen Sachverhalt anhand von Keynes mit einigen Beispielen belegen.

Für den Geldbegriff von Keynes ist die Teilbedeutung 'Recheneinheit' („money of account"[175]) ganz zentral. Er trennt 'Recheneinheit' als „description" vom Geld als „thing"[176]. Im Geld als Sache (extensional) wird jeweils die gültige Recheneinheit (intensional) realisiert. Die Recheneinheit setzt sich historisch kontinuierlich fort. Auch wenn man eine neue einführt, wird diese doch immer in Relation zu der bis dahin gültigen gesetzt. „Money of account" wird so als LEBEWESEN mit einem *Stammbaum* („pedigree") versprachlicht.

> „Thus there can be no real breach in the continuity of descent in the pedigree of the money of account, except by a catastrophe in which all existing contracts are simultaneously wiped out."[177]

Vom „money of account" ausgehend entwirft Keynes dann eine begriffliche Gliederung der Geldarten auf vier Ebenen. Die erste, allgemeinste, gibt Auskunft auf die Frage, in welcher Form das Geld erscheint, ob als 'Bargeld' oder als 'Schuldverschreibung'. Auf der zweiten Ebene wird die Stelle angegeben, die das jeweilige Geld geschaffen hat. Die dritte und vierte Stufe führen die Teilbedeutungen 'Wertbegründung' und 'Wertsteuerung' zusätzlich ein. So gelangt Keynes zu einer ersten Geldartengliederung, die nach den Teilbedeutungen 'Realisierungsform', 'Emittent', 'Wertbegründung' und 'Wertsteuerung' trennt (vgl. Abb. 10, S. 269).

---

[175] Keynes (1930/1971), S. 3.

[176] Keynes (1930/1971), S. 3: „Perhaps we may elucidate the distinction between *money* and *money of account* by saying that the money of account is the *description* or *title* and the money is the *thing* which answers to the description."

[177] Keynes (1930/1971), S. 5.

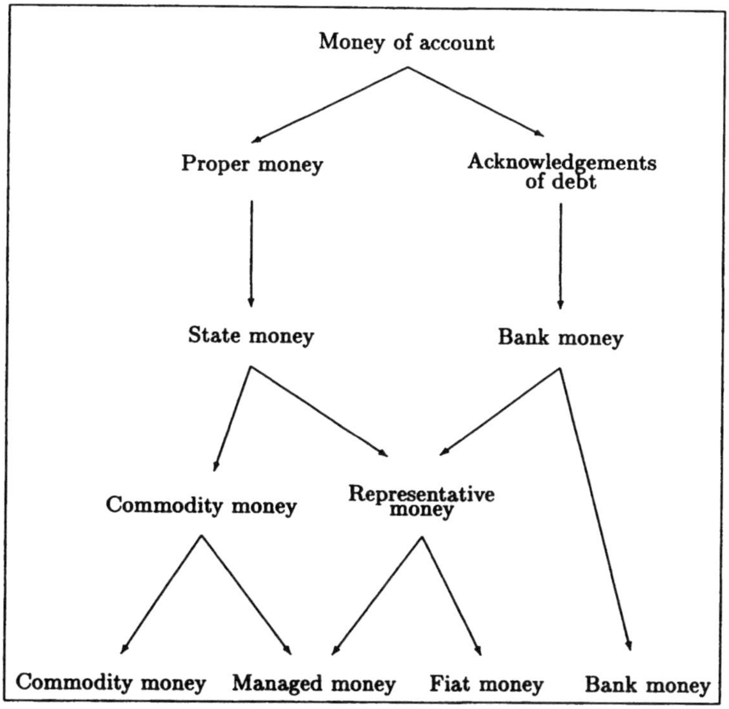

Gliederung des Geldbegriffs (1) (nach Keynes (1930/1971), S. 8)

Abbildung 10

In der horizontalen Gliederung von „Commodity money“ zu „bank money“ ist eine Abnahme der Rückbindung des Geldes an konkrete Stoffwerte vorhanden[178]. Diese Begriffshierarchie ist bereits stark differenziert, wenn sie auch den Nachteil hat, daß durch die Wahl alltagssprachenaher Ausdrücke Doppelbesetzungen auf den verschiedenen Ebenen möglich sind. So treten

---

[178] Zur Definition der Begriffe: BANK MONEY vgl. Keynes (1930/1971), S. 5: „Bank money is simply an acknowledgement of a private debt, expressed in the money of account.“ Zu den Begriffen COMMODITY MONEY, FIAT MONEY, MANAGED MONEY vgl. Keynes (1930/1971), S. 6 f.: „*Commodity money* is composed of actual units of a particular freely obtainable, non-monopolised commodity which happens to have been chosen for the familiar purposes of money, but the supply of which is governed — like that of any other commodity — by scarcity and cost of production.
Fiat money is representative (or token) money (i. e. something the intrinsic value of the material substance of which is divorced from its monetary face value) — now generally made of paper except in the case of small denominations — which is created and issued by the State, but is not convertible by law into anything other than itself, and has no fixed value in terms of an objective standard.
Managed money is similar to fiat money, except that the State undertakes to manage the conditions of its issue in such a way that, by convertibility or otherwise, it shall have a determinate value in terms of an objective standard.“

Commodity money und *Bank money* jeweils auf zwei verschiedenen Ebenen gleichzeitig auf. Es könnte so zu Mißverständnissen kommen, wenn die einzelnen Knoten angesprochen werden sollen. Knapp erfand für jede Stelle in seiner Systematik einen eigenen Kunstausdruck. Damit stand dem Nachteil der ungewohnten Terminologie der Vorteil der klaren ausdrucksseitigen Unterscheidungsmöglichkeit der Begriffe gegenüber.
In einem zweiten Schritt kombiniert Keynes die erste Geldartengliederung mit der Frage danach, wo diese Geldformen (reduziert auf „State money" und „Bank money") umlaufen bzw. wo sie gehalten werden. Mit diesem neuen Kriterium gelangt er zu einer ganzen Reihe von neuen 'Geldarten', die er nicht immer mit Einzelausdrücken (z. B. „Reserve money") versprachlicht, sondern manchmal auch (in Ermangelung desselben) in Syntagmen (z. B. „Held by public"), die auf das Trennkriterium bezugnehmen (vgl. Abb. 11, S. 271). Diese Vorgehensweise ist in der Hinsicht sprachökonomisch, daß Stellen im Begriffsnetz, die nicht so häufig gebraucht werden wie andere, nicht mit einem eigenen Ausdruck versehen werden. So wird in stark differenzierenden wirtschaftstheoretischen Gliederungen noch bis heute verfahren[179].

Den bis hier ausdifferenzierten Geldbegriff kann man sich als eine räumliche Gliederung vorstellen, bei dem eine Fläche durch das ‚Überkriterium' der 'historischen Erscheinungsform' (1. Gliederung) und senkrecht dazu der Raum durch das Kriterium 'Ort des Geldes/Geldumlaufes' gebildet wird. Diese (von mir gewählte) metaphorische Erklärung soll nur zeigen, daß sich die Knoten in den beiden Begriffsnetzen nicht gegenseitig ausschließen.
Keynes differenziert dann nochmals, indem er nach der 'Verwendungsart' des Geldes fragt. „Current money" kann so in „Income money", „Business money" und „Savings money" unterteilt werden. Im Verlauf der Abhandlung geht Keynes auf diese Einteilung — jetzt mit der Ergänzung, daß diese drei Geldarten als „deposits" auftreten — näher ein. Verschiedentlich werden wieder neue Kriterien angelegt, der schon differenzierte Geldbegriff erfährt eine noch stärkere Gliederung. So kann z. B. das Kriterium 'Liquidität' angesetzt werden, das auf die schnellere oder langsamere Realisierbarkeit von Forderungen abhebt. Sind „cash deposits"[180] (Vereinigung von „Income deposits" und „Business deposits") großenteils „current accounts" („Guthaben in laufender Rechnung"[181]), so sind die „savings deposits" „deposit accounts" („Guthaben auf Depositenkonto"). Ebenso lassen sich die Kassenbestände danach begrifflich gliedern, aus welchen 'Motiven' sie gehalten werden. Legt man dieses Kriterium an, gelangt man zur Trennung von 'Transaktions–', 'Spekulations–' und 'Vorsichtskasse'.
Das Prinzip der größtmöglichen Begriffsdifferenzierung nach einzelnen Teilbedeutungen findet sich selbstverständlich auch bei zahlreichen anderen Begriffen. Eine weitaus tiefere Gliederung im Vergleich zur Alltagssemantik liegt

179 Vgl. z. B. die Gliederung bei Issing (1987), S. 5, zu den verschiedenen Geldformen (Kriterium: 'Ort, an dem sich das Geld befindet bzw. umläuft').
180 Keynes (1930/1971), S. 31.
181 Übersetzung: Keynes (1930/1955), S. 29.

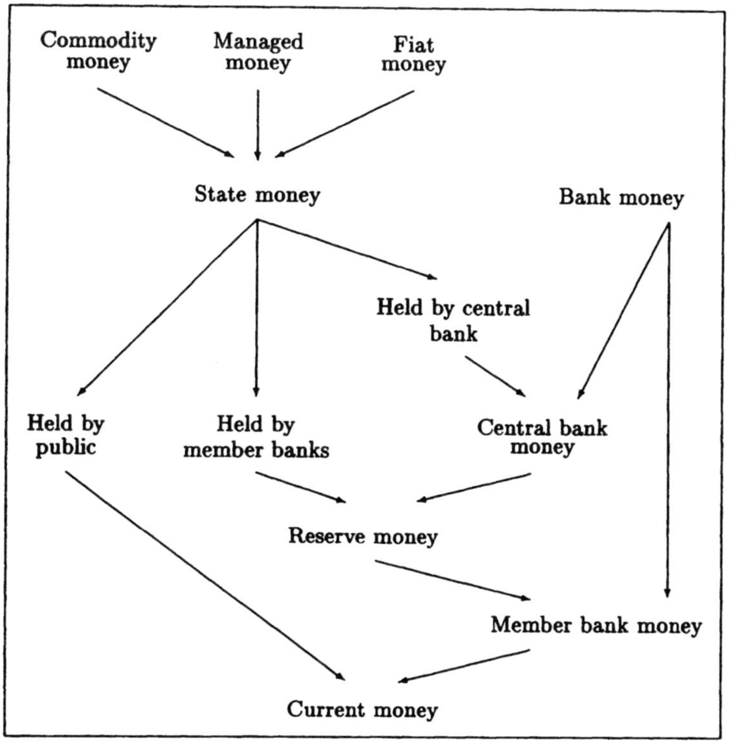

Gliederung des Geldbegriffs (2) (nach Keynes (1930/1971), S. 9)

Abbildung 11

bei Keynes z. B. für PREIS und PREISNIVEAU in bezug auf KAUFKRAFT vor[182].

Nicht nur in der begriffsinternen Vernetzung unterscheidet sich die Fachsemantik Keynes'scher Prägung von Institutionen- und Alltagssemantiken, sondern auch in der Genauigkeit der Abgrenzung von anderen, benachbarten Konzepten. Ich möchte dies an einem Beispiel zeigen. Der Oberbegriff zu GELD ist bei Keynes mit „asset" bezeichnet, und meint einen VERMÖGENSBESTAND[183]. Das „asset" kann sich in verschiedene Unterbegriffe teilen. Getrennt wird danach, ob ein „asset" einen Ertrag abwirft, ob es Kosten zur Aufrechterhaltung seiner selbst erfordert, oder ob die Verfügbarkeit des „asset" Kosten verursacht[184].

182 Keynes (1930/1971), Kapitel 4, S. 47-57.
183 Keynes (1936/1973), S. 225; Übersetzung Keynes (1936/1983), S. 188.
184 Keynes (1936/1973), S. 225 f.

GELD zeichnet sich dadurch aus, „that its yield is *nil*, and its carrying cost negligible, but its liquidity–premium substantial“[185]. Auch in dieser horizontalen Gliederung sind metaphorische Modelle maßgeblich beteiligt („carrying cost“ HANDLUNG[186], „liquidity–premium“ FLÜSSIGKEIT, „some assets produce a yield“ LEBEWESEN/WACHSTUM).

Die Metaphorik seiner Vorgänger nimmt also auch Keynes auf und interpretiert sie seinen Theorieanforderungen entsprechend um. Dieses ebenfalls typische Vorgehen in fachsprachlichen Texten zu GELD kann kaum eindrücklicher gezeigt werden, als an der wichtigsten Metapher, der der quantitätstheoretischen MECHANIK.

Keynes weist die ‚einfachen‘, naiven Quantitätsgleichungen zurück und stellt an ihrer Stelle seine auf der Einkommenstheorie des Geldes basierende, modifizierte und in verschiedenen Faktoren differenzierte Quantitätsmechanik vor. Ein Angelpunkt der Theorie ist die Einkommensverwendung. Hier gibt es die Möglichkeiten des Konsums oder des Sparens (letzteres geteilt in die Wahl zwischen Sparguthaben oder Investitionen in Anlagekapital, z. B. Aktienkauf). Diese Entscheidungen bestimmen maßgeblich die unterschiedlichen Preisspiegel (z. B. Preisniveau neuer Investitionsgüter). In der Praxis wirkt die Veränderung eines Faktors der bei der Geldwertmechanik beteiligten Größen auch auf die anderen und diese insgesamt aufeinander. Die einfache, klare Feststellbarkeit der Auslösung der Mechanik kann es nur in einem vom Ökonomen konstruierten Idealfall geben; dieser ist „only a theoretical possibility“[187]. Die Anwendbarkeit von MECHANIK auf den GELDWERT wird so im Prinzip nicht bestritten, de facto spricht Keynes ihr jedoch jede Bedeutung ab, da sie durch ihre Undurchschaubarkeit und dadurch, daß man die tatsächlichen Hebelwirkungen einzelner Elemente nicht eindeutig bestimmen kann, nicht vorhersagbar ist. Hier wird der Gedanke der ELASTIZITÄT in extremer Weise auf MECHANIK angewendet. Im Prinzip gilt das MECHANIK–Modell, in der Praxis kann es wegen der vorhandenen ELASTIZITÄT der beteiligten Größen oft kaum noch erkannt werden.

Eine neue Definition unter Beibehaltung des metaphorischen Modells liegt auch im Fall der UMLAUFGESCHWINDIGKEIT DES GELDES vor. Keynes verbindet in seiner Definition die Tradition mit der eigenen Theorie. Die UMLAUFGESCHWINDIGKEIT

> „[...] is compounded of two elements — one of them dependent on habits and methods of banking, business and industry, which is of a similar character to the traditional velocities of circulation, and the other dependent on the balance between saving and investment [...].“[188]

Das polyfunktionale Modell der MECHANIK und vor allem das des GLEICHGEWICHTS ist eine ganz zentrale Erklärungsgröße in Keynes' Theorie. Die in

---

[185] Keynes (1936/1973), S. 226.

[186] Noch deutlicher (auf LEBEWESEN bezogen) ist die Übersetzung, die von „Durchhaltekosten“ spricht, Keynes (1983), S. 189.

[187] Keynes (1930/1971), S. 133.

[188] Keynes (1930a/1971), S. 5.

der Gesamtwirtschaft ablaufenden Prozesse werden als KRÄFTE verstanden. Aufgabe des Wirtschaftstheoretikers ist es nun, die Bedingungen des Zustandes zu beschreiben, in dem eine *stabile* Wirtschaft vorliegt. Es geht um die „conditions of equilibrium"[189]. Der Gleichgewichtszustand in bezug auf den Geldwert bedeutet eine *stabile* Kauf*kraft* des Geldes, einen *stabilen* Geldwert. Dies kann erreicht werden, wenn der Umfang der Investitionen dem des Sparens entspricht. Gleichgewicht zwischen allen beteiligten Größen ist nur dann gegeben, wenn (insgesamt) Nullgewinne bestehen. Für den Geldwert, gedacht als KAUFKRAFT des Geldes, ist dies dann der Fall, wenn gilt:

> „Thus the conditions for the equilibrium of the purchasing power of money require that the banking system should so regulate its rate of lending that the value of investment is equal to savings;"[190]

Da das Gleichgewicht — kurzfristig gesehen — immer wieder Störungen unterliegt, bleibt auch die Kaufkraft des Geldes nicht immer gleich. Sie *oszilliert* um den sich — langfristig betrachtet — einstellenden Wert, je nach dem wie sich Investitionen und Ersparnisse im Verhältnis zueinander gestalten. Hier greift Keynes auf MECHANIK und für die Größen INVESTITIONSKOSTEN und ERSPARNISSE auf LEBEWESEN zurück.

> „Thus, the long-period or equilibrium norm of the purchasing power of money ist given by the money rate of efficiency earnings of the factors of production; whilst the actual purchasing power oscillates below or above this equilibrium level according as the cost of current investment is running ahead of, or falling behind, savings."[191]

Ist das Gleichgewicht gestört („disturbance"), muß nach den Ursachen dieser Störung gesucht werden.

> „[...] we can best classify the possible initiating causes of disturbance under three heads, which we may call respectively changes due to monetary factors influencing the effective supply of money for income purposes, changes due to investment factors, and changes due to industrial factors influencing the volume of output and the demand for money for income purposes."[192]

Diese drei Faktoren können als ‚Beweger' in der Gleichgewichtsmechanik dienen. Auch bei der Behandlung der einzelnen Störkräfte des Gleichgewichts greift Keynes weiterhin auf metaphorische Modelle zurück. Dabei dynamisiert er das FLÜSSIGKEITS-Modell auf eine interessante Weise; GELD, das ganz selbstverständlich FLÜSSIGKEIT ist, kann in das Währungssystem *injiziert, eingespritzt* werden[193], und verursacht so eine Störung bzw. führt einen neuen Gleichgewichtszustand herbei.

---

189 So der Titel des 11. Kapitels in Keynes (1930/1971).

190 Keynes (1930/1971), S. 137.

191 Keynes (1930/1971), S. 137.

192 Keynes (1930/1971), S. 231.

193 Die Übersetzung von „injection" mit dem gängigen „Einströmen" bringt das nicht zum Ausdruck. Vgl. Keynes (1930/1955), S. 213.

> „By what route will the injection of an increased quantity of money into the monetary system, or a withdrawal of money from it, bring about a new equilibrium at a changed price level?“[194]

Die übrigen Submodelle in MECHANIK werden von Keynes immer wieder in die Argumentation mit einbezogen. Ein Beleg, in dem sie gehäuft auftreten, mag genügen.

> „And if the terms of credit are stiffer than the equilibrium level, prices will fall, losses will be made, wealth will increase slower than savings by the extent of the losses, unemployment will ensue, and there will be a pressure towards a reduction of the rate of earnings of the factors of production — until something happens to bring the actual terms of credit and their equilibrium level nearer together.“[195]

Der differenzierten Begrifflichkeit auf der einen Seite entspricht auf seiten der Metaphorik eine konsequente Anwendung geeigneter metaphorischer Modelle auf die neu gewonnenen Teilbegriffe. Daß Keynes UMLAUFGESCHWINDIGKEIT DES GELDES anders als seine Vorgänger definiert, wurde bereits gezeigt. Aber er postuliert auch für verschiedene Geldformen, genauer für verschiedene Depositenarten, unterschiedliche Geschwindigkeiten. Dies ist nur konsequent. Wenn die Depositenformen theoretisch getrennt betrachtet werden können, dann kann man auch GESCHWINDIGKEIT getrennt auf diese Teilbegriffe anwenden. Keynes formuliert eine „velocity of income deposits“ und eine „velocity of business deposits“[196]. Er ist sich dabei bewußt, daß es sich bei diesen Geschwindigkeiten nicht um echte („not a true velocity“[197]), handelt, da nicht Weg pro Zeit, sondern Transfers, d. h. Einheiten pro Zeit gemessen werden. Quell- und Zielkonzept stimmen stärker in ihrer relationalen Struktur als in ihren Attributen überein[198].

Besondere Aufmerksamkeit verdient schließlich innerhalb des MECHANIK-Modells die ELASTIZITÄT. Keynes verwendet es — wie bereits erwähnt — um die Quantitätsmechanik zu retten und ihre mangelhafte praktische Anwendbarkeit zu erklären. Die ELASTIZITÄTS-Metapher wird daneben immer dann verwendet, wenn z. B. von liquideren oder weniger liquiden Vermögensteilen die Rede ist.

> „[...] bills and call loans are more ‘liquid’ than investments, i. e. more certainly realisable at short notice without loss, and investments are more ‘liquid’ than advances.“[199]

Auch die Gegenüberstellung von „fixed capital“ und „liquid capital“ (neben „working capital“, LEBEWESEN, als dritter Kapitalform) bedient sich der

194 Keynes (1930/1971), S. 235.

195 Keynes (1930/1971), S. 165.

196 Nimmt man beide zusammen, ergibt sich die „velocity of cash deposits“, da „income deposits“ und „business deposits“ zusammen die „cash deposits“ sind. Vgl. Keynes (1930a/1971), S. 19.

197 Keynes (1930a/1971), S. 19.

198 Vgl. Kap. 4.2.1.

199 Keynes (1930a/1971), S. 59.

ELASTIZITÄT als MATERIALQUALITÄT von Gegenständen[200]. Ähnlich wie bei GESCHWINDIGKEIT weitet Keynes die Anwendung von ELASTIZITÄT aus. Er benennt ganz bestimmte Elastizitäten, die die Nachgiebigkeit ganz bestimmter, als CONTAINER gedachter Begriffe ausdrückt. Es sind dies die „elasticity of production" und die „elasticity of substitution" des Geldes[201].

> „[...] elasticity of production meaning, in this context, the response of the quantity of labour applied to producing it to a rise in the quantity of labour which a unit of it will command. Money, that is to say, cannot be readily produced; — labour cannot be turned on at will by entrepreneurs to produce money in increasing quantities as its price rises in terms of the wage-unit."[202]

Genauso *unelastisch* ist Geld in bezug auf den Ersatz durch andere zinstragende Vermögensbestände. Wenn sein Tauschwert steigt, wird es nach Keynes nicht substituiert. Für GELD gilt

> „that it has an elasticity of substitution equal, or nearly equal, to zero; which means that as the exchange value of money rises there is no tendency to substitute some other factor for it [...]."[203]

Die ausführliche Erörterung der MECHANIK-Metaphorik bei Keynes bedeutet nicht, daß LEBEWESEN, HANDLUNG und RAUM in seinen Texten keine Verwendung gefunden haben. Diese Modelle sind ebenfalls vertreten. So wird etwa dem „credit cycle" (Konjunkturzyklus) eine „genesis and life-history"[204] zugesprochen; an anderer Stelle spricht er vom „life of the capital"[205]. Immer wieder werden die in der MECHANIK wirkenden KRÄFTE nicht nur in CONTAINER und HANDLUNG, sondern in LEBEWESEN versprachlicht („notes never carry interest"[206]). Dasselbe gilt für das mit MECHANIK verbundene RAUM-Modell, zum dem die Umsetzung von Abstrakta in Diagrammen und zweidimensionalen Grafiken gehört[207].

Es kann zusammenfassend für Keynes festgehalten werden, daß auch er wie alle anderen untersuchten Autoren metaphorische Modelle ausgiebig in seiner theoretischen Argumentation einsetzt. Explizit ausgebaut ist vor allem die MECHANIK-Metaphorik. Die anderen Modelle treten jedoch ebenso auf, nur teilweise impliziter, so wenn von einer HANDLUNG auf ein aktives LEBEWESEN logisch geschlossen werden muß, um den Sachverhalt zu verstehen (z. B. bei KOSTEN: „running ahead of"[208] oder bei BANKEN: „the growing

200 Keynes (1930/1971), S. 116.
201 Keynes (1936/1973), S. 230, 231.
202 Keynes (1936/1973), S. 230.
203 Keynes (1936/1973), S. 231.
204 Keynes (1930/1971), S. 262.
205 Keynes (1936/1973), S. 217.
206 Keynes (1930/1971), S. 35.
207 Vgl. z. B. die Ausprägungen des *Preisniveaus* in Keynes (1930/1971), S. 290 f.
208 Keynes (1930/1971), S. 137.

inability of the banking system to keep pace with the increasing requirements [...]“[209]).

In der hochdifferenzierten Begrifflichkeit sind die Keynes'schen Quellentexte Beispiele für eine voll entwickelte Theoriefachsprache mit der dazugehörigen Semantik. Die Entwicklung der Fachsprache der Volkswirtschaftstheorie im allgemeinen und die des Geldbegriffs im besonderen findet von Bodin ausgehend mit Keynes endend zwar einen gewissen Abschluß (vgl. Kap. 6.2), und die für den Untersuchungszeitraum ermittelten Ergebnisse können den Anspruch auf Repräsentativität erheben. Generell gilt aber auch für die wirtschaftstheoretische Fachsprache und für ihre Semantik, daß sie sich wie jede andere sprachliche Erscheinungsform immer weiter entwickelt. Der Wandel vom konkreten, stoffwertgebundenen GELD zum abstrakten, stoffwertlosen GELD ist bis Keynes in der Theorie längst durchgeführt. GELD wird in der Theorie nichtsdestotrotz kontrovers diskutiert. Mit dem allgemeinen Fortschritt der Theorien zum Geld unterliegt der Geldbegriff auch heute noch dem Wandel.

---

209 Keynes (1930/1971), S. 273.

10 Bilanz

In diesem abschließenden Kapitel möchte ich — um mit einer aus der Wirtschaftssphäre stammenden Metapher zu sprechen — die Soll- mit der Habenseite der ganzen Untersuchung vergleichen. Das ‚Soll' ist bereits im Eingangskapitel in Form von drei Hypothesen formuliert worden (vgl. Kap. 1.5). Es kann hier vorausgesetzt werden, so daß vor allem das ‚Haben' stärkere Berücksichtigung finden wird.

Ich beginne mit der ersten Hypothese. Die Frage, inwieweit das Gebiet der ‚Wirtschaftssprache' theoretisch-systematisch oder empirisch-praktisch erforscht ist, kann nach der Darstellung der Forschungslage in Kapitel 2 relativ eindeutig beantwortet werden. Die vermeintlich große Anzahl an Forschungsbeiträgen unter dem — meist nicht genau definierten — Etikett ‚Wirtschaftssprache' kann nicht darüber hinwegtäuschen, daß eine theoretische Fundierung des Untersuchungsgegenstandes ‚Wirtschaftssprache' ebenso noch aussteht, wie eine systematische Beschreibung einzelner Fachsprachen der Wirtschaft.

Die Forschung zerfällt historisch betrachtet in zwei, auch heute noch kaum miteinander verbundene Forschungsphasen, die durch den Zweiten Weltkrieg getrennt sind. In der ersten Forschungsphase dominieren historisch-etymologische Erkenntnisinteressen und die dann für die gesamte spätere Fachsprachenforschung als Ausgangspunkt dienende funktionale Wirtschaftslinguistik der Prager Schule. Obwohl diese Tradition in der modernen Fachsprachenforschung durchaus erkannt wird[1], knüpft der zweite Forschungsabschnitt zur ‚Wirtschaftssprache' nicht direkt an die theoretischen Positionen und Ergebnisse der funktionalen Wirtschaftslinguistik an.

Das Feld der nach 1945 entstandenen Arbeiten zur ‚Wirtschaftssprache' ist sehr heterogen. Es wurde von mir in die folgenden Gruppen eingeteilt:

1. Terminologielehre
2. Syntax und Morphologie
3. Sprach- und Ideologiekritik
4. Wirtschaftsdeutsch im Unterricht
5. Leseanleitungen
6. Metaphorik in Wirtschaftstexten
7. Betriebslinguistik
8. Exkurs: Wirtschaft der Sprache

Diese Klassen stehen m. E. relativ unverbunden nebeneinander. Zum einen existieren zahlreiche Studien zu ausdrucksseitigen, grammatikalischen Besonderheiten (Gruppe 2, vgl. der „Klassiker" De Cort/Hessmann (1977/1978/1979)), zum anderen ist — besonders in den 70er Jahren — eine Tendenz zur ideologisch motivierten Beschäftigung mit wirtschaftssprachlichen Texten zu erkennen (Gruppen 3, teilweise 5 und 6). Die vor allem bei der Ver-

[1] Vgl. Hoffmann/Kalverkämper/Wiegand (1992), S. 49; Drozd/Seibicke (1973), S. 68 f.

wendung bestimmter Metaphern vermeintlich feststellbaren Manipulations- und Verschleierungsabsichten, sowie die tendenzielle Gleichsetzung **der** ‚Wirtschaftssprache' mit der Sprache der Unternehmer, der Kapitalisten, die ihre wahren Machenschaften nur hinter Metaphern und Euphemismen verbergen wollen, sind unhaltbar. Zu oft wurde so in Arbeiten dieser Provenienz bewußt oder unbewußt **eine** Möglichkeit der Sprache und des Sprechens als die **einzige** Möglichkeit (real, nicht nur potentiell) hingestellt. Wie vor allem die Prüfung des dritten Erkenntnisinteresses der vorliegenden Arbeit zeigen konnte, ist die Sprache der Wirtschaft — und meist wurden von der bisherigen Forschung nur Wirtschaftspressetexte untersucht — keineswegs in erster Linie deshalb so, wie sie ist (metaphorisch, auf bestimmte Zielgruppen ausgerichtet, fachsprachlich), weil kapitalistische Profitinteressen sprachlich verschleiert und weite Teile der Bevölkerung bewußt kommunikativ ausgegrenzt werden sollen. Die von den Sprachkritikern monierten Texte stellen demgegenüber zum einen nur einen kleinen Ausschnitt aus dem inhomogenen Komplex der ‚Wirtschaftssprache' dar, den der Presse; und zum anderen ist auch diese Erscheinungsform der Sprache als funktional begründetes Produkt der Entwicklung der sich immer stärker spezialisierenden und institutionalisierenden Wirtschaftssektoren zu sehen. Nicht Verschleierung, sondern optimales Kommunizieren, d. h. maximale Verständlichkeit in einem thematisch begrenzten und zielgruppenorientierten Rahmen, ist daher m. E. als Leitmotiv der spezifischen Formen der ‚Wirtschaftssprache' zu betrachten. Daß nichtsdestotrotz mit Metaphern, Euphemismen o. ä. in Einzelfällen Manipulations- und Verschleierungsversuche vorgenommen werden können, wird dadurch nicht bestritten. Eine generelle Tendenz kann daraus jedoch nicht konstruiert werden.

Neben der Sprachkritik ist noch der Bereich der Didaktik als weitere Hauptgruppe der Forschung zu nennen (Gruppe 4). Es wird dort zwar ebenfalls eine mangelnde theoretische Fundierung sowie fehlendes geeignetes Unterrichtsmaterial beklagt, doch gehört gerade dieser Bereich, sowohl im muttersprachlichen als auch im Unterricht ‚Deutsch als Fremdsprache', zu den besser erforschten.

Gleiches gilt für den jungen Zweig der „Betriebslinguistik" (Gruppe 7). Hier stehen nicht nur übersetzungspraktische Fragen im Zentrum, sondern verschiedene Probleme inner- und interbetrieblicher Kommunikation, sowie die Fremdsprachenbedarfsermittlung.

Das Paradigma der Ökonomie war umgekehrt für eine Reihe von Studien zur Sprache allgmein eine erkenntnisstiftende Metapher (Gruppe 8). Gefragt wurde hier insbesondere nach wirtschaftlichen Prinzipien der Sprache. Diese Problemstellung ist nur kurz in der Form eines Exkurses skizziert worden, da es sich nicht um Beiträge zur ‚Wirtschaftssprache' handelte.

Das schon angesprochene Theoriedefizit äußert sich in der Forschung einerseits darin, daß oftmals nicht klar zu erkennen ist, was unter *Wirtschaftssprache* zu verstehen ist bzw. daß oftmals nur Börsenberichte aus der Presse als repräsentativ für alle wirtschaftssprachlichen Phänomene angenommen werden;

zum anderen entspricht dieser begrifflich–definitorischen Unschärfe ein weitgehendes Ausbleiben an Typologisierungsversuchen zur ‚Wirtschaftssprache'. In Kapitel 2.4 wurden daher die bisherigen Vorschläge zur Typologisierung des als inhomogener Komplex unterschiedlicher Fachsprachen verstandenen Gebiets ‚Wirtschaftssprache' vorgestellt und kurz diskutiert. Es zeigte sich dabei die allgemeine Tendenz der bisherigen Forschung **Mikrotypologien** zu erstellen, d. h. das Gewicht auf die Differenzierung der Wirtschaftssprachen zueinander zu legen. Ansätze zur **Makrotypologie**, d. h. das Inbeziehungsetzen wirtschaftssprachlicher zu anderen Erscheinungsformen des Deutschen wie der Alltagssprache, der Fachkommunikation anderer Theorie– oder Institutionenbereiche, sind dagegen selten. Das Vorherrschen der mikrotypologischen Sichtweise nimmt jedoch nicht Wunder, wenn man sich das in der Wirtschaftsspracheforschung generell geltende Theoriedefizit in Erinnerung ruft.

Dieses Theoriedefizit bildete den Ausgangspunkt für die zweite Problemstellung der vorliegenden Arbeit. Es stellte sich dabei die Frage, ob das von Steger vorgeschlagene Sprachmodell der Erscheinungsformen der deutschen Sprache bzw. der kommunikativen Bezugsbereiche eine geeignete Theoriegrundlage für den Komplex der Wirtschaftsfachsprachen sein kann (vgl. Kap. 3.1). Dabei zeigte sich, daß das, was man gemeinhin unter ‚Wirtschaftssprache' versteht, die Kommunikationsbereiche ‚Institutionen', ‚Theorie/Wissenschaften' und — von dort vermittelnd — den ‚Alltag' betreffen. Das Kriterium der funktional–zweckhaften Leistung der Kommunikation und die semantischen Systeme institutioneller und wissenschaftlicher Fachsprachen ermöglichten eine sinnvolle Makrotypologie der ‚Wirtschaftssprache'. Demnach kann von einer Trennung zwischen institutionellen und wissenschaftlichen Wirtschaftsfachsprachen ausgegangen werden. Die bislang in der Forschung im Vordergrund stehenden Texte der Wirtschaftspresse sind im Lichte dieser Gliederung gerade keine typischen Repräsentanten einer Wirtschaftsfachsprache. Sie sind — im Modell Stegers gedacht — eher als Vermittlungstexte zwischen Institutionen–, Theorie– und dem Alltagsbereich anzusprechen[2].

Geht man bei der Suche nach geeigneten Quellen zur ‚Wirtschaftsfachsprache' von dieser Makrotypologie aus, dann sind also eher Texte heranzuziehen, die dem engeren Bereich der institutionellen oder wissenschaftlichen Kommunikation entstammen. Für die Institutionen ließen sich hier z. B. die Betriebsbilanz, der Geschäftsbericht, Dokumentationstexte, für die Wirtschaftswissenschaften die theoretische Abhandlung als typischere Textsorten nennen. Eine in dieser Weise theoriegeleitete Zusammenstellung des Quellenmaterials verspricht m. E. eine repräsentativere und aussagekräftigere Erfassung der Wirtschaftsfachsprachen, als dies die Beschränkung auf Pressetexte leisten kann.

---

[2] Dabei muß natürlich noch unterschieden werden, ob es sich um Fachpresse — i. e. Kommunikation zwischen Fachleuten — handelt, oder um den oft verwendeten Wirtschaftsteil einer Tages– oder Wochenzeitung — i. e. Vermittlung zwischen Institutionen/Wissenschaft und Alltag.

Die Grobeinteilung in institutionelle und theoretisch–wissenschaftliche Fachsprachen der Wirtschaft wurde daran anschließend um eine Mikrotypologie ergänzt. So lassen sich im institutionellen Kommunikationsbereich in Fortführung des Prinzips der funktional–zweckhaften Leistung bzw. des beschriebenen Weltausschnittes einzelne Wirtschaftsfachsprachen voneinander unterscheiden. Ich habe zu dieser Trennung das Drei–Sektoren–Modell herangezogen und so drei Gruppen institutioneller Wirtschaftsfachsprachen unterschieden. Es wurde dabei deutlich, daß vor allem der tertiäre Sektor, der Dienstleistungssektor, eine große sprachliche Bandbreite aufweist (vgl. Abb. 6, S. 67). Ebenso wurden die theoretisch–wissenschaftlichen Fachsprachen der Wirtschaft weiter untergliedert. Bezugspunkt war dabei die interne Gliederung der Wirtschaftswissenschaften sowie auf die angrenzenden Disziplinen als Trenngrößen (vgl. Abb. 7, S.69). Beide Typologievorschläge haben vorläufigen Charakter, da bislang zu wenige systematische Untersuchungen zu Wirtschaftsfachsprachen vorliegen, als daß diese Mikrotypologie be– oder widerlegt werden könnte. Der Möglichkeit, daß die Wirtschaftsfachsprachen tatsächlich so fein differenziert werden können und daß sich dafür auch sprachliche Belege beibringen lassen, steht auf der anderen Seite auch die Möglichkeit gegenüber, daß eine weitere Differenzierung über die beiden großen Kommunikationsbereiche (Institutionen, Theorie) hinaus, nicht sinnvoll ist bzw. nicht von linguistischer Seite her erwiesen werden kann. Aus diesem Grund bleiben die Mikrotyplogien zur Wirtschaftssprache hypothetisch und sollten eher als Anreiz zur weiteren, empirischen Beschäftigung mit der Fachkommunikation der Wirtschaft verstanden werden denn als hieb– und stichfeste Sprachtypologie. Daß semantische Unterschiede zwischen Alltags–, Institutionen– und Theoriesprachen bestehen, konnte für Konzepte der Wirtschaft an verschiedenen Beispielen gezeigt werden.

In einem zweiten Schritt — und im Hinblick auf das dritte Erkenntnisinteresse — wurde der Frage nachgegangen, inwiefern sich die Theorie der kommunikativen Bezugsbereiche mit neueren kognitiv–psychologischen Semantiktheorien in Verbindung bringen läßt. Es zeigte sich auch hier, daß eine Verbindung beider Richtungen möglich und sinnvoll ist. Es wurde die von Monika Schwarz vorgestellte Drei–Stufen–Semantik um den Aspekt der kommunikativen Bezugsbereiche erweitert (vgl. Kap. 3.3). So lassen sich die ganz offenkundigen semantischen Unterschiede bei einzelnen Konzepten, die in unterschiedlichen kommunikativen Bezugsbereichen vorkommen, relativ leicht erklären (z. B. BANK in Alltag, Institutionen und Theorie).

Die Theorie der kommunikativen Bezugsbereiche ermöglichte die Definition des Untersuchungsgegenstandes ‚Wirtschaftssprache'. Die kognitive Semantiktheorie — und daran anschließend die kognitive Metapherntheorie (vgl. Kap. 4.2) — bildete die theoretische Grundlage der dritten Hypothese der Arbeit. Die Verbindung beider Theoriestränge ermöglichte die Argumentation in demselben, konsistenten Theorierahmen wie bei der Frage der Typologisierung.

Die dritte und eigentliche Hauptfrage, der in dieser Untersuchung nachgegangen wurde, betraf die kognitiven Prinzipien der Versprachlichung theoretisch–abstrakter Sachverhalte (vgl. Kap. 1.5). Am Beispiel der historischen Entwicklung des Geldbegriffs in der volkswirtschaftstheoretischen Literatur des 16. bis 20. Jahrhunderts sollte geprüft werden, inwieweit die Beschreibung, Erklärung, ja die Konstitution von Theoriebegriffen mit Hilfe von mentalen Modellen, hier definiert als metaphorische Modelle, vollzogen wird. Dazu war neben der Anbindung an die kognitive Semantiktheorie im allgemeinen eine Auseinandersetzung mit der linguistischen Metapherntheorie im besonderen nötig (Kap. 4.1). Auch hier wurde eine kognitive Theorie der Metapher — in Anlehnung an die Arbeiten von Lakoff, Johnson, Gentner u. a. — favorisiert. Sie betrachtet das Phänomen der Metapher nicht als eine semantische Anomalie (‚uneigentliches Sprechen'), in der zwei schon konstituierte, gegebene Sachverhalte miteinander in irgendeiner Form verglichen werden. Metaphern werden nicht mehr auf die Wortebene beschränkt. Die kognitive Metapherntheorie bezieht den gesamten Kontext für das Zustandekommen analogen/metaphorischen Verstehens als konstitutiv mit ein, behandelt Metaphern auf der konzeptuellen Ebene als bedeutungsstiftend und daher nicht als semantische Abweichungen. Mit Hilfe von metaphorischen Modellen, verstanden als eine polyfunktionale Form bestimmter Alltagskonzepte[3], lassen sich noch unbekannte oder erst durch theoretische Definitionen entstehende Begriffe faßbar machen, ja teilweise sogar erst konstituieren. Dies geschieht durch die Übertragung von Attributen und vor allem von Relationen vom Quellbereich des metaphorischen Modells auf den Zielbereich des (abstrakten) Theoriekonzeptes. Metaphorisches Sprechen wird so bedeutungskonstitutiv nicht nur für die Alltagssprache (Lakoff/Johnson (1980)), sondern darüber hinaus auch für alle anderen Kommunikationsbereiche. Jakob (1991) hat die Bedeutung metaphorischer Modelle für die Techniksprache nachgewiesen. In der Sprache der Geldhtheorie tauchen teilweise ähnliche und teilweise andere metaphorische Modelle zur Versprachlichung theoretischer Sachverhalte (GELD) auf (vgl. Abb. 12, S. 283).

Ein näherer Blick auf das Metaphernraster macht deutlich, daß alle vier Modelle Überlappungsbereiche aufweisen bzw. daß sich die Modelle teilweise gegenseitig bedingen. Sie dürfen daher nicht als sich gegenseitig ausschließende Analogien zur Erklärung geldtheoretischer Sachverhalte verstanden werden. Wird z. B. GELD verlebendigt als LEBEWESEN, der GELDUMLAUF mit der BLUTZIRKULATION erklärt, so findet gleichzeitig das einfache MECHANIK–Modell der FLÜSSIGKEIT und der ZIRKULATION Verwendung. Wenn MENSCH selbst als MASCHINE verstanden wird, taucht in einer Analogie, in der der Begriff GELD mit Hilfe des metaphorischen Modells LEBEWESEN versprachlicht wird, gleichzeitig das Modell MECHANIK auf. Genauso verhält es sich z. B. auch mit dem Submodell BEWEGUNG und

[3] Zur Gleichsetzung der Ausdrücke *mentales Modell, Konzept, Begriff, Frame* vgl. die Definition in Kap. 3.3.1.

LEBEWESEN	ORGANISMUS → WACHSTUM → STOFFWECHSEL → KRANKHEIT/GESUNDHEIT
	MENTALE LEISTUNGEN → BEWUSSTES HANDELN
	EMOTIONEN
MECHANIK	CONTAINER
	FLÜSSIGKEIT
	KRAFT
	BEWEGUNG → ZIRKULATION → GESCHWINDIGKEIT
	GLEICHGEWICHT
	WERKZEUG/MASCHINE
	MATERIALQUALITÄT → ELASTIZITÄT
HANDLUNG	primitive acts nach Schank
RAUM/GEOMETRIE	Basiskonzepte: OBEN–UNTEN, INNEN–AUSSEN etc.

Metaphorische Modelle in der Geldtheorie

Abbildung 12

HANDLUNG oder CONTAINER und RAUM/GEOMETRIE. Sie beziehen sich aufeinander und sind im konkreten Text gemeinsam präsent. Die Liste der metaphorischen Modelle sollte daher eher verstanden werden als Aspekte von Alltagskonzepten, die aus der konkreten Erfahrung gewonnen worden sind (vgl. zu den Basiskonzepten als Kleinstbausteinen Kap. 4.2.3). Der entscheidende Unterschied zwischen den so definierten metaphorischen Modellen und sonstigen Alltagskonzepten ist ihre Polyfunktionalität. Das heißt, sie sind — aufgrund ihrer einfachen Struktur — auf ganz unterschiedliche Zielbereiche anwendbar. Sie finden in unterschiedlichen Kommunikationsbereichen Anwendung, sie sind in unterschiedliche semantischen Systeme anzutreffen. Sie sind somit ein unverzichtbarer Bestandteil auch der Theoriesemantiken. Diese Feststellung läßt schließlich die vor allem im Feld der ,Wirtschaftssprache' vorgetragenen Kritik an der metaphorischen Sprechweise in einem anderen Licht erscheinen. Metaphern sind nicht Schleier, die über die objektiv bestehenden, bereits konstituierten Sachverhalte verunklärend gelegt werden, sondern Mittel, mit denen man abstrakte Konzepte (wie MARKT, GELD, ZINS etc.) erst konstruieren und be-greifen kann.

Die Verwendung von Metaphern ist keineswegs eine Frage der entsprechenden Ideologie. Dies zeigt gerade ein Blick auf die Quellen. Hier konnte festgestellt werden, daß in dem Untersuchungszeitraum vom Ende des 16. bis zum 20. Jahrhundert nicht nur kein wesentlicher Wandel in den verwendeten metaphorischen Modellen stattfand, sondern daß diese auch jeweils von Theoretikern ganz unterschiedlicher, ja teilweise entgegengesetzter Theorieentwürfe verwendet wurden.

Zur von Anbeginn der theoretischen Reflexion existierenden MECHANIK traten im Laufe der Zeit noch GESCHWINDIGKEIT (Locke) und in mehreren Stufen ELASTIZITÄT (voll eingeführt z. B. bei Wicksell) hinzu. Bahnbrechende Paradigmenwechsel fanden jedoch in der Verwendung der metaphorischen Modelle nicht statt. Ebensowenig determiniert die Verwendung etwa von MECHANIK die Interpretation der Zusammenhänge zwischen Geldmenge, Umlaufgeschwindigkeit des Geldes, Handelsvolumen und Preisniveau. Auch wenn Metaphern verwendet werden, können dennoch ganz unterschiedliche Theorien mit ihrer Hilfe erklärt werden (vgl. Currency- vs. Bankingtheorie).

Daß der Hauptgrund des metaphorischen Sprechens in der Geldtheorie nicht in Manipulationsabsichten liegt, zeigt darüber hinaus noch ein weiterer Umstand. Verschiedene Autoren sind sich ihrer Metaphernabhängigkeit durchaus bewußt. So moniert etwa Mill die Metapher der UMLAUFGESCHWINDIGKEIT des Geldes und plädiert für eine andere Analogie, die er mit dem Ausdruck *efficiency of money* bezeichnet[4] — und bleibt schließlich doch beim Modell GESCHWINDIGKEIT. Andere Autoren gestehen offen ein, daß sie nicht anders können, als die von ihnen gemeinten Begriffe in metaphorischen Beschreibungen zu erfassen. Dies zeigt, daß das metaphorische Sprechen an den entscheidenden Stellen der Geldtheorie eben nicht ersetzt werden kann, durch sogenanntes ‚eigentliches Sprechen' oder durch eine vermeintlich ‚klarere', nicht-manipulierende Sprache. Die metaphorischen Modelle der Geldtheorie bezeichnen in ihren Kontexten jeweils genau definierte Begriffe und sind daher nicht bedeutungsverunklärend, sondern ganz im Gegenteil bedeutungsschaffend.

Mit dieser Feststellung soll nicht in Zweifel gezogen werden, daß es möglich ist, mit der Verwendung ganz bestimmter Metaphern auch die Sicht des Rezipienten in die falsche Richtung zu lenken und ihn einseitig festzulegen. Nur kann dies für die metaphorischen Modelle der Geldtheorie nicht gelten, da sie von Forschern aller Richtungen und aller historischen Theorieabschnitte gleichermaßen verwendet wurden. Die Metaphern werden hier nicht wider besseres

[4] Mill (1848/1852), S. 527.

Wissen (Manipulation, Verschleierung) eingesetzt, sondern als Ausdruck des jeweiligen Wissenstandes der Geldtheoretiker!

Diese Ergebnisse können aufgrund der Repräsentativität des Quellenmaterials (vgl. Kap. 6) und dadurch, daß die wichtigsten historischen Theorieansätze in den jeweiligen Quellen erfaßt worden sind (vgl. das ‚Theorieraster' aus Kap. 5), allgemeine Gültigkeit für die Versprachlichung des Geldbegriffs in Theorietexten und — wie die Ausblicke auf Nachbarbegriffe wie PREIS, WERT, ZINS etc. gezeigt haben — für die Sprache der Geldtheorie beanspruchen.

Besonders augenfällig wird die Konstanz metaphorischen Sprechens in der Wissenschaft, wenn man im Kontrast dazu den starken Wandel des Geldbegriffes selbst berücksichtigt. Hier war eine Entwicklung feststellbar, die vom konkreten, stoffwertgebundenen Münzgeld ausging und schließlich zum heute noch geltenden, umfassenden, primär funktional definierten, stoffwertlosen, abstrakten Geld gelangte. Symptomatisch für die intensiv diskutierten Umbrüche im Geldbegriff sind die wiederholten Diskussionen der Geldtheoretiker um den Status von Banknoten, Staatspapiergeld etc. im 19. Jahrhundert. Der Verlagerung des Geldbegriffs vom Konkreten zum Abstrakten entspricht ein ständiges, bis heute anhaltendes Ringen der Wissenschaft um den richtigen/adäquaten Geldbegriff. Bis heute ist es geradezu charakteristisch, daß in der Geldtheoriediskussion nicht von einem einheitlichen, allgemein akzeptierten Geldbegriff ausgegangen werden kann. GELD als klar definierter Begriff einer Fachsemantik kommt erst innerhalb der einzelnen Geldtheorie vor. Die Differenzen zwischen den unterschiedlichen Geldtheorien rühren nicht zuletzt von unterschiedlichen Definitionen des Geldbegriffes her. Das prominenteste Beispiel für diesen Sachverhalt ist in dem hier gewählten Untersuchungszeitraum die Kontroverse zwischen der Currency- und der Bankingtheorie, die letztlich auf unterschiedliche Definitionen des Geldbegriffs zurückzuführen ist. Ob man Banknoten unter den Begriff GELD fallen läßt und sie daher zur Geldmenge rechnet (Currencytheorie), oder ob man Banknoten strikt als Geldsurrogate betrachtet (Bankingtheorie) und daher vom GELD definitorisch abgrenzt, ist eine Frage des Theorieansatzes.

Dem starken Wandel des Geldbegriffs in der Volkswirtschaftslehre — der natürlich im Zusammenhang mit den Veränderungen des Geldwesens und damit des institutionellen Geldbegriffs im Untersuchungszeitraum gesehen werden muß (vgl. Kap. 5) — entspricht kein vergleichbarer Wandel in den metaphorischen Modellen. Dies zeigt einmal mehr die Polyfunktionalität dieser Modelle. Sie sind also nicht nur für unterschiedliche Theorien zu einem Begriff (synchron), sondern auch zur Versprachlichung eines im Laufe der Zeit stark veränderten Begriffs (diachron) verwendbar. Das gilt nicht nur für das Einzelkonzept GELD, sondern auch für andere, benachbarte Begriffe. Welche Größen/Begriffe z. B. voneinander mechanisch abhängen und wie diese definiert sind, hängt von den jeweiligen Geldtheorien ab. MECHANIK eignet sich zu ihrer Versprachlichung in allen diesen Fällen. Ob man, wie Bodin, die (konkrete, stoffwertgebundene) Geldmenge mit dem (allgemeinen, nicht näher differenzierten) Preisniveau mechanisch verbindet oder, wie bei Keynes, den Zinssatz, die Investitionsrate und die Sparrate: Hinter allen diesen Sachverhalten stehen MECHANIK, GLEICHGEWICHT usw. als einfache metaphorische Modelle, die das Verständnis erleichtern bzw. Begriffe gegebenenfalls erst konstituieren.

Die Analyse des umfangreichen geldtheoretischen Quellenmaterials hat somit eindeutig gezeigt, daß auch und gerade für den Kommunikationsbereich der Theorie/Wissenschaften gilt, was für die Alltags- und Techniksprache nachgewiesen werden konnte. Metaphern sind kein marginales Phänomen, sondern typisch für die Theoriesemantik. Die Bestätigung der dritten Hypothese der Untersuchung ist so eine weitere Untermauerung der semantischen Theorie des „experientialism", die von Lakoff und Johnson im Zusammenhang ihrer kognitiven Metapherntheorie vorgetragen wurde. Die These des „experientialism", daß Begriffe von Basiskonzepten ausgehend strukturiert werden und Bedeutung erhalten, daß also Basiskonzepte wichtige Bausteine der Bedeutung sind, gilt somit auch für die Sprache der Geldtheorie. Der „experientialism" findet auch in einem Teilbereich theoretischer Kommunikation Bestätigung, der es vorwiegend mit abstrakten und konstruierten Konzepten zu tun hat. Gerade hier ist die Notwendigkeit der Konkretisierung der Begriffe in Metaphern, die Unausweichlichkeit des Sprechens in Analogien (in Ermangelung konkreter, be-greifbarer Objekte wie etwa in der Technik) ganz besonders deutlich geworden. Konnte man in der Techniksprache noch RAUM/GEOMETRIE nicht als metaphorisches Modell ansprechen, da es dort vorwiegend um tatsächlich im Raum lokalisierbare Sachverhalte ging, so ist dies in den Theoriesprachen allgemein nicht der Fall. Begriffe wie GELD, ZINS, GEWINN, AKTIE etc. müssen im RAUM konkretisiert gedacht werden, müssen an die Erfahrungsprimitive, an die Basiskonzepte rückgebunden werden, wenn sie als Begriffe sinnvoll, bedeutungstragend sein sollen.

Neben den für die drei Ausgangshypothesen formulierten Ergebnissen hat die Untersuchung darüber hinaus — quasi ex negativo — gezeigt, wo das Feld der Wirtschaftsfachsprachen synchron und diachron noch nicht erforscht ist. Da ‚Wirtschaftssprache' synchron — vor allem dank der „Betriebslinguistik" — immer stärkere Beachtung findet, möchte ich lediglich auf zwei diachrone Aspekte wirtschaftssprachlicher Forschung als Desiderata hinweisen: auf die Begriffsgeschichte und auf eine mögliche Textsortengeschichte zur ‚Wirtschaftssprache'.

1. Begriffsgeschichte: Eine linguistische Aufarbeitung zahlreicher weiterer Begriffe in der institutionellen und theoretisch-wissenschaftlichen Kommunikation scheint mir nach den Ergebnissen zu GELD sinnvoll und lohnend zu sein. Wenn man Sprachgeschichte zunehmend nicht nur aufgrund von literatursprachlichen Quellen rekonstruieren will, bietet das Spannungs- und Austauschverhältnis zwischen institutionalisierter Praxis und wissenschaftlicher Theorie am Beispiel wichtiger Begriffe die Möglichkeit, eine inhaltsorientierte Sprachgeschichte um die Erkenntnisse zur historischen Entwicklung der wirtschaftlichen Begriffssysteme zu erweitern. Die in der vorliegenden Untersuchung erarbeiteten Resultate zur Genese des Theoriebegriffs GELD können in dieser Hinsicht nur ein Anfang sein und einen kleinen Beitrag zu dieser Aufgabe leisten. Erst wenn eine ganze Reihe von weiteren Konzepten in ihrer historischen Dimension erforscht sind, kann ein aussagekräftiges Bild der Geschichte der ‚Wirtschaftssprache' gezeichnet werden. Auf Begriffe wie PREIS, WERT, BANK habe ich bereits hingewiesen. Die Liste ließe sich z. B. erweitern um ABSATZ, AKTIE, ARBEIT, BÖRSE, BUCHHALTUNG (BILANZ), ERTRAG/ZINS/RENTE, GESELLSCHAFT[5], HANDEL, INFLATION, KAPITAL, KONJUNKTUR, MARKT, UNTERNEHMUNG/BETRIEB, VERKEHR, VERSICHERUNG und nicht zuletzt den Begriff WIRTSCHAFT selbst[6]. Diese Aufzählung kann nicht vollständig sein, zu manchen Konzepten liegen bereits Studien vor — z. B. die Beiträge in den „Geschichtlichen Grundbegriffen". Insgesamt ist die historische Semantik zu Wirtschaftsbegriffen jedoch noch ein entdeckenswertes Gebiet für die Linguistik.

2. Textsortengeschichte: Eng mit der Begriffsproblematik verbunden ist die Frage nach der Textsortengeschichte. Auch hier steht die linguistische Forschung für die ‚Wirtschaftssprache' am Anfang. Die Ergebnisse der historisch–etymologischen Arbeiten zu Beginn des Jahrhunderts müßten zum einen unter den heutigen texttheoretischen Vorgaben neu interpretiert werden; zum anderen müßte eine Bestandsaufnahme der tatsächlich existierenden und relevanten Textsorten für die Wirtschaftskommunikation erst erfolgen. Diese historische Bestandsaufnahme würde Fachlexika, Fachzeitschriften ebenso umfassen, wie betriebswirtschaftlich oder volkswirtschaftlich ausgerichtete Hand– und Lehrbücher, praktische — in den Alltag vermittelnde — Ratgeber (z. B. die „Hausväterliteratur"), inner– und interbetriebliche Textsorten (z. B. Dokumentationstexte, Korrespondenz, Verträge) usw. Sprachgeschichte ist so auch untrennbar mit Wissensgeschichte verbunden. Die Entwicklung der Fachkommunikation der Wirtschaft kann nicht ohne die jeweilige Ausdifferenzierung wirtschaftlicher Institutionen und ohne die jeweiligen Theoriefortschritte in den Wirtschaftswissenschaften gesehen werden.

Für beide Forschungsdesiderata, für die Begriffs– und Textsortengeschichte in den kommunikativen Bezugsbereichen der Institutionen und der Wissenschaften, möchte sich die vorliegende Arbeit zugleich als ein Beitrag und als eine Anregung verstanden wissen, an dem Mosaik der ‚Wirtschaftssprache' weiterzuarbeiten.

---

[5] Im Sinne von Aktiengesellschaft, Versicherungsgesellschaft, Handelsgesellschaft o. ä.

[6] Vgl. zu WIRTSCHAFT Burkhardt/Spahn/Oexle (1992), zu ARBEIT Conze (1972), zu KAPITAL Hilger/Hölscher (1982) und weitere Begriffe in den „Geschichtlichen Grundbegriffen" unter den Stichwörtern: *Eigentum*, *Industrie/Gewerbe*, *Produktion*, *Unternehmer*, *Verein*.

Quellen

Zeitschriften

Capital

WirtschaftsWoche

Monographien und Lexika

Becher, Johann Joachim (1688/1759): Politischer Discurs von den eigentlichen Ursachen des Auf– und Abnehmens der Städte und Länder. Hg. von Georg Heinrich Zincken. Frankfurt/Leipzig/Zelle. Neuausgabe nach der 3. Auflage von 1688.

Bendixen, Friedrich (1908/1922): Das Wesen des Geldes. 3. Auflage. München Leipzig.

Bendixen, Friedrich (1912): Geld und Kapital. Leipzig.

Bendixen, Friedrich (1916/1919): Währungspolitik und Geldtheorien im Lichte des Weltkriegs. 2., durchgesehene und vermehrte Auflage. München/ Leipzig.

Bodin, Jean (1576/1981–1986): Das sechste Buch über den Staat. In: Jean Bodin: Sechs Bücher über den Staat. Hg. v. P. C. Mayer–Tasch. München. S. 307-501.

Bodin, Jean (1625): Discurs deß berühmten Politici Johannis Bodini, welchen er ohngefehr vor 50. Jahren/ Von den Ursachen der Thewrung/ wie auch dem Auf= und Abschlag der Müntz/ und wie diesem allgemeinen Ubel abzuhelffen sey/ hat geschrieben und außgehen lassen. Hamburg.

Büsch, Johann Georg (1800): Abhandlung von dem Geldumlauf in anhaltender Rücksicht auf die Staatswirtschaft und Handlung. 2 Bände. Zweite vermehrte und verbesserte Auflage. Hamburg/Kiel.

Cantillon, Richard (1755/1931): Abhandlung über die Natur des Handels im allgemeinen. Jena.

Fisher, Irving (1911): The Purchasing Power of Money. New York.

Hasemann, J. (1853): GELD. In: J. S. Ersch/J. G. Gruber (Hgg.): Allgemeine Encyklopädie der Wissenschaften und Künste. Band 56. Leipzig. S. 372-403.

Hübner, Johann (1717): Reales Staats= Zeitungs= und Conversationslexicon. 8. Auflage. Leipzig.

Hübner, Johann (1776): Curieuses und Reales Natur–, Kunst–, Berg–, Gewerk– und Handlungs–Lexicon. Ehemals herausgegeben von D. Georg Heinrich Zinken, jetzt aber aufs neue durchgehends verbessert und umgearbeitet. Leipzig.

Hume, David (1752/1964): Of Money. In: David Hume: The Philosophical Works. Volume 3. Aalen. S. 309-320.

Hume, David (1752a/1964): Of the Balance of Trade. In: David Hume: The Philosophical Works. Volume 3. Aalen. S. 330-345.

Hume, David (1752b/1964): Of Interest. In: David Hume: The Philosophical Works. Volume 3. Aalen. S. 320-330.

Jablonski, Johannes Theodor (1721): Allgemeines Lexicon der Künste und Wissenschafften, oder kurtze Beschreibung des Reichs der Natur, der Himmel und himmlischen Cörper, der Lufft, der Erden ... Ingleichen aller menschlichen Handlungen. Leipzig.

Jevons, William Stanley (1871/1924): Die Theorie der politischen Ökonomie. Jena. Aus dem englischen Original, und zwar nach der vierten von H. Stanley Jevons besorgten, den Text letzter Hand enthaltenden Auflage ins Deutsche übertragen und eingeleitet von Otto Weinberger. Jena.

Justi, Johann Heinrich Gottlob von (1758): Staatswirthschaft oder Systematische Abhandlung aller Oekonomischen und Cameral-Wissenschaften. Zweyte stark vermehrte Auflage. Leipzig.

Justi, Johann Heinrich Gottlob von (1759): Grundsätze der Polizeywissenschaft. 2. Auflage. Göttingen.

Justi, Johann Heinrich Gottlob von (1760): Die Grundfeste zu der Macht und Glückseligkeit der Staaten oder ausführliche Vorstellung der gesamten Polizeywissenschaft. Königsberg/Leipzig.

Justi, Johann Heinrich Gottlob von (1762): Ausführliche Abhandlung von denen Steuern und Abgaben. Königsberg/Leipzig.

Justi, Johann Heinrich Gottlob von (1766): System des Finanzwesens nach vernünftigen aus dem Endzweck der bürgerlichen Gesellschaften und aus der Natur aller Quellen der Einkünfte des Staats hergeleiteten Grundsätzen und Regeln ausführlich abgehandelt. Halle.

Keynes, John Maynard (1930/1955): Vom Gelde. Berlin.

Keynes, John Maynard (1930/1971): A Treatise on Money. Volume 1: The pure Theory of Money. Cambridge.

Keynes, John Maynard (1930a/1971): A Treatise on Money. Volume 2: The applied Theory of Money. Cambridge.

Keynes, John Maynard (1936/1973): The General Theory of Employment, Interest an Money. Cambridge.

Keynes, John Maynard (1936/1983): Allgemeine Theorie der Beschäftigung, des Zinses und des Geldes. 6. Auflage. Berlin.

Knapp, Georg Friedrich (1905): Staatliche Theorie des Geldes. Leipzig.

Knies, Karl (1873): Geld und Credit. Band 1: Das Geld. Darlegung der Grundlehren von dem Gelde. Berlin.

Krünitz, Johann Georg (1779): Oeconomische Encyclopädie oder allgemeines System der Land-, Haus- und Staatswirthschaft. Band 17. Berlin. S. 1-53.

Lau, Theodor Ludwig (1719): Aufrichtiger Vorschlag von vorteilhafftiger Einrichtung der Intraden. Frankfurt.

Law, John (1705/1720): Herrn Laws Gedanken vom Waren– und Geldhandel. Leipzig.

Leuchs, Johann Michael (1804–1806): System des Handels. 3 Teile. 1. Teil: Privathandelswissenschaft. 2. Teil: Staatshandelswissenschaft. 3. Teil: Theorie und Praxis des italiänischen Buchhaltens und des nürnberger Buchhaltens. Nürnberg.

Locke, John (1690/1989): Zwei Abhandlungen über die Regierung. Frankfurt am Main.

Locke, John (1692/1991): Some considerations of the consequences of the lowering of interest and raising the value of money. In: The Clarendon Edition of the Works of John Locke. Locke on Money. Band 1. S. 202-342.

Marperger, Paul Jakob (1717): Beschreibungen der Banquen. Leipzig.

Marx, Karl (1867/1989): Das Kapital. Kritik der politischen Ökonomie. Erster Band. Berlin.

Marx, Karl (1885/1989): Das Kapital. Kritik der politischen Ökonomie. Zweiter Band. Berlin.

Marx, Karl (1894/1989): Das Kapital. Kritik der politischen Ökonomie. Dritter Band. Berlin.

May, Johann Carl (1767): Versuch einer allgemeinen Einleitung in die Handlungswissenschaft theoretisch und praktisch abgehandelt. Band 1. Altona.

Menger, Carl (1871): Grundsätze der Volkswirthschaftslehre. Erster, allgemeiner Theil. Wien.

Menger, Carl (1892): Geld. In: Handwörterbuch der Staatswissenschaften. Band 3. Jena. S. 730-757.

Mill, John Stuart (1848/1852): Grundsätze der politischen Ökonomie. 2 Bände. Hamburg.

Mill, John Stuart (1848/1910): Politische Ökonomie. In: Karl Diehl/Paul Mombert: Ausgewählte Lesestücke zum Studium der politischen Ökonomie. Erster Band: Zur Lehre vom Geld. Karlsruhe. S. 3-32.

Mises, Ludwig von (1912): Theorie des Geldes und der Umlaufsmittel. München/Leipzig.

Müller, Adam (1816): Versuch einer neuen Theorie des Geldes mit besonderer Rücksicht auf Großbritannien. Leipzig/Altenburg.

Mun, Thomas (1664/1911): Englands Schatz durch den Außenhandel. Wien/ Leipzig.

Petty, William (1662/1899): A Treatise of Taxes and Contributions. London. In: William Petty: The Economic Writings I. Hg. von Ch. H. Hull. Cambridge. S. 1-97.

Petty, William (1682/1899): Quantulumcunque concerning money. In: William Petty: The Economic Writings. Vol. II. Cambridge. S. 437-448.

Petty, William (1691/1899): Verbum sapienti. In: William Petty: The Economic Writings. Vol. I. Cambridge. S. 99-120.

Petty, William (1691/1986): Verbum sapienti. In: William Petty: Schriften zur politischen Ökonomie und Statistik. Übersetzt und mit einem Nachwort hg. v. Willy Görlich. Berlin. S. 109-124.

Quesnay, François (1758/1921): Allgemeine Grundsätze der wirtschaftlichen Regierung eines ackerbautreibenden Reiches. Aus dem Französischen von Valentin Dorn. Jena.

Ricardo, David (1809/1910): Der hohe Preis der Edelmetalle, ein Beweis für die Entwertung der Banknoten. In: Karl Diehl/Paul Mombert: Ausgewählte Lesestücke zum Studium der politischen Ökonomie. Erster Band: Zur Lehre vom Geld. Karlsruhe. S. 90-130.

Ricardo, David (1817/1821): Die Grundsätze der politischen Oekonomie oder der Staatswirthschaft und der Besteuerung. Nebst erläuternden und kritischen Anmerkungen von J. B. Say. aus dem Englischen, und, in Beziehung auf die Anmerkungen, aus dem Französischen übersetzt von Christian August Schmidt. Weimar.

Schröder, Wilhelm (1721): Fürstliche Schatz- und Rentkammer. Leipzig.

Senior, Nassau William (1840/1910): Drei Vorlesungen über den Wert des Geldes. In: Karl Diehl/Paul Mombert: Ausgewählte Lesestücke zum Studium der politischen Ökonomie. Erster Band: Zur Lehre vom Geld. Karlsruhe. S. 135-180.

Smith, Adam (1776): Untersuchung der Natur und Ursachen von Nationalreichthümern. Übersetzt von Johann Friedrich Schiller. Leipzig.

Smith, Adam (1810): Untersuchung über die Natur und die Ursachen des Nationalreichthums. Aus dem Englischen der vierten Ausgabe neu übersetzt. Dritte, mit Stewarts Nachricht von dem Leben und den Schriften des Autors vermehrte unveränderte Ausgabe. Breslau/Leipzig.

Smith, Adam (1776/1976): An Inquiry into the Nature and Causes of the Wealth of Nations. Oxford.

Smith, Adam (1776/1990): Der Wohlstand der Nationen. Eine Untersuchung seiner Natur und seiner Ursachen. München.

Sombart, Werner (1916/1987): Der moderne Kapitalismus. Band 1: Die vorkapitalistische Wirtschaft. München.

Sombart, Werner (1916a/1987): Der moderne Kapitalismus. Band 2: Das europäische Wirtschaftsleben im Zeitalter des Frühkapitalismus. München.

Sombart, Werner (1927/1987): Der moderne Kapitalismus. Band 3: Das Wirtschaftsleben im Zeitalter des Hochkapitalismus. München.

Sonnenfels, Joseph von (1769): Grundsätze der Polizey, Handlung und Finanzwissenschaft. 2. Teil: Handlungswissenschaft. Wien.

Sonnenfels, Joseph von (1776): Grundsätze der Polizey, Handlung und Finanzwissenschaft. 3. Teil: Finanzwissenschaft. Wien.

Sonnenfels, Joseph von (1787): Betrachtungen über die neuen Handlungsgrundsätze Englands. In: Joseph von Sonnenfels: Gesammelte Schriften. Band 10. Wien. S. 185-284.

Steuart, James (1767/1770): Untersuchung der Grundsäze von der Staats=Wirthschaft. Band 2. Tübingen.

Steuart, James (1767/1770a): Untersuchung der Grundsäze von der Staats=Wirthschaft. Band 3.1. Tübingen.

Steuart, James (1767/1771): Untersuchung der Grundsäze von der Staats=Wirthschaft. Band 3.2. Tübingen.

Thünen, Johann Heinrich von (1842): Der isolirte Staat in Beziehung auf Landwirthschaft und Nationalökonomie oder Untersuchungen über den Einfluß, den die Getreidepreise, der Reichthum des Bodens und die Abgaben auf den Ackerbau ausüben. Erster Theil. Zweite vermehrte und verbesserte Auflage. Rostock. [Erste Auflage 1826]

Turgot, Anne Robert Jaques (1766/1903): Betrachtungen über die Bildung und die Verteilung des Reichtums. Jena.

Wagner, Adolph (1862): Die Geld- und Credittheorie der Peel'schen Bankacte. Wien.

Wicksell, Knut (1898): Geldzins und Güterpreise. Eine Studie über die den Tauschwert des Geldes bestimmenden Ursachen. Jena.

Wicksell, Knut (1922): Vorlesungen über Nationalökonomie auf Grundlage des Marginalprinzips. Theoretischer Teil. Zweiter Band: Geld und Kredit. Jena.

Wieser, Friedrich von (1884): Über den Ursprung und die Hauptgesetze des wirthschaftlichen Werthes. Wien.

Wieser, Friedrich von (1889): Der natürliche Werth. Wien.

Wieser, Friedrich von (1909/1929): Der Geldwert und seine Veränderungen. In: Friedrich von Wieser: Gesammelte Abhandlungen. Tübingen. S. 193-242.

Wieser, Friedrich von (1914/1924): Theorie der gesellschaftlichen Wirtschaft. 2. Auflage. Tübingen.

Wieser, Friedrich von (1927): Geld. In: Ludwig Elster et al. (Hgg.): Handwörterbuch der Staatswissenschaften. 4. Auflage. Jena. Band 4. S. 681-717.

Zedler, Johann Heinrich (1732-1750): Großes vollständiges Universallexicon aller Wissenschaften und Künste. 64 Bände. 4 Suppl. Bände. Halle/Leipzig.

Literatur

Aebli, Hans (1988): Begriffliches Denken. In: Heinz Mandl/Hans Spada (Hgg.): Wissenspsychologie. München/Weinheim. S. 227-246.

Aitchison, Jean (1987): Words in the Mind. An Introduction to the Mental Lexicon. Oxford.

Altmann, Salomon P. (1908): Zur deutschen Geldlehre des 19. Jahrhunderts. In: Salomon P. Altmann et al. (Hgg.): Die Entwicklung der deutschen Volkswirtschaftslehre im neunzehnten Jahrhundert. Gustav Schmoller zur siebenzigsten Wiederkehr seines Geburtstages. Erster Teil. Leipzig. Kapitel VI. S. 1-67.

Ammon, Alfred (1953): Der Begriff des Geldes und das Geldwertproblem. In: Zeitschrift für die gesamte Staatswissenschaft 109. S. 665-690.

Ammon, Alfred (1953a): Die Quantitätstheorie in der älteren, neueren und neuesten Literatur. In: Schweizerische Zeitschrift für Volkswirtschaft und Statistik 89. S. 458-472.

Ammon, Alfred (1954): Die neuere Entwicklung des Geldwesens und der Geldtheorie. In: Zeitschrift für Nationalökonomie XIV. Band. S. 366-386.

Antos, Gerd (1988): Zwischen Kunde und Computer. Interaktionsprobleme bei telefonischen Reklamationsgesprächen. In: Norbert Gutenberg (Hg.): Kann man Kommunikation lehren? Konzepte mündlicher Kommunikation und ihrer Vermittlung. Frankfurt am Main. S. 9-17.

Aristoteles (1978): Über die Dichtkunst. Griechisch und Deutsch und mit sacherklärenden Anmerkungen herausgegeben von Franz Susemihl. Neudruck der 2. Auflage. Leipzig 1874. Aalen.

Aristoteles (1980): Rhetorik. Übersetzt mit einer Bibliographie, Erläuterungen und einem Nachwort von Franz G. Sieveke. München.

Armaleo–Popper, Lore/Braun, Harald (1985): Business German right from the start. Beginning German for the business–minded. Textbook. New York/München/Wien/Zürich.

Armaleo–Popper, Lore/Braun, Harald (1986): Business German right from the start. Beginning German for the business–minded. Teacher's Manual. New York/München/Wien/Zürich.

Arnold, Volker (1973): Kritische Analyse des Sprachgebrauchs der Wirtschaftsjournalistik in Tageszeitungen — Vorschläge für eine Unterrichtseinheit der Sekundarstufe II. In: Projekt Deutschunterricht. Band 4. Stuttgart. S. 94-119.

Bäumchen, Franz (1985): Deutsche Wirtschaftssprache für Ausländer. 3. Auflage. München.

Bäumchen, Franz (1986): Der Kaufmann. 6. Auflage. München.

Barsalou, Lawrence W. (1992): Frames, Concepts, and Conceptual Fields. In: Adrienne Lehrer/Eva Feder Kittay (Hgg.): Frames, Fields, and Contrasts. New Essays in Semantic and Lexical Organization. Hillsdale. S. 21-74.

Bartha, Magdalena (1989): Argumentative Fachkommunikation in der Außenwirtschaft. In: Siegfried Weber (Hg.): Fachkommunikation in deutscher Sprache: Ergebnisse, Probleme und Methoden der Fachsprachenforschung. Leipzig. S. 90-99.

Barwise, John (1991): Situationen und kleine Welten. In: Arnim von Stechow/ Dieter Wunderlich (Hgg.): Semantik. Ein internationales Handbuch zur zeitgenössischen linguistischen Forschung. Berlin/New York. S. 80-89.

Bastian, Andrea (i. Dr.): Der Heimatbegriff in den Funktionsbereichen der deutschen Sprache. Diss. Freiburg.

Baumgart, Manuela (1992): Die Sprache der Anzeigenwerbung. Eine linguistische Analyse aktueller Werbeslogans. Heidelberg.

Baxa, Jakob (1971): Bendixen. In: Neue deutsche Biographie. Band 2. Berlin. S. 40.

Bechler, Ekkehard (1978): Geld und Währung. Band 1: Theorie des Geldes und der Geldpolitik. 1. Auflage. München.

Becker, Wolf-Dieter/Lossen, Heinz (1955): Zur Sprache der Wirtschaftspolitik. In: Sprachforum 1. S. 117-123.

Bernem, Theo van (1988): Zur Frage des Berufsbezugs im Fremdsprachenunterricht der berufsbildenden Schulen. In: Theo Bungarten (Hg.): Sprache und Information in Wirtschaft und Gesellschaft. Referate eines internationalen Kongresses, zugleich der XI. Jahrestagung der internationalen Vereinigung „Sprache und Wirtschaft" e. V., 30. 9. – 3. 10. 1985, Congress-Centrum, Hamburg. Tostedt. S. 373-380.

Biere, Bernd-Ulrich (1990): Dialog mit der Öffentlichkeit? Linguistische Bemerkungen zum Verhältnis von Wissenschaft und Wissenschaftsjournalismus. In: Gerd von Rickheit/Sigurd Wichter (Hgg.): Dialog. Festschrift für Siegfried Grosse. Tübingen. S. 365-373.

Black, Max (1954): Die Metapher. In: Anselm Haverkamp (Hg.)(1983): Theorie der Metapher. Darmstadt. S. 55-79. [Erstveröffentlichung 1954]

Black, Max (1979): More about Metaphor. In: Andrew Ortony (Hg.): Metaphor and Thought. London. S. 19-43.

Bock, Gabriele (1991): Technikdokumentation als Berufsfeld für interdisziplinäre Zusammenarbeit. In: Elisabeth Feldbusch et al. (Hgg.): Neue Fragen der Linguistik. Akten des 25. Linguistischen Kolloquiums, Paderborn 1990. Band 2: Innovation und Anwendung. Tübingen. S. 323-329.

Bock, Gabriele (1991a): Ansätze zur Verbesserung von Technikdokumentation. Diss. Berlin.

Bolten, Jürgen (1991): Fremdsprache Wirtschaftsdeutsch: Bestandsaufnahme und Perspektiven. In: Bernd-Dietrich Müller (Hg.): Interkulturelle Wirtschaftskommunikation. München. S. 71-91.

Bolten, Jürgen (1992): <Fachsprache> oder <Sprachbereich>? Empirisch-pragmatische Grundlagen zur Beschreibung der deutschen Wirtschafts-, Medizin- und Rechtssprache. In: Theo Bungarten (Hg.): Beiträge zur Fachsprachenforschung: Sprache in Wissenschaft und Technik, Wirtschaft und Rechtswesen. Tostedt. S. 57-72.

Borgulya, Agota (1988): Zu einigen wichtigen Merkmalen der deutschsprachigen Texte der Dokumentation in der Wirtschaft. In: Theo Bungarten (Hg.): Sprache und Information in Wirtschaft und Gesellschaft. Referate eines internationalen Kongresses, zugleich der XI. Jahrestagung der internationalen Vereinigung „Sprache und Wirtschaft" e. V., 30. 9. - 3. 10. 1985, Congress-Centrum, Hamburg. Tostedt. S. 420-429.

Borgulya, Agota (1989): Explizität in Fachtexten der Wirtschaft. In: Siegfried Weber (Hg.): Fachkommunikation in deutscher Sprache: Ergebnisse, Probleme und Methoden der Fachsprachenforschung. Leipzig. S. 112-119.

Born, Karl Erich (1972): Die Entwicklung der Banknote vom „Zettel" zum gesetzlichen Zahlungsmittel. In: Akademie der Wissenschaften und der Literatur. Abhandlungen der Geistes- und Sozialwissenschaftlichen Klasse 1. S. 1-21.

Born, Karl Erich (1977): Geld und Banken im 19. und 20. Jahrhundert. Stuttgart.

Born, Karl Erich (1981): Geldtheorie und Geldpolitik II: Geldgeschichte. In: Willi Albers et al. (Hgg.): Handwörterbuch der Wirtschaftswissenschaft. 3. Band. Stuttgart. S. 360-374.

Born, Karl Erich (1983): Vom Begin des Ersten Weltkrieges bis zum Ende der Weimarer Republik (1914 - 1933). In: Karl Erich Born (Hg.): Deutsche Bankengeschichte. Band 3. Frankfurt am Main. S. 17-146.

Borneto, Carlo Serra/Cortelazzo, Michele A. (1988): Textstruktur und Verständlichkeit der Gebrauchsanweisungen für elektrische Haushaltsgeräte. In: Theo Bungarten (Hg.): Sprache und Information in Wirtschaft und Gesellschaft. Referate eines internationalen Kongresses, zugleich der XI. Jahrestagung der Internationalen Vereinigung „Sprache und Wirtschaft" e. V., 30. 9. - 3. 10. 1985, Congress-Centrum Hamburg. Tostedt. S. 206-218.

Boyd, Richard (1979): Metaphor and Theory Change: What is „Metaphor" a Metaphor for? In: Andrew Ortony (Hg.): Metaphor and Thought. London. S. 356-408.

Brandt, Wolfgang (1973): Die Sprache der Wirtschaftswerbung. In: Germanistische Linguistik 1/2. S. 1-290.

Brown, Ann L. (1989): Analogical Learning and Transfer: What develops? In: Stella Vosniadou/Andrew Ortony (Hgg.): Similarity and Analogical Reasoning. Cambridge/Mass. S. 369-412.

Brünner, Gisela (1978): Kommunikation in betrieblichen Kooperationsprozessen. Theoretische Untersuchungen zur Form und Funktion kommunikativer Tätigkeit in der Produktion. Diss. Osnabrück.

Brünner, Gisela (1987): Kommunikation in industriellen Lehr–Lern–Prozessen. Diskursanalytische Untersuchungen zu Instruktionen in der betrieblichen Ausbildung. Tübingen.

Brünner, Gisela (1991): Linguistik und Wirtschaft. In: Eberhard Klein et al. (Hgg.): Betriebslinguistik und Linguistikbetrieb: Akten des 24. Linguistischen Kolloquiums, Universität Bremen, 4.–6. 9. 1989. Band 1. Tübingen. S. 3-11.

Brugmann, Claudia (1990): What is the Invariance Hypothesis? In: Cognitive Linguistics 2. S. 257-266.

Buhlmann, Rosemarie/Fearns, Anneliese (1987): Handbuch des Fachsprachenunterrichts. Unter besonderer Berücksichtigung naturwissenschaftlich–technischer Fachsprachen. Berlin/ München/ Wien/ Zürich/ New York.

Buhlmann, Rosemarie/Fearns, Anneliese (1989): Einführung in die Fachsprache der Betriebswirtschaft. 2 Bände. Goetheinstitut München.

Bungarten, Theo (Hg.) (1988): Sprache und Information in Wirtschaft und Gesellschaft. Referate eines internationalen Kongresses, zugleich der XI. Jahrestagung der internationalen Vereinigung „Sprache und Wirtschaft“ e. V., 30. 9. – 3. 10. 1985, Congress–Centrum, Hamburg. Tostedt.

Burger, Harald (1984): Sprache der Massenmedien. Berlin/New York.

Burkhardt, Johannes/Spahn, Peter/Oexle, Otto Gerhard (1992): Wirtschaft. In: Otto Brunner/Werner Conze/Reinhart Koselleck (Hgg.): Geschichtliche Grundbegriffe. Historisches Lexikon zur politisch–sozialen Sprache in Deutschland. Band 7. Stuttgart. S. 511-594.

Busse, Dietrich (1987): Historische Semantik. Analyse eines Programms. Stuttgart.

Casad, Eugene H. (1992): Review Article: Ray Jackendoff. Semantics and Cognition. Cambridge/ Mass., London. 1983. George Lakoff. Women, Fire, and Dangerous Things: What Categories Reveal about the Mind. Chicago and London. 1987. In: Word 43. S. 297-317.

Christ, Herbert/Liebe, Elisabeth/Schröder, Konrad (1979): Fremdsprachen in Handel und Industrie. Eine Untersuchung in den IHK–Bezirken Düsseldorf und Köln. Augsburg.

Christ, Herbert/Schwarze, Angela (1985): Fremdsprachenunterricht in der Wirtschaft. Bestandsaufnahme und Perspektiven. Tübingen.

Claassen, Emil Maria (1974): Die Definitionskriterien der Geldmenge. In: Kredit und Kapital 7. S. 273-291.

Claassen, Emil Maria (1980): Grundlagen der Geldtheorie. 2., neubearbeitete und erweiterte Auflage. Heidelberg/New York.

Clement, Catherine A./Gentner, Dedre (1991): Systematicity as a Selection Constraint in Analogical Mapping. In: Cognitive Science 15. S. 89-132.

Conze, Werner (1972): Arbeit. In: Otto Brunner/Werner Conze/Reinhart Koselleck (Hgg.): Geschichtliche Grundbegriffe. Historisches Lexikon zur politisch-sozialen Sprache in Deutschland. Band 1. Stuttgart. S. 154-215.

Coulmas, Florian (1992): Die Wirtschaft mit der Sprache. Eine sprachsoziologische Studie. Frankfurt am Main.

Cresswell, M. J. (1991): Die Weltsituation. In: Arnim von Stechow/Dieter Wunderlich (Hgg.): Semantik. Ein internationales Handbuch zur zeitgenössischen linguistischen Forschung. Berlin/New York. S. 71-80.

Darski, Józef/Vetulani, Zygmunt (Hgg.)(1993): Sprache — Kommunikation — Informatik. Akten des 26. Linguistischen Kolloquiums, Poznań 1991. Band 1. Tübingen.

De Cort, Josef/Hessmann, Pierre (1977/1978/1979): Die wissenschaftliche Fachsprache der Wirtschaft. Eine Untersuchung ihrer syntaktischen und syntaktisch-lexikalischen Merkmale. In: Linguistica Antverpiensia 11, S. 27-89. 12, S. 231-260. 13, S. 55-102.

De Cort, Josef/Hessmann, Pierre (1979a): Beschreibung der deutschen wissenschaftlichen Fachsprache der Wirtschaft mit besonderer Berücksichtigung der erweiterten Attribute. In: Fachsprache. Sonderheft 1. S. 149-163.

Dichtl, Erwin/Issing, Otmar (Hgg.)(1987): Vahlens Großes Wirtschaftslexikon. 5 Bände. München.

Dick, Walter (1991): Online-Dokumentation. Sprachliche Bedingungen eines neuen Dokumentationsmediums. In: Elisabeth Feldbusch et al. (Hgg.): Neue Fragen der Linguistik. Akten des 25. Linguistischen Kolloquiums, Paderborn 1990. Band 2: Innovation und Anwendung. Tübingen. S. 399-402.

Dietz, Rudolf (1988): Dokumenten-Akkreditiv. In: Lebende Sprachen 33/4. S. 172-175.

Dobretsberger, Josef (1946): Das Geld im Wandel der Wirtschaft. Bern.

Dominique, Philippe (1971): Vocabulaire de boursier de la hausse et de la baisse. In: Linguistique 7/1. S. 55-72.

Doms, Eleonore (1953): Unterschiede und Wandlungen in der Auffassung der Geldfunktion. Diss. Berlin.

Drozd, Lubomir (1978): Von der Wirtschaftslinguistik zur heutigen Fachsprachenforschung. In: Muttersprache 88. S. 203-208.

Drozd, Lubomir/Seibicke, W. (1973): Deutsche Fach- und Wissenschaftssprache. Wiesbaden.

Duhme, Michael (1991): Phraseologie der deutschen Wirtschaftssprache: eine empirische Untersuchung zur Verwendung von Phraseologismen in journalistischen Fachtexten. Essen.

Ehrlicher, Werner (1965): Geldtheorie. In: Erwin von Beckerath et al. (Hgg.): Handwörterbuch der Sozialwissenschaften. Band 4. Göttingen. S. 231-258.

Ehrlicher, Werner (1981): Geldtheorie und Geldpolitik I: Einführung: Der theoretisch–politische Doppelaspekt monetärer Probleme. In: Willi Albers et al. (Hgg.): Handwörterbuch der Wirtschaftswissenschaft. 3. Band. Stuttgart. S. 355-360.

Ehrlicher, Werner (1981a): Geldtheorie und Geldpolitik III: Geldtheorie. In: Willi Albers et al. (Hgg.): Handwörterbuch der Wirtschaftswissenschaft. 3. Band. Stuttgart. S. 374-391.

Ehrlicher, Werner (1981b): Geldtheorie und Geldpolitik IV: Geldpolitik. In: Willi Albers et al. (Hgg.): Handwörterbuch der Wirtschaftswissenschaft. 3. Band. Stuttgart. S. 423-451.

Eick, Jürgen (1980): So nutzt man den Wirtschaftsteil einer Tageszeitung. 8. Auflage. Darmstadt.

Eitzen, Friedrich Wilhelm (1894): Vom Mißbrauch der Fremdwörter im Handel. Leipzig.

Eitzen, Friedrich Wilhelm (1894a): Fremdwörter der Handelssprache, verdeutscht und erläutert. Leipzig.

Eitzen, Friedrich Wilhelm (1917): Kaufmannsdeutsch. Berlin.

Eitzen, Friedrich Wilhelm (1922): Wörterbuch der Handelssprache. 1. Teil: Deutsch–Englisch. Leipzig.

Emonds, Heiner (1986): Metaphernkommunikation. Zur Theorie des Verstehens von metaphorisch verwendeten Ausdrücken der Sprache. Göppingen.

Endres, Walter (1970): Zur Ausdrucksweise im betriebswirtschaftlichen Schrifttum. In: Der Sprachdienst 14. S. 3-10.

Endruweit, Marlene/Siekemeier, Reinhard (1993): Plastikgeld. Praktisch und sicher. In: WirtschaftsWoche 18. S. 96-100.

Engelkamp, Johannes/Pechmann, Thomas (1992): Mentale Repräsentationen — Verschiedene Sichtweisen eines Begriffs. In: Sprache und Kognition 11. S. 51-64.

Engels, August (1917): Sprachverderbnis im Handelsdeutsch und ihre Bekämpfung. Berlin.

Erlhage, Hans (1984): Deutsch. Sprachbereich Industrie. Aufbaustufe. Stuttgart.

Erlhage, Hans (1985): Deutsch. Sprachbereich Industrie. Mittelstufe. 2. Auflage. Stuttgart.

Erlhage, Hans (1986): Deutsch. Sprachbereich Industrie. Grundstufe 2. Stuttgart.

Fandrich, Brigitte (1987): Übersetzerische Fehlleistungen in der deutschen Presse: Mit dem Schwerpunkt auf dem Gebiet Wirtschaft. In: Lebende Sprachen: Zeitschrift für fremde Sprachen in Wissenschaft und Praxis 1. S. 27-35.

Feder Kittay, Eva/Lehrer, Adrienne (1992): Introduction. In: Adrienne Lehrer/Eva Feder Kittay (Hgg.): Frames, Fields, and Contrasts. New Essays in Semantic and Lexical Organization. Hillsdale. S. 1-18.

Fehr, Bernhard (1909): Die Sprache des Handels in Altengland. St. Gallen.

Feldbusch, Elisabeth et al. (Hgg.)(1991): Neue Frage der Linguistik. Akten des 25. Linguistischen Kolloquiums, Paderborn 1990. 2 Bände. Tübingen.

Felder, Ekkehard (i. Dr.): Kognitive Muster der politischen Sprache. Eine linguistische Untersuchung zur Korrelation zwischen sprachlich gefaßter Wirklichkeit und Denkmustern am Beispiel der Reden von Theodor Heuss und Konrad Adenauer. Diss. Freiburg/Br.

Fillmore, Charles J. (1985): Frames and the semantics of understanding. In: Quaderni di Semantica 6.2. S. 222-254.

Fischer, Dietrich/Schulze, Hans-Christian (1979): Fachsprache Wirtschaft. Köln.

Fleck, Klaus (1969): Streifzüge durch die moderne deutsche und französische Wirtschaftsterminologie. In: Lebende Sprachen 14. S. 136-140, 167-173.

Fluck, Hans-Rüdiger (1985): Fachsprachen. Einführung und Bibliographie. 3., aktualisierte und erweiterte Auflage. Tübingen.

Fluck, Hans-Rüdiger/Fernbach, Reinhard/Waldrich, Hans-Peter (1975): Zur Sprache des Wirtschaftsteils von Tageszeitungen. Eine Unterrichtseinheit in der Berufsschule. In: Linguistik und Didaktik 6. S. 165-178.

Friderici, Angela D. (1988): Neurobiologische Grundlagen kognitiver Funktionen. In: Heinz Mandl/Hans Spada (Hgg.): Wissenspsychologie. Weinheim/München. S. 469-487.

Friedman, Milton/Schwartz, Anna Jacobson (1970): Monetary Statistics of the United States. National Bureau of Economic Research. New York.

Gablers Wirtschaftslexikon (1992): 4 Bände. 13. vollständig überarbeitete Auflage. Wiesbaden.

Gentner, Dedre (1982): Are Scientific Analogies Metaphors? In: David S. Miall (Hg.): Metaphor: Problems and Perspectives. Brighton. S. 106-132.

Gentner, Dedre (1983): Structure Mapping: A Theoretical Framework for Analogy. In: Cognitive Science 7. S. 155-170.

Gentner, Dedre (1989): The Mechanisms of Analogical Learning. In: Stella Vosniadou/Andrew Ortony (Hgg.): Similarity and Analogical Reasoning. Cambridge/Mass. S. 199-241.

Gentner, Dedre/Gentner, Donald (1983): Flowing Water or Teeming Crowds: Mental Models of Electricity. In: Dedre Gentner/A. Stevens (Hgg.): Mental Models. Hillsdale. S. 99-129.

Gentner, Dedre/Stevens, Stevens, Albert L. (Hgg.)(1983): Mental Models. Hillsdale.

Gerloff, Wilhelm (1940): Die Entstehung des Geldes und die Anfänge des Geldwesens. Frankfurt am Main.

Gerzymisch-Arbogast, Heidrun (1989): Fachlexikonartikel und ihre Thema-Rhema-Strukturen: Am Beispiel des Faches Wirtschaft. In: Lexicographica: International Annual for Lexicography. S. 18-51.

Geuenich, Andrea (1989): Industrielles Kommunikationstraining als linguistisches Arbeitsfeld. In: Norbert Reiter (Hg.): Sprechen und Hören. Akten des 23. Linguistischen Kolloquiums, Berlin 1988. Tübingen. S. 115-123.

Ghiczy, Erzsébet (1988): Funktionen der Metapher in der Wirtschaftspresse. In: Germanistisches Jahrbuch der DDR-UVR 7. S. 204-217.

Gläser, Rosemarie (1988): Neologismen im englischen Wortschatz der Ökonomie und Probleme der Übersetzung. In: Theo Bungarten (Hg.): Sprache und Information in Wirtschaft und Gesellschaft. Referate eines internationalen Kongresses, zugleich der XI. Jahrestagung der internationalen Vereinigung „Sprache und Wirtschaft“ e. V., 30. 9. - 3. 10. 1985, Congress-Centrum, Hamburg. Tostedt. S. 172-182.

Glotz, Peter/Langenbucher, Wolfgang (1970): Der mißachtete Leser. Zur Kritik der deutschen Presse. 3. Auflage. Köln/Berlin.

Goitsch, Heinrich (1939): Entwicklung und Strukturwandel des Wirtschaftsteils der deutschen Tageszeitung. Ein historisch-soziologischer Beitrag zum Phänomen der Presse. Diss. Frankfurt am Main.

Green, Roy (1992): Classical Theories of Money, Output and Inflation. A Study in Historical Economics. New York.

Grießhaber, Wilhelm (1988): Entscheidungsfindung in Einstellungsgesprächen. In: Theo Bungarten (Hg.): Sprache und Information in Wirtschaft und Gesellschaft. Referate eines internationalen Kongresses, zugleich der XI. Jahrestagung der Internationalen Vereinigung „Sprache und Wirtschaft“ e. V., 30. 9. - 3. 10. 1985, Congress-Centrum Hamburg. Tostedt. S. 486-502.

Guder, Anke/Pogarell, Reiner (1991): Wertminderung von Hochtechnologieprodukten durch sprachliche Mängel der Begleitdokumentation. In: Elisabeth Feldbusch et al. (Hgg.): Neue Fragen der Linguistik. Akten des 25. Linguistischen Kolloquiums, Paderborn 1990. Band 2: Innovation und Anwendung. Tübingen. S. 377-384.

Guggenheim, Thomas (1989): Preclassical Monetary Theories. London/New York.

Haapalahti, Marja (1981): Zur Sprache der Wirtschaftsberichte im ‚Spiegel‘. Laudatur-Arbeit (Masch). Vaasa.

Habel, Christopher (1985): Das Lexikon in der Forschung der künstlichen Intelligenz. In: Christoph Schwarze/Dieter Wunderlich (Hgg.): Handbuch der Lexikologie. Königstein/Ts. S. 441-474.

Häuser, Karl (1967): Volkswirtschaftslehre. Frankfurt am Main.

Hauschild, Otto (1914): Wandlungen der kaufmännischen Schreibart im 18. Jahrhundert. In: Festschrift zur 18. Hauptversammlung des Allgemeinen Deutschen Sprachvereins. Hamburg. S. 91-113.

Haverkamp, Anselm (1983): Einleitung in die Theorie der Metapher. In: Anselm Haverkamp (Hg.): Theorie der Metapher. Darmstadt. S. 1-27.

Hebel, Franz (1969): Sprache der Wirtschaft. Eine kritische Leseübung in Klasse 10. In: Der Deutschunterricht 21. S. 58-72.

Henke, Anne–Marie (1989): Industrielle Fremdsprachenbedarfsermittlung als linguistisches Arbeitsfeld. In: Norbert Reiter (Hg.): Sprechen und Hören. Akten des 23. Linguistischen Kolloquiums, Berlin 1988. Tübingen. S. 103-114.

Henke, Anne–Marie (1991): Zur Geschichte der Betriebslinguistik. In: Eberhard Klein et al. (Hgg.): Betriebslinguistik und Linguistikbetrieb. Akten des 24. Linguistischen Kolloquiums, Universität Bremen, 4.–6. 9. 1989. Band 1. Tü-bingen. S. 13-20.

Henke, Anne–Marie (1991a): Die Notwendigkeit skandinavischer Sprachkenntnisse für die deutsche exportorientierte Industrie. In: Elisabeth Feldbusch et al. (Hgg.): Neue Fragen der Linguistik. Akten des 25. Linguistischen Kolloquiums, Paderborn 1990. Band 2: Innovation und Anwendung. Tübingen. S. 287-295.

Hilger, Marie–Elisabeth/Hölscher, Lucian (1982): Kapital, Kapitalist, Kapitalismus. In: Otto Brunner/Werner Conze/Reinhart Koselleck (Hgg.): Geschichtliche Grundbegriffe. Historisches Lexikon zur politisch–sozialen Sprache in Deutschland. Band 3. Stuttgart. S. 399-454.

Höhne, Steffen (1992): Vorüberlegungen zu einer fachsprachlichen Analytik. Kriterien zur Bestimmung sprachlicher Phänomene im Sprachbereich Wirtschaft. In: Theo Bungarten (Hg.): Beiträge zur Fachsprachenforschung: Sprache in Wissenschaft und Technik, Wirtschaft und Rechtswesen. Tostedt. S. 99-118.

Höppnerová, Vera (1985): Die Rolle der Abkürzungen in der ökonomischen Fachsprache in der DDR. In: Forschungsinformationen des Instituts für Fremdsprachen 7. S. 78-82.

Hoffmann, Friedrich (1907): Kritische Dogmengeschichte der Geldwerttheorien. Leipzig.

Hoffmann, Lothar (1985): Kommunikationsmittel Fachsprache. Eine Einführung. Zweite, völlig neu bearbeitete Auflage. Tübingen.

Hoffmann, Lothar/Kalverkämper, Hartwig/Wiegand, Herbert Ernst (1992): Ein neuer Doppelband in der HSK–Reihe entsteht. Fachsprachen — Languages For Special Purposes. In: Fachsprache 14/1-2. S. 48-57.

Hohnhold, Ingo (1988): Eine mehrsprachige Terminologie–Datenbank — Leistungsspektrum des Instruments und seiner Mannschaft. In: Theo Bungarten (Hg.): Sprache und Information in Wirtschaft und Gesellschaft. Referate eines internationalen Kongresses, zugleich der XI. Jahrestagung der internationalen Vereinigung „Sprache und Wirtschaft“ e. V., 30. 9. – 3. 10. 1985, Congress–Centrum, Hamburg. Tostedt. S. 391-398.

Holden, Nigel J. (1989): Towards a functional typology of language of international business. In: Language problems and language planning. 13/1. S. 1-8.

Holz–Mänttäri, Justa (1988): Translatoren als Textbau–Fachleute. Fachkompetenzen, Berufsprofile, Arbeitsplatzkomponenten. In: Theo Bungarten (Hg.): Sprache und Information in Wirtschaft und Gesellschaft. Referate eines internationalen Kongresses, zugleich der XI. Jahrestagung der Internationalen Vereinigung „Sprache und Wirtschaft" e. V., 30. 9. – 3. 10. 1985, Congress–Centrum Hamburg. Tostedt. S. 349-361.

Ihle–Schmidt, Liselotte (1983): Studien zur französischen Wirtschaftsfachsprache. Frankfurt am Main/Bern.

Irgl, Vladimir (1989): Synonymy in the Language of Business and Economics. In: Christer Laurén/ Marianne Nordman (Hgg.): Special Language: From Human Thinking to Thinking Machines. Clevedon. S. 275-282.

Issing, Otmar (1987): Einführung in die Geldtheorie. Sechste, überarbeitete Auflage. München.

Issing, Otmar (Hg.)(1988): Geschichte der Nationalökonomie. 2. Auflage. München.

Jackendoff, Ray (1983): Semantics and Cognition. Cambridge/Mass.

Jackendoff, Ray (1989): What is a Concept that a person may grasp it? In: Mind and Language 4. S. 68-102.

Jackendoff, Ray (1990): Semantic Structures. Cambridge/Mass.

Jackendoff, Ray (1992): What is a Concept? In: Adrienne Lehrer/Eva Feder Kittay (Hgg.): Frames, Fields, and Contrasts. New Essays in Semantic and Lexical Organization. Hillsdale. S. 191-208. [Ist eine überarbeitete Fassung von Jackendoff (1989) und gleichzeitig von Kapitel 1 aus Jackendoff (1990)]

Jäkel, Olaf (1992): Wirtschaftswachstum oder Wir steigern das Bruttosozialprodukt. Quantitätsmetaphern aus der Ökonomie–Domäne (=Kognitionswissenschaft. Bericht Nr. 12, August 1992). Hamburg.

Jakob, Karlheinz (1991): Maschine, Mentales Modell, Metapher. Studien zur Semantik und Geschichte der Techniksprache. Tübingen.

Jakob, Karlheinz (1991a): Naive Techniktheorie und Alltagssprache. In: Jürgen Dittmann et al. (Hgg.): Erscheinungsformen der deutschen Sprache. Literatursprache, Alltagssprache, Gruppensprache, Fachsprache. Festschrift zum 60. Geburtstag von Hugo Steger. Berlin. S. 126-136.

Jarchow, Hans–Joachim (1990): Theorie und Politik des Geldes. I. Geldtheorie. 8. überarbeitete und ergänzte Auflage. Göttingen.

Jörissen, Hermann (1991): Das Produkthaftpflicht–Risiko aus fehlerhaften Gebrauchsanweisungen, Instruktionen und Warnhinweisen. In: Elisabeth Feldbusch et al. (Hgg.): Neue Fragen der Linguistik. Akten des 25. Linguistischen Kolloquiums, Paderborn 1990. Band 2: Innovation und Anwendung. Tübingen. S. 385-391.

Johnson, Mark (1987): The body in the mind. The bodily basis of Meaning, Imagination, and Reason. Chicago/London.

Johnson-Laird, Philipp N. (1983): Mental Models. Towards a Cognitive Science of Language, Inference, and Consciousness. Cambridge/Mass.

Johnson-Laird, Philipp N. (1989): Mental Models. In: Michael J. Posner (Hg.): Foundations of Cognitive Science. Cambridge/Mass. S. 469-499.

Johnson-Laird, Philipp N. (1989a): Analogy and the Exercise of Creativity. In: Stella Vosniadou/Andrew Ortony (Hgg.): Similarity and Analogical Reasoning. Cambridge/Mass. S. 313-331.

Kath, Dietmar (1990): Geld und Kredit. In: Dieter Bender et al. (Hgg.): Vahlens Kompendium der Wirtschaftstheorie und Wirtschaftspolitik. Band 1. 4. Auflage. München. S. 175-218.

Kant, Immanuel (1781/1974): Kritik der reinen Vernunft. Frankfurt am Main.

Károlyi, Andrea (1991): Sprachliche Entscheidungen und Besonderheiten im Handel Ungarns mit den Ländern des deutschen Sprachgebiets. In: Elisabeth Feldbusch et al. (Hgg.): Neue Fragen der Linguistik. Akten des 25. Linguistischen Kolloquiums, Paderborn 1990. Band 2: Innovation und Anwendung. Tübingen. S. 299-304.

Kaulla, Rudolf (1906): Die geschichtliche Entwicklung der modernen Werttheorien. Tübingen.

Kern, Rudolf (1986): Zum Fremdsprachenbedarf der Wirtschaft in Belgien. In: Germanistische Mitteilungen: Zeitschrift für deutsche Sprache, Literatur und Kultur in Wissenschaft und Praxis. S. 41-47.

Kerschagl, Richard (1956): John Law. Die Erfindung der modernen Banknote. Wien.

Kisker, Klaus Peter (1973): Public relations statt objektiver Berichterstattung. Wirtschaftsteil nur für Börsianer? In: Eckart Spoo (Hg.): Die Tabus der bundesdeutschen Presse. 3. Auflage. München. S. 47-63.

Klausinger, Hansjörg (1991): Theorien der Geldwirtschaft. Von Hayek und Keynes zu neueren Ansätzen. Berlin.

Klein, Eberhard et al. (Hgg.)(1991): Betriebslinguistik und Linguistikbetrieb. Akten des 24. Linguistischen Kolloquiums, Universität Bremen, 4.–6. 9. 1989. 2 Bände. Tübingen.

Klein, Ernst (1982): Von den Anfängen bis zum Ende des Alten Reiches (1806). In: Karl Erich Born (Hg): Deutsche Bankengeschichte. Band 1. Frankfurt am Main. S. 9-325.

Knapp, Reinhart (1969): Der Wirtschaftsteil der Zeitung. Eine Anleitung für den Leser. 7., neubearbeitete Auflage. Stuttgart.

Kochendörfer, Günter (1989): Notation, Modellbildung, Simulation. Grundlagenprobleme kognitivistischer Darstellungen in der Linguistik. Tübingen.

Köhler, Horst Jakob (1960): Der Begriff „Geldmenge" und seine Problematik. Berlin.

Köhler, Klaus (1991): Zur Rolle des Deutschen im osteuropäischen Handel — Schlußfolgerungen aus der bisherigen Praxis von fünf Dresdner Großbetrieben. In: Elisabeth Feldbusch et al. (Hgg.): Neue Fragen der Linguistik. Akten des 25. Linguistischen Kolloquiums, Paderborn 1990. Band 2: Innovation und Anwendung. Tübingen. S. 305-310.

Kövecses, Zoltán (1990): Emotion concepts. Berlin/New York.

Koppelmann, Udo (1967): Geometrisch bestimmte Warenbegriffe. Bonn (= Sprachforum, Beiheft 3).

Koselleck, Reinhart (1972): Einleitung. In: Otto Brunner/Werner Conze/Reinhart Koselleck (Hgg.): Geschichtliche Grundbegriffe. Historisches Lexikon zur politisch-sozialen Sprache in Deutschland. Stuttgart. S. XIII-XXVII.

Krause, Michael U. (1991): Zur Nützlichkeit des Hamburger Verständlichkeitsmodells bei technischen Anleitungen. In: Elisabeth Feldbusch et al. (Hgg.): Neue Fragen der Linguistik. Akten des 25. Linguistischen Kolloquiums, Paderborn 1990. Band 2: Innovation und Anwendung. Tübingen. S. 393-398.

Krejči, Tomas (1932): Einfluß des Handels auf die Entwicklung und Gestaltung der deutschen Sprache. Versuch einer wirtschaftslinguistischen Studie. Prag.

Krejči, Tomas (1941): Zum syntaktisch-stilistischen Problem der Wirtschaftssprache. Berlin.

Krist, Hort/Wilkening, Friedrich (1991): Repräsentationale Entwicklung. In: Sprache und Kognition 10. S. 181-185.

Kroeber-Riel, Werner (1969): Wissenschaftstheoretische Sprachkritik in der Betriebswirtschaftslehre. Berlin.

Kuhn, Thomas S. (1979): Metaphor in Science. In: Andrew Ortony (Hg.): Metaphor and Thought. Cambridge/Mass. S. 409-419.

Kuipers, Benjamin L. (1975): A frame for frames. Representing Knowledge for Recognition. In: Daniel G. Bobrow/Allen M. Collins (Hgg.): Representation and Understanding. Studies in Cognitive Science. New York. S. 151-184

Kurz, Gerhard (1982): Metapher, Allegorie, Symbol. Göttingen.

Kutzelnigg, Artur (1965): Terminologie der Warenkategorien. Frankfurt am Main.

Kvam, Sigmund (1986): Partizipialkonstruktionen und Partizipialattribute in deutschen Fachtexten der Wirtschaft: Eine Fallstudie zur Positionsbestimmung der heutigen deutschen Fachsprache. In: Albrecht Schöne/Peter von Polenz/Johannes Erben/Jan Goossens (Hgg.): Kontroversen, alte und neue IV: Sprachnormen: Lösbare und unlösbare Probleme. Tübingen. S. 105-119.

Lakoff, George (1987): Women, Fire, and Dangerous Things. What Categories Reveal about the Mind. Chicago.

Lakoff, George (1989): Some empirical results about the nature of concepts. In: Mind and Language 4. S. 103-129.

Lakoff, George (1990): The Invariance Hypothesis: is abstract reason based on image-schemas? In: Cognitive Linguistics 1. S. 39-74.

Lakoff, George/Johnson, Mark (1980): Metaphors we live by. Chicago.

Lakoff, George/Turner, Mark (1989): More Than Cool Reason: A Field Guide to Poetic Metaphor. Chicago.

Landshut, Siegfried (1973): Historische Analyse des Begriffs des ‚Ökonomischen'. In: Hans-Ulrich Wehler (Hg.): Geschichte und Ökonomie. Köln. S. 40-53.

Lasogga, Frank/Koschmieder, Marietta (1989): Kommunikations- und Verhaltenstrainings in Organisationen. In: Uni-Report. Berichte aus der Forschung der Universität Dortmund 9. S. 5-6.

Laurecíková, Erika (1988): Modale Infinitivkonstruktionen in der Fachsprache der Ökonomie. In: Deutsch als Fremdsprache 25/2. S. 68-71.

Leeuwen-Turnovcová, Jiřina van (1991): Semantische Besonderheiten einiger Geldbezeichnungen im deutschen und tschechischen Substandard. In: Elisabeth Feldbusch et al. (Hgg.): Neue Fragen der Linguistik. Akten des 25. Linguistischen Kolloquiums, Paderborn 1990. Band 1: Bestand und Entwicklung. Tübingen. S. 423-428.

Leister, Klaus (1991): Sprache als strategisches Instrument von Unternehmensethik. In: Elisabeth Feldbusch et al. (Hgg.): Neue Fragen der Linguistik. Akten des 25. Linguistischen Kolloquiums, Paderborn 1990. Band 2: Innovation und Anwendung. Tübingen. S. 403-409.

Lempert, Wolfgang (1969): Ideologische Synonyma für ‚Unternehmer' und ihre Rolle in der wirtschafts- und bildungspolitischen Diskussion. In: Neue Sammlung 9. S. 443-449.

Lenz, Friedrich (1990): Der wortkarge Finne und der beredte Deutsche? oder: Die Angst des Geschäftsmanns vor dem Muttersprachler. Helsinki.

Lenz, Friedrich (1991): Interkulturelle Probleme in Verhandlungen zwischen Deutschen und Finnen? In: Elisabeth Feldbusch et al. (Hgg.): Neue Fragen der Linguistik. Akten des 25. Linguistischen Kolloquiums, Paderborn 1990. Band 2: Innovation und Anwendung. Tübingen. S. 279-286.

Lisowsky, Arthur (1954): Grundprobleme der Betriebswirtschaftslehre — Ausgewählte Schriften. Zürich/St. Gallen.

Löffelholz, Josef (1935): Geschichte der Betriebswirtschaftslehre. Altertum — Mittelalter — Neuzeit bis zum Beginn des 19. Jahrhunderts. Stuttgart.

Lüdi, Georges (1985): Zur Zerlegbarkeit von Wortbedeutungen. In: Christoph Schwarze/Dieter Wunderlich (Hgg.): Handbuch der Lexikologie. Königstein/Ts. S. 64-102.

Lüger, Heinz-Helmut (1983): Pressesprache. Tübingen.

Lutzeier, Peter Rolf (1985): Linguistische Semantik. Stuttgart.

Lyons, John (1980): Semantik. Band 1. München.

Lyons, John (1991): Bedeutungstheorien. In: Arnim von Stechow/Dieter Wunderlich (Hgg.): Semantik. Ein internationales Handbuch zur zeitgenössischen linguistischen Forschung. Berlin/New York. S. 1-24.

MacCormac, Earl (1986): Mensch und Maschine. Eine Computer-Metapher. In: Alois Huning/Carl Mitcham (Hgg.): Technikphilosophie im Zeitalter der Informationstechnik. Braunschweig. S. 47-62.

Martelly, Ingola/Nicolas, G./Sprenger, M. (1989): Wirtschaft leicht. Paris.

Meier, Hans Georg (1971): Begriffsgeschichte. In: Joachim Ritter (Hg.): Historisches Wörterbuch der Philosophie. Basel/Darmstadt. Band 1. Sp. 787-808.

Merlini Barbaresi, Lavinia (1988): Pragmatic Functions in Argumentative Economic Discourse. In: Theo Bungarten (Hg.): Sprache und Information in Wirtschaft und Gesellschaft. Referate eines internationalen Kongresses, zugleich der XI. Jahrestagung der internationalen Vereinigung „Sprache und Wirtschaft" e. V., 30. 9. – 3. 10. 1985, Congress–Centrum, Hamburg. Tostedt. S. 408-419.

Merrifield, Doris (1985): Deutsche Wirtschaftssprache für Amerikaner. New York.

Messing, Ewald E. J. (1928): Methoden und Ergebnisse der wirtschaftssprachlichen Forschung. Utrecht.

Messing, Ewald E. J. (Hg.)(1932): Zur Wirtschaftslinguistik. Rotterdam.

Messing, Ewald E. J. (1932a): Vom „Trockenen Wechsel". Ein sprachwissenschaftlicher Einzelbeitrag zur Durchdringung des Inhalts des vom Handel dargebotenen Materials. In: Ewald E. J. Messing (Hg.): Zur Wirtschaftslinguistik. Rotterdam. S. 48-53.

Meyers Enzyklopädisches Lexikon in 25 Bänden. 1979. Mannheim/Wien/Zürich.

Mieder, Wolfgang (1973): Sprichwort und Wirtschaftssprache. In: Sprachspiegel 29. S. 165-170.

Minsky, Marvin (1975): A framework for representing knowledge. In: Patrick Henry Winston (Hg.): The psychology of computer vision. New York. S. 211-280.

Minsky, Marvin (1990): Mentopolis. Stuttgart.

Muecke, Stephen (1986): Linguistic and Economics. In: Hans Aarsleff et al. (Hgg.): Papers in the History of Linguistics. Proceedings of the Third International Conference on the History of the Language Sciences (ICHoLS III), Princeton, 19–23 August 1984. Amsterdam/ Philadelphia. S. 29-40.

Müller, Bernd–Dietrich (Hg.)(1991): Interkulturelle Wirtschaftskommunikation. München.

Muhr, Rudolf (1988): Kommunikationsprobleme in komplexen Industriebetrieben. In: Theo Bungarten (Hg.): Sprache und Information in Wirtschaft und Gesellschaft. Referate eines internationalen Kongresses, zugleich der XI. Jahrestagung der internationalen Vereinigung „Sprache und Wirtschaft“ e. V., 30. 9. – 3. 10. 1985, Congress–Centrum, Hamburg. Tostedt. S. 307-332.

Muráth, Judith (1991): Die Leistungen verbaler Wendungen in deutschen und ungarischen Wirtschaftstexten. In: Elisabeth Feldbusch et al. (Hgg.): Neue Fragen der Linguistik. Akten des 25. Linguistischen Kolloquiums, Paderborn 1990. Band 2: Innovation und Anwendung. Tübingen. S. 447-452.

Musolff, Andreas (1991): Krieg oder Hochzeit? Metapherngebrauch in der Wirtschaftsberichterstattung. In: Sprachreport 2. S. 1-3.

Nietzsche, Friedrich (1873/1980): Ueber Wahrheit und Lüge im aussermoralischen Sinne. In: Friedrich Nietzsche: Sämtliche Werke. Kritische Studienausgabe. Band 1. München. S. 873-890.

Noack, Claus (1991): Linguistik und technische Dokumentation. In: Eberhard Klein et al. (Hgg.): Betriebslinguistik und Linguistikbetrieb: Akten des 24. Linguistischen Kolloquiums, Universität Bremen, 4.–6. 9. 1989. Band 1. Tübingen. S. 43-44.

Noack, Claus (1991a): Technischer Redakteur: Ein neuer Beruf stellt sich vor. In: Elisabeth Feldbusch et al. (Hgg.): Neue Fragen der Linguistik. Akten des 25. Linguistischen Kolloquiums, Paderborn 1990. Band 2: Innovation und Anwendung. Tübingen. S. 369-375.

Nolte, Peter (1909): Der Kaufmann in der deutschen Sprache und Literatur des Mittelalters. Diss. Göttingen.

Norman, Donald (1983): Some Observations on mental models. In: Dedre Gentner/Albert L. Stevens (Hgg.): Mental models. Hillsdale. S. 7-14.

Nothdurft, Werner (1986): Das Muster im Kopf? Zur Rolle von Wissen und Denken bei der Konstitution interaktiver Muster. In: Werner Kallmeyer (Hg.): Kommunikationstypologie, Handlungsmuster, Textsorten, Situationstypen. Düsseldorf. S. 92-116.

Oberender, Peter (1975): Elastizitäten. In: Wirtschaftswissenschaftliches Studium. 4. Jahrgang. S. 441-444.

Opwis, Klaus (1985): Mentale Modelle dynamischer Systeme. Diss. Freiburg/Br.

Pákozdi, Irén Gonda (1989): Sprachliche Ökonomie, metaphorisch–metonymische Termini in der Fachsprache der Wirtschaftswissenschaften. In: Siegfried Weber (Hg.): Fachkommunikation in deutscher Sprache: Ergebnisse, Probleme und Methoden der Fachsprachenforschung. Leipzig. S. 200-209.

Paul, Hermann (1975): Prinzipien der Sprachgeschichte. 9., unveränderte Auflage. Tübingen.

Paulsell, Patricia R. (1988): The syntactical and grammatical characteristics of business German Language: a methodological problem. In: Unterrichtspraxis 21 (Philadelphia). S. 178-185.

Penndorf, Balduin (1909): Die historische Entwicklung des kaufmännischen Briefstils. In: Deutsche Handelsschullehrer-Zeitung. Nr. 42 S. 493-495, Nr. 43 S. 505-507, Nr. 45 S. 531-532, Nr. 46 S. 541-542, Nr. 48 S. 562-565.

Penndorf, Balduin (1913): Geschichte der Buchhaltung in Deutschland. Leipzig.

Penndorf, Balduin (1932): Die historische Entwicklung des kaufmännischen Briefstils. In: Ewald E. J. Messing (Hg.): Zur Wirtschaftslinguistik. Rotterdam. S. 158-174.

Peter, Herbert (1973): Historischer Überblick über die Wirtschaftslinguistik. In: Bulletin der internationalen Vereinigung Sprache und Wirtschaft 1. S. 11-20.

Petrie, Hugh G. (1979): Metaphor and Learning. In: Andrew Ortony (Hg.). Metaphor and Thought. Cambridge/Mass. S. 438-461.

Picht, Robert (1987): Deutsch für die Wirtschaft. In: Jahrbuch Deutsch als Fremdsprache 13. S. 1-12.

Pick, Albert (1967): Papiergeld. Braunschweig.

Pick, Albert (1975): Standard Catalog of World Paper Money. München.

Pick, Albert (1975a): Deutsche Länder– und Privatbanknoten. Geldscheine der Landesregierungen, Provinzialverwaltungen und Bezirksregierungen 1872–1948. Berlin.

Pick, Albert (1978): Papiergeld–Lexikon. München.

Pick, Albert/Rixen, Jens–Uwe (1991): Papiergeld–Spezialkatalog Deutschland: 1874 bis heute. Augsburg.

Piirainen, Ilpo Tapani (1982): Die Sprache der Wirtschaftspresse. In: Muttersprache 92. S. 27-37.

Piirainen, Ilpo Tapani/Airismäki, Jarmo (1987): Sprache der Wirtschaftspresse. Untersuchungen zum Sprachgebrauch des ‚Handelsblattes'. Bochum.

Pogarell, Reiner (1988): Linguistische Fragestellungen in der betrieblichen Praxis. In: Heinrich Weber/Ryszard Zuber (Hgg.): Linguistik Parisette. Akten des 22. Linguistischen Kolloquiums, Paris 1987. Tübingen. S. 319-333.

Pogarell, Reiner (1988a): Arbeitsplätze für Linguisten in Industriebetrieben? In: Wirkendes Wort 3. S. 457-464.

Pogarell, Reiner (1988b): Linguistik im Industriebetrieb. Eine annotierte Auswahlbibliographie. Aachen.

Pogarell, Reiner (1989): Optimierung industrieller Texte als linguistisches Arbeitsfeld. In: Norbert Reiter (Hg.): Sprechen und Hören. Akten des 23. Linguistischen Kolloquiums, Berlin 1988. Tübingen. S. 91-102.

Pogarell, Reiner (1991): Betriebsorientierte Akzentverschiebungen in der Linguistenausbildung. In: Eberhard Klein et al. (Hgg.): Betriebslinguistik und Linguistikbetrieb: Akten des 24. Linguistischen Kolloquiums, Universität Bremen, 4.–6. 9. 1989. Band 1. Tübingen. S. 21-28.

Pohl, Hans (1982): Das deutsche Bankwesen (1806 – 1848). In: Karl Erich Born (Hg.): Deutsche Bankengeschichte. Band 2. Frankfurt am Main. S. 13-220.

Pohl, Manfred (1982a): Festigung und Ausdehnung des deutschen Bankenwesens zwischen 1870 und 1914. In: Karl Erich Born (Hg.): Deutsche Bankengeschichte. Band 2. Frankfurt am Main. S. 223-351.

Pongrácz, Judit (1985): Der Kontrastmangel als Problem des fachbezogenen Deutschunterrichts. In: Deutsch als Fremdsprache: Zeitschrift für Theorie und Praxis des Deutschunterrichts für Ausländer 6. S. 345-349.

Pongrácz, Judit (1988): Die Verantwortung des Übersetzers von Fachtexten der Wirtschaftswissenschaften. In: Theo Bungarten (Hg.): Sprache und Information in Wirtschaft und Gesellschaft. Referate eines internationalen Kongresses, zugleich der XI. Jahrestagung der Internationalen Vereinigung „Sprache und Wirtschaft" e. V., 30. 9. – 3. 10. 1985, Congress–Centrum Hamburg. Tostedt. S. 155-163.

Pongrácz, Judit (1989): Die Fachsprache der Außenwirtschaft. In: Siegfried Weber (Hg.): Fachkommunikation in deutscher Sprache: Ergebnisse, Probleme und Methoden der Fachsprachenforschung. Leipzig. S. 230-239.

Presch, Gunter (1988): Verdeckte Beurteilungen in qualifizierten Arbeitszeugnissen: Beschreibung, Erklärung, Veränderungsvorschläge. In: Theo Bungarten (Hg.): Sprache und Information in Wirtschaft und Gesellschaft. Referate eines internationalen Kongresses, zugleich der XI. Jahrestagung der internationalen Vereinigung „Sprache und Wirtschaft" e. V., 30. 9. – 3. 10. 1985, Congress–Centrum, Hamburg. Tostedt. S. 474-485.

Putnam, Hilary (1975): The Meaning of „Meaning". In: Hilary Putnam: Mind, Language, and Reality. Philosophical Papers. Vol. 2. Cambridge/Mass. S. 215-271.

Pylyshyn, Zenon W. (1979): Metaphorical Imprecision and the „Top–Down" Research Strategy. In: Andrew Ortony (Hg.): Metaphor and Thought. Cambridge/Mass. S. 420-436.

Pytelka, Josef (1971): Die Metapher in der Sprache der englischen Börsenberichte. In: Lebende Sprachen 16/6. S. 161-164.

Quinn, Naomi (1987): Convergent Evidence for a Cultural Model of American Marriage. In: Dorothy Holland/Naomi Quinn (Hgg.): Cultural Models in Language and Thought. Cambridge/Mass. S. 173-192.

Reddy, Michael J. (1979): The Conduit–Metaphor — A Case of Frame Conflict in Our Language about Language. In: Andrew Ortony (Hg.): Metaphor and Thought. London. S. 284-324.

Reuter, Ewald/Schröder, Hartmut/Tiittula, Liisa (1989): Forschungsprojekt: Deutsch–finnische Kulturunterschiede in der Wirtschaftskommunikation. Zwischenbericht. Helsinki.

Richter, Gerlinde (1976): ‚Ware', ‚Kleinhandelsartikel', ‚Bar', ‚Makler'. Wortschatzuntersuchungen im Bereich des Handels und Warenverkehrs. In: Joachim Dückert (Hg.): Zur Ausbildung der Norm der deutschen Literatursprache auf der lexikalischen Ebene (1470-1730). Berlin. S. 173-214.

Rickheit, Gert/Strohner, Hans (1993): Grundlagen der kognitiven Sprachverarbeitung. Modelle, Methoden, Ergebnisse. Tübingen/Basel.

Rist, Charles (1947): Geschichte der Geld– und Kredittheorien von John Law bis heute. Bern.

Rittmann, Herbert (1975): Deutsche Geldgeschichte 1484 – 1914. München.

Rittmann, Herbert (1976): Auf Heller und Pfennig: die faszinierende Geschichte des Geldes und der wirtschaftlichen Entwicklung in Deutschland. München.

Rittmann, Herbert (1986): Deutsche Geldgeschichte seit 1914. München.

Röper, Burkhardt (1969): Der Wirtschaftsteil (systematisch und historisch). In: Emil Dovifat (Hg.): Handbuch der Publizistik. Band 3. Berlin. S. 202-209.

Röper, Burkhardt (1977): Wirtschaftsnachrichten in der Weltpresse. Zum Verständnis des Wirtschaftsteils einer Zeitung. 2., neu bearbeitete und erweiterte Auflage. München.

Rosch, Eleanor (1977): Classification of real–world objects: Origins and representations in cognition. In: Philipp N. Johnson–Laird/P. C. Wason (Hgg.): Thinking. Readings in Cognitive Science. Cambridge/Mass. S. 212-222.

Rosch, Eleanor (1978): Principles of Categorization. In: Eleanor Rosch/B. B. Lloyd (Hgg.): Cognition and Categorization. Hillsdale. S. 27-48.

Rosenberg, Harry (1976): Die Banknoten des Deutschen Reiches ab 1871. 4. durchgesehene und erweiterte Auflage. Berlin.

Rossi–Landi, Ferruccio (1972): Sprache als Arbeit und als Markt. München.

Rossi–Landi, Ferruccio (1975): Linguistics and Economics (=Janua Linguarum Ser. Maior: No. 81). The Hague.

Rumelhart, David E./McClelland, James L. & the PDP Research Group (1986): Parallel Distributed Processing. Explorations in the Microstructure of Cognition. 2 Bände. Cambridge/Mass.

Rumelhart, David E. (1989): Toward a Microstructural Account of Human Reasoning. In: Stella Vosniadou/Andrew Ortony (Hgg.): Similarity and Analogical Reasoning. Cambridge/Mass. S. 298-312.

Sachs, Rudolf (1972): Stock exchange report. In: Lebende Sprachen 17/4. S. 101-103.

Schade, Thomas (1982): EG–Glossar Deutsch–Spanisch. In: Lebende Sprachen. Zeitschrift für fremde Sprachen in Wissenschaft und Praxis 4. S. 174-176.

Schaeder, Burkhard (1982): Untersuchungen zur Kodifikation der Wirtschaftssprache in fachsprachlichen und gemeinsprachlichen Wörterbüchern. In: Wolfgang Metrup (Hg.): Konzepte zur Lexikographie. Studien zur Bedeutungserklärung in einsprachigen Wörterbüchern. Tübingen. S. 65-91.

Schäpers, Roland (1982): Zeitungstexte zum Wirtschaftsgeschehen. München.

Schank, Roger C. (1975): Conceptual Information Processing. Amsterdam.

Schank, Roger C./Abelson, Robert (1977): Scripts, Plans, Goals, and Understanding. An Inquiry into Human Knowledge Structures. Hillsdale.

Schank, Roger C. (1982): Dynamic Memory. A Theory of Reminding and Learning in Computers and People. Cambridge/London/New York.

Schank, Roger C. (1982a): Reminding and Memory Organization: An Introduction to MOPs. In: Wendy G. Lehnert/Martin H. Ringle (Hgg.): Strategies for Natural Language Processing. Hillsdale, New Jersey/London. S. 455-493.

Schefe, Peter (1975): Statistische syntaktische Analyse von Fachsprachen mit Hilfe elektronischer Rechenanlagen am Beispiel der medizinischen, betriebswirtschaftlichen und literaturwissenschaftlichen Fachsprache im Deutschen. Göppingen.

Schirmer, Alfred (1911): Wörterbuch der Kaufmannssprache. Auf geschichtlichen Grundlagen. Mit einer systematischen Einleitung. Straßburg.

Schirmer, Alfred (1913): Die Erforschung der deutschen Sondersprachen. In: Walther von Hahn (Hg.)(1981): Fachsprachen. Darmstadt. S. 15-39. [Erstveröffentlichung 1913]

Schirmer, Alfred (1932): Die Wirtschaftssprache als Spiegel der Wirtschaftsgeschichte. In: Ewald E. J. Messing (Hg.): Zur Wirtschaftslinguistik. Rotterdam. S. 7-26.

Schirmer, Alfred (o. J.): Der Sprach– und Schriftverkehr der Wirtschaft. Wiesbaden.

Schmidt, Wolfgang (1982): Abschreibungsglossar (D–E). In: Lebende Sprachen. Zeitschrift für fremde Sprachen in Wissenschaft und Praxis 2. S. 63-65.

Schmitt, Christian (1988): Gemeinsprache und Fachsprache im heutigen Französisch. Formen und Funktionen der Metaphorik in wirtschaftsfachsprachlichen Texten. In: Hartwig Kalverkämper (Hg.): Fachsprachen in der Romania. Tübingen. S. 113-129.

Schmitt, Peter A. (1988): Richtlinien für die Terminologiearbeiten am Fachbereich Angewandte Sprachwissenschaft (F.A.S.) der Johannes Gutenberg–Universität Mainz in Germersheim. In: Theo Bungarten (Hg.): Sprache und Information in Wirtschaft und Gesellschaft. Referate eines internationalen Kongresses, zugleich der XI. Jahrestagung der internationalen Vereinigung „Sprache und Wirtschaft“ e. V., 30. 9. – 3. 10. 1985, Congress–Centrum, Hamburg. Tostedt. S. 381-390.

Schmitz, Werner (1990): Die Verwendung von Fernsehsendungen im Wirtschaftsdeutschunterricht. In: Fachsprache 12/1-2. S. 74-76.

Schmitz, Werner (1991): Die Verwendung von Fernsehsendungen im Wirtschaftsdeutschunterricht. In: Fachsprache 13/1-2. S. 40-44.

Schmölders, Günter (1968): Geldpolitik. Tübingen/Zürich.

Schmölders, Günter (1962): Geschichte der Volkswirtschaftslehre. Überblick und Leseproben. Hamburg.

Schneider, Dieter (1981): Vorläufer der Betriebswirtschaftslehre. In: Schmalenbachs Zeitschrift für betriebswirtschaftliche Forschung 33. S. 117-139.

Schneider, Dieter (1985): Geschichte betriebswirtschaftlicher Theorie. 2. Auflage. München.

Schneider, Sabine (1991): Foreign Language Requirements in an Export–Oriented Concern. In: Elisabeth Feldbusch et al. (Hgg.): Neue Fragen der Linguistik. Akten des 25. Linguistischen Kolloquiums, Paderborn 1990. Band 2: Innovation und Anwendung. Tübingen. S. 317-322.

Schneider, Wolf (1990): Satzschachtel–Produzenten. Die Sprache im Wirtschaftsteil der Tageszeitungen. In: Gero Kalt (Hg.): Wirtschaft in den Medien. Defizite, Chancen und Grenzen. Eine kritische Bestandsaufnahme. Frankfurt am Main. S. 195-200.

Schnotz, Wolfgang (1988): Textverstehen als Aufbau mentaler Modelle. In: Heinz Mandl/Hans Spada (Hgg.): Wissenspsychologie. München. S. 299-330.

Schöffel, Georg (1987): Denken in Metaphern. Zur Logik sprachlicher Bilder. Opladen.

Scholtes–Schmid, Gertrud (1986): Die Beschreibung von Wirtschaftssprachen. In: Special Language — Fachsprache. S. 35-47.

Schrader, Otto (1886): Linguistisch–historische Forschungen zur Handelsgeschichte und Warenkunde. Erster Teil. Jena.

Schumpeter, Joseph A. (1965): Geschichte der ökonomischen Analyse. 2 Bände. Göttingen.

Schwarz, Monika (1992): Kognitive Semantiktheorie und neuropsychologische Realität. Repräsentationale und prozedurale Aspekte der semantischen Kompetenz. Tübingen.

Schwarz, Monika (1992a): Einführung in die kognitive Linguistik. Tübingen.

Shell, Marc (1982): Money, Language, and Thought: Literary and Philosophic Economics from the Medieval to the Modern Era. Univ. of California.

Siebenschein, Hugo (1936): Abhandlungen zur Wirtschaftsgermanistik. Prag.

Simmel, Georg (1900): Philosophie des Geldes. Leipzig.

Simonnæs, Ingrid (1991): Fremdsprachen an norwegischen Handelshochschulen. In: Elisabeth Feldbusch et al. (Hgg.): Neue Fragen der Linguistik. Akten des 25. Linguistischen Kolloquiums, Paderborn 1990. Band 2: Innovation und Anwendung. Tübingen. S. 271-277.

Smith, Edward E. (1990): Categorization. In: D. N. Osherson/Edward E. Smith (Hgg.): Thinking. Cambridge/Mass. S. 33-53.

Smith, Edward E./Osherson, Daniel N./Rips, Lance J./Keane, Margaret (1988): Combining Prototypes: A Selective Modification Model. In: Cognitive Science 12. S. 485-527.

Smith Churchland, Patricia (1986): Neurophilosophy: toward a unified science of the mind–brain. Cambridge/Mass.

Sondergeld, Klaus (1990): Wissenschaftsjournalismus. In: Hans–Albrecht Koch (Hg.): Welt der Information. Wissen und Wissensvermittlung in der Gegenwart. Stuttgart. S. 197-203.

Spillner, Bernd (Hg.)(1992): Wirtschaft und Sprache. Kongreßbeiträge zur 22. Jahrestagung der Gesellschaft für Angewandte Linguistik GAL e. V. Frankfurt am Main.

Sprenger, Bernd (1991): Das Geld der Deutschen. Geldgeschichte Deutschlands von den Anfängen bis zur Gegenwart. Paderborn/München/Wien/Zürich.

Starbatty, Joachim (1985): Die englischen Klassiker der Nationalökonomie. Lehre und Wirkung. Darmstadt.

Staud, Joseph L. (1988): Öffentliche, online–verfügbare Datenbanken für die Wirtschaft: Ausdruck und Wegbereiter der Informationsgesellschaft. In: Theo Bungarten (Hg.): Sprache und Information in Wirtschaft und Gesellschaft. Referate eines internationalen Kongresses, zugleich der XI. Jahrestagung der Internationalen Vereinigung „Sprache und Wirtschaft" e. V., 30. 9. – 3. 10. 1985, Congress–Centrum Hamburg. Tostedt. S. 84-105.

Stavenhagen, Gerhard (1969): Geschichte der Wirtschaftstheorie. 4. durchgesehene und erweiterte Auflage. Göttingen.

Steger, Hugo (1983): Über Textsorten und andere Textklassen. In: Textsorten und literarische Gattungen. Dokumentation des Germanistentages in Hamburg 1.–4. April 1979. Hg. v. Vorstand der Vereinigung der deutschen Hochschulgermanisten. Berlin. S. 25-67.

Steger, Hugo (1984): Sprachgeschichte als Geschichte der Textsorten/Texttypen und ihrer kommunikativen Bezugsbereiche. In: Werner Besch et al. (Hgg.): Sprachgeschichte. Ein Handbuch zur Geschichte der deutschen Sprache und ihrer Erforschung. 2. Halbband. Berlin/New York. S. 184-204.

Steger, Hugo (1986): Zur Frage einer Neukonzeption der Wortgeschichte der Neuzeit. In: Peter von Polenz/Johannes Erben/Jan Goossens (Hgg.): Sprachnormen: lösbare und unlösbare Probleme. (=Kontroversen, alte und neue: Akten des VII. Internationalen Germanisten-Kongresses. Göttingen 1985, Band 4). Tübingen. S. 203-209.

Steger, Hugo (1988): Erscheinungsformen der deutschen Sprache. "Alltagssprache" — "Fachsprache" — "Standardsprache" — "Dialekt" und andere Gliederungstermini. In: Deutsche Sprache 16/4. S. 289-319.

Steger, Hugo (1988a): Revolution des Denkens im Fokus von Begriffen und Wörtern. Wandlungen der Theoriesprachen im 17. Jahrhundert. In: Festschrift für Ingo Reiffenstein (=Göppinger Arbeiten zur Germanistik 478). Göppingen. S. 83-125.

Steger, Hugo (1989): Sprache II: Institutionensprachen. In: Staatslexikon. Band 5. 7. Auflage. Freiburg/Basel/Wien. Sp. 125-128.

Steger, Hugo (1991): Alltagssprache. Zur Frage nach ihrem besonderen Status in medialer und semantischer Hinsicht. In: Wolfgang Raible (Hg.): Symbolische Formen. Medien. Identität. Jahrbuch 1989/90 des Sonderforschungsbereichs „Übergänge und Spannungsfelder zwischen Mündlichkeit und Schriftlichkeit". Tübingen. S. 55-112.

Steger, Hugo/Deutrich, Helge/Schank, Gerd/Schütz, Eva (1974): Redekonstellation, Redekonstellationstyp, Textexemplar, Textsorte im Rahmen eines Sprachverhaltensmodells. Begründung einer Forschungshypothese. In: Gesprochene Sprache (=Sprache der Gegenwart 26). Düsseldorf. S. 39-97.

Stegu, Martin (1986): La Metaphore dans le Langage Economique. In: Stylistique, Rhetorique et Poetique dans les Langues Romanes. Actes du XVIIe Cong. Internat. de Ling. & Philol. Romanes, VIII (Aix-en-Provence, 29 Aout - 3 Septembre 1983. Marseille. S. 63-74.

Steigüber, Barbara (1991): Sprachmanagement. In: Eberhard Klein et al. (Hgg.): Betriebslinguistik und Linguistikbetrieb: Akten des 24. Linguistischen Kolloquiums, Universität Bremen, 4.-6. 9. 1989. Band 1. Tübingen. S. 29-36.

Steigüber, Barbara (1991a): Mit leisen Flüchen: Ihr Sachbearbeiter. Korrespondenzen in Industriebetrieben. In: Elisabeth Feldbusch et al. (Hgg.): Neue Fragen der Linguistik. Akten des 25. Linguistischen Kolloquiums, Paderborn 1990. Band 2: Innovation und Anwendung. Tübingen. S. 361-368.

Steiner, Gerhard (1988): Analoge Repräsentationen. In: Heinz Mandl/Hans Spada (Hgg.): Wissenspsychologie. Weinheim/München. S. 99-119.

Stellbrink, Hans-Jürgen (1988): Effizienz und Produktivität in einem Fremdsprachendienst in der Industrie. In: Theo Bungarten (Hg.): Sprache und Information in Wirtschaft und Gesellschaft. Referate eines internationalen Kongresses, zugleich der XI. Jahrestagung der Internationalen Vereinigung „Sprache und Wirtschaft" e. V., 30. 9. - 3. 10. 1985, Congress-Centrum Hamburg. Tostedt. S. 196-205.

Sternkopf, Jochen (1986/1987): Zu mehrgliedrigen Komposita in der Fachsprache der Ökonomie. In: Brücken. Germanistisches Jahrbuch der DDR–CSSR. S. 272-280.

Stieda, Wilhelm (1894): Hansisch–Venetianische Handelsbeziehungen im 15. Jahrhundert. Rostock.

Svensson, Arnold (1980): Ein heißgelaufener Motor auf einer Woge widriger Winde oder Wie sollen wir uns die Wirtschaft vorstellen. In: Osnabrücker Beiträge zur Sprachtheorie 16. S. 112-117.

Sweetser, Eve (1990): From Etymology to Pragmatics. Metaphorical and Cultural Aspects of Semantic Structure. Cambridge/Mass.

Tautscher, Anton (1956): Kameralismus. In: Handwörterbuch der Sozialwissenschaften. Band 5. Göttingen. S. 463-467.

Tergan, Sigmar–Olaf (1986): Modelle der Wissensrepräsentation als Grundlage qualitativer Wissensdiagnostik. Opladen.

Tergan, Sigmar–Olaf (1989): Psychologische Grundlagen der Erfassung individueller Wissensrepräsentationen Teil I: Grundlagen der Wissensmodellierung. In: Sprache und Kognition 8. S. 152-165.

Tergan, Sigmar–Olaf (1989a): Psychologische Grundlagen der Erfassung individueller Wissensrepräsentationen Teil II: Methodologische Aspekte. In: Sprache und Kognition 8. S. 193-202.

Trampe, Wilhelm (1991): Sprache und ökologische Krise. Aus dem Wörterbuch der industriellen Landwirtschaft. In: Elisabeth Feldbusch et al. (Hgg.): Neue Fragen der Linguistik. Akten des 25. Linguistischen Kolloquiums, Paderborn 1990. Band 2: Innovation und Anwendung. Tübingen. S. 143-149.

Turi, Peter (1990): Qual der Wahl. Der Markt der Wirtschaftsmagazine ist groß. In: Gero Kalt (Hg.): Wirtschaft in den Medien. Defizite, Chancen und Grenzen. Eine kritische Bestandsaufnahme. Frankfurt am Main. S. 201-208.

Turner, Mark (1987): Death is the Mother of Beauty. Mind, Metaphor, Criticism. Chicago.

Vančura, Zdeněk (1936): The study of the language of commerce. In: Travaux du Cercle linguistique de Prague 6. S. 159-164.

Veit, Otto (1966): Reale Theorie des Geldes. Tübingen.

Vogel, Friedrich (1969): Der Wirtschaftsteil (aktuell). In: Emil Dovifat (Hg.): Handbuch der Publizistik. Band 3. Berlin. S. 210-217.

Vosniadou, Stella (1989): Analogical Reasoning as a Mechanism in Knowledge Aquisition: A Developmental Perspective. In: Stella Vosniadou/Andrew Ortony (Hgg.): Similarity and Analogical Reasoning. Cambridge/Mass. S. 413-437.

Wagner, Valentin Fritz (1937): Geschichte der Kredittheorien. Wien.

Wankerl, Franz (1988/1989): Die deutsche schriftliche Wirtschaftssprache in der DDR: Bestandsaufnahme und Aufgaben. In: Forschungsinformationen des Instituts für Fremdsprachen 10. S. 76-101.

Waxmann, Sandra (1989): Rez.: Lakoff, George (1987): Women, Fire, and Dangerous Things: What Categories Reveal about the Mind. In: Applied Psycholinguistics 10. S. 493-496.

Weinrich, Harald (1958): Münze und Wort. Untersuchungen an einem Bildfeld. In: Harald Weinrich (1976): Sprache in Texten. Stuttgart. S. 276-290. [Erstveröffentlichung 1958]

Weinrich, Harald (1963): Semantik der kühnen Metapher. In: Anselm Haverkamp (Hg.)(1983): Theorie der Metapher. Darmstadt. S. 316-339. [Erstveröffentlichung 1963]

Weinrich, Harald (1967): Semantik der Metapher. In: Folia Linguistica 1. S. 3-17.

Wendelstein, Ludwig (1932): Beruf und Sprache. In: Ewald E. J. Messing (Hg.): Zur Wirtschaftslinguistik. Rotterdam. S. 27-47.

Werner, Otmar (1987): Natürlichkeit und Nutzen morphologischer Irregularität. In: Norbert Boretzky et al. (Hgg.): Beiträge zum 3. Essener Kolloquium über Sprachwandel und seine bestimmenden Faktoren. Vom 30. 9. - 2. 10. 1987 an der Universität Essen. Bochum. S. 289-316.

Werner, Otmar (1987a): The aim of morphological change is a good mixture — not a uniform language type. In: Anna Giacalone et al. (Hgg.): Papers from the Seventh International Conference on Historical Linguistics. Amsterdam. S. 591-606.

Wettler, Manfred (1980): Sprache, Gedächtnis, Verstehen. Berlin/New York.

Wettler, Manfred (1989): Wissensrepräsentationen. Typen und Modelle. In: J. S. Bátori et al. (Hgg.): Computerlinguistik. Ein internationales Handbuch zur computergestützten Sprachforschung und ihrer Anwendungen. Berlin/New York. S. 317-336.

Wiener, Max (1935): Der Schriftverkehr der Unternehmung. Brünn/Prag/Leipzig/Wien.

Wierzbicka, Anna (1990): ‚Prototypes save‘: on the uses and abuses of ‚prototype‘ in linguistics and related fields. In: Tsohatzidis, Savas L. (Hg.): Meanings and Prototypes. Studies in linguistic categorization. London. S. 347-367.

Wierzbicka, Anna (1992): Semantic Primitives and Semantic Fields. In: Adrienne Lehrer/Eva Feder Kittay (Hgg.): Frames, Fields, and Contrasts. New Essays in Semantic and Lexical Organization. Hillsdale. S. 209-227.

Willms, Manfred (1990): Strukturpolitik. In: Dieter Bender et al. (Hgg.): Vahlens Kompendium der Wirtschaftstheorie und Wirtschaftspolitik. Band 2. 4., überarbeitete und erweiterte Auflage. München. S. 363-400.

Winkel, Harald (1977): Die deutsche Nationalökonomie im 19. Jahrhundert. Darmstadt.

Winkel, Harald (1994): Die Volkswirtschaftslehre der neueren Zeit. 4., gegenüber der 3. unveränderte Auflage. Darmstadt.

Wippich, Werner/Wagner, Volker (1989): Auch Hände haben ein Gedächtnis: Implizite und explizite Erinnerungen an haptische Erfahrungen. In: Sprache und Kognition 8. S. 166-177.

Wöhe, Günter (1986): Einführung in die Allgemeine Betriebswirtschaftslehre. 16., überarbeitete Auflage. München.

Wolff, Gerhart (1976): Masche oder Manipulation? Zur Metaphernbildung in Wirtschaftstexten. In: Praxis Deutsch 16. S. 51-54.

Wolff, Hans Wolfgang (1975–1977): Geschäfts- und Verhandlungssprache Deutsch. 10 Bände. München.

Wolters, Joachim (1988): Technische Handbücher für den *Airbus*. In: Theo Bungarten (Hg.): Sprache und Information in Wirtschaft und Gesellschaft. Referate eines internationalen Kongresses, zugleich der XI. Jahrestagung der Internationalen Vereinigung „Sprache und Wirtschaft“ e. V., 30. 9. – 3. 10. 1985, Congress-Centrum Hamburg. Tostedt. S. 225-247.

Yashovardhan (1991): Language and Trade in India. In: Elisabeth Feldbusch et al. (Hgg.): Neue Fragen der Linguistik. Akten des 25. Linguistischen Kolloquiums, Paderborn 1990. Band 2: Innovation und Anwendung. Tübingen. S. 297-298.

Zieten, Werner (1988): Betriebsanleitungen wie der Kunde sie wünscht. In: Theo Bungarten (Hg.): Sprache und Information in Wirtschaft und Gesellschaft. Referate eines internationalen Kongresses, zugleich der XI. Jahrestagung der Internationalen Vereinigung „Sprache und Wirtschaft“ e. V., 30. 9. – 3. 10. 1985, Congress-Centrum Hamburg. Tostedt. S. 253-261.

Bei Fragen zur Produktsicherheit wenden Sie sich bitte an:
If you have any questions regarding product safety,
please contact:

Walter de Gruyter GmbH
Genthiner Straße 13
10785 Berlin
productsafety@degruyterbrill.com